HISTÓRIA DE ROMA

Biblioteca "HISTÓRIA, EXPLORAÇÕES E DESCOBERTAS"
Volumes publicados

1. História dos Povos da Língua Inglesa — Winston Churchill
2. A Revolução Russa — Alan Moorehead
3. Memórias de Montgomery — Mal. Montgomery
4. Tudo Começou em Babel — Herbert Wendt
5. História das Línguas — Ernst Doblhofer
6. Jornal do Mundo — Vários Autores
7. História das Orgias — Burgo Partdrige
8. O Homem e o Universo — Arthur Koestler
9. A Revolução Francesa — Georges Lefebvre
10. As Grandes Guerras da História — H. Lidell Hart
11. Nova Mitologia Clássica — Mario Meunier
12. História dos Gregos — Indro Montanelli
13. História de Roma — Indro Montanelli
14. Herman Cortez — S. de Madriaga
15. História da Ciência — William C. Dampier
16. De Adão à ONU — René Sedillot
17. Rendição Secreta — Allen Dulles
18. A Angustia dos Judeus — E. H. Flannery
19. Idade Média: Trevas ou Luz? — Indro Montanelli
20. Itália: Os Séculos de Ouro — Indro Montanelli
21. Itália: Os Séculos Decisivos — Indro Montanelli
22. Hitler e a Rússia — Trumbull Higgins
23. Síntese Histórica do Livro — J. Barbosa Mello
24. Ruínas Célebres — Herman e G. Schreiber
25. Impérios Soterrados — Herman e G. Schreiber
26. Romance da Arqueologia — P. E. Cleator
27. Auto Biografia de Benjamin Franklin — Benjamin Franklin
28. A Declaração da Independência — Carl L. Becker
29. Hitler: Autodestruição de uma Personalidade — H. D. Rohrs
30. Israel: Do Sonho à Realidade — Chaim Weizmann
31. Conspiração Mundial dos Judeus — Norman Cohn
32. A Longa Marcha — Simone de Beavoir
33. De Leste ao Oeste — Arnold Toynbee
34. A Manipulação da História no Ensino e Meios de Comunicação — Marc Ferro
35. Japão: passado e Presente — José Yamashiro
36. História da Cultura Japonesa — José Yamashiro
37. Astrônomos Pré-Históricos de Ingá — F. Pessoa Faria
38. Choque Luso no Japão dos Séculos XVI e XVII — José Yamashiro
39. João Paulo II, o Vermelho e o Branco — G. S. Wegener
41. A Papisa Joana — Rosemary e D. Pardoe
42. História dos Samurais — José Yamashiro
43. A Língua de Camões — José Verdasca
44. Raízes da Nação Brasileira — José Verdasca
45. Imagem do Índio — Yolanda Lhullier dos Santos

HISTÓRIA DE ROMA

INDRO MONTANELLI

São Paulo | 2018

LIVROS QUE
CONSTROEM

Copyright © 1957 by Rizzoli Editore-Milano
Título Original Italiano: Storia di Roma

Código para obter um livro igual: XI-13

Direitos exclusivos para a língua portuguesa da

IBRASA
Instituição Brasileira de Difusão Cultural Ltda.
Rua Ouvidor Peleja, 610 – Tel. (11) 3791.9696
e-mail: ibrasa@ibrasa.com.br – home page: www.ibrasa.com.br

Nenhuma parte desta obra poderá ser reproduzida, por qualquer meio,
sem prévio consentimento dos editores. Excetuam-se as citações de pequenos trechos em
resenhas para jornais, revistas ou outro veículo de divulgação.

Tradução: Luiz de Moura Barbosa
Capa: Armenio Almeida (MK Design)
Editoração Eletrônica: Armenio Almeida (MK Design)
Publicado em 2018

Dados Internacionais de Catalogação na Publicação (CIP)
(Câmara Brasileira do Livro, SP, Brasil)

M764h   MONTANELLI, Indro, 1909 – 2001

História de Roma. / Indro Montanelli. – São Paulo : IBRASA, 2018.

501 p.

ISBN 978-85-348-0362-5

1. História. 2. Roma. 3. História antiga. I. MONTANELLI, Indro
Alessandro Raffaello Schizogene. II. Título

CDU 93/99 (37)

Maria José O. Souza CRB 8/5641
História antiga: 93/99
História: 93/99
Roma: (37)

IMPRESSO NO BRASIL - PRINTED IN BRAZIL

SUMÁRIO

PREFÁCIO — 9
AB URBE CONDITA — 13
POBRES ETRUSCOS — 23
OS REIS AGRICULTORES — 35
OS REIS NEGOCIANTES — 45
PORSENA — 57
S.P.Q.R — 67
PIRRO — 79
A EDUCAÇÃO — 89
A CARREIRA — 99
OS DEUSES — 109
AS CIDADES — 119
CARTAGO — 131
RÉGULO — 141
ANÍBAL — 151
CIPIÃO — 163
"GRAECIA CAPTA" — 173
CATÃO — 183
"...FERUM VICTOREM CEPIT" — 193
OS GRACOS — 203
MÁRIO — 213
SILA — 223

UM JANTAR EM ROMA 235

CÍCERO 247

CÉSAR 257

A CONQUISTA DA GÁLIA 267

O RUBICÃO 277

OS IDOS DE MARÇO 287

ANTÔNIO E CLEÓPATRA 297

AUGUSTO 307

HORÁCIO E TITO LIVIO 317

TIBÉRIO E CALÍGULA 325

CLÁUDIO E SÊNECA 333

NERO 341

POMPÉIA 349

JESUS 355

OS APÓSTOLOS 363

OS FLÁVIOS 371

A ROMA EPICURISTA 379

SEU CAPITALISMO 389

SEUS DIVERTIMENTOS 397

NERVA E TRAJANO 405

ADRIANO 413

MARCO AURÉLIO 421

OS SEVEROS 431

DIOCLECIANO 441

CONSTANTINO 449

O TRIUNFO DOS CRISTÃOS 457

A HERANÇA DE CONSTANTINO 467

AMBRÓSIO E TEODÓSIO 477

O FIM 485

CONCLUSÃO 497

A Susina MOIZZI

A MEUS LEITORES

A medida que esta *HISTÓRIA BE ROMA* era publicada pelo jornal *"Domenica dei Corriere"*, recebia cartas cada vez mais indignadas. Acusavam-me de leviandade, de superficialidade, de espírito derrotista, até mesmo de falta de devoção no modo de tratar assunto considerado sagrado.

Isso tudo não me espantou. Efetivamente, até o dia de hoje, para escrever sobre Roma, em italiano, jamais se empregou estilo que não fosse nobre ou apologético. Porém, estou bem persuadido de que, justamente por tal fato, pouco resta desses escritos na cabeça de quem os leu e, uma vez terminado o liceu, quase nenhum de nós sente a tentação de refrescar a memória, de relê-los. Nada é mais fatigante do que seguir uma história inteiramente semeada de monumentos. Quantos bocejos tive eu mesmo de refrear quando percebi, há alguns anos, que tinha esquecido, de todo ou quase, a história de Roma e me propus reestudá-la! Assim se deu até o momento em que me deparei com Suetônio e Dião Câissio, os quais, contemporâneos daqueles monumentos, não nutriam por eles respeito a tal ponto temeroso e reverente.

Em sequência, pus-me a folhear os outros historiadores e memorialistas romanos. Pareceu-me estar dando vida à pedra. Em pouco, aqueles personagens que, na escola, nos haviam sido apresentados quais múmias, em atitude de imobilidade, perderam a rigidez de minerais, amimaram-se, tingiram-se de sangue, de defeitos, de fraquezas, de tiques, de manias, pequenas ou grandes. Tornaram-se, em suma, verdadeiros e vivos.

Por que, pois, deveríamos ter para com tais personagens mais respeito do que lhes demonstraram os próprios romanos? Seria grande serviço a seu respeito deixá-los sobre o pedestal, numa sala fria de museu, visitada apenas por escolares — arrastados por seus professores? Conheço jesuítas que, sem desviar-se da ortodoxia, escreveram hagiografias interessantes, em que os santos se mostravam tais quais eram — homens, no meio dos outros homens, com suas manias e teimosias. O fato de que muitos dentre eles tenham cometido erros e de que todos, indistintamente, tenham sido tentados a cometê-los, nada lhes rouba à santidade. Não fez Jesus Cristo um apóstolo de São Pedro, que o havia renegado?

O que engrandece a história de Poma não é o fato de ter sido realizada por homens diferentes de nós — mas, sim, por ter sido vivida por homens semelhantes a nós. Nada possuíam de sobrenatural. Se tivessem sido sobrenaturais, não haveria a menor razão para que os admirássemos. Há muitos pontos comuns entre Cícero e Moro-Giafferi. César, na juventude, foi um perfeito canalha. Levou toda a vida como garanhão de mulheres. "Trocava" sempre de cabeleira, pois tinha vergonha de ser calvo. No entanto, nada disso pode desfazer a grandeza do general e homem de Estado. Augusto não despendeu todo o seu tempo na organização do Império, qual verdadeira máquina. Consagrou tempo, igualmente, no combate à sua colite e aos seus reumatismos. E por pouco não perderia sua primeira batalha — a que disputou contra Cássio e Bruto — por causa de uma diarreia que o acometera.

*Creio que o maior prejuízo que podemos fazer àqueles persona-
gens é o silenciar-lhes a verdade humana, como se, com ela, temêsse-
mos diminuí-los. Pelo contrário, Roma tem sido Roma, não porque os
heróis de sua história deixassem de cometer crimes ou atos de estupidez, mas porque, ainda que enormes, tais crimes e atos de estupidez
não lhe impediram a supremacia.*

*Com este livro, não fiz a menor descoberta. Ele não pretende
apresentar "revelações", nem dar, tampouco, à história da Urbs (cidade, em latim; palavra frequentemente empregada pelo autor, nas
páginas que seguem, com relação a Roma, a Urbs dos antigos romanos) nova interpretação. Tudo o que aqui relato já foi relatado. Espero,
simplesmente, tê-lo feito de modo mais simples e cordial, em estilo
mais modesto, facilmente acessível à grande massa dos leitores, por
meio de uma série de retratos, que apresentam os protagonistas sob
luz mais real, ao despojá-los de todos os ornatos sagrados com os
quais se mascaravam.*

*Alguns poderão achar modesta minha ambição. Não eu. Consi-
dero-a, pelo contrário, como eivada de vaidade. Se eu chegar a fazer
apaixonarem-se pela história de Roma alguns milhares de leitores, de
tal impedidos pela solenidade dos que a têm relatado antes de mim,
por mais que possam acusar-me de leviandade, de superficialidade, de
derrotismo e, até mesmo, de falta de devoção – considerar-me-ei um
autor útil, que teve essa sorte, e terei vencido.*

Indro Montanelli

Milão, setembro de 1957.

Capítulo 1

Ab Urbe Condita [1]

Não conhecemos, precisamente, a data em que se instituíram, em Roma, as primeiras escolas primárias, isto é, as escolas "do Estado". Plutarco diz terem nascido por volta do ano 250, antes de Cristo. Até então, as crianças romanas eram educadas nos próprios lares – os mais pobres, pelos pais; os mais ricos, pelos *magistri,* isto é, mestres ou preceptores, habitualmente escolhidos na categoria dos libertos, (escravos que tinham conseguido a liberdade), os quais, por sua vez, eram selecionados

---

(1) – Desde a fundação da cidade.

dentre os prisioneiros de guerra, de preferência os de origem grega, por serem mais cultos.

Uma coisa sabemos ao certo: os escolares sofriam menos do que os de boje em dia. O Latim, eles já o conheciam. "Se tivessem precisado estudá-lo – dizia o poeta Henrique Heine – jamais teriam achado tempo para conquistar o mundo." Quanto à história pátria, eis, mais ou menos textualmente, como lhes era transmitida.

Quando os gregos de Menelau, de Ulisses e de Aquiles conquistaram Tróia, na Ásia Menor, reduzindo-a a fogo e a sangue, um dos poucos defensores da cidade que puderam escapar foi Enéias, muito bem "recomendado" (esta é uma das coisas que até naqueles tempos já se praticavam) por Vênus, sua mãe. Carregando aos ombros uma mochila, repleta de retratos de seus protetores celestes – obviamente, quem ocupava o lugar de honra era sua excelente mãe – mas sem um tostão no bolso, o pobre rapaz pôs-se a circular pelo mundo, ao azar da sorte. Depois de anos de aventuras e desventuras, cujo número se ignora, desembarcou na Itália; sempre com a mochila à espádua, começou a subir em direção ao norte, chegando ao Lácio. Aí desposou a filha do rei Latino, que se chamava Lavínia; fundou uma cidade, a que deu o nome da mulher, e com ela viveu, feliz e bem-disposto, pelo resto da vida.

Seu filho. Ascânio fundou Alba-a-Longa, e dela fez a nova capital. Ao fim de oito gerações, isto é, cerca de duzentos anos após a chegada de Enéias, dois de seus descendentes, Numitor e Amúlio, ainda se encontravam no trono do Lácio. Infelizmente, as pessoas se sentem em aperto quando ocupam, aos pares, um mesmo trono. Assim, certo dia, Amúlio expulsou seu irmão a fim de reinar só e matou-lhe todos os filhos, com exceção de uma menina, Réia Sílvia. Porém, para evitar que esta desse ao mundo algum filho, ao qual pudesse vir a ideia, mais tarde, de vingar o próprio avô, ele obrigou-a a tornar-se sacerdotisa da deusa Vesta, isto é, religiosa.

Certa vez, Réia, que fizera votos de não se casar, mas que mal se resignava com a ideia de não fazê-lo, aproveitava-se da fresca à beira do rio, porque o verão estava terrivelmente cálido. Adormeceu. Eis que, por acaso, passava por essas paragens o deus Marte, que descia à terra com frequência, seja para efetuar qualquer guerrilha, como era de seu mister habitual, seja para conquistar donzelas – sua paixão favorita. Viu Réia Sílvia e por ela se encantou. E, sem até mesmo despertá-la, ele a engravidou.

Quando Amúlio soube disso, ficou muito encolerizado, mas não a matou. Esperou que desse à luz não somente um, mas dois meninos gêmeos. Depois, fez colocarem os dois bebês num cesto microscópico, que deixou à mercê do rio para que, seguindo a correnteza, fosse o cesto até o mar e os afogasse. Contudo, não pensou no vento, que soprava muito forte naquele dia e fez com que a frágil embarcação encalhasse a pequena distância dali, em pleno campo. Os dois abandonados, que choravam ruidosamente, atraíram a atenção de uma loba, que acorreu para amamentá-los. Esse é o motivo de ter-se tornado essa fera o símbolo de Roma, fundada mais tarde pelos dois gêmeos.

Dizem os maldosos que essa loba não era de modo algum uma loba, mas uma mulher "de verdade", Aca Larência, (Acca Larentia), que apelidavam a "Loba", por causa do caráter selvagem e das numerosas infidelidades com que cumulava o marido, um pobre pastor, pois se entregava ao amor, nos bosques, com todos os rapazes da vizinhança. Porém, talvez tudo isso não passe de mexericos de comadres.

Os dois gêmeos receberam os nomes de Remo e de Rômulo, cresceram e acabaram por vir a conhecer sua história.

Então, retornaram a Alba-a-Longa, organizaram uma revolução, mataram Amúlio e repuseram no trono a Numitor. A seguir, impacientes como soem ser os jovens para realizar algo de novo, em vez de esperar para herdar de seu avô um reino já pronto, o qual, por certo, lhes seria deixado, partiram para um pouco mais longe, a fim de construir para si mesmos um novo. Escolheram o ponto em que o cesto que os conteve encalhara, no meio das colinas, atravessadas pelo Tibre antes de lançar-se ao mar. Aí, como ocorre sempre entre irmãos, entraram em discussão quanto ao nome a dar à sua cidade. Em seguida, decidiram o seguinte: o que conseguisse ver maior número de pássaros ganharia a questão. Remo viu seis sobre o Aventino; Rômulo, doze sobre o Pala- tino. A cidade, por conseguinte, viria a chamar-se Roma, denominação tirada do nome do vencedor. Eles colocaram sob o jugo dois bois brancos, fizeram um sulco e lançaram os muros da cidade, jurando matar quem quer que os violasse. Remo, a quem a derrota deixara de mau humor, declarou que esses muros não eram sólidos e, com um pontapé, derrubou uma parte. Fiel a seu juramento, Rômulo o assassinou com um golpe de pá.

Tudo isto se deu, segundo dizem, setecentos e cinquenta e três anos antes de Cristo, exatamente em 21 de abril, que ainda é festejado como o dia natalício da cidade, nascida, como se pode ver, de um fratricídio. Os habitantes da cidade fizeram dessa data o primeiro dia da história do. mundo, enquanto o nascimento do Redentor não impôs outra datação.

Talvez os povos vizinhos procedessem de maneira semelhante, fazendo cada um remontar a história do mundo à fundação de sua capital, fosse esta Alba-a-Longa, Tarquínia, Rieti ou Arezzo. Porém, não chegaram a fazer com que os outros reconhecessem essa maneira de datar, porque cometeram o pequeno erro de perder a guerra ou, melhor, as guerras. Roma, pelo contrário, ganhou-as a todas. A propriedade, que Rômulo e Remo prepararam com a charrua, no meio das colinas do Tibre, tornou-se, em alguns séculos, o centro do Lácio, depois da Itália e, a seguir, de toda a terra então conhecida. E, em toda a terra então conhecida, sua língua foi falada, suas leis foram respeitadas e contaram-se os anos *ai urie condita* ou seja a partir daquele famoso 21 de abril de 753 a.C., início da história de Roma e de sua civilização.

Naturalmente, as coisas não se passaram exatamente dessa forma, mas foi assim que, no decurso de numerosos séculos, os papais romanos houveram por bem fosse contada aos seus filhos, um tanto porque esses grandes patriotas muito se envaideciam de poder misturar deuses influentes, como Vênus e Marte, e personagens altamente colocados, como Enéias, ao nascimento de sua cidade. Percebiam, obscuramente, ser muito importante educar suas crianças na convicção de que pertenciam a uma pátria construída com o concurso de seres sobrenaturais, que, certamente, não se teriam a isso. prestado se não tivessem a intenção de lhe assinalar um grande destino. Tal fato concedeu base religiosa a toda a vida de Roma e, com efeito, quando essa base veio a faltar, Roma desmoronou. A Urbs foi *caput mundi,* a capital do mundo, enquanto seus habitantes não souberam grande coisa e foram bastante ingênuos para crer nos fatos legendários que lhes tinham ensinado os papais e os *magistri,* enquanto estiveram convencidos de descender de Enéias, de terem sangue divino, de serem os ungidos do Senhor – se bem que nessa época o Senhor se chamasse Júpiter. Foi ao começarem a duvidar de tudo isso que seu império voou aos pedaços e que a *caput mundi* se tornou uma colônia. Não antecipemos os acontecimentos, entretanto.

Nem tudo, talvez, seja legenda na bela história de Rômulo e de Remo. Pode ser que aí se encontrem elementos reais. Tratemos de analisá-la na base de algumas datas suficientemente seguras, que nos forneceram a arqueologia e a etnologia.

Parece que, trinta mil anos antes da fundação de Roma, já era a Itália habitada por homens. As pessoas competentes dizem haver reconstituído esse gênero de homem graças a certos pequenos ossos de seu esqueleto, encontrados aqui e ali, que datam do que se chama "a idade da pedra". Mas não nos fiemos muito nessas induções e saltemos, de pés juntos, até idade bastante mais aproximada, a idade "neolítica", algo como há oito mil anos, isto é, cinco mil antes de Roma. Parece que nossa península era, então, povoada por alguns ligúrios, ao norte, e sicúlios, ao sul – gente de crânio em forma de pera, que vivia um pouco em cavernas, um pouco em cabanas redondas, feitas de lama e de excrementos. Domesticavam animais e se alimentavam de caça e de pesca.

Demos, ainda, um salto de quatro mil anos: chegamos ao ano 2000 antes de Jesus Cristo. Eis que, do Setentrião, isto é, dos Alpes, vêm outras tribos, partidas sabe lá Deus quando de sua pátria de origem: a Europa Central. Tais homens quase não se acham mais civilizados do que os indígenas de cabeça de pera; contudo, estão habituados a construir suas habitações não em cavernas, mas sobre troncos mergulhados n'água, as "cidades lacustres". É fácil de ver que provêm de regiões pantanosas; com efeito, o sítio que escolhem é o dos lagos: o lago Maior, o de Como, o de Guarda (estão alguns milênios à frente dos turistas modernos, em matéria de gosto). Introduzem em nosso país algumas notáveis novidades, como a criação dos rebanhos, o cultivo do solo, a fabricação, de estofos e o cerco de suas vilas por meio de bastiões de lama e de terra batida, para defendê-las dos ataques tanto de animais quanto de homens.

Pouco a pouco, imperceptivelmente, começam a descer para o sul, habituando-se a construir suas cabanas mesmo em terreno seco, ainda que continuem a apoiá-las sobre estacas. Aprendem, com certos primos, ao que parece estabelecidos na Germânia, o emprego do ferro, com o qual fabricam para seu uso novos utensílios: machados, facas, navalhas, etc. e fundam uma verdadeira cidade, Vilanova, que devia situar-se nas cercanias da atual Bolonha. Ela foi o centro de uma civilização que se chamou, precisamente, "de Vilanova", a qual se expandiu, pouco a pouco, por toda a península. É de crer que dessa civilização derivem a raça, a língua e os costumes dos úmbrios, dos sabinos e dos latinos.

Ignora-se o que a gente de Vilanova houve por bem fazer dos indígenas ligúrios e sicúlios, quando vieram estabelecer-se nas terras a cavaleiro do Tibre. Talvez os tenham completamente exterminado, como era de praxe nesses tempos, que se chama de "bárbaros", para distingui-los dos nossos, onde se pratica o mesmo, se bem que os chamemos de civilizados; ou, talvez, com eles se misturaram, após havê-los dominado. O fato é que, por volta do ano mil antes de Cristo, entre a embocadura do Tibre e a baía de Nápoles, os recém-chegados fundaram numerosas vilas, as quais, ainda que habitadas por gente do mesmo sangue, se guerreavam mutuamente e não se entendiam senão quando em face de algum inimigo comum ou por ocasião de alguma festa religiosa.

A maior e mais poderosa dessas pequenas cidades foi Alba-a-longa, capital do Lácio, situada no sopé do monte Albano; sua localização corresponde, provavelmente, à de Castelo Gandolfo. É de considerar que foi um pugilo de habitantes de Alba-a-Longa, jovens aventureiros, que, um belo dia, emigraram para fundar Roma, algumas dezenas de quilômetros mais ao norte. Talvez fossem trabalhadores por dia, em busca de um pouco de terra de que desejavam tomar posse para cultivar. Talvez fossem maus elementos, com contas a ajustar com a polícia e os tribunais de suas próprias cidades. Talvez se tratasse de emissários, enviados por seus governos para vigiar esse ponto limítrofe da Toscana, em cujas costas acabara, precisamente, de desembarcar um novo povo, o etrusco, vindo não se sabia de que parte do mundo e do qual se diziam as piores coisas. Talvez, entre tais pioneiros, houvesse dois que se chamassem Rômulo e Remo. Qualquer que seja a hipótese, não deviam ultrapassar uma centena.

O lugar que escolheram apresentava muitas vantagens e muitas desvantagens. Encontrava-se, apenas, a uma vintena de quilômetros do mar, o que vinha a ser elemento muito favorável, porque podiam ficar, assim, ao abrigo dos piratas que infestavam os mares, sem renunciar à posse de um porto; para as embarcações da época, era facilmente navegável o braço do rio, que desembocava no mar. Porém, os charcos e pântanos que rodeavam o lugar o condenavam ao impaludismo, que até não há muito tempo demorava às portas de Roma. Verdade é que as colinas protegiam, parcialmente, os habitantes dos insetos. E, de fato, foi sobre uma dessas colinas, o Pala- tino, que eles se acamparam, a princípio, deixando para povoar as outras' seis mais tarde.

Contudo, para o povoamento havia necessidade de crianças. E, para reproduzir crianças, precisavam de esposas. Ora, todos esses pioneiros eram celibatários.

Pela falta de dados históricos, forçoso é que voltemos agora à lenda. Esta nos conta como se arranjou Rômulo – se for este o nome que devamos dar ao chefe daqueles aventureiros – para conseguir mulher para si mesmo e para cada um de seus companheiros. Organizou uma grande festa, sob o pretexto, talvez, de celebrar o nascimento da cidade, convidando para a mesma seus vizinhos, os sabinos (ou quiritas), bem como seu rei, Tito Tácio, e, especialmente, suas donzelas. Os sabinos vieram; porém, enquanto se encontravam muito ocupados pelas corridas a pé ou a cavalo, esportes que preferiam, seus hospedeiros se apossaram das donzelas e expulsaram os homens a pontapés.

Nossos antepassados eram muito sensíveis no que diz respeito às mulheres. Não fazia muito tempo que o rapto de uma só mulher, Helena, fora causa de uma guerra de dez anos, que terminara pela destruição de um grande reino: o reino de Tróia. Os romanos raptaram mulheres às dezenas. É, pois, natural que, no dia seguinte, tivessem de afrontar os irmãos e os papais dessas mulheres, que retornavam armados para recuperá--las. Os romanos se fecharam no Capitólio; porém, cometeram o erro de confiar as chaves da fortaleza a uma de suas esposas improvisadas, Tarpéia, que, evidentemente, não ficara satisfeita com o marido que lhe coubera. Tarpéia abriu uma das portas para os invasores. Estes, cavalheirescos e, portanto, contrários a todas as traições, inclusive as que viessem a ser feitas em seu próprio benefício, como recompensa, esmagaram-na sob suas armas. Mais tarde, os romanos deram seu nome à rocha, do alto da qual precipitavam os traidores condenados à morte.

Tudo isto terminou por um pantagruélico banquete de núpcias. Com efeito, em dado momento, as outras mulheres, em nome das quais a batalha tivera início, se interpuseram entre os dois exércitos e declararam que não tinham intenção ou de tornarem-se órfãs, no caso de a vitória sorrir para seus maridos romanos, ou viúvas, o que aconteceria se seus papais sabinos fossem os vencedores. Disseram que era tempo de acabar a luta, pois se achavam muito bem com seus maridos, por mais desenvoltos e brutais que fossem. Seria muito melhor regularizar os casamentos do que prosseguir com o recíproco degolamento.

Foi o que se fez. Rômulo e Tácio resolveram governar, com os títulos de rei, esse novo povo, nascido da fusão das duas tribos, das quais recebeu os dois nomes unidos *"romani quiriti"*. Como, pouco tempo após, teve Tácio a amabilidade de morrer, dessa vez saiu bem um reinado a dois.

Não sabemos bem o que se esconde sob essa história. Talvez não passe de uma versão, sugerida pelo patriotismo e o orgulho, para ocultar uma conquista de Roma pelos sabinos.

HISTÓRIA DE ROMA

Também é possível que os dois povos se tenham unido voluntariamente e que o famoso rapto outra coisa não fosse do que a cerimônia normal do casamento, tal como então se celebrava, isto é, o esposo raptava a esposa, mas com o consentimento do sogro, como ainda ocorre no seio de alguns povos primitivos.

Se as coisas realmente assim se passaram, provável á que esta fusão não fosse sugerida, mas imposta pelo perigo de um inimigo comum, os etruscos, que, pouco a pouco, partindo da costa do mar Tirreno, se haviam espalhado pela Toscana e a Úmbria, usando de técnica bem mais avançada e pressionando em direção ao sul. Roma e a Sabina constituíam uma etapa dessa marcha para a frente. Estavam, pois, diretamente ameaçadas. Com efeito, não escaparam ao perigo.

Mal acabara de nascer a Urbs e já precisava enfrentar um dos rivais mais espertos, mais difíceis de vencer de toda a sua história. Terminou por abatê-lo, mas, a princípio, por prodígios de diplomacia e, mais tarde, por prodígios de coragem e tenacidade.

Capítulo 2

Pobres Etruscos

Contrariamente aos romanos de hoje em dia, que tudo fazem por rir, os da antiguidade tudo faziam seriamente, particularmente quando punham na cabeça a necessidade de abater um inimigo. Não lhe davam a oportunidade de respirar enquanto não o tivessem destruído, ainda que nisso tivessem de perder oi último exército e o último tostão. Era-lhes imprescindível entrar no campo inimigo e aí não deixar de pé uma pedra.

Foi particularmente severo o tratamento que reservaram aos etruscos quando, após ter recebido muitas humilhações da parte destes eles se sentiram bastante fortes para desafiá-los. A luta foi longa e cheia de duros golpes e não deixou aos vencidos senão os olhos para chorar a derrota. É raro ver-se, na história, um povo desaparecer da face do mundo e outro apagar-lhe os traços com tal ferocidade e tanta obstinação. Esta a causa de quase nada haver restado da civilização etrusca. Dela apenas nos restam algumas obras de arte e alguns milhares de inscrições, de que certas palavras foram decifradas. Sobre esses elementos bem fracos, cada um, a seu modo, tem procurado reconstituir o mundo etrusco.

Nessa expectativa, ninguém sabe, de modo preciso, de onde descendia esse povo. De acordo com a maneira com que eles próprios se representam em seus bronzes e cerâmicas de terracota, parece que os etruscos tinham o corpo mais rechonchudo e o crânio mais maciço do que a gente de Vilanova e traços que recordam as populações da Ásia Menor. Muitos, com efeito, afirmam que eles vieram daquelas regiões por via marítima; isto pareceria confirmar o fato de que foram, entre os habitantes da Itália, os primeiros a possuir uma frota. Certo é que deram o nome ao mar Tirreno, isto é, mar etrusco, mar esse que banha as costas da Toscana. Talvez tenham vindo em massa e submergido a população indígena; talvez não tenham chegado senão em pequeno número e se limitaram a submetê-la por meio de armas mais adiantadas e técnica mais desenvolvida.

Que sua civilização tivesse sido superior à de Vilanova se demonstra pelos crânios encontrados nas tumbas e que atestam cirurgia dentária bastante adiantada. Na vida dos povos, os dentes constituem importante sinal. Eles se deterioram ao mesmo tempo que a civilização se desenvolve, tomando mais necessários e imperiosos os tratamentos aperfeiçoados. Os etruscos já conheciam as pontes que servem para consolidar os molares, bem como os metais necessários para fabricá-las.

Além disso, sabiam trabalhar não somente o ferro, que foram procurar e encontraram na ilha de Elba, e do qual sabiam fazer o aço, mas também o cobre, o estanho e o âmbar.

As cidades que começaram imediatamente a construir no interior das terras: Tarquínia, Arezzo, Perúgia, Veies, eram muito mais modernas que as cidades fundadas pelos latinos, pelos sabinos e por outras populações que provieram da civilização de Vilanova. Todas contavam com bastiões para defendê-las, ruas e, sobretudo, esgotos. Em suma, os etruscos seguiam um "plano de urbanismo", como hoje se diria, e o entregavam à competência dos engenheiros, os quais, para a época, eram perfeitamente qualificados, em vez de confiar no azar ou no capricho individual. Sabiam organizar-se para os trabalhos coletivos, de utilidade geral, como o demonstram os canais, graças aos quais sanearam regiões infestadas pela malária. Eram, antes de tudo, porém, grandes negociantes, que não deixavam um tostão ao azar da sorte, sempre prontos a qualquer sacrifício para multiplicar seus recursos financeiros. Os romanos ainda ignoravam o que havia por trás de Soracta, pequena montanha situada a pouca distância de sua cidade, e já os etruscos haviam chegado ao Piemonte, à Lombardia, à Venecia, haviam ultrapassado os Alpes a pé e, subindo o Ródano e o Reno, tinham levado seus produtos para os mercados franceses, suíços e alemães, para trocá-los com produtos locais. Foram eles que levaram à Itália a moeda, como meio de troca. Os romanos copiaram essa moeda a tal ponto que nela continuaram a gravar uma proa de navio, antes de jamais terem construído um navio.

Os etruscos eram pessoas alegres, que levavam a vida alegremente: foi por isso que acabaram sendo vencidos pelos melancólicos romanos, que encaravam a vida de maneira austera. As cenas, que seus vasos e sepulcros reproduzem, nos mostram homens hem vestidos, com a toga que os romanos deles copiaram, dela fazendo o traje nacional. Tinham longos cabelos, barba encaracolada, numerosos enfeites no pulso, no colo, nos dedos, e se ocupavam constantemente em beber, comer e conversar, quando não praticavam algum de seus desportos.

Seus principais desportos eram o pugilismo, o lançamento do disco e da azagaia, a luta e duas outras exibições, que consideramos, erradamente, essencialmente modernas: o polo e a tourada. As regras desses jogos diferiam, naturalmente, da prática moderna; porém, desde aquela época o espetáculo da luta do homem e do touro era apreciado. É tão verdadeira tal afirmação que os que morriam queriam levar para seus túmulos alguma cena dessa luta, pintada em vasos, à maneira de lembrança, para gozar ainda desse espetáculo no além-túmulo.

O que representava grande progresso em relação aos costumes romanos, arcaicos e patriarcais, era a condição da mulher. Esta gozava de grande liberdade entre os etruscos. Com efeito, vemo-la representada na companhia dos homens, tomando parte nos divertimentos. Parece que as mulheres eram muito belas e de costumes muito livres. As pinturas representam-nas cobertas de joias, untadas de cosméticos e sem excessivas preocupações de pudor. Estendidas sobre vastos sofás, ao lado de seus homens, comem à larga e bebem imoderadamente. Outras vezes, estão a tocar flauta ou a dançar. Uma delas Tanaquil, que se tornou muito importante em Roma, era uma "intelectual", grande conhecedora de medicina e de matemática. Tudo isto quer dizer que, diferentemente de suas colegas latinas, condenadas à mais negra ignorância, elas frequentavam as escolas e faziam cursos regulares. Os romanos, grandes moralistas, apelidavam de "toscanas", isto é, etruscas, todas as mulheres de costumes fáceis. Numa comédia de Plauto, acusa-se uma jovem de seguir os "costumes toscanos" porque se prostituiu.

A religião, que é sempre a projeção da moral de um povo, centralizava-se num deus chamado Tinia, que exercia o poder por meio do relâmpago e do trovão. Não governava os homens diretamente, mas dava ordens a uma espécie de gabinete executivo, composto de doze grandes deuses, tão poderosos que era sacrilégio o ato de pronunciar-lhes o nome. Abster-nos-emos, portanto, disso, tanto mais que nossos leitores poderiam atrapalhar-se. Sua reunião formava o grande tribunal do "Além", aonde os gênios, espécies de delegados ou de agentes de polícia, conduziam as almas dos defuntos, desde que haviam abandonado os respectivos corpos. Lá tinha início um processo em boa e devida forma. Aquele que não conseguia demonstrar haver vivido conforme os preceitos de seus juízes era condenado ao inferno, a menos que os parentes e amigos que deixara na terra fizessem, em seu favor, o número suficiente de preces e sacrifícios para obter-lhe a absolvição. Nesse caso, subia ao paraíso para continuar a saborear os prazeres terrestres, na base de comedorias de graça, beberagens, pancadarias e canções – do que mandara que se esculpissem sobre sua sepultura alegres cenas.

Temos, entretanto, a impressão de que os etruscos falavam pouco e poucas vezes desse paraíso. Deixavam ligeiramente no ar tal domínio. Talvez, bem poucos dentre eles para lá fossem, para que se soubesse a respeito algo de preciso. Achavam-se muito informados a respeito do inferno; conheciam um por um todos os tormentos que aí deveriam sofrer. Seus padres pensavam, evidentemente, que, para fazer com que as pessoas andem direito, tinham mais peso as ameaças da danação do que a esperança de absolvição. Esta maneira de entender as coisas perpetuou-se até a uma época mais recente, a época de Dante, o qual, nascido também ele na Etrúria (Toscana), guardou a mesma opinião e nos deixou muito mais informações sobre o inferno do que sobre o paraíso.

Aliás, não seria de acreditar-se que os etruscos fossem modelos de delicadeza. Matavam com bastante frequência, verdade que, quase sempre, com a boa intenção de oferecer a vítima em sacrifício para a salvação de algum amigo ou de algum parente. Essa sorte estava reservada, sobretudo, aos prisioneiros de guerra. Em Tarquínia, mataram-se, por lapidação, trezentos romanos, capturados no decurso de uma das numerosas batalhas a que se entregaram os dois exércitos. Era sobre seus fígados palpitantes de vida que os adivinhos se esforçavam para determinar as futuras vicissitudes da guerra. Não chegaram a isso, é óbvio; de outro modo, teriam feito com que ela terminasse imediatamente. Tal uso, porém, era frequente, se bem que utilizassem para isso, geralmente, as vísceras de algum animal, carneiro ou touro. Os romanos também copiaram tal uso.

Suas cidades, espalhadas, jamais chegaram a uma unidade política. E, infelizmente, não se encontrou uma bastante forte, que mantivesse as outras à sua disposição, como Roma o fizera com suas rivais latinas e sabinas. Bem que houve uma federação, dominada por Tarquínia, mas não pôde vencer as tendências separatistas. Os doze pequenos Estados que a constituíam, em vez de se unirem contra o inimigo comum, deixaram-se bater e engolir um a um por aquele. A diplomacia que empregavam era a de certas nações modernas da Europa, que preferem morrer sozinhas do que viver em conjunto.

Tudo isto se reconstituiu com o grande reforço das induções, conforme os restos da arte etrusca que se conservaram até nossos dias e que constituem a única herança deixada por esse povo. Trata-se, em particular, de vasos e de bronzes. Entre os vasos, existem alguns belos, como o Apoio de Veies, também conhecido como "Apoio em marcha", em terracota policroma, o que indica, entre os ceramistas etruscos, grande experiência técnica e gosto rebuscado. Quase todos são imitados dos gregos e, salvo alguns raros espécimes, como o "bucchero" negro, nada mostram de extraordinário.

Por poucos que sejam tais acervos, bastam para fazermos compreender que os romanos – tendo esmagado os etruscos, após terem estado em contato com a escola de seus costumes e de terem sofrido o impacto de sua superioridade em matéria de técnica e de organização – não somente os destruíram, mas também se esforçaram em apagar até os traços de sua civilização. Consideravam essa civilização mórbida e destrutiva. Dela copiaram, porém, tudo o que pudesse ser-lhes útil. Enviaram seus filhos às escolas de Veies e de Tarquínia, notadamente para deles fazer engenheiros e médicos. Adotaram a toga. Talvez tivessem também emprestado dos etruscos a organização política, se bem que esta fosse comum a todos os povos da antiguidade. Havia passado, entre eles como entre os demais, de um regime monárquico inicial para um regime republicano, administrado por um *lucumon,* magistrado eleito, e, em seguida, a uma forma de democracia em que dominavam as classes ricas. Contudo, Roma timbrou em conservar seus costumes, estóicos e sãos, baseados no sacrifício e na disciplina social, preservando-os da facilidade dos costumes etruscos. Instintivamente, percebeu que não lhe era suficiente haver vencido o inimigo pelas armas e haver-lhe ocupado as terras se lhe permitisse contaminar os lares romanos, no caso em que se tomassem alguns dos etruscos como escravos ou preceptores, assim como se fazia, então, com os povos vencidos. Roma destruiu o inimigo. Cuidou de enterrar-lhe todos os documentos e monumentos.

Isto, todavia, não se deu senão muito tempo depois do primeiro contato dos dois povos, que se encontraram, precisamente, em Roma, quando aí chegaram os povos de Alba-a-Longa. Estes já encontraram instalada, ao que parece, uma pequena colônia etrusca, que havia dado ao local um nome de sua própria língua. É provável, com efeito, que a origem do nome Roma seja "Rumon", palavra que, em etrusco, significa "rio". Se o fato for certo, dele devemos deduzir que a primeira população da Urbs não foi somente formada de latinos e de sabinos, povos do mesmo sangue e da mesma origem, como o deixaria crer aquela história do famoso "rapto", como também de etruscos, gente de raça, língua e religião completamente diversas. Ainda mais: a dar-se crédito a alguns historiadores, o próprio Rômulo era um etrusco. Seja o que for, não deixava de ser certamente rito etrusco aquele, segundo o qual ele fundou sua cidade com uma charrua, puxada por um touro e uma vitela de vestimenta branca, depois que doze pássaros de bom augúrio voltearam por sobre sua cabeça.

Sem desejar meter-nos em concorrência com gente importante, que discute a questão há séculos, não chegando a pôr-se de acordo, eis a versão que nos parece apresentar o máximo de verossimilhança.

Os etruscos, que eram dominados pela paixão do turismo e pela paixão do comércio, já haviam fundado uma pequena vila sobre o Tibre, quando aí chegaram os latinos e os sabinos.

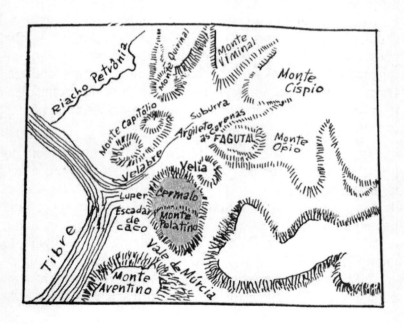

Essa vila deveria servir de local de triagem e de abastecimento para suas linhas de navegação, que demandavam o sul. No Sul e, particularmente, na Campânia, já tinham estabelecido ricas colônias: Cápua, Nola, Pompéia, Herculano, onde as populações locais, que se chamavam samnitas e eram, também elas, da raça de Vilanova, trocavam seus produtos agrícolas com os produtos industriais vindos da Toscana. Era difícil lá chegar, de Arezzo ou de Tarquínia, por via terrestre. Faltavam os caminhos e a região era infestada por animais ferozes e bandidos. Visto que eram somente eles que possuíam uma frota, seria muito mais fácil para os etruscos chegar por via marítima; porém, a viagem era longa: despendia semanas. Os navios, verdadeiras cascas de noz, não podiam embarcar suficientes víveres para a equipagem; precisavam-se portos escalonados ao longo de seu percurso para fazer provisão de farinha e de água. A embocadura do Tibre, que se encontrava justamente ao meio da caminhada, fornecia baía cômoda para reabastecer os porões vazios e, além disso, navegável como era nessa época, oferecia, igualmente, meio fácil de chegar até ao interior das terras, enquanto se combinavam alguns pequenos negócios com os latinos e os sabinos, que as habitavam. A região estava semeada de vilarejos – não se poderia exatamente dizer o número, mas ia de trinta a setenta – cada um dos quais representava pequeno mercado de trocas. Não se pense que grandes negócios pudessem ser encaminhados, pois o Lácio. somente era rico em bosques – florestas maravilhosas, que mal se podem imaginar hoje em dia. Quanto ao mais, ele nem mesmo produzia trigo; apenas um pouco de vinho e de olivas. Contudo[1], por poucos tostões que pudessem ganhar, os etruscos se contentavam e esse defeito com eles permaneceu.

Foi por isso que fundaram Roma, que a chamaram dessa ou de outra forma, mas sem emprestar-lhe qualquer outra importância. Quem sabe quantas Romas terão existido, escalonadas ao longo do mar Tirreno, entre Livorno e Nápoles? Para cuidar desta última – então vila – aí instalaram uma guarnição de marinheiros e de negociantes, que, talvez, considerassem tal residência como castigo. Deviam, antes de mais nada, manter em bom estado o estaleiro, que se destinava à reparação dos navios, avariados por tempestades, bem como os entrepostos de reabastecimento.

Depois, um belo dia, os latinos e os sabinos aí começaram a chegar em grande número: um tanto, talvez porque principiavam a sentir-se ligeiramente apertados em suas terras ou, então, porque tinham, também eles, vontade de comerciar com os etruscos, cujos produtos lhes eram necessários. Que tivessem, desde o início, plano estratégico de conquista, primeiro da Itália, em seguida do mundo, e que, como consequência, considerassem indispensável a posição de Roma – tudo isso são fantasias dos historiadores de hoje. Esses latinos e sabinos eram bravos campônios, rústicos de todo, para os quais a geografia se reduzia aos próprios jardins.

É provável que esses recém-chegados tenham brigado entre si; porém, é igualmente provável que, em seguida, em vez de destruírem-se mutuamente, eles se aliaram para enfrentar os etruscos, que os deviam considerar tanto quanto os ingleses consideram os indígenas em suas colônias. Na presença desses estrangeiros, que os olhavam de alto a baixo e falavam em idioma incompreensível, tiveram de perceber que eram irmãos entre si, aproximados por sangue comum, mesma língua, idêntica miséria. Eis por que também deixaram em comum o pouco que possuíam: as mulheres. O famoso "rapto" ficou, possivelmente, como o símbolo desse acordo, do qual é natural que ficaram excluídos os etruscos, isto, porém, porque assim o quiseram. Sentiam-se superiores a tal assunto e não queriam misturar-se.

A divisão racial continuou durante, pelo menos, cem anos, no curso dos quais latinos e sabinos, daí por diante fundidos no tipo romano, tiveram de sofrer muito. Quando ficaram em supremacia, após Tarquínio Soberbo, que foi seu último rei, sua vingança não estabeleceu qualquer distinção. É bem possível que o encarniçamento com que se puseram a destruir a Etrúria, não só como estado, mas também como civilização, lhes tenha sido inspirado, precisamente, pelas humilhações que haviam sofrido na própria pátria por parte dos etruscos. Quiseram depurar tudo, até mesmo a História, dando certificado de nascimento latino até mesmo a Rômulo, que, bem provavelmente, já possuía um, etrusco, e fazendo remontar a origem de sua cidade à sua união com os sabinos.

Capítulo 3

Os Reis Agricultores

Quando Rômulo morreu, bom número de anos após haver enterrado Tito Tácio, os romanos disseram que o deus Marte o raptara para o Olimpo para dele fazer um deus: o deus Quirino. E, desde então, veneraram-no, como o fazem hoje os napolitanos com relação a São Januário.

Seu sucessor, na qualidade de segundo rei de Roma, foi Numa Pompílio, que a tradição nos apresenta um pouco como filósofo, um pouco como santo, como o seria Marco Aurélio, muitos séculos mais tarde. O que mais o interessava eram as questões religiosas. Como, nesse assunto, deveria reinar grande anarquia, porque cada um dos três povos venerava seus próprios deuses, dos quais não chegavam a saber qual o mais importante. Numa decidiu pôr em boa ordem a questão. Para impor tal ordem a seus súditos, fez espalhar a notícia de que, à noite, enquanto dormia, a ninfa Egéria descia para visitá-lo em sonho, a fim de transmitir-lhe, diretamente, as instruções do Olimpo. Quem quer que desobedecesse a tais instruções não teria de dar explicações ao rei, mas ao Pai Eterno em pessoa.

Esse estratagema pode parecer infantil; entretanto, ainda continua a "vingar" hoje em dia, de quando em quando. Em pleno século XX, Hitler não encontrou coisa melhor para obter a obediência dos alemães. De vez em quando, descia da montanha de Berchtesgaden, com uma ordem do bom Deus no bolso: exterminar os judeus, por exemplo, ou destruir a Polônia. O mais bonito da questão é que ele próprio parecia acreditar na história. A humanidade, na matéria, não progrediu muito desde Numa.

Contudo, talvez haja um fundo de verdade mesmo nessa lenda, ou, pelo menos, uma indicação que permita reconstituir o que aconteceu. Quaisquer que tenham sido seus nomes ou sua origem, os reis da mais antiga Roma tiveram de ser, bem mais do que reis propriamente ditos, verdadeiros papas, como o era, de resto, o arconte-basileu, em Atenas.

Naquela época, todas as autoridades se apoiavam, antes de tudo, na religião. No caso do *pater familias,* o chefe do lar, seu poder sobre a mulher, as crianças, os netos e os servidores era, mais do que nada, o de um sacerdote, encarregado de certas funções pelo bom Deus. Por isso mesmo era tão poderoso[1]. Pela mesma causa eram tão disciplinadas as famílias romanas. Por esse mesmo motivo compreendia todo mundo seu dever e o cumpria em tempo de paz ou de guerra.

Estabelecendo ordem de precedência entre os diferentes deuses que cada um dos povos, de que Roma se compunha, trouxera para a cidade, Numa realizou, talvez, um trabalho político fundamental, o que permitiu a seus sucessores, Túlio Hostílio e Anco Márcio, conduzir o povo, unido, às guerras vitoriosas contra as cidades rivais da região. Mas, no caso de poderes políticos propriamente ditos, ele não iria ter muitos: os maiores e mais decisivos estavam nas mãos do povo, que o elegia e, diante do qual, sempre ficava responsável.

A questão, em si mesma, não teria muito sentido, porque, em qualquer ocasião e sob não importa que regime, os que governam dizem que o fazem em nome do povo; mas em Roma, essas palavras não eram vãs, pelo menos até a dinastia dos Tarquínios, que, precisamente, veio a perder o trono porque seus elementos pretendiam nele assentar-se como senhores e não como delegados.

Eis, mais ou menos, como se estabelecia a divisão dos poderes. A cidade se dividia em três *tribus:* os latinos, os sabinos e os etruscos. Cada *tribu* estava dividida em dez *cúrias* ou bairros. Cada bairro em dez *gentes* ou estirpes. Cada estirpe se dividia em famílias. As cúrias se reuniam, geralmente, duas vezes por ano; nessas ocasiões, formava-se o comício das cúrias, que se ocupava, entre outras coisas, da eleição de um novo rei, quando morria o antigo. Todos tinham o mesmo direito de voto. A maioria decidia. O rei executava.

Tratava-se da democracia absoluta, sem classes sociais. Funcionou enquanto Roma não passava de uma pequena vila, amena, habitada somente por pequeno número de pessoas, que raramente deixavam suas casas. Em seguida, quando o número de habitantes aumentou, também cresceram suas exigências. O rei – que, a princípio, não somente dizia a missa, isto é, celebrava os sacrifícios e os outros ritos da liturgia, mas também ainda devia aplicar as leis, isto é, representar o papel de juiz – não teve mais tempo para cumprir todas as suas obrigações e começou a nomear "funcionários", aos quais as confiava. Assim nasceu a "burocracia". Aquele que havia sido, antes de tudo, um sacerdote, passa a ser bispo e designa curas para ajudá-lo nas funções religiosas. A seguir, tem necessidade de homens que se ocupem das ruas, do recenseamento, do cadastro, da higiene e nomeia pessoas competentes para tratar dessas matérias. Assim nasce o primeiro "ministério", chamado "conselho dos anciãos" ou Senado; constituía-se de uma centena de membros, que descendiam, por direito de progenitura, dos pioneiros da fundação de Roma, vindos com Rômulo. Não tem, a princípio, senão a tarefa de aconselhar o soberano, mas se torna, em seguida, cada vez mais influente.

Enfim, nasce, como organização estável, o exército, fundado, também ele, sobre a divisão em trinta *cúrias.* Cada uma das cúrias devia fornecer uma *centúria,* isto é, cem soldados de infantaria; mais uma *decúria,* isto é, dez cavaleiros com seus ginetes. Reunidas as trinta centúrias e as trinta decúrias, isto é, três mil e trezentos homens, constituía-se a *legião,* o primeiro e único corpo de exército da Roma ainda inteiramente primitiva. Sobre os soldados, o rei, que era seu chefe supremo, tinha direito de vida e de morte; porém, mesmo esse poder militar ele não o exerce de modo absoluto e sem controle. Dirige as operações, mas após haver pedido conselho ao *comício das centúrias,* isto é, à legião em armas, da qual solicita, igualmente, aprovação para a nomeação dos oficiais que, naquela época, se chamavam *pretores.*

Em suma, os romanos haviam tomado todas as precauções para que o rei não viesse a transformar-se em tirano. O rei devia permanecer como "delegado" da vontade popular. Quando um bando de pássaros atravessava o ar ou quando o raio abatia uma árvore, era seu dever convocar os sacerdotes, estudar com eles o sentido de tais sinais. Se estes lhe parecessem de mau augúrio, tinha de decidir sobre os sacrifícios que deveriam ser executados para acalmar os deuses, visivelmente irritados com algo. Quando dois particulares disputavam ou, até mesmo, quando um deles roubava ou degolava o outro, não lhe cabia ocupar-se disso. Mas, se alguém cometesse crime contra o Estado e a coletividade, então fazia com que fosse conduzido por guardas à sua presença e, conforme a necessidade, condenava-o à morte. Para tudo o mais, não podia tomar decisões. Em tempo de paz, solicitava-as ao comício das cúrias e, em tempo de guerra, ao comício das centúrias. Se fosse esperto, conseguia chegar a apresentar, como ainda hoje se pratica, sua vontade pessoal como "vontade do povo". De outro modo, devia submeter-se a esta última; porém, sempre e em todos os casos, devia entender-se a respeito com o Senado, antes de executá-la.

Tal era a organização que o primeiro rei de Roma deu à Urbs, quer tenha sido ou não Rômulo, e não importa de qual das três raças tenha sido originário. Tal foi a que o sábio Numa deixou a seu sucessor, Túlio Hostílio, que era de temperamento bastante mais vivo.

Tinha no sangue a política, a aventura e a cobiça, mas o fato de que o comício o haja escolhido como soberano significa que, após os quarenta anos de paz que lhe assegurara Numa, Roma estava desejosa de combater. Entre as comunidades e cidades que a rodeavam, Alba-a-Longa era a mais rica e a mais importante. Não sabemos bem qual o pretexto que encontrou Túlio para declarar-lhe guerra. Talvez nem o tenha procurado. O fato é que, num belo dia, ele a atacou e dela fez tábua rasa, se bem que a lenda haja transformado esse episódio de violência em ato cavalheiresco e quase nobre. Conta-se, com efeito, que os dois exércitos confiaram a sorte das armas a um duelo entre três romanos, os Horácios, e três albanos, os Curiácios. Estes mataram, no começo, dois Horácios. Todavia, por sua vez, o último dos Horácios matou os Curiácios, decidindo, dessa forma, a guerra. Não é menos verdade que Alba foi destruída e que ligaram as duas pernas de seu rei a dois carros, que foram lançados em duas direções opostas, para esquartejá-lo. Tal foi a maneira pela qual Roma tratou a terra que considerava como mãe-pátria, aquela de onde haviam vindo, dizia, seus fundadores.

Obviamente, o acontecimento deve ter deixado um tanto alarmadas todas as outras comunidades da região, que, não tendo sofrido a influência etrusca, tinham ficado na traseira quanto a tudo o que diz respeito ao progresso e, por consequência, se sentiam mais fracas e não tão bem armadas. Túlio Hostílio e seu sucessor, Anco Márcio, que lhe seguiu o exemplo, procuraram pretexto para disputar mais ou menos com todas elas.

Para resumir, no dia em que Tarquínio, o Antigo, foi elevado ao poder e se tornou o quinto de seus reis, Roma já era o inimigo público número um dessa região, de que não se conhecem os limites precisos, mas que se devia estender, pouco mais ou menos, até Cidade-Velha, ao norte, até Rieti, a leste, e até Frosinone, ao sul.

É bem provável que essa política de conquistas, destinada a tornar-se ainda mais agressiva com os últimos três reis da família Tarquínio, era, antes de mais nada, de inspiração etrusca. Isto por motivo bem simples: enquanto os latinos e os sabinos eram agricultores, os etruscos eram industriais e mercadores. Cada vez que rompia uma guerra, latinos e sabinos deviam abandonar seus domínios e deixá-los periclitar, a fim de engajarem-se na legião[1]; arriscavam-se a perdê-los, se os inimigos deles se apoderassem. Na guerra, pelo contrário, tudo tinham a ganhar os etruscos: aumentava o consumo, os "pedidos" do governo choviam; no caso de vitória, conquistavam novos mercados. Em todas as épocas, tem acontecido dessa mesma forma: são os habitantes das cidades – capitalistas, intelectuais ou comerciantes – que desejam as guerras, contra a vontade dos campônios, que, nem por isso, deixam de ter de fornecer homens para a sua realização. Quanto mais se industrializa um Estado, tomando a cidade a supremacia sobre o campo, mais sua política se torna aventureira e agressiva.

Até o quarto rei, foi o elemento rústico que predominou em Roma, cuja economia era sobretudo agrícola. Os três mil e trezentos homens de que se compunha o exército mostram que a população devia elevar-se, no conjunto, a trinta mil almas, cuja maior parte, talvez, se espalhasse pela campanha. Na cidade, propriamente dita, não devia residir senão cerca de metade dos habitantes que, do Palatino, se haviam disseminado sobre as outras colinas. A maior parte vivia em cabanas de taipa, construídas ao acaso, de maneira desordenada, providas de uma porta de entrada, mas sem janelas, com uma única peça, em que dormia todo mundo: o pai, a mãe, as crianças, as noras, os genros, os netos, os escravos (quando havia), os frangos, os asnos, as vacas, os porcos. Pela manhã, os homens desciam para os campos a fim de lavrar a terra; entre eles estavam os senadores, que atrelavam seus bois ao jugo, faziam suas sementeiras ou colhiam as espigas como todos os outros. Os meninos os auxiliavam, porque o trabalho dos campos lhes era, verdadeiramente, a única escola e, verdadeiramente, o único exercício desportivo. Os pais aproveitavam a ocasião para ensinar-lhes que a sementeira não daria boa colheita senão quando o céu dosava sobre a terra a água e o sol em justas proporções, quando os deuses bem o queriam; que os deuses mostravam boa vontade quando os homens haviam cumprido seus deveres para com eles; e que, para os jovens, o primeiro desses deveres era o de obedecer aos velhos.

Assim é que se educavam os cidadãos romanos, pelo menos os descendentes de latinos e de sabinos – que deviam constituir a maioria deles. A higiene e os cuidados pessoais deviam reduzir-se ao mínimo, mesmo para as mulheres. Nada de cosméticos, nada de vaidades, pouco ou nada de água. As mulheres deviam descer para buscá-la e traziam-na em ânforas, colocadas sobre a cabeça. Nada de instalações sanitárias ou de esgotos. As necessidades eram desobrigadas em frente das portas e lá deixadas. As barbas e os cabelos ficavam da forma como cresciam. Quanto às vestimentas, não devemos confiar nos monumentos que, aliás, pertencem a épocas muito mais recentes, em que Roma possuía verdadeira indústria têxtil própria e costureiros civilizados, cuja maior parte se constituía de gregos de escolas e de origem. Nessa época longínqua, a toga, que depois teve tanta importância, ou não havia ainda nascido ou se reduzia à sua expressão mais simples. Talvez se parecesse com a "futa", que vestem atualmente os abissínios: um pano branco de lã de carneiro, com um furo praticado no meio para permitir a passagem da cabeça, tecido em casa pela mulher e pelas filhas. Pouca gente havia que possuísse uma para trocar. De modo geral, era a mesma que vestiam no inverno ou no verão, de dia como de noite – com as consequências que podemos imaginar de tal uso.

Nenhum prazer era admitido, nem mesmo a gulodice. Contrariamente às teorias dos sábios americanos modernos, segundo as quais a força de um povo é proporcional ao seu consumo de calorias e de vitaminas, dependendo da variedade de sua alimentação, os romanos forneceram a prova de que um povo pode conquistar o mundo não comendo mais do que uma pasta de água e de farinha mal cozida, duas azeitonas e um pouco de queijo, tudo regado com um copo de vinho, nos dias de festa. Parece que o azeite só apareceu bem mais tarde: a princípio, consta que os romanos só o utilizaram para untar a pele, a fim de protegerem-se das queimaduras do frio e do sol. Isto devia aumentar em notáveis proporções o mau odor geral.

O próprio rei não escapava desse regime. Somente com a dinastia dos Tarquínios lhe foi outorgado um uniforme, um capacete e insígnias particulares. Até Anco Márcio, ele se igualava a todos os outros. Também ele arou a terra atrás de seus bois emparelhados, espalhou o grão e colheu a espiga. Parece que não chegou a ter palácio ou mesmo uma espécie de gabinete. É matéria sabida, pelo contrário, que deambulava entre o povo, sem escolta para protegê-lo, porque, se tivesse tido uma escolta, todos o teriam acusado de querer reinar não pelo consentimento do povo, mas pela força. Suas decisões eram tomadas debaixo de uma árvore, ou mesmo sentado diante da porta de sua casa, após ter solicitado conselho aos anciãos, que se sentavam em círculo, ao seu redor. Não subia ao trono – e, nessa circunstância, talvez vestisse um hábito especial – senão quando devia fazer qualquer sacrifício ou celebrar outra qualquer cerimônia religiosa.

Mesmo para partir para a guerra, os romanos nada tinham que se assemelhasse a uma verdadeira organização militar. O pretor, comandante da centúria ou da decúria, não possuía emblemas de seu grau. As armas consistiam, principalmente, de bastões, de calhaus e de espadas grosseiras. Foi preciso bastante tempo para chegarem ao capacete, ao escudo e à couraça. Tais invenções devem ter provocado o mesmo efeito que, em nosso tempo, a metralhadora e o tanque. Assim sendo, as grandes campanhas empreendidas por Roma ao tempo de seus primeiros reis teriam sido semelhantes a "expedições punitivas" e resumiam-se a lutas corpo a corpo, com grandes golpes de bastão, sem sombra de tática ou de estratégia. Se os romanos foram vitoriosos, isto não se deve tanto ao fato de que fossem os mais fortes quanto a estarem eles convencidos de que sua pátria havia sido fundada pelos deuses, com o fito de realizar grandes feitos, e de que morrer por ela não era mérito, mas simplesmente o pagamento de uma dívida contraída no dia de seu nascimento.

Uma vez batido, o inimigo deixava de ser um "sujeito" para ser um "objeto". O romano, que o fizera prisioneiro, considerava-o como coisa sua; se estivesse de mau humor, ele o matava; se estivesse bem-humorado, conduzia-o para sua própria casa como escravo e dele podia fazer o que bem entendesse: matá-lo, vendê-lo, obrigá-lo a trabalhar. Suas terras eram requisitadas pelo Estado, que as alugava a seus próprios súditos. Frequentemente, as cidades eram destruídas e deportavam-se suas populações.

Foi graças a esse sistema que Roma se desenvolveu, à custa dos sabinos e dos équos, a leste, e dos etruscos, ao norte. Ao mar, de que estava separada apenas por alguns quilômetros, ela não ousava aventurar-se, porque ainda não possuía frota e porque sua população de camponeses dele tinha instintiva desconfiança. Sob Rômulo, Tito Tácio, Túlio Hostílio e Anco Márcio, os romanos foram *terrestres* e sua política foi a de gente apegada à terra.

Foi o aparecimento de uma dinastia estrusca que transformou radicalmente as coisas, tanto em matéria de política interna quanto externa.

Capítulo 4

Os Reis Negociantes

Não sabemos com precisão quando ou como morreu Anco Márcio. Deve, porém, ter falecido perto de cento e cinquenta anos após o dia em que a lenda diz ter sido fundada Roma, isto é, por volta do ano 600 antes de Cristo. De qualquer forma, parece que, nesse momento, um certo Lúcio Tarquínio se encontrava na cidade; tratava-se de personagem diverso daqueles que os romanos costumavam escolher como magistrados e como reis.

Não pertencia à região. Viera de Tarquínia e era filho de um grego, Demaratos, que emigrara de Corinto e desposara uma mulher etrusca. Esse cruzamento produzira um menino vivo, brilhante, desprovido de vãos escrúpulos e muito ambicioso, que os romanos – quando, depois de moço, veio estabelecer-se junto a eles – devem ter olhado com misto de admiração, inveja e desconfiança. Era rico e pródigo, no meio de um povo pobre e sovina.

Era elegante, no meio de rústicos. Era o único a possuir conhecimentos filosóficos, geográficos e matemáticos, num mundo de pobres analfabetos. No tocante à política, seu sangue *grego,* mesclado com sangue etrusco, dele devia fazer um diplomata, conhecedor de mil artimanhas, no meio de concidadãos que as desconheciam por completo. Dele disse Tito Lívio que "foi o primeiro a tecer intrigas para fazer-se eleger rei" e que "pronunciou um discurso a fim de assegurar-se o apoio da plebe".

Duvidamos de que tenha sido o primeiro a fazer intrigas; porém, é certo que o tenha feito. Provavelmente, as famílias etruscas, que constituíam minoria, mas minoria rica e poderosa, nele viram o seu homem; cansadas de serem governadas por reis e pastores e camponeses, de raça latina e sabina, que faziam ouvido mouco a suas necessidades comerciais e expansionistas, decidiram elevá-lo ao trono.

Ignora-se o modo pelo qual se passaram as coisas, mas essa alusão de Tito Lívio à plebe nos permite disso fazer ideia. Constitui, na história romana, elemento novo, pelo menos elemento que ainda não se fizera sentir quando do reinado dos quatro primeiros reis; estes não tinham qualquer precisão de falar à plebe para fazer-se eleger, pela simples razão de que, em seu tempo, a plebe era inexistente. No seio dos *comícios das cúrias,* que procediam à investidura do soberano, não existiam diferenças sociais. Todos eram cidadãos, todos eram grandes ou pequenos proprietários de terras, todos tinham, portanto, teoricamente, idênticos direitos, até mesmo se, pela fôrça dos fatos, na prática, fossem alguns profissionais da política que tomavam as decisões e as impunham aos demais.

Era uma perfeita democracia, com plena sinceridade de propósitos, onde tudo se realizava à luz do dia, em que discutiam cidadãos iguais entre si quanto aos direitos, e onde o que contava, para a distribuição dos cargos, era a estima e o prestígio de que alguém gozava. Todavia, tal democracia pressupunha a pequena vila que fora Roma no decurso de seu primeiro século de existência, fechada, como era, no círculo estreito de seus casebres, onde todos se conheciam, sabiam a filiação de uns e de outros, o que alguém fazia, o modo pelo qual fulano tratava sua esposa, os gastos que fazia para alimentação e o número de sacrifícios que celebrava em honra dos deuses.

Por ocasião da morte de Anco Márcio, a situação mudara completamente. As necessidades da guerra haviam estimulado a indústria, favorecendo, em consequência, o elemento etrusco, aquele que fornecia os carpinteiros, os ferreiros, os armadores, os negociantes. Tais artesãos tinham vindo de Tarquínia, de Arezzo, de Veies; as lojas tinham ficado repletas de rapazes e de aprendizes: uma vez bem dominado o ofício, estes abriam novas lojas. O aumento do salário fizera vir para a cidade a mão-de-obra camponesa. Os soldados, após terem feito a guerra, não' retornavam ao campo senão contra a vontade e prefeririam ficar em Roma, onde encontravam, mais facilmente, vinho e mulheres. Porém, as vitórias, sobretudo, tinham feito afluir a Roma levas de escravos. Era essa multidão de estrangeiros que constituía o *plenum,* de onde veio a palavra plebe.

Lúcio Tarquínio e seus amigos etruscos devem ter percebido, imediatamente, qual o partido que se poderia tirar dessa massa humana, excluída, na maior parte, dos comícios das cúrias, uma vez que viesse a ser convencida de que somente um rei estrangeiro, como ela própria, poderia fazer valer-lhe os

HISTÓRIA DE ROMA

direitos. Eis por que ele lhe dirigiu a palavra, prometendo-lhe não se sabe o que, talvez, mesmo, o que lhe veio a dar em seguida. Contava, atrás de si, com o que chamaríamos, hoje em dia, de indústria pesada, com os magnatas, com todos os que podiam despender não importa o quê para uma propaganda eleitoral e bem decididos a fazer tais gastos a fim de assegurar-se um governo mais favorável, do que os precedentes, que lhes protegesse os interesses e seguisse a política expansionista de que dependia sua prosperidade.

Tiveram, certamente, bom êxito, visto que Lúcio Tarquínio foi eleito, sob o nome de Tarquínio Prisco – Tarquínio, o Antigo – e permaneceu sobre o trono por trinta e oito anos. Para desembaraçar-se dele, os "patrícios", isto é, os "proprietários de terras", tiveram de mandar assassiná-lo. Isto, porém, foi inútil, antes de tudo porque a coroa passou, a princípio, para seu filho e, em seguida, para seu sobrinho. Depois, porque, muito mais do que uma causa, o aparecimento da dinastia dos Tarquínios fora consequência de uma reviravolta na história de Roma, que não mais permitia a esta retornar à sua organização primitiva, arcaica, e à política que daí decorria.

O rei da grande indústria e da plebe foi um rei autoritário, guerreiro, planificador e demagogo. Quis possuir um palácio e fez que se erguesse um de estilo etrusco, estilo muito mais rebuscado do que o estilo romano. Após isso, fez erigir no palácio um trono, onde se assentava, com cetro à mão e capacete emplumado à cabeça. Deve ter feito isso tanto por um pouco de vaidade quanto porque conhecia seu mundo e bem sabia que a plebe – à qual devia a eleição e da qual pretendia conservar o favor – ama o fausto: quer ver o rei em grande uniforme e rodeado de couraceiros. Diversamente de seus predecessores, que passavam a maior parte do tempo a celebrar a missa e estabelecer horóscopos, despendeu seu tempo no exercício de seu poder temporal, isto é, a cuidar da política e da guerra. Primeiramente, subjugou todo o Lácio, após o que buscou querela com os sabinos, de quem abiscoitou outro naco de território.

Para fazê-lo, teve necessidade de grande armamento – que lhe forneceu a indústria pesada, com isso realizando pingues negócios – bem como de numerosos fornecimentos – que lhe asseguraram os negociantes, com isso ganhando polpudos lucros. Os historiadores, republicanos e antietruscos, escreveram, em seguida, que esse reinado foi o do mercado negro, da feira de favores, do triunfo das ofertas de garrafas de vinho e das transações por baixo da mesa. Também disseram que as presas que tomou dos povos vencidos, ele as consagrou não ao embelezamento de Roma, mas das cidades etruscas, em particular de Tarquínia, de que era natural.

Duvidamos disso, pois, precisamente sob seu reinado, Roma deu um salto para a frente, especialmente no que concerne aos monumentos e ao urbanismo. Antes de mais nada, mandou construir a Cloaca Máxima, isto é, os esgotos, que livraram, afinal, os cidadãos de suas sujeiras, com as quais, até então, coabitavam. Enfim, a seguir, a Urbs começou a tornar--se realmente uma cidade, com ruas bem traçadas, quarteirões delimitados, residências que não mais eram cabanas, mas construções de verdade, com telhado inclinado de dois lados, janelas e um átrio. Roma, por fim, teve seu Foro, isto é, uma praça central, onde se reuniam todos os cidadãos.

Para completar, infelizmente, essa autêntica revolução, que transformava não somente o aspecto de Roma como também seu modo de vida, foi-lhe necessário suportar a hostilidade do Senado, depositário das velhas tradições e pouco disposto a renunciar ao direito de controle que tinha sobre o rei. Numa outra época, o Senado o teria deposto ou constrangido a pedir demissão; porém, daí por diante, precisava contar com a plebe, isto é, com a multidão, não detentora, ainda, de representação política adequada, mas bem convencida de que Tarquínio lhe

HISTÓRIA DE ROMA

49

daria uma, pronta a defender seu rei, ainda que tivesse de erguer barricadas. Era mais simples matá-lo. Foi o que fizeram os senadores, mas cometeram o imperdoável erro de deixar com vida sua esposa e seu filho, pois acreditavam que, por razão de sexo, a primeira e, por causa da tenra idade, o último, não poderiam conservar o poder.

Teriam, talvez, tido razão, se Tanaquila tivesse sido romana ou seja habituada tão-somente a obedecer. Ela, contudo, era etrusca, fizera bons estudos e não só compartilhara do leito do esposo, mas também de seus trabalhos, tendo interesse pelos problemas do Estado, da administração, da política externa e das reformas. Sobre todos esses pontos estava mais informada do que os senadores, do qual bom número era de iletrados.

Tão logo enterrado o rei, ela lhe tomou o lugar no trono e o conservou bem aquecido para seu filho Sérvio, que crescia. Sérvio foi o primeiro rei de Roma a herdar a coroa sem eleição e, também, o último.

De Sérvio, igualmente, os historiadores que mais tarde apareceram, todos fervorosos republicanos, se esforçaram para denegrir o reinado. Não o conseguiram, todavia. Bem a contragosto, tiveram de reconhecer que seu governo foi o de um homem esclarecido e que, precisamente em seu reinado, se completaram alguns trabalhos importantes. Logo de início, construiu uma cinta de muralhas em torno da cidade, dando, assim, trabalho a pedreiros, técnicos, artesãos, que nele viram seu protetor. Em seguida, encetou a grande reforma política e social, que serviu de base, daí por diante, a todas as organizações romanas.

A antiga divisão em trinta cúrias pressupunha uma cidade de trinta ou quarenta mil habitantes, todos, mais ou menos, com os mesmos títulos, os mesmos méritos e o mesmo patrimônio. Roma, contudo, havia crescido; há quem avalie em setecentas ou oitocentas mil almas a população da cidade na época de Sérvio. Provavelmente, tais cálculos são errôneos: tal algarismo' deveria representar não os habitantes de Roma, mas os de todo o território que Roma conquistara. Todavia, a cidade deveria ultrapassar, pelo menos, a casa dos cem mil habitantes. Foi, entre outros motivos, uma crise aguda de alojamento que impôs a Tarquínio e a Sérvio grandes trabalhos públicos.

No meio daquela massa, havia os homens já inscritos nos comícios de cúrias e que podiam votar. Os outros continuavam a ver-se excluídos do voto e contavam-se, entre eles, os industriais mais considerados, os comerciantes e os banqueiros: os que forneciam ao Estado dinheiro para as guerras e para os grandes trabalhos de urbanismo. Era tempo que tivessem sua recompensa.

A primeira coisa realizada por Sérvio foi tornar cidadãos romanos os *libertini,* isto é, os filhos dos escravos alforriados ou *liberti.* Isso dizia respeito a milhares e milhares de indivíduos, que se tornaram, desde então, seus partidários mais calorosos. A seguir, aboliu as trinta cúrias determinadas pelos bairros e as substituiu por cinco classes, estabelecidas não mais pelo' domicílio, mas pelo patrimônio. Faziam parte da primeira classe os que possuíam, pelo menos, cem mil *as* e da última, os que não chegavam a possuir doze mil e quinhentas. É difícil determinar a que pode bem corresponder um *as* com relação à moeda de hoje. Talvez a dez francos, talvez mais. Seja o que fôr, tais diferenças econômicas é que determinaram, igualmente, as diferenças políticas. Com efeito, enquanto nas cúrias eram iguais todos os seus componentes, pelo menos em princípio, e que uma voz valia o mesmo que as outras, as *classes* votavam por centúrias, mas sem contar igual número de centúrias. A primeira possuía noventa e oito; a última só tinha uma. Ao todo, havia cento e noventa e três. De fato, e assim sendo, bastavam noventa e oito vozes da primeira classe para determinar

HISTÓRIA DE ROMA

a maioria. Mesmo que todas as outras classes se coligassem, não poderiam bater a primeira.

Tratava-se de um regime capitalista ou plutocrático em regra, que entregava o monopólio do poder legislativo à "grande indústria", tirando-o da "federação agrária", isto é, do Senado, que tinha muito menos dinheiro. Mas que podia fazer o Senado? Sérvio não lhe devia nem sequer sua eleição, pois havia herdado do pai a coroa. Tinha, de seu lado, o dinheiro dos ricos, que a ele deviam sua nova força, e o apoio do povo miúdo, ao qual dera empregos, salários e o título de cidadãos romanos. Sustentado por essas forças, rodeou-se de uma guarda armada, para proteger a vida contra os mal-intencionados, cingiu a cabeça com um diadema de ouro e mandou fazer um trono de marfim, sobre o qual se assentou majestosamente, tendo à mão um cetro encimado por uma águia. Patrício ou não patrício, senador ou mendigo, quem quer que quisesse dele aproximar-se deveria fazer-se anunciar e esperar pacientemente na antecâmara.

Semelhante homem era difícil de ser eliminado. Seus inimigos, para consegui-lo, tiveram de apelar para um seu sobrinho, que circulava livremente no palácio real.

Antes de tentar o golpe, este segundo Tarquínio tentou fazer depor o tio por abuso de poder. Sérvio apresentou-se diante das centúrias, que o confirmaram no poder real, por aclamação plebiscitária (quem o relata é Tito Lívio, grande historiador republicano; portanto, deve ser verdade).

Não restava, pois, senão o punhal. Tarquínio o empregou sem muito escrúpulo. Porém, o suspiro de alívio que deram os senadores, com os quais havia feito aliança, secou-lhes na garganta, quando viram o assassino assentar-se, por sua vez, sobre o trono de marfim, sem lhes pedir consentimento, da forma que se praticava no bom tempo antigo, que esperavam fazer voltar.

O novo soberano se mostrou, de imediato, mais tirânico do que aqueles que acabara de expedir para o outro mundo. B, de fato, batizaram-no de Tarquínio, o Soberbo, para distingui-lo do fundador da dinastia. Se lhe foi dado tal apelido, não deverá ter sido sem razão, ainda que o que se tenha contado, logo em seguida, com respeito à sua queda, não seja verdade. Parece que ele costumava divertir-se a matar gente no Poro. Era, certamente, de caráter agressivo, porque passou, como rei, a maior parte de seu tempo a guerrear. Guerras felizes, porque, sob seu comando, o exército, que desde então contava com várias dezenas de milhares de homens, conquistou não somente a Sabina mas também a Etrúria e suas colônias meridionais, quase até à embocadura do Arno. Roma comandava, nessa época, tanto a chuva quanto o bom tempo. A guerra nem sempre era quente; tratava-se, muitas vezes, de uma "guerra fria", simplesmente, como hoje se diz. Em suma, todavia, um tanto pela força das armas, um tanto graças à sua diplomacia, Tarquínio foi o chefe de algo que, para a época, constituía um pequeno império. Não chegava até ao Adriático, mas dominava, daí por diante o Tirreno.

É bem possível que Tarquínio não guerreasse tanto senão para fazer esquecer a maneira pela qual subira ao trono, passando por sobre o cadáver de um rei generoso e popular. Sucede, com frequência, que os sucessos no exterior se prestem a mascarar a fraqueza interna de um regime. De qualquer modo, parece ter sido por causa dessa mania de conquistas que Tarquínio veio a cair.

Um dia, dizem, achava-se em campanha com seus soldados, seu filho Sexto Tarquínio e seu sobrinho Lúcio Tarquínio Colatino. Eis que, sob a tenda, põem-se a discutir a respeito da virtude das respectivas esposas, sustentando cada um, como bom marido, a da própria mulher. Provável é que um deles tenha dito a outro: "Minha mulher é honesta. A tua te deixa cornudo." Decidem voltar para suas casas na mesma noite, para surpreender as caras-metades em flagrante delito (se fosse o caso; cavalgam seus ginetes e partem.

Em Roma, encontram a esposa de Sexto a consolar-se de sua viuvez temporária num banquete com amigos e a ouvir galanteios. Lucrécia, a de Colatino, disfarça sua espera a tecer uma vestimenta para o marido. Colatino, triunfante, embolsa a aposta e retorna ao campo de luta. Quanto a Sexto, mortificado, com desejo de vingar-se, trata de fazer a corte a Lucrécia; um tanto pela violência, um tanto pela astúcia, triunfa, a despeito de sua resistência.

Cometida a infidelidade, a pobre mulher manda chamar o marido e o pai, o qual era senador, confessa-lhes o que se passou e dá uma punhalada no coração. Lúcio Júnio Bruto, também ele sobrinho do rei, que lhe matara o pai, reúne o Senado, relata a história dessa infâmia, propõe a queda de Tarquínio, o Soberbo, e a expulsão de toda a sua família da cidade (salvo ele próprio, bem entendido). Tarquínio, informado do fato, precipita-se para Roma, ao mesmo tempo que Bruto galopa para o campo. Sem dúvida se entrecruzaram. Enquanto o rei se esforçava por restabelecer a ordem na cidade, Bruto semeava a desordem no seio das legiões, que decidiram rebelar-se e marchar sobre Roma.

Tarquínio fugiu para o norte, abrigando-se na Etrúria, de onde haviam descido seus antepassados e cujo orgulho humilhara, fazendo de suas cidades vassalas de Roma. Para ele, isso deve ter sido mortificação bem amarga: ter de solicitar a hospitalidade a Porsena, *lucumon,* isto é, primeiro magistrado de Chiusi, que, naqueles tempos, se chamava Clusium.

Porsena, contudo, como verdadeiro gentil-homem, concedeu a hospitalidade.

Em Roma, a república foi proclamada. Como mais tarde aconteceu com a monarquia dos Plantagenetas, na Inglaterra, e a dos Bourbons, na França, a monarquia de Roma contara com sete reis.

Corria o ano de 508 antes de Cristo. Haviam-se escoado duzentos e quarenta e cinco anos *ah urhe condita.*

Capítulo 5

Porsena

Assim como todos os povos, quando mudam de regime, os romanos saudaram a república com grande entusiasmo; nela objetivaram todas as suas esperanças, inclusive de liberdade e de justiça social. Foi convocado um grande comício de centúrias, do qual participaram todos os cidadãos soldados, que proclamaram definitivamente enterrada a monarquia, atribuíram-lhe todos os erros, todas as faltas de que se manchara a administração do Estado no decurso dos dois séculos e meio de vida de Roma e, no lugar do rei, nomearam dois *cônsules,* que deviam ser os dois heróis da revolução: o pobre viúvo Colatino e o pobre órfão Lúcio Júnio Bruto. Tendo declinado de tal honra, o primeiro foi substituído por Públio Valério, o qual passou à história sob o nome de "Publícola", isto é, "Amigo do povo".

Desta amizade Publícola deu prova ao submeter e ao fazer aprovar no comício algumas leis, que ficaram fundamentais, enquanto durou a república. Elas impunham a pena de morte contra quem quer que tentasse apoderar-se de um cargo sem a aprovação do povo. Permitiam que o cidadão condenado à morte apelasse da Assembleia ou seja do comício das centúrias. Concediam a todos o direito de matar, sem qualquer forma de processo, quem quer que tentasse fazer-se proclamar rei. Esta última lei, todavia, negligenciava precisar em razão de quais elementos alguém podia ser acusado de tal ambição. Isso permitiu ao Senado, no curso dos anos que seguiram, desembaraçar-se de bom número de inimigos incômodos, designando-os, precisamente, como aspirantes à realeza. Tal sistema ainda está em voga no seio de muitos povos: sucessivamente, os aspirantes a rei são chamados "desviados", "inimigos da pátria", "agentes a soldo do imperialismo estrangeiro" O progresso não transforma os crimes; muda, somente, a rubrica dos mesmos.

No seu zelo democrático, Publícola também introduziu o seguinte costume: quando o cônsul penetrava no recinto do comício das centúrias, mandava que se abaixassem, pelos litores que o precediam, os famosos "feixes", que Mussolini repôs em moda e que constituíam o símbolo do poder. Isso', com o fim de demonstrar, de modo plástico, que esse poder vinha do povo e que este, após confiá-lo ao cônsul, dele permanecia árbitro.

Eram coisas muito belas que, no momento próprio, causaram grande efeito; porém, uma vez passado um pouco o entusiasmo, as pessoas começaram a interrogar-se em que consistiam, praticamente, as vantagens do novo sistema. Todos os cidadãos tinham direito de voto e isso era bom, mas, no seio dos comícios, continuava a ser praticado o direito de voto por classes, estabelecidas segundo o sistema de Sérvio, pelo qual os milionários da primeira classe, contando com noventa e oito centúrias, bastavam para impor sua vontade a todos os outros. Com efeito, uma das primeiras decisões tomadas foi a de revogar as distribuições de terras dos países conquistados, que os Tarquínios haviam feito aos pobres, de tal modo que bom número de pequenos proprietários viram confiscadas, de um dia para outro, sua casa e sua propriedade e, não sabendo como resolver a situação, voltaram para Roma à procura de trabalho.

Não existia, contudo, trabalho em Roma, porque os cônsules, sendo nomeados apenas por um ano, não podiam empreender algum dos grandes trabalhos públicos que tinham sido a especialidade dos reis, cujos cinco primeiros haviam sido eleitos por toda a vida e os dois últimos se coroaram por título hereditário. Além do mais, dominada pelo Senado, que a proclamara e que se compunha de proprietários de terras, de origem sabina e latina, a república, ao contrário da monarquia – esta generosa, dominada por industriais e mercadores de origem etrusca e grega – a república era mesquinha. Queria "sanear o orçamento", como hoje se diria, ou seja, executar uma política financeira de economias, outra coisa não fosse porque não tinha interesse em multiplicar a categoria dos novos ricos, seus inimigos naturais.

Em suma, a cidade sofria uma crise e os pobres homens do campo, que aí chegavam para escapar à fome e ao desemprego do meio rural, se defrontavam com fome e desemprego. Os estaleiros estavam fechados, as casas inacabadas e as ruas interrompidas pelo meio. Aqueles audaciosos empreendedores – que haviam sido o melhor apoio dos Tarquínios – que empregavam milhares de técnicos e dezenas de milhares de operários, achavam-se no exílio ou temiam para lá ser enviados. Fechavam-se os locais públicos, uns após outros, por falta de clientela, que fora dizimada pela escassez de dinheiro líquido e pelo clima puritano, que todas as repúblicas criam ou se esforçam por criar. Os propagandistas do novo regime arengavam continuamente à multidão, para lembrar-lhe os crimes cometidos pelos reis. Seus ouvintes, olhando à própria volta,

HISTÓRIA DE ROMA

pensavam consigo mesmos que, no número de tais crimes, era preciso contar o Foro, sobre o qual se encontravam e que fora construído por aqueles reis execrados.

Outro ponto em que insistiam os propagandistas era o dos desatinos perpetrados pela última dinastia, que se esforçara por fazer de Roma uma colônia etrusca. Havia algo de verdade nisso; porém, justamente por essa causa, contava Roma com o seu Circo Máximo, sua Cloaca, engenheiros, artesãos, "histriões" (os atores da época), lutadores e gladiadores, heróis dos espetáculos dos quais os romanos eram tão ávidos, muralhas de proteção, canais, adivinhos e uma liturgia para adorar os deuses. Tudo isso fora importado da Etrúria.

Obviamente, nem todo o mundo o sabia, porque nem todo o mundo havia ido à Etrúria. Os que tinham mais consciência disso eram os jovens intelectuais, que haviam feito os estudos e obtido o doutorado nas universidades etruscas de Tarquínia, de Arezzo, de Chiusi, para as quais os enviaram seus papais e das quais conservavam profunda lembrança. De modo geral, não pertenciam às famílias patrícias: estas educavam seus filhos em casa e se esforçavam por fazer deles não homens instruídos, mas homens de caráter. Saíam de famílias burguesas: sua sorte estava ligada à sorte dos negócios, das indústrias e das profissões liberais, estas últimas as mais atingidas pela nova reviravolta das coisas.

Em razão de todos esses motivos, tinha de rapidamente crescer o descontentamento. Infelizmente, coincidiu com a declaração de guerra lançada por Porsena a Roma, por instigação de Tarquínio.

Não sabemos de maneira certa como ocorreram os fatos. Contudo, dada a situação, não é difícil imaginar quais teriam sido os argumentos empregados pelo monarca deposto para impelir o *lucumon* a vir em seu auxílio. Este deveria, seguramente, ter observado ao ex-rei que os Tarquínios, a despeito de seu sangue etrusco, não tinham tido conduta perfeitamente legal com relação à Etrúria, que haviam incomodado sem cessar com guerras e expedições punitivas, enquanto não a tiveram quase totalmente submetida. Mas é provável que Tarquínio, o Soberbo, lhe tenha respondido que, ao mesmo tempo que seus predecessores e ele próprio romanizavam a Etrúria, tornavam Roma etrusca, conquistando-a, por assim dizer, a partir do interior, à custa do elemento sabino e latino, que haviam dominado, a princípio. A luta não se processara entre potências estrangeiras, mas entre cidades rivais, filhas da mesma civilização. O que Roma, apesar de ser a mais nova, tinha procurado fazer não fora destruí-las, mas reuni-las sob um comando único, para levá-las a submeter a Itália. Talvez se tivesse enganado, talvez tivesse, de quando em quando, a mão pesada e não houvesse respeitado bastante as autonomias municipais. Mas os Tarquínios não haviam infligido a nenhuma cidade a sorte que os romanos tinham feito Alba-a-Longa suportar, por exemplo, bem como outros burgos e vilas do Lácio e da Sabina, arrasados até às próprias fundações. Jamais se saqueara uma cidade etrusca. Desde que emigrassem para Roma, os negociantes, os artesãos, os engenheiros, os pugilistas de Tarquínia, de Chiusi ou Arezzo aí não encontravam situação de escravidão, mas se tornavam indivíduos preeminentes. Toda a economia, toda a cultura, toda a indústria e todo o comércio da cidade estavam, praticamente; em suas mãos.

Ou melhor: assim o fora enquanto os Tarquínios estiveram sobre o trono, para protegê-los. Agora, com a república, o que iria acontecer? A república significava o retorno ao poder dos rústicos latinos e sabinos: avaros, desconfiados, reacionários, instintivamente racistas, que sempre haviam alimentado secreto ódio contra a burguesia etrusca, liberal e progressista. Não seria conveniente manter ilusões sobre o modo pelo qual esta seria por eles tratada. Ora, o desaparecimento dessa classe significava a afirmação, na embocadura do Tibre, de uma potência estrangeira inimiga, que substituiria uma potência consanguínea e amiga – ainda que esta própria se mostrasse um tanto hostil e brutal. Essa potência estrangeira poderia vir a ligar-se, no futuro, aos outros inimigos da Etrúria a fim de contribuir para seu declínio.

Teria Porsena coragem de desinteressar-se por semelhante ruptura de equilíbrio? Não acharia mais conveniente saltar sobre Roma nesse momento, em que o marasmo a dominava interna e externamente, particularmente no Lácio e na Sabina, onde os indivíduos ainda tinham os ossos rompidos pelos golpes que lhes infligiram os soldados romanos? Bastaria um sinal do potente *lucumon de Chiusi*: todas essas cidades se levantariam contra as magras guarnições romanas. Assim sendo, Roma se encontraria diante do inimigo, sozinha e per turbada pelas discórdias.

No que concerne a Porsena, quase nada conhecemos; porém, sua conduta nos faz julgar que, às qualidades de um bom general, devia aliar as de um político sagaz. Compreendeu a verdade que havia na exposição e argumentação de fatos feitas por Tarquínio, mas quis, antes de engajar-se na luta, estar seguro de duas coisas: de um lado, que o Lácio e a Sabina estavam prontos, realmente, a enfileirar-se no seu partido; por outra parte, que existia, no próprio seio de Roma, uma "quinta coluna" monarquista, prestes a facilitar-lhe a tarefa, aí organizando uma insurreição.

Com efeito, a insurreição estourou. Dela até mesmo os dois filhos do cônsul Lúcio Júnio Bruto participaram, esquecidos, talvez, da sorte que Tarquínio destinara a seu avô. Foram detidos e condenados à morte, após o que a revolta se viu energicamente dominada. Dizem que o pai quis assistir, pessoalmente, à sua decapitação.

INDRO MONTANELLI

A guerra, porém, caminhou mal. As diversas cidades latinas e sabinas massacraram as guarnições romanas e uniram suas forças às de Porsena, que descia do norte, à testa de um exército confederado, para o qual toda a Etrúria enviara contingentes. Contra essa invasão, Roma, a dar crédito a seus historiadores, fez milagres. Tendo Múcio Cévola penetrado na tenda de Porsena para matá-lo e enganando-se quanto à vítima, puniu-se pelo erro: colocou a mão num braseiro ardente. Horácio Codes bloqueou, completamente só, todo o exército inimigo, à entrada da ponte do Tibre, enquanto seus companheiros destruíam a ponte à sua retaguarda. Porém, a guerra foi perdida. Disso dão prova essas próprias lendas. Seu caráter exaltado constitui um dos primeiros exemplos de "propaganda de guerra". Quando um país sofre uma derrota, inventa ou exagera "episódios gloriosos", sobre os quais atrai a atenção de seus contemporâneos e da posteridade, desviando-a do resultado final, em conjunto. Eis a razão por que os "heróis" nascem, principalmente, nos exércitos batidos. Os que vencem deles não têm necessidade. César, por exemplo, em seus *Comentários,* não cita um único.

A capitulação da Urbs se fez, como hoje se diz, sem condições. Precisou restituir a Porsena todos os seus territórios etruscos. Os latinos aproveitaram-se da ocasião para, por sua vez, atacar Roma, mas esta conseguiu salvar-se pela batalha do lago Regila, onde os dióscuros Castor e Pólux, filhos de Júpiter, lhe vieram em auxílio. De qualquer modo, após tantas desventuras, a que fora, sob os reis, a capital de um pequeno império se encontrava sem ter, à sua volta, senão mais ou menos o equivalente a um departamento de hoje em dia; ao norte, não atingia Fregenas; ao sul, detinha-se antes de Antium. A catástrofe foi grande: levou um século para Roma livrar-se de suas consequências.

Todavia, a guerra teve outra vítima ainda mais nítida: Tarquínio. Ele já fizera a bagagem para voltar a Roma quando Porsena o deteve, comunicando-lhe que não tinha a intenção de repô-lo sobre o trono. Teria percebido a impossibilidade de urna restauração monárquica? Desconfiaria daquele intrigante que, uma vez de volta à chefia de seu povo e de seu exército, poderia, talvez, esquecer-se do bem que recebera e recomeçar a atormentar a Etrúria?

Pendemos pela segunda hipótese. A Etrúria era um país anárquico, onde cada Estado não admitia qualquer limite à sua autonomia. Tarquínio teria feito de Roma uma cidade definitivamente etrusca, mas da Etrúria uma província definitivamente romana. A Etrúria não desejava isso – e o pagou muito caro. A Liga, que Porsena havia laboriosamente estabelecido nessa ocasião, dissociou-se antes que seu exército confederado tivesse podido restabelecer comunicações com as colônias etruscas do sul, abocanhadas pelos gregos. O *lucumon* retornou a Chiusi e aí se enclausurou, enquanto os gregos avançavam ao sul e se projetava, ao norte, outra terrível ameaça: a dos gauleses, que desciam dos Alpes e submetiam as colônias etruscas do vale do Pó. Mesmo em face de semelhante perigo, a Etrúria não conseguiu encontrar a unidade, essa unidade que Tarquínio desejava dar-lhe sob o signo e sob o nome de Roma. O velho rei continuou a tecer intrigas, mas em vão. As cidades vitoriosas do Lácio, sob a chefia de Veies, trataram de impedir-lhe o retorno. Preferiram negociar com uma Roma republicana, de que conheciam todas as dificuldades internas e, por conseguinte, a impossibilidade em que se encontrava de tentar uma desforra. Com efeito, levou mais de um século para que tal desforra se realizasse.

As "libertações" custam sempre caro. Roma pagou com o império a queda de seu rei. Havia gasto dois séculos e meio para conquistar a hegemonia na Itália central, sob o governo de sete reis. A república, para continuar como tal, teve de renunciar a todo esse patrimônio.

O que é, então, que não funcionava durante a monarquia, a ponto de impelir os romanos a preferir semelhante renúncia em vez de conservar o que duramente tinham conseguido?

O que não funcionara foi o caldeamento, isto é, a fusão das raças e das classes que constituíam o povo romano. Os quatro primeiros reis tinham humilhado o elemento etrusco, que constituía a Burguesia, a Riqueza, o Progresso, a Técnica, a Indústria e o Comércio. Os três últimos haviam humilhado os elementos latino e sabino, que constituíam a Aristocracia, a Agricultura, a Tradição e o Exército e cuja expressão política consistia no Senado. Eis que o Senado se vingava. Vingava-se através da república, que foi sua exclusiva obra.

Daí por diante, em Roma, tudo foi republicano, particularmente a história, que começou a ser contada de modo a desacreditar, cada vez mais, o período monárquico e os sucessos grandiosos obtidos pelo Estado no decurso desse período. Isto é coisa que não pode ser esquecida, quando lemos livros de história romana, todos de acordo para fazer coincidir o começo da grandeza romana com a expulsão do derradeiro Tarquínio.

Não é verdade. Roma já era uma poderosa cidade no tempo dos reis e foi graças a eles, em boa parte, que a tanto chegou. Os austeros magistrados, que os substituíram para exercer o poder "em nome do povo", encontraram perfeita- mente estabelecidas as primícias de seus futuros triunfos: uma cidade bem organizada, tanto urbanística quanto administrativamente, uma população cosmopolita cheia de recursos, uma "elite" de excelentes técnicos, um exército bem treinado, uma Igreja e uma língua codificadas, uma diplomacia que fizera seu aprendizado com a conclusão e a quebra de alianças com quase todos os vizinhos.

Essa diplomacia foi hábil, mesmo por ocasião das catástrofes. Apressou-se em estipular dois tratados: um, com Cartago, para garantir tranquilidade do lado do mar; outro, com a Liga Latina, para assegurá-la do lado terrestre. Esses dois tratados comportavam renúncias radicais. No mar, Roma abandonava toda pretensão sobre a Córsega, a Sardenha e a Sicilia, que prometia não ultrapassar com seus navios: podia aí reabastecer-se, mas sem desembarcar. Era uma renúncia que não lhe custava muito, pois ainda não possuía frota digna desse nome.

Mais dolorosas foram as renúncias de Roma em matéria de territórios, – que o cônsul Espúrio Cássio teve de sancionar, ao fim das hostilidades com Veies e seus aliados. Roma ficava senhora apenas de quinhentos quilômetros quadrados e devia aceitar o fato de nada mais representar do que qualquer outra cidade da Liga Latina. O *foedus,* ou seja, o pacto concluído no ano 493 a.C. começa pelos seguintes termos: "Que reine a paz entre os romanos e todas as cidades latinas enquanto permanecer a mesma posição do céu e da terra..."

Nada havia mudado quanto à posição do céu e da terra quando, menos de um século mais tarde, a república romana retomou suas guerras no ponto em que se haviam detido seus antigos reis e nada mais deixou às cidades latinas do que olhos para chorar.

Daí por diante todas as alianças entre os Estados continuaram a estipular que durariam enquanto a posição do céu e da terra não tivesse mudado. E, alguns anos mais tarde ou bom número de anos posteriormente, um dos contratantes provocou o fim de Veies. Todavia, os diplomatas, impassíveis, se obstinam em empregar essa fórmula, ou qualquer outra que se lhe equivalha, bem como os povos continuam a dar-lhe crédito.

INDRO MONTANELLI

Capítulo 6

S.P.Q.R.

Desde o ano 508 a.C., o da fundação da república, todos os monumentos erigidos pelos romanos, mais ou menos por toda parte, levaram as iniciais S. P. Q. R., o que significa "Senatus Populus Que Romanus", isto é, "O Senado e o Povo Romanos".

O que era o Senado, já o dissemos. Em contrapartida, não dissemos ainda o que era o povo, o qual não correspondia completamente àquilo que entendemos por tal palavra. Nessa época longínqua, o povo romano não compreendia "todos" os cidadãos, como hoje em dia, mas somente duas "ordens" de cidadãos, ou seja, duas classes sociais: a dos "patrícios" e a dos "equitas" ou "cavaleiros".

"Patrícios" eram os descendentes dos "patres", isto é, dos fundadores da cidade. Segundo Tito Lívio, Rômulo havia escolhido uma centena de pais de família para ajudá-lo a construir Roma. Esses homens, naturalmente, se haviam apossado das melhores terras e se consideravam um tanto como os donos da casa, com relação aos que chegaram mais tarde. E, com efeito, os primeiros reis não tinham tido o menor problema social para resolver, porque todos os seus súditos eram iguais entre si; o próprio soberano não passava de um dentre eles, encarregado por todos os outros de preencher determinadas funções, religiosas, antes de tudo.

Com Tarquínio, o Antigo, Roma começara a ver afluírem para ela todas as espécies de outras raças, vindas principalmente da Etrúria. Os descendentes dos "patres" mantinham, cuidadosamente, as distâncias entre eles próprios e esses recém-chegados: sua fortaleza era o Senado, unicamente acessível a membros de suas famílias. Cada uma dessas famílias levava o nome do antepassado que a constituíra: Mânlio, Júlio, Valério, Cornélio, Cláudio, Horácio, Fábio.

Foi a partir do momento em que começaram a coabitar dentro dos limites da cidade essas duas diversas populações: os descendentes dos antigos pioneiros e os recém-vindos, que as classes principiaram a diferenciar-se: de um lado, os "patrícios"; de outro lado, os "plebeus".

Os "patrícios" foram, rapidamente, esmagados pelo número, como sempre acontece em todos os países novos; como ocorreu, por exemplo, na América do Norte. Lá, os patrícios se chamaram "pilgrim fathers" ou "pais peregrinos" e eram representados pelos trezentos e cinquenta colonizadores que lá tinham ido estabelecer-se em primeiro lugar, a bordo do navio chamado "Mayflower", há pouco mais de três séculos. Seus descendentes continuam, também eles, a considerar-se um pouco como os "patrícios" da América, mas sem ter podido guardar qualquer privilégio, porque as rápidas e sucessivas ondas de imigrantes por pouco não os fizeram desaparecer. Descender de um dos pais peregrinos do "Mayflower" é, naquele país, simplesmente um título de honra.

Os patrícios romanos resistiram muito mais tempo à mistura. E, para defender melhor suas prerrogativas, fizeram o que fazem todas as classes sociais quando são espertas e se encontram em minoria numérica: chamaram plebeus para compartilhar-lhes dos direitos, impelindo-os, assim, a também defendê-los.

Sob o rei Sérvio Túlio, já havia mais de duas classes. Entre os plebeus, formara-se uma grande burguesia, isto é, uma classe média bastante numerosa e, sobretudo, bastante poderosa do ponto de vista financeiro. Quando o rei organizou os novos comícios de centúrias, dividindo as *gentes* em cinco ciasses, de acordo com seu patrimônio, dando à primeira, a dos milionários, suficiente voz para bater as outras quatro, os patrícios não ficaram de todo contentes, pois se viram subjugados, em poderio político, por pessoas "sem nascimento", isto é, sem antepassados, mas que os sobrepujavam em matéria de dinheiro. Entretanto, quando expulsaram Tarquínio, o Soberbo, e se instaurou a república, compreenderam não poder permanecer sozinhos contra todos e tiveram a ideia de tomar como aliados a esses ricaços que, no fundo, como todos os burgueses de todas as épocas, não esperavam nada melhor do que penetrar na aristocracia, isto é, no Senado. Se os nobres franceses do século XVIII tivessem feito o mesmo, te- riam evitado a guilhotina.

Essas pessoas ricas se chamavam, como temos dito, *equitas* ou "cavaleiros". Provinham todas do comércio e da indústria e seu grande sonho consistia em tornarem-se senadores. Para chegar a tanto, não somente votavam sempre, nos comícios das centúrias, de acordo com os patrícios, mas também não hesitavam em despender dinheiro, quando se lhes confiava uma

HISTÓRIA DE ROMA

missão ou um cargo. Com efeito, os patrícios faziam com que se pagasse bem a grande honra que lhes prestavam. E, quando desposavam a filha de um cavaleiro, exigiam um dote real. No dia em que o cavaleiro conseguia chegar a senador, não era acolhido como *pater* ou seja como patrício, mas como *conscriptus,* nessa assembleia que se compunha de "pais e conscritos" (patres et conscripti).

O povo era, portanto, dividido unicamente nessas duas ordens: patrícios e cavaleiros. Todo o resto era plebe e não contava para nada. A plebe compreendia de tudo um pouco: artesãos, pequenos negociantes, empregados subalternos, libertos. Não estava, naturalmente, contente com a própria situação. Daí, pois, ser o primeiro século da nova história de Roma preenchido pelas lutas sociais, entre os que queriam alargar a ideia de povo e os que queriam limitá-la às duas aristocracias: a do sangue e a da carteira de notas.

Essa luta teve início no ano 494 a.C. ou seja catorze anos após a proclamação da república, ocasião em que Roma, atacada por todos os lados, perdera tudo o que havia conquistado sob o governo de seus reis e, reduzida às dimensões aproximadas de uma capital de departamento, tivera de aceitar a condição de não mais representar outro papel senão o de membro da Liga Latina, em pé de igualdade com todas as outras cidades. No final dessa guerra desastrosa, a plebe, que para ela fornecera os combatentes, encontrou-se em situação desesperadora. Muitos tinham perdido suas propriedades, englobadas nos territórios ocupados pelo inimigo. E todos, para fazer sobreviver suas famílias, enquanto estavam em armas, tinham-se coberto de dívidas: história que não era, como no presente, de trazer repouso. Aquele que não pagava as dívidas se tornava, automaticamente, escravo de seu credor, que podia aprisioná-lo num subterrâneo, vendê-lo ou matá-lo.

Se houvesse vários credores, estes estavam, até mesmo, autorizados a repartir o corpo do infeliz devedor, após matá-lo. Se bem que pareça não ter ocorrido jamais tal extremo, é certo que a situação de um devedor era desagradável.

Que poderiam fazer esses plebeus para reclamar um pouco de justiça? Nos comícios das centúrias, não tinham voz, pois pertenciam às derradeiras classes, as que contavam com muitas poucas centúrias, isto é, poucas vozes para impor a própria vontade. Começaram a agitar-se nas ruas e nas praças e a solicitar, pela palavra dos mais exaltados dentre eles, os que sabiam falar, a anulação das dívidas, uma nova repartição das terras, que lhes permitisse substituir a propriedade perdida, e o direito de eleger magistrados para si mesmos.

A esses pedidos, as "ordens" e o Senado fizeram ouvidos moucos. Então, a plebe ou, pelo menos, grandes massas de povo começaram a cruzar os braços, retiraram-se para o monte Sagrado, a cinco quilômetros da cidade, e disseram que, daí por diante, não mais forneceriam sequer um diarista para trabalhar nas terras nem um operário para as indústrias ou um soldado para o exército.

Esta última ameaça fora a mais grave e a mais imediata porque, justamente nessa ocasião, após haver Roma restabelecido, bem ou mal, a paz com seus vizinhos latinos e sabinos, nova ameaça se projetava do lado do Apenino, do alto do qual desciam, em busca de terras mais férteis, as tribos bárbaras dos équos e dos volscos, que já dominavam as cidades da Liga.

O Senado, com a ameaça à vista, despachou embaixadas, umas atrás de outras, para junto dos plebeus, a fim de decidi-los a reentrar na cidade e a colaborar para a defesa comum. Para convencê-los, Menênio Agripa lhes relatou o famoso apólogo do homem cujos membros, para pôr em xeque o estômago, se haviam recusado a pegar alimento, após o que, privados

HISTÓRIA DE ROMA

de nutrição, tinham acabado por perecer como todo o organismo, do qual tinham querido vingar-se. Porém, os plebeus teimaram. Responderam que não haveria duas soluções: ou o Senado abolia as dívidas, libertava os que se haviam tornado escravos por não ter podido pagá-las e permitia à plebe eleger magistrados para a própria defesa ou esta permaneceria sobre o monte Sagrado, ainda mesmo que todos os équos e volscos viessem destruir Roma.

O Senado terminou por render-se. Aboliu as dívidas, restituiu a liberdade aos que haviam tombado na escravidão, por causa de dívidas, e colocou a plebe sob a proteção de dois *tribunos* e de três *edis* (ediles), que deveria eleger anualmente. Esta última medida foi a primeira grande conquista do proletariado romano, a qual lhe forneceu o instrumento legal, que lhe permitiu conseguir outras reivindicações no sentido da justiça social. O ano 494 a.C. é data muito importante na história social da Urbs e na da democracia.

O retorno dos plebeus permitiu o levantamento de um exército para fazer frente à ameaça dos volscos e dos équos. No decurso dessa guerra, que durou cerca de 60 anos e cujo resultado lhe representava a vida, Roma não esteve sozinha. O perigo comum lhe manteve fiéis não somente os aliados latinos e vizinhos como também outro povo limítrofe: o dos hérnicas.

Durante os combates que então se deram, com sucesso incerto, contam que um jovem patrício, apelidado Coriolano por causa de uma cidade que conquistara, muito se distinguiu. Era conservador intransigente e não queria que o governo fizesse distribuição de trigo ao povo esfaimado. Os tribunos da plebe, eleitos nesse ínterim, solicitaram seu auxílio e o conseguiram. Coriolano passou-se, então, para o inimigo, conseguiu que lhe dessem um comando e, como brilhante estrategista que era, conduziu seus exércitos, de vitória em vitória, até às portas de Roma.

Os senadores lhe enviaram, então, embaixadas sucessivas a fim de que desistisse. Em vão. Somente quando viu chegarem a ele, como suplicantes, sua mãe e sua esposa, foi que ordenou o recuo a seus soldados. Estes, como última resposta, mataram--no; porém, ficando sem guia, foram desbaratados c obrigados a bater em retirada.

Enquanto se retiravam, eis que aparecem os équos, que tinham acabado de saquear Frascati. Conseguiram cortar as ligações entre os romanos e seus aliados. O perigo ficou de tal forma grave que o Senado precisou conceder título e poderes de ditador a T. Quinto Cincinato, que se pôs à testa de um novo exército, livrou as legiões cercadas e conduziu-as, em 471 a.C., a uma vitória definitiva. Após isso, renunciando ao comando, que não exercera senão durante dezesseis dias, voltou a lavrar a terra, de onde tinha vindo.

Antes dessa feliz conclusão, porém, nova guerra fora iniciada ao norte pela cidade etrusca de Veies, que não queria perder oportunidade tão favorável para abater, definitivamente, Roma. Já lhe havia feito sofrer bom número de injúrias, enquanto Roma se ocupava em defender-se dos équos e dos volscos. Roma tinha engolido tudo "à inglesa", isto é, como a mula do Papa. Desde que se viu com as mãos livres, tratou de acertar as contas. Foi uma guerra dura e que precisou, também ela, em determinado momento, da nomeação de um ditador. Esse ditador foi Marco Fúrio Camilo, grande soldado e, sobretudo, homem perfeitamente honesto, que introduziu no exército uma novidade: o *stipendium,* ou seja, o soldo. Até então, os soldados eram obrigados a servir gratuitamente; se fossem casados, a família, que ficava em casa, morria de fome. Camilo achou injusto tal fato e trouxe-lhe remédio. A tropa, satisfeita, redobrou de zelo, conquistou Veies numa só arremetida, destruiu-a meticulosamente e deportou-lhe todos os habitantes, que transformou em escravos.

HISTÓRIA DE ROMA

Essa grande vitória e o castigo exemplar que a seguiu cumularam de orgulho os romanos, quadruplicaram-lhes o território, elevando-o a 2.000 quilômetros quadrados, e deixaram--nos cheios de desconfiança e de ciúmes com respeito àquele que lhes trouxera todas essas vantagens. Enquanto Camilo continuava a conquistar cidades e mais cidades na Etrúria, em Roma começaram a dizer que se tratava de um ambicioso, que embolsava o resgate tomado aos povos vencidos, em vez de remetê-lo ao Senado. Camilo ficou tão aborrecido com tudo isso que renunciou ao comando e preferiu exilar-se, voluntariamente, em Ardéia em lugar de voltar ao seu país para desculpar-se.

Talvez aí tivesse morrido, não deixando senão um nome emporcalhado pela calúnia, se os ingratos romanos não tivessem tido, de novo, necessidade de seus serviços. Era-lhes preciso escapar dos gauleses, que constituíram o último e mais grave perigo de que tiveram de defender-se, antes de dar início às grandes conquistas. Os gauleses constituíam um povo bárbaro, vindo de França, e que já dominara a planície do Pó. Partilharam esse fértil território entre suas tribos: os insubros, os boios, os cenômanos e os senoneses; porém, uma dessas tribos, sob as ordens de Breno, avançou para o sul, conquistou Chiusi, derrotou as legiões romanas sobre o rio Alia e marchou sobre Roma.

Os historiadores, que fizeram o relato dos acontecimentos, cercaram de numerosas lendas esse episódio, que deve ter sido, para a Urbs, infinitamente desagradável. Afiançam que, enquanto os gauleses se preparavam para escalar o Capitólio, os gansos consagrados a Juno começaram a lançar seus clamores, acordando, dessa forma, Mânlio Capitolino, o qual, à testa dos defensores da cidade, repeliu o ataque. É possível. Isso não impediu que os gauleses penetrassem no Capitólio assim como em todo o resto da cidade, cuja população fugira em massa, a fim de asilar-se sobre as montanhas da vizinhança. Também contam que os senadores, solenemente, tinham permanecido em conjunto, na cidade, sentados nos grosseiros tamboretes de sua cúria; dizem mesmo que um deles, sentindo um gaulês puxar-lhe desdenhosamente pela barba, lhe assentou, em pleno rosto, um golpe com seu cetro de marfim. Narram, por fim, que Breno, após ter ateado fogo por toda Roma, solicitou, como preço de sua partida, não sei quantos quilos de ouro, impondo, para pesá-lo, uma balança falsa. Tendo os senadores protestado, Breno acrescentou seu gládio como sobrecarga no prato da balança, pronunciando a famosa frase: "Vae victis" "Infelizes dos vencidos!", ao que teria respondido Camilo, reaparecendo por milagre: "Non auro, sed ferro, recuperanda est patria" "É pelo ferro que se resgata a pátria, não pelo ouro", após o que teria ficado à testa de um exército – que não se compreende onde teria podido esconder até esse momento – e teria posto em fuga o inimigo.

A verdade é que os gauleses tomaram Roma, a saquearam e dela não partiram acossados pelas legiões, mas carregados de dinheiro. Tratava-se de robustos e grosseiros salteadores, que não seguiam, nas conquistas, qualquer linha política e estratégica. Atacavam, pilhavam e se retiravam, sem cuidar coisa nenhuma do dia seguinte. Se tivessem podido imaginar a vingança que Roma tomaria contra essa humilhação, não teriam deixado pedra sobre pedra. Eles, de fato, devastaram-na, mas sem a destruir. E retomaram o caminho em direção à Emilia e à Lombardia, permitindo, assim, a Camilo, que fora convocado em Ardéia, com urgência, de reparar o mal. Provável é não ter havido a mínima escaramuça entre eles e os gauleses. Já tinham eles partido quando chegou Camilo, esqueceu seus rancores, retomou o título de ditador, enrolou as mangas e se pôs a reconstituir a cidade e o exército.

Aqueles mesmos que o haviam tratado como ambicioso e ladrão chamaram-no, então, "o segundo fundador de Roma".

Mas, enquanto todos esses acontecimentos se desenrolavam no exterior, a Urbs, internamente, atravessara uma etapa importante com a "Lei das Doze Tábuas".

Foi um sucesso dos plebeus. Desde que tinham voltado, não cessavam de reclamar que as leis deixassem de ser monopólio da Igreja – a qual constituía monopólio dos patrícios – mas fossem tornadas públicas, a fim de que cada um conhecesse seus deveres e as penas a que se exporia em caso de infração. Até essa ocasião, as normas, segundo as quais os magistrados julgavam, eram secretas, reunidas em textos que os sacerdotes guardavam zelosamente e mescladas de ritos religiosos, por meio dos quais estes pretendiam sondar a vontade dos deuses. Se o deus se encontrasse de bom humor, um assassino podia livrar-se das penas; se o deus estivesse de humor negro, um pobre ladrão de galinhas podia morrer enforcado. Como os que interpretavam a vontade dos deuses – sacerdotes e magistrados – fossem patrícios, os plebeus se sentiam indefesos.

Diante da pressão do perigo externo: volscos, équos, habitantes de Veies e gauleses, e diante da ameaça de uma segunda secessão sobre o monte Sagrado, o Senado, após muita resistência, se rendeu; enviou à Grécia três de seus membros com a finalidade de lá estudarem o que realizara Sólon nesse sentido. Quando os enviados retornaram, nomeou uma comissão de dez legisladores, que se chamaram, por causa do número, os *decênviros.* Estes, sob a presidência de Ápio Cláudio, redigiram o Código das *Doze Tábuas,* que constituiu a base, escrita e pública, do direito romano.

Esta grande conquista traz a data do ano 451 a.C., que corresponde, mais ou menos, ao tricentésimo aniversário da fundação da Urbs.

As coisas, contudo, não se passaram assim simplesmente, pois os plenos poderes conferidos pelo Senado aos decênviros tinham causado a estes tanto prazer que, no final do segundo ano, quando a eles teriam de renunciar, se recusaram a devolvê-los ao órgão que os dera em confiança. Contam que a falta pode ser atribuída a Ápio Cláudio, que quis continuar a exercê-los a fim de reduzir à escravidão uma bela e apetitosa plebeia, Virgínia, de quem não pudera vencer a resistência. O pai da jovem, Lúcio Virgínio, lançou um protesto. E, como Ápio Cláudio de nada quisesse tomar conhecimento, preferiu apunhalar a filha do que deixá-la à mercê daquele mau e poderoso cidadão. Após a execução da filha, como já o fizera Colatino em seguida à história de Lucrécia, correu para a caserna, contou aos soldados o que se passara, exortando-os a sublevar-se contra o déspota. A plebe, indignada, retirou-se mais uma vez no monte Sagrado (agora, já lhe conhecia a direção) e o exército ameaçou segui-la. O Senado, reunido com urgência, disse aos decênviros (e não sem profunda satisfação, provavelmente) que não mais podia mantê-los no cargo. Foram, pois, demitidos oficialmente. Ápio Cláudio foi banido e se entregou o poder executivo aos cônsules.

Ainda não se tratava do triunfo da democracia, que não se deu senão um século mais tarde, com as leis de Séxtio Laterano e Licínio Estólão; porém, já era um grande passo à frente. O P. daquelas iniciais S.P.Q.R. começava a ser o povo, tal como o compreendemos hoje em dia.

Capítulo 7

Pirro

Da humilhação que recebera dos gauleses e das convulsões da luta interna dos patrícios e dos plebeus, Roma saiu com dois grandes trunfos em mão: a supremacia no seio da Liga, pois suas rivais latinas e sabinas, muito mais devastadas do que ela, não haviam encontrado um Camilo para reconstruir-se; e uma ordem social mais bem equilibrada, que garantia trégua entre as classes. Se bem que apenas extintas as fumaças do incêndio deixado atrás de si por Breno, em sua retirada para o norte, a Urbs, completamente renovada, equipada do modo mais moderno, pôs-se a olhar em seu redor, em busca de presa.

Entre as terras limítrofes, a Campânia era a mais rica e a mais fértil. Habitavam-na os samnitas, dos quais uma parte ficara nas montanhas dos Abruzzos, de onde o frio e a fome frequentemente os tocavam. Então, desciam para devastar os rebanhos e as colheitas de seus confrades da planície. Foi sob a ameaça de uma dessas incursões que os samnitas de Cápua pediram auxílio e proteção a Roma, que os concedeu de bom grado; com efeito, essa era a melhor maneira de cortar em dois esse povo e de meter o nariz em seus negócios internos. Assim teve início a primeira das três guerras samnitas, a que opôs Roma aos samnitas dos Abruzzos. No conjunto, essas três guerras deveriam durar uma cinquentena de anos.

Essa primeira guerra não durou muito: do ano 343 ao ano 341 a.C. Alguns dizem mesmo que não aconteceu, porque a população dos Abruzzos não se mostrou e porque os romanos não tiveram a coragem de ir buscá-la nas montanhas. Teve, contudo, uma consequência: a "proteção" de Roma sobre Cápua. Cápua sentiu-se de "tal" modo protegida que convidou os latinos a constituírem uma frente única contra sua protetora comum. Os latinos deram-lhe ouvidos e Roma, que os tinha por aliados, os viu bruscamente como inimigos. Foi um mau momento: para triunfar das dificuldades que apresentava, foram necessários outros episódios heroicos. Assim é que, para dar exemplo de disciplina, o cônsul Tito Mânlio Torquato condenou o próprio filho à morte, porque este, infringindo a ordem de não se mover, deixara as fileiras para responder ao ultraje de um oficial latino. Dizem, também, que seu colega Públio Décio Mus, quando lhe asseguraram os áugures que unicamente o sacrifício de sua própria vida salvaria a pátria, avançou, isolado, para a frente do inimigo, feliz por fazer-se matar.

Quer sejam verdadeiros ou inventados tais episódios, Roma triunfou e dissociou a Liga Latina, que a traíra. Teve, assim, um término a política "federalista", que havia praticado até essa data, e começou a política "unitária", a política do bloco unido. Roma concedeu às diversas cidades, que haviam formado a

Liga, formas diferentes de autonomia, a fim de impedir a formação de uma comunidade de interêsses entre elas. Tratava-se da política de *"divide et impera"*, que fazia sua aparição. Entre as cidades submetidas, não devia haver relações políticas. Cada uma dela só as conservava diretamente com a Urbs. Foram enviados para a Campania *colonos,* que receberam de presente terras conquistadas e constituíram a vanguarda de Roma ao sul. Nascia o Império.

A segunda guerra samnita começou, sem qualquer pretexto, uma quinzena de anos mais tarde, em 327 a.c.. Os romanos – que a guerra precedente conduzira às portas de Nápoles, capital das colônias gregas – sobre ela lançaram os olhos; ficaram focados por suas longas muralhas helênicas, seus ginásios, seus teatros, suas formas de comércio, sua vida intensa. E, num belo dia, eles a ocuparam.

Os samnitas – tanto os da planície quanto os montanheses – compreendendo que, se deixassem agir os romanos, acabariam estes por devorar toda a Itália, fizeram a paz entre si e atacaram, pela retaguarda, as legiões que tanto tinham avançado para o sul. A princípio, seu exército, composto mais de guerrilheiros do que de soldados, foi batido. A seguir, como conhecesse o terreno muito mais do que os romanos, atraiu-os para as gargantas de Cláudio, perto de Benevente, e aí os encerrou. Após tentativas tão vãs quanto repetidas de subtrairem-se ao cerco, os dois cônsules tiveram de capitular e sofrer a humilhação de passar sob o jugo das lanças samnitas. Foram estas as famosas forças caudinas, sinônimo de concessões humilhantes.

Roma agiu como de hábito: sofreu, mas não pediu a paz. Aproveitando-se dessa experiência, reorganizou as legiões de maneira a não mais expô-las a aventuras semelhantes e a torná-las mais leves e manejáveis. Depois, em 316 a.C., retomou a luta. Achou-se em perigo, mais uma vez, quando os etruscos ao norte e os hérnicos ao sudeste se esforçaram por atacá-la de surpresa.

Ela os bateu separadamente. Após isso, voltou todas as forças contra os samnitas isolados e se apossou de sua capital, Boviano, em 304 a.C. Pela primeira vez, suas legiões atravessaram os Apeninos e atingiram o litoral Adriático.

Essas vitórias causaram sérias preocupações aos outros povos da península. O temor lhes deu coragem para ligar-se e desafiar Roma. Desta vez, não foram somente os etruscos que se uniram aos samnitas, mas também os lucanienses, os úmbrios e os sabinos, decididos a defender – ao mesmo tempo que a independência – a anarquia. Reuniram um exército, que atacou os romanos em Sentino, no Apenino úmbrio. Eram superiores em número, mas, tendo os generais que comandavam os diferentes contingentes procurado fazer a própria cobertura, foram, naturalmente, batidos. Décio Mus, filho do cônsul que se sacrificara voluntariamente pela pátria no decurso da campanha precedente, repetiu o gesto paterno, fixando, definitivamente, na História o nome de sua família. A coalizão se desorganizou. Etruscos, lucanienses e úmbrios pediram a paz, separadamente. Samnitas e sabinos continuaram, ainda por cinco anos, a guerra, após o que, em 290 a.C., se renderam.

Os historiadores modernos sustentam que, se Roma enfrentou tal ciclo de guerras, tinha em vista objetivo estratégico preciso: o Adriático. Quanto a nós, cremos que suas legiões se encontraram diante do Adriático, sem saber como ou por que, em perseguição do inimigo em fuga. Os romanos da época não possuíam cartas geográficas: ignoravam constituir a Itália o que se chamaria hoje "uma unidade natural geopolítica", que tinha a forma de uma bota e que, para dominá-la, era preciso dominar os mares. Praticavam, simplesmente, sem conhecê-lo e sem conhecer-lhe a teoria, o princípio do *"Lebensraum"*, do "espaço vital", conforme o qual, para viver e respirar, um território necessita anexar os territórios contíguos. Assim é que, para proteger a segurança de Cápua, conquistaram Nápoles; para garantir a segurança de Nápoles, conquistaram o Benevente, até que chegaram a Tarento, onde se detiveram, porque adiante só havia o mar.

Tarento, nessa ocasião, era grande metrópole grega, que fizera grandes progressos, particularmente no domínio da indústria, do comércio e da arte, sob a direção de Árquitas, um dos maiores homens de Estado da antiguidade, metade filósofo, metade engenheiro. Não se tratava de uma cidade belicosa. Em 303 a.C., solicitara e obtivera da Urbs a promessa de que os navios romanos jamais ultrapassariam o cabo das Colunas, ou seja, que os romanos a deixariam em paz do lado do mar, segura como estava de que, por via terrestre, estes jamais chegariam até ela. E foi, precisamente, pelo lado terrestre que Tarento os viu abater-se sobre ela.

O pretexto da guerra foi oferecido a Roma, como de hábito, por um pedido de proteção que lhe endereçaram os habitantes de Túrio, ameaçados pelos lucanienses. Roma, como sempre, logo acolheu a demanda e enviou uma guarnição para defender Túrio, mas por via marítima; sem dúvida, expressamente para procurar disputa com Tarento, porque, para chegar a Túrio, os navios tiveram de ultrapassar o cabo das Colunas. Os tarentinos fecharam os olhos a essa infração aos tratados. Porém, quando as dez trirremes de Roma pretenderam ancorar em seu posto, consideraram o caso como provocação', atacaram-nas e destruíram quatro.

Uma vez executada a ação, perceberam ser um gesto que provocaria guerra e que, se não recebessem do exterior algum auxílio poderoso, a guerra só poderia terminar-lhes mal. Mas que auxílio? Na Itália, não restava um único Estado capaz de enfrentar Roma. Então, foram pedir socorro ao estrangeiro, instaurando costumes que ainda subsistem na Itália. Encontraram essa ajuda, do outro lado do mar, na pessoa de Pirro, rei do Épiro.

Pirro era um personagem curioso que, se ficasse satisfeito com seu pequeno reino montanhês, teria podido viver, muito tempo, à vontade; porém, lera na *Ilíada* as aventuras de Aquiles; tinha nas veias sangue macedônio: o sangue de Alexandre. Tudo concorria para dele fazer personagem muito apaixonado dos *condottieri* italianos do século XV. Era, em suma, como hoje se diria, "um tipo sempre pronto a comprar briga". A que lhe ofereciam os tarentinos era de bom tamanho: ele a agarrou em pleno voo. Embarcou todo o exército em seus navios e enfrentou os romanos em Heracléia.

Pela primeira vez, os romanos se encontraram diante de uma nova arma, de que não imaginavam a existência e que lhes causou tanta impressão quanto sobre os alemães os primeiros tanques blindados ingleses em Flandres, no ano de 1916: os elefantes. A princípio, tomaram-nos por bois; foi assim que os chamaram: "os bois lucanienses". Porém, vendo-os avançar contra suas legiões, ficaram aterrorizados e perderam a batalha, se bem que tendo infligido ao inimigo perdas suficientes para tirar-lhe toda a satisfação pela vitória. Desde essa data, chamam-se "vitórias de Pirro" as vitórias que custam muito caro.

O rei do Épiro bisou seu feito no ano seguinte (279 a.C.), em Ásculo, na Apúlia. Contudo, aí também suas perdas foram tais que, vendo o campo de batalha coberto de mortos, foi tomado do mesmo espanto que, dois milênios mais tarde, deveria acometer Napoleão III, à vista do campo de batalha de Solferino. Enviou a Roma seu secretário, Cinéias, a fim de apresentar propostas de paz, dando-lhe como companheiros dois mil prisioneiros romanos, que tinham assumido o compromisso de retornar, caso não se concluísse a paz. Dizem que o Senado estava a ponto de aceitar essas ofertas quando o censor Ápio Cláudio, o Cego, pediu a palavra e fez ver à Assembleia não ser digno tratar com o estrangeiro enquanto o exército dos invasores ainda acampava na Itália.

Não acreditamos na veracidade do fato, porque, nessa época, a Itália, para Roma, era exclusivamente Roma. Nem por isso é menos certo que o Senado tenha repelido as propostas de paz e que Cinéias – voltando com os dois mil prisioneiros, dos quais nenhum faltara à palavra – tenha feito a Pirro tal relato do que vira em Roma que o rei do Épiro preferiu abandonar a empresa, a fim de dar ouvidos a um convite dos siracusanos de ir livrá-los dos cartagineses. Velejou, portanto, para a Sicilia; porém, nem lá as coisas lhe correram bem, pois as cidades gregas, que fora defender, jamais chegaram a pôr-se de acordo e a fornecer-lhe os contingentes prometidos. Desencorajado, Pirro de novo atravessou o estreito para emprestar mão forte a Tarento, que os legionários romanos atacavam. Desta vez, contudo, as legiões já se haviam habituado com os elefantes e não se deixaram espantar. Pirro foi batido em Malevente, que os romanos, na ocasião (275 a.C.), rebatizaram como Benevente. A Itália, decididamente, não lhe trazia sorte. Cheio de amargor, retornou à pátria; foi, depois, procurar tomar vingança na Grécia, mas ali nada mais encontrou do que a morte.

Haviam-se escoado, exatamente, setenta anos (343 a 273 a.C.) desde que Roma, uma vez estabelecida o melhor possível no interior, após o abalo consequente à monarquia e à luta que lhe fora necessária para sobreviver, se pusera a passo para verdadeiras conquistas. Eis que se tornara árbitro de toda a península, desde o Apenino toscano e emiliano até o estreito de Messina. Ano após ano, os domínios de todos os pequenos potentados, de que se constelava a península, tombaram-lhe nas mãos, inclusive os da Grande Grécia continental, sem defensores após a morte de Pirro. Tarento rendeu-se em 272 a.C., Regio, em 270 a.C. Porém, após sua experiência com a Liga Latina, Roma compreendera que não devia confiar nos "protegidos", nos "aliados a força". Um pouco por essa causa e um tanto por terem sido impelidos a isso pela pressão demográfica da Urbs, os romanos começaram verdadeira romanização da Itália por meio de "colônias", meio que já haviam empregado após a primeira guerra samnita. Confiscavam-se as terras inimigas, que se distribuíam a cidadãos romanos, desprovidos de propriedades, em particular para recompensar o que hoje chamaríamos de "méritos de guerra". Era sobretudo a veteranos que se destinavam tais terras, isto é, a gente segura, que não hesitaria em topar tudo para defender-se e defender Roma. Os nativos, obviamente, os acolhiam sem simpatia, como assaltantes e opressores. Foi sobre o nome de um deles, Cafo, cabo no exército de César, que forjaram mais tarde a palavra "cafono", expressão desprezível, a indicar homem frustrado e vulgar. E o uso, que então nasceu, da "pernacchia" (imitação, feita pela boca, de um ruído fisiológico) – ruído desprezível e desrespeitoso, pelo qual os povos vencidos saudavam os romanos que lhes penetravam as cidades, o qual parece ter sido tomado por eles, a princípio, por saudação de boas-vindas – foi inspirado por essa hostilidade.

Óbvio é que não se poderia esperar aumentar um território de maneira a fazê-lo passar de quinhentos a vinte e cinco mil quilômetros quadrados – como o fez Roma no decurso desse período – sem pisar nos calos de alguém. Em compensação, todavia, toda a Itália central e toda a Itália meridional passaram a falar uma só língua e a pensar não mais em termos de cidade e de tribo, mas de nação e de Estado.

Ao mesmo tempo que se passavam essas longas e sanguinolentas guerras e sob sua pressão, os plebeus conquistavam, uns após outros, todos os seus objetivos. Até mesmo o último, fundamental como os outros, garantido pela lei Hortênsia, assim chamada de acordo com o nome do ditador que a impôs: lei segundo a qual um plebiscito se tornava automaticamente lei, sem que fosse necessário fazê-lo ratificar pelo Senado. Desde que a lei "Canuléia" abolira, pelo menos no papel, no ano 445 a.c., a antiga interdição do casamento entre patrícios e plebeus, estes últimos não estavam mais, legalmente, excluídos de qualquer direito, de qualquer magistratura. E, como a *pretura,* que lhes estava livremente aberta, dava, ao que a tivesse exercido, livre entrada no Senado, até mesmo esta cidadela da aristocracia lhes ficou acessível, se bem que com mil precauções e mil limitações.

Isso tudo só foi atingido após uma infinidade de lutas, que puseram em perigo, em diferentes ocasiões, a existência da Urbs. Mas o fato de que, bem ou mal, a esse ponto tivessem chegado os plebeus, mostra suficientemente que, por conservadoras que fossem as classes superiores de Roma, não eram de nenhuma forma desprovidas de inteligência. Não coravam ao defender abertamente seus interesses de casta e não fingiam "flertar" com os "esquerdistas", como o fazem tantos príncipes e industriais hoje em dia; porém, pagavam seus impostos, serviam dez anos no exército, morriam à frente dos soldados. E, quando se tratava de escolher entre os seus privilégios e o interesse da pátria, não hesitavam. Foi por isso que, ainda que aceitando o completo nivelamento de seus direitos aos dos plebeus, permaneceram no poder, como consegue fazê-lo ainda hoje, no seio de nosso mundo socialista, a nobreza inglesa.

No período de repouso que se concedeu, após a vitória sobre Pirro, e que lhe permitiu digerir o enorme festim, Roma deu os últimos retoques a esse equilíbrio interior e organizou o grande naco de península de que se tornara senhora. A via Apia, que Ápio Cláudio já fizera construir, para unir Roma a Cápua, foi prolongada até Brindes e Tarento. Foi ao longo dessa via que, ao lado dos soldados, se encaminharam também os colonos, enviados para romanizar Benevente, Brindes, Fermo, Ádria e tantas outras cidades. Roma não reconheceu aos vencidos senão pequena autonomia, o que muito menos respeitou: foi a primeira e a principal responsável pela ausência, na Itália, dessas liberdades comunais e cantonais que se desenvolveram, tão vigorosamente, no mundo germânico. Em contrapartida, elevou à mais alta expressão a ideia de Estado: praticamente, podemos dizer que a inventou, assentando-a sobre as cinco colunas em que ainda repousa: o prefeito, o juiz, o policial, o código e o agente do fisco.

Foi com esse patrimônio que partiu à conquista do mundo. E, agora, vejamos de um pouco mais perto por que Roma conseguiu realizá-la.

Capítulo 8

A Educação

Na Roma daqueles tempos, que é costume qualificar-se de "estóica", todo mundo "vivia perigosamente". Os perigos principiavam no dia do nascimento, pois se a criança nascia do sexo feminino ou com qualquer inferioridade, o pai tinha o direito de jogá-la fora, para deixá-la morrer diante da porta. Era frequente que o fizesse.

Uma criança do sexo masculino, pelo contrário, era geralmente bem acolhida, não somente porque, mais tarde, seu trabalho lhe permitiria vir em auxílio dos pais, mas também por crerem estes que, se não deixassem alguém a tomar conta de seu túmulo e a celebrar no local os sacrifícios de rigor, sua alma não entraria no paraíso.

Se tudo corresse bem, isto é, se tivesse acertado quanto ao sexo e quanto à integridade física, o recém-nascido, oito dias após o nascimento, era oficialmente recebido pela *gens,* no curso de solene cerimônia. A *gens* consistia num grupo de famílias, o qual remontava a um antepassado comum, que lhe dera o nome. Por isso é que o recém-nascido recebia, habitualmente, três nomes: o nome individual ou "prenome" (por exemplo Mário, Antônio etc.), o nome da *gens* ou "nome", verdadeiramente falando, e o "cognome", o de sua própria família. Isto no que concernia aos homens. As mulheres não levavam senão o "nome", isto é, o da *gens.* E, de fato, elas se chamavam Túlia, Júlia, Coroélia, etc., enquanto seus irmãos eram, por exemplo, Marco Túlio Emílio, Públio Júlio Antônio, Caio Cornélio Graco.

Esse bizarro costume foi causa de inúmeras confusões; com efeito, não tendo os antepassados fundadores da cidade, como já o dissemos, ultrapassado uma centena, no máximo, não havia nomes a mais do que esses para as *gentes,* de maneira que os nomes se repetiam forçosamente, tornando obrigatória a junção de um quarto ou de um quinto sobrenome. Por exemplo: o Públio Cornélio Cipião que destruiu Cartago juntou a seu nome, no seu cartão de visita, um "Emílio Africano Menor", a fim de distinguir-se do Públio Cornélio Cipião que vencera Aníbal e que juntara, no seu próprio cartão: "Africano Maior".

Eram, como vemos, nomes longos, pesados e imponentes que, por si mesmos, já faziam pesar bom número de deveres sobre as costas de um recém-nascido. Um Marco Túlio Cornélio não podia dar-se aos caprichos e às fantasias de um Totor ou de um Tintim, que a estes últimos se reconheciam como direito. De fato, não era mimado de modo nenhum. Desde a mais tenra idade, ensinavam aos meninos que a família, de que eram membros, constituía verdadeira unidade militar, em que todos os poderes se concentravam sobre o chefe, que era *o pater famílias.* Somente ele podia comprar e vender, pois só ele era o proprietário de tudo, inclusive do dote da esposa. Se esta o enganasse ou lhe roubasse vinho do tonel, ele podia matá-la sem qualquer outra forma de processo. Tinha os mesmos direitos sobre os filhos, que podia vender como escravos. Tudo o que os filhos compravam se tornava, automaticamente, dele. As mulheres não escapavam a essa autoridade de seus pais senão quando estes as davam em casamento a alguém *cum manu,* ou seja, renunciando, explicitamente, a todo direito sobre elas. Mas, nesse caso, os mesmos direitos passavam ao marido, de maneira que a mulher dependia constantemente do homem: de seu pai ou de seu esposo; de seu filho mais velho, quando ficava viúva – ou de um tutor.

Essa dura disciplina, que somente se adoçou lentamente, no decurso dos séculos, encontrava um limite nas "pietas", ou seja, a afeição, que os esposos nutriam mutuamente e tinham pelas crianças. Mas essa afeição jamais chegava – ou quase nunca – a atacar a unidade granítica da família romana, que compreendia os netos, os bisnetos e os escravos, estes considerados, contudo, como simples objetos. A mãe se chamava "domina", isto é, senhora e não era relegada ao gineceu, como as mulheres gregas. Fazia as refeições com o marido, mas sentada sobre o triclínio (espécie de divã rústico) e não deitada, como aquele. Não trabalhava, em geral, muito, porque não se conhecia crise de domésticos, com todos os escravos e escravas capturados nos campos de batalha e nas cidades vencidas: cada família contava com mais de um. A "domina" os dirigia e vigiava. Para distrair-se, ela tecia a lã, destinada às vestes do marido e das crianças. Nada de livros, de jogos de cartas, de teatro, de circo: nada. As visitas eram raras e estritamente oficiais. Um cerimonial escrupuloso as tornava difíceis e complicadas. A "domus", ou seja, a casa era, ainda mais do que uma caserna, um verdadeiro fortim. Lá se formavam as crianças, debaixo de estrita obediência.

Ensinavam que a chama do lar não devia jamais extinguir-se, porque representava Vesta, a deusa da vida. Era preciso alimentá-la, pondo constantemente lenha no fogo e aí lançando migalhas de pão, durante as refeições. As paredes de taipa ou de tijolos se suspendiam pequenos ícones, em cada um dos quais a criança via um Lar ou um Penate, pequenos espíritos domésticos, que protegiam a prosperidade da casa e dos campos. Sobre a porta, com as duas faces voltadas, uma para diante outra para trás, Janus vigiava os que entravam; montando guarda, havia os Manes, almas dos antepassados, que ficavam naquelas paragens após sua morte. Assim, ninguém podia fazer um movimento sem dar com a cabeça contra algum guardião sobrenatural, que fazia parte da família: família composta não somente dos membros vivos, mas também dos personagens que os haviam precedido e dos que os seguiriam. Todos, em conjunto, formavam um microcosmo não só econômico e moral, mas ainda religioso, do qual o *pater* era o papa infalível. Era ele que celebrava os sacrifícios sobre o altar da casa e era em nome dos deuses que dava ordens e infligia punições.

A religiosidade, no meio da qual crescia o menino romano, tendia a discipliná-lo mais do que a melhorá-lo, no sentido que damos atualmente a essa palavra. Com efeito, não o impelia a nobres ideais de bondade e de generosidade, mas à aceitação das regras que faziam de toda a sua vida um rito. Assim é que não lhe pediam que fosse desinteressado, por exemplo; pediam-lhe, ou melhor, impunham-lhe que respeitasse certas fórmulas e tomasse parte nas cerimônias. Suas preces tendiam todas a fins imediatos e práticos. Dirigiam-se a Abeona, para que ela lhe ensinasse os primeiros passos; a Fabulina, para que lhe ensinasse a pronunciar as primeiras palavras; a Pomona, para que fizesse crescer bem as peras do pomar; a Saturno, para que o ajudasse a semear; a Ceres, para que lhe permitisse colher; a Estérculo, para que as vacas do estábulo fornecessem bastante estrume.

Todos esses deuses, todos esses espíritos eram personagens sem preocupações morais, mas absolutamente maníacos no que concernia às formas. Evidentemente, não tinham ilusões sobre a alma humana. Não a consideravam suscetível de um verdadeiro aperfeiçoamento e abandonavam-na a si mesma. O que os interessava, não sendo as intenções, eram os gestos de seus fiéis, que queriam manter bem organizados entre os diques dessas grandes instituições: a família e o Estado, de que constituíam o cimento. Eis por que exigiam obediência aos pais, fidelidade ao marido, fecundidade, aceitação das leis, respeito para com a autoridade, coragem na guerra levada até o sacrifício, firmeza diante da morte, tudo isso envolto em solenidade sacerdotal.

Essa cuidada e meticulosa formação do caráter era seguida, por volta dos seis ou sete anos, pela do espírito, ou seja, da instrução, pura e simplesmente. O Estado dela não se encarregava, como hoje em dia, por intermédio da escola pública; era incomum, ainda mesmo nas casas mais prósperas, que o pai passasse tal incumbência para algum escravo ou liberto. Este costume nasceu bem mais tarde, quando Roma era maior e mais poderosa, porém não mais estoica. Até o final das guerras púnicas, era o pai quem servia de professor para o filho, a fim de transmitir-lhe aquilo que hoje chamaríamos a "disciplina", com o objetivo de colocar mais em realce seu caráter de obediência absoluta.

As matérias de ensino eram simples e pouco numerosas: leitura, escrita, gramática e aritmética. Os romanos conheciam uma espécie de tinta, extraída do suco de certas bagas. Molhavam nesse suco pequena haste de metal, com a qual escreviam as palavras sobre tabuletas de madeira, lisas (somente mais tarde chegaram a fabricar papel de linho e pergaminho). A língua contava com sintaxe severa, mas poucas palavras e nada de sutilezas; prestava-se mais à compilação de códigos e de leis do que à celebração de romances ou de poesia. Aliás, os romanos não sentiam a menor necessidade destes últimos artigos; os que desejassem lê-los nada mais tinham a fazer do que aprender o grego, língua bastante mais rica, mais flexível e colorida. E, de fato, foi em grego que se redigiu o primeiro texto de sua História: a história de Quinto Fábio Pictor; porém, esse texto data de 202 a.C., isto é, de data avançada.

Até esse momento, a história se transmitia oralmente de pai para filho, por meio de relatos fabulosos, capazes de estimular a imaginação de meninos. Eram as histórias de Enéias, de Amúlio e de Númitor, dos Horácios e dos Curiácios, de Lucrécia e de Colatino. Tais lendas arbitrárias, mas que corroboravam entre si, se viam reforçadas por uma poesia exclusivamente comemorativa e sacra. Esta poesia se condensava em volumes, os quais se chamavam "fastos consulares", "livros dos magistrados", "grandes anais" etc. e celebrava os grandes acontecimentos nacionais: eleições, vitórias, festas e milagres.

O primeiro que saiu desses assuntos absolutamente rituais foi um escravo. Aprisionado no decurso da pilhagem de Tarento, foi levado a Roma, onde começou a contar a "Odisséia" para os amigos de seu amo, que nisso encontraram motivo de prazer. Como se tratasse de pessoas altamente colocadas, encarregaram Lívio de extrair da "Odisséia" um espetáculo para os grandes "ludi" (jogos) do ano 240 a.c. Lívio, para traduzir os versos gregos, criou outros em latim, semelhantes, mas de ritmo irregular e grosseiro. Desses versos, fez uma tragédia da qual ele próprio recitou e cantou todos os papéis, enquanto para tanto lhe restava um fio de voz. Os romanos, que nada de semelhante haviam jamais ouvido ou visto, de tal modo se encantaram que o governo reconheceu os poetas como uma categoria de cidadãos e lhes permitiu associarem-se numa "Corporação", que se sediava no templo de Minerva, sobre o Aventino.

Isto mesmo, entretanto – repitamo-lo – só se deu muito mais tarde. Na época que narramos, os meninos romanos não contavam com literatura para ler. Uma vez que soubessem soletrar e tivessem decorado tais lendas, passavam ao estudo das matemáticas e da geometria. As primeiras consistiam em operações de pura contabilidade, executadas nos dedos, e cujos algarismos escritos não passavam de imitação. I é a representação gráfica de um dedo levantado; V, o é de uma mão aberta; X, de duas mãos abertas e cruzadas. Foi por meio desses símbolos, de prefixos (IV) e de sufixos (VI) que os romanos contaram. Partindo dessa aritmética manual, desenvolveram um sistema decimal, sobre partes e múltiplos de dez, isto é, dos dez dedos.

Quanto à geometria, permaneceu arcaica enquanto não vieram ensiná-la os gregos: reduzia-se ao estritamente necessário para as construções rudimentares da época.

Na questão de ginástica: nada. Os "palestras" e os "ginásios" são muito posteriores e, também eles, de importação grega. Os pais romanos preferiam, para endurecer os músculos dos filhos, fazê-los cavar e lavrar a terra. Depois, confiavam-nos ao exército que, quando os deixava vivos, vinha a devolvê-los, muitos anos mais tarde, capacitados a resistir a qualquer prova. Também não* se ensinava a medicina. Os romanos consideravam não serem os vírus, mas os deuses que provocavam as doenças. Disso resultavam duas alternativas: ou bem os deuses queriam fazer compreenderem os homens, por meio desse sinal, que era preciso aplanar as dificuldades e, nesse caso, nada havia a fazer; ou bem queriam infligir-lhes um castigo momentâneo; nesse caso, nada havia a fazer senão esperar. B, com efeito, para cada doença havia uma oração para tal ou tal divindade especializada. A "Madona da Febre", para quem ainda se volta, hoje em dia, c populacho romano, não passa de versão modernizada das deusas Febre e Mefite, às quais então se dirigia.

Quanto às horas de recreação após o estudo, não dependiam do livre arbítrio dos petizes e não deviam ser mal gastas. Após numerosas horas de capinagem com a enxada e algumas horas de gramática, os papais senadores tomavam os garotos pela mão e os levavam à Cúria, diante do Foro (Forum), onde sua assembleia realizava reuniões ou *senatus-consultus*. Lá, naqueles bancos, silenciosos, desde a idade de sete ou oito anos, os meninos romanos os escutavam a discutir os grandes problemas do Estado, da administração, bem como das alianças ou das guerras; eram modelados sob o estilo grave e solene de tais discussões, que se tornava sua principal característica (o que os tornava tão aborrecidos).

Todavia, era o exército que dava o retoque final à sua formação. Quanto mais rico era um cidadão, mais impostos tinha de pagar e mais anos devia passar nas fileiras. Para quem quer que desejasse preparar-se para uma carreira pública, o mínimo era de dez anos. Por conseguinte, somente os ricos, praticamente, podiam entrar nessa carreira, pois só eles podiam permanecer tanto tempo afastados de seus negócios ou de suas terras. Porém, até mesmo o cidadão que se contentava com o exercício dos direitos políticos, ou seja, com o direito do voto devia ter sido soldado. Com efeito, era nessa qualidade, isto é, na qualidade de membro da *centúria*, que tomava parte na Assembleia Centuriata, o maior corpo legislativo do Estado, dividida, como já vimos, em cinco classes.

A primeira classe tinha 96 centúrias, das quais 19 de cavalaria e o restante de infantaria pesada. Aquele que nelas se engajava devia armar-se às próprias custas, com duas lanças, um punhal, um sabre, um capacete de bronze, uma couraça e um escudo; este ficava em falta na segunda classe, idêntica à primeira quanto ao resto do armamento. A terceira e a quarta classes estavam privadas de qualquer arma defensiva (capacete, couraça e escudo). Os homens da quinta classe apenas se armavam de pedras e varas. Era a legião a unidade fundamental do exército. Constituía-se de 4.200 infantes, trezentos cavaleiros e diversos grupos auxiliares. O cônsul comandava duas, isto é, perto de dez mil homens. Cada legião tinha um estandarte próprio e a honra de cada soldado estava empenhada em impedir que o mesmo tombasse nas mãos do inimigo. Os oficiais, quando viam a situação difícil, pegavam o estandarte e com ele avançavam. Para defendê-lo, as tropas o seguiam. Numerosas batalhas, que corriam mal, foram vencidas dessa forma, no derradeiro momento.

Bem nos primeiros tempos, a legião se dividia em falanges: seis linhas sólidas, cada uma com quinhentos homens. A seguir, para torná-la mais manejável, repartiram-na em manipulas de duas centúrias. Porém, o que constituía a força desse grande exército não era sua organização, mas a sua disciplina. O poltrão era fustigado até a morte. Pela menor desobediência, o general podia mandar decapitar qualquer pessoa, oficial ou soldado. Aos desertores e aos ladrões, cortavam-lhes a mão direita. A ração consistia apenas de pão e legumes. Estavam de tal maneira habituados a esse regime que, num ano em que escasseou o trigo, os veteranos de César se queixaram por serem obrigados a comer carne.

A conscrição era feita aos dezesseis anos, no momento em que, em nosso tempo, começamos a pensar em mulheres. Quanto a eles, os romanos de dezesseis anos, deviam pensar no regimento, aonde eram levados para aperfeiçoar-se. A disciplina era de tal forma pesada e tão fatigante o trabalho que todos preferiam o campo de batalha. A morte, para aqueles rapazes, não constituía sacrifício muito grande. Por esse motivo é que a enfrentavam com tanta desenvoltura.

Capítulo 9

 A Carreira

O jovem que havia sobrevivido a dez anos de vida militar podia, uma vez de volta ao lar, encetar uma carreira política. Esta era escalonada, inteiramente eletiva, e a tinham cercado de toda espécie de precauções e controles.

Era papel da Assembleia Centuriata a passagem pelo crivo das candidaturas às diferentes funções, todas as quais se confiavam a diversos indivíduos. A Questura era o primeiro escalão. O questor era uma espécie de assistente de magistrados mais elevados, ocupando-se das finanças e da justiça. Ajudava a controlar as despesas do Estado e colaborava nos inquéritos sobre crimes. Não podia permanecer no cargo mais de um ano; porém, se tivesse desempenhado bem suas funções, podia apresentar-se de novo à Assembleia Centuriata, a fim de ser promovido na graduação.

Se não houvesse dado satisfação de seus atos aos eleitores, era destituído da função e durante dez anos não mais podia candidatar-se a qualquer cargo. Se lhes houvesse prestado contas, era eleito edil (havia quatro edis) e, nessa qualidade, sempre por um ano, exercia a superintendência das construções, dos teatros, dos aquedutos, das ruas – em suma, de todos os edifícios públicos ou de interesse público, inclusive as casas de prostituição.

Se ele se portasse honradamente nessas funções – praticamente as de um conselheiro municipal – então, sempre conforme o mesmo sistema de eleição e ainda por um ano, podia apresentar-se como candidato a um dos quatro postos de *pretor*, cargo muito elevado, civil e militar ao mesmo tempo. Numa certa época, os pretores haviam sido generais-chefes do exército. Tinham-se tornado, principalmente, presidentes de tribunais e intérpretes das leis; porém, quando estourava a guerra, retomavam, sob as ordens dos cônsules, o comando das grandes unidades.

Tendo chegado ao topo dessa carreira, que se chamava *cursus honorum* (curso das honras ou honrarias), o cidadão podia aspirar a um dos dois postos de *censor*. O censor era eleito por cinco anos. A extensão desse período era necessária porque o recenseamento dos cidadãos só se fazia de cinco em cinco anos, com o registro dos dados.

O recenseamento constituía a principal atribuição do censor, o qual devia, pelo prazo de cinco anos, de acordo com esse recenseamento, estabelecer quanto de impostos devia pagar cada cidadão e por quantos anos alguém devia servir o exército.

Contudo, suas funções não se limitavam a isso. Tinha outras, mais delicadas, em virtude das quais esse cargo – sobretudo quando exercido por cidadãos de grande envergadura, como Ápio Cláudio, o Cego, bisneto do famoso decênviro, e Catão

– concorria com o próprio consulado. O censor devia organizar inquéritos secretos sobre os "precedentes" de todos os candidatos para todas as funções públicas. Devia resguardar a honra das mulheres, vigiar a educação das crianças e a maneira pela qual se tratavam os escravos. Isso tudo o autorizava a meter o nariz na vida privada de todo o mundo bem como a fazer descer ou subir as pessoas na hierarquia social, isto é, a expulsar do Senado os membros que dele não se mostrassem dignos. Eram os censores, enfim, que estabeleciam o orçamento do Estado e lhe autorizavam as despesas. Tratava-se, portanto, como vemos, de poderes extremamente extensos, que exigiam, de quem os exercesse, muito discernimento e consciência firme. Em geral, na era republicana, os que disso se encarregaram se mostraram dignos.

No ápice da hierarquia, vinham os dois cônsules, isto é, os dois chefes do poder executivo.

Em teoria, um dos dois, pelo menos, devia ser plebeu. Na realidade, os próprios plebeus sempre deram preferência a um patrício, porque somente homens de esmerada educação e que tivessem passado por longa aprendizagem ofereciam garantias de serem capazes de conduzir o Estado, no emaranhado de problemas cada vez mais complexos e difíceis. Além de tudo, havia a eleição. Ela se desenrolava, sempre, de acordo com modalidades que permitiam à aristocracia todas as fraudes. No dia de votação na Assembleia Centuriata, o magistrado dela encarregado observava os astros a fim de descobrir os candidatos que eram *personae gratae* aos deuses. Como apenas ele pretendesse conhecer a linguagem dos astros, neles podia ler o que quisesse. A Assembleia, intimidada, aceitava-lhe o veredito e limitava sua escolha aos únicos concorrentes que agradavam ao Pai Eterno ou seja o Senado.

Os candidatos se apresentavam vestidos com uma toga branca, sem ornamentos, para demonstrar a simplicidade de

HISTÓRIA DE ROMA

sua vida e austeridade moral. Frequentemente, levantavam uma dobra dessa toga a fim de exibir aos eleitores seus ferimentos de guerra. Se fossem eleitos, permaneciam durante um ano no cargo, com iguais poderes. Entravam em funções no dia 15 de março; uma vez que deixassem o cargo, o Senado os acolhia na qualidade de membros – vitalícios, naturalmente.

Como, malgrado tudo, continuasse o título de senador a ser o mais ambicionado por todos, era natural que o cônsul procurasse jamais desagradar os que podiam conferi-lo. O cônsul representava, num certo sentido, o braço secular da câmara alta. Esta, do ponto de vista constitucional, não tinha importância; contudo, na prática, por meio dos astros e de uma infinidade de outros subterfúgios, sempre decidia a respeito de tudo.

Os cônsules eram, em primeiro lugar, como os reis primitivos, os chefes do poder religioso, de que dirigiam os ritos mais importantes. Em tempo de paz, presidiam às reuniões quer do Senado quer da Assembleia; tendo tomado conhecimento de suas decisões, eles as executavam, estabelecendo decretos para a sua aplicação.

Em tempo de guerra, transformavam-se em generais e conduziam o exército, cujo comando se dividia entre ambos em partes iguais: metade para cada. Se um dos dois morresse ou fosse aprisionado, o outro concentraria todos os poderes; se ambos morressem ou fossem feitos prisioneiros, o Senado promulgava um interregno de dez dias, nomeava um *interrex* para despachar os negócios e procedia a novas eleições. Estes termos significam bem, por si mesmos, que, pelo prazo de um ano, o cônsul exercia os mesmos poderes que haviam exercido os antigos reis, os que não tinham sido reis absolutos – os anteriores aos Tarquínios.

As funções de cônsul eram, obviamente, as mais ambicionadas, mas, também, as de exercício mais difícil. Exigiam não apenas muita energia, mas ainda muito senso diplomático, porque forçavam os cônsules a entenderem-se, continuamente, com o Senado, de um lado, e, por outra parte, com as Assembleias populares, que os elegiam e diante das quais tinham de prestar contas de seus atos.

Tais Assembleias eram três: *os comícios de cúrias, os comícios de centúrias e os comícios tribunícios.*

Os comícios de cúrias eram os mais antigos, porque datavam dos tempos de Rômulo, na época em que Roma se compunha da "patres". E, com efeito, somente os patrícios dela faziam parte. Bem nos primeiros tempos da República, tiveram funções importantes, como a de eleger os cônsules. Em seguida, pouco a pouco, tiveram de passar quase todos os seus poderes para a Assembleia das centúrias, que constituía a verdadeira Câmara dos Deputados da Roma republicana. Lentamente, ela se transformou numa espécie de Câmara de Cerimonial, que decidia, sobretudo, sobre questões genealógicas, ou seja, da ligação de um cidadão a tal ou tal *gens.*

A Assembleia por centúrias constituía, praticamente, o povo em armas. Dela faziam parte todos os cidadãos que já haviam cumprido o serviço militar. Estavam, portanto, excluídos: os estrangeiros, os escravos e os que a lei dispensava de servir como soldados e de pagar impostos, por serem muito pobres. Roma concedia com muita parcimônia o título de cidadão romano. Este título comportava privilégios, tais como a isenção da tortura e a possibilidade de dirigir apelo perante a Assembleia contra as decisões de qualquer funcionário.

A Assembleia não era permanente. Reunia-se pela convocação de um cônsul ou de um tribuno. Não podia promulgar leis ou ordenações por conta própria. Somente podia votar, pela maioria de "sim" ou "não", quanto às proposições que lhe dirigisse um magistrado. Seu caráter conservador se garantia,

HISTÓRIA DE ROMA

como já temos visto, pela repartição em cinco classes. É preciso sempre ter em mente o fato de que a primeira, composta de oitenta centúrias de patrícios, de "équitas" e de milionários, bastava para constituir a maioria, num conjunto total de cento e noventa e três centúrias. Isto porque era a primeira a votar e seu voto se proclamava imediatamente. Às outras, só restava baixar a cabeça.

Nessa maneira de proceder, havia um princípio de justiça. Os romanos consideravam que os direitos deviam contrabalançar os deveres e vice-versa. Quanto mais rico fosse alguém, mais impostos teria de pagar e mais anos teria de passar nas fileiras. Em compensação, contava com muito maiores poderes políticos.

Não há, portanto, a menor dúvida de que o pobre diabo, se tinha a vantagem de pagar poucos impostos e de permanecer por pouco tempo no exército, nada representava, politicamente falando, e se encontrava na obrigação de seguir, sempre, a vontade dos que possuíam maior autoridade.

Foi então que esses deserdados começaram a reunir-se naquilo que chamaram de "concílios da plebe", cuja autoridade não era reconhecida pela Constituição mas que se desenvolveram com o correr dos anos até que se transformaram nos "comícios tribunícios", órgãos com cujo auxílio o proletariado romano contou no longo combate para a conquista de maior justiça social.

Nasceram logo após a secessão da plebe sobre o monte Sagrado, quando foi permitida a esta a eleição de seus próprios magistrados, os famosos *tribunos,* com direito de voto contra toda lei, toda ordenação que se considerasse atentatória contra os interesses dos proletários. Precisamente os comícios tribunícios foram os encarregados de eleger tais magistrados. Em seguida, pouco a pouco, solicitaram e obtiveram igualmente o direito de nomear outros funcionários: os questores, os edis da plebe e, enfim, os tribunos militares, com os poderes do cônsul.

Também esta Assembleia, assim como a das centúrias, não tinha outro poder senão o de votar "sim" ou "não" quanto às proposições do magistrado que a convocava; porém, o voto era feito individualmente: o de um valia o mesmo que o de outro, sem consideração de ordem financeira. Constituía, pois, órgão bem mais democrático. A multiplicação de suas atribuições, através de lutas infindas, assinala a lenta ascensão do proletariado romano em relação às outras classes. Isto culminou no momento em que suas decisões, chamadas *plebiscitos*, deixaram de ter valor apenas para a plebe e se tornaram obrigatórias para todos os cidadãos, transformando-se, assim, em verdadeiras leis.

Com estas duas Assembleias, a das centúrias e a das cúrias, fatalmente destinadas a combaterem-se reciprocamente, a primeira em nome do conservantismo, a outra em nome do progresso social, e contando com magistrados, como os tribunos, eleitos especialmente pela plebe para embaraçá-los e vigiá-los, podemos compreender a que ponto de dificuldade chegava a função dos dois cônsules.

Cada um deles possuía, nominalmente, o *imperíum,* o comando, que demonstrava ao fazer-se preceder, aonde quer que fosse, de doze litores, cada um dos quais carregava um feixe de varas, encimado por uma acha de armas. Seus nomes, reunidos, apelidavam o ano em que estavam no cargo e tais apelidos se registravam na lista dos "fastos consulares": coisas bem-feitas para exaltar a ambição das pessoas; porém, no que toca ao poder executivo, a coisa era inteiramente diversa. Para começar, para exercê-lo, era-lhes necessário estarem de acordo mutuamente, uma vez que cada um deles tinha direito de veto sobre as decisões do outro. Depois, precisavam do assentimento das duas Assembleias.

Precisamente essa paralisia do poder executivo é que permitia ao Senado o exercício do seu. O Senado se compunha de trezentos membros e os censores se incumbiam de preencher as vagas, resultantes de morte, nomeando, no lugar do senador desaparecido, um ex-cônsul ou um ex-censor que se tivesse distinguido especialmente. O censor – ou o próprio Senado – podia, igualmente, expulsar os senadores que não se mostrassem dignos da grande honra que lhes fora atribuída.

Também ela, essa venerável Assembleia, se reunia na Cúria, diante do Foro, mediante a solicitação do cônsul que a ela presidisse. Suas decisões, tomadas por maioria, não tinham, teoricamente, força de lei: consistiam somente em conselhos dados ao magistrado. Este, todavia, quase nunca ousava levar para diante dos Comícios – que, sozinhos, podiam conferir-lhe poder executivo – uma proposição que não tivesse sido, previamente, aprovada pelo Senado. Na prática, o conselho do Senado era decisivo em todas as grandes questões do Estado: a guerra e a paz, o governo das colônias e das províncias. Quando se declarava uma crise, o Senado recorria a um decreto especial de salvação pública, o *jure consultum ultimum,* que decidia irrevogavelmente.

Seu poder vinha, contudo, bem mais de seu prestígio do que da Constituição, que não lhe reconhecera muito poder. O próprio tribuno que, em virtude de sua origem eleitoral, não podia ser favorável ao Senado, quando aí tinha assento, na qualidade de observador silencioso, como lhe assistia por direito, daí se retirava, geralmente, com ideias mais conciliatórias do que à entrada. Isto se deu de tal modo que, com o decurso do tempo, numerosos tribunos se tornaram senadores, por causa da atitude amigável que haviam demonstrado, durante o desempenho de seu cargo, para com aquilo que deveria ter sido para eles o campo inimigo. Enfim, o Senado reservava, para as grandes ocasiões, uma arma que tinha em mão e que lhe permitia resolver as situações mais complicadas, quando lhe era impossível fazer com que os magistrados concordassem entre si e com os cidadãos: podia nomear um ditador por seis meses ou por um ano, conferindo-lhe plenos poderes – salvo o de dispor dos fundos do Estado. A proposição era feita por um dos cônsules, sem que o outro a ela se pudesse opor. A pessoa era escolhida dentre os *consulares,* isto é, entre os que tinham sido cônsules e, por conseguinte, já eram senadores. Todos os ditadores da Roma republicana – com exceção de um, apenas – foram patrícios. Todos – salvo dois – respeitaram os limites de tempo e de poder que lhes tinham sido impostos. Um dentre eles, Cincinato, que não exerceu esse cargo supremo senão durante dezesseis dias para depois voltar a seus rebanhos e ao seu trabalho nos campos, passou para a História com cores legendárias.

O Senado bem raramente recorreu a esse direito. Isto quer dizer que dele não abusou, se bem que nem sempre tenha estado à altura de seu renome. De quando em quando, deixava-se tentar pela cupidez, particularmente quanto à exploração dos países conquistados. Vez por outra, mostrava-se surdo e cego, a fim de defender os privilégios de sua casta contra as necessidades de uma justiça superior. Seus membros não eram super-homens; por vezes hesitaram, por vezes se enganaram. Contudo, em conjunto, sua Assembleia representa, para a História de todos os tempos e de todos os povos, exemplo de sabedoria política que não foi ultrapassado. Todos provinham de famílias de homens de Estado; cada um deles tinha vasta experiência do exército, da justiça e da administração. Não eram tão bons na vitória, quando seu orgulho e sua cupidez se desencadeavam. Eram mais bem-dotados nas derrotas, quando a situação exigia

HISTÓRIA DE ROMA

coragem e tenacidade. Cinéias, o embaixador que Pirro enviou para tratar com eles, depois que os viu e os ouviu falar, declarou a seu soberano, cheio de admiração:

— Não é de espantar que não haja reis em Roma: cada um desses trezentos senadores é um rei!

Capítulo 10

Os Deuses

Essa organização do Estado e das magistraturas não se tornou possível senão graças à publicação das "Doze Tábuas dos Decênviros", que dela foram, ao mesmo tempo, a causa, a consequência e o instrumento.

Roma vivera, até então, praticamente, sob regime teocrático, onde o rei era, igualmente, o Papa. Somente ele tinha, nessa qualidade, o direito de regulamentar as relações entre os homens, não segundo lei escrita, mas de acordo com a vontade dos deuses, que somente a comunicavam diretamente a ele, durante as cerimônias religiosas. O Papa, a princípio, fazia tudo sozinho. Depois, com o crescimento da população, a multiplicação e a complicação dos problemas, contou com um clero completo para ajudá-lo. Os sacerdotes foram, precisamente, os primeiros advogados de Roma.

O pobre diabo a quem se fizera, ou que acreditava que lhe haviam feito injustiça, se encaminhava para a casa de um deles a fim de pedir-lhe conselho. O sacerdote o aconselhava, depois de consultar textos inteiramente secretos, em que somente eles, os clérigos, tinham o direito de meter o nariz. Ninguém, portanto, conhecia precisamente quais eram seus direitos, quais eram seus deveres. O consultor o revelava, separadamente, para cada caso. Os processos se celebravam conforme liturgia de que somente ele conhecia os ritos. Como esse clero, na origem, fosse inteiramente aristocrático, é fácil compreender quais seriam os vereditos, quando se tratava de processo entre patrícios e plebeus.

O primeiro efeito das Doze Tábuas foi o de separar o direito civil do direito divino, isto é, desembaraçar as relações entre cidadãos da volúvel vontade dos deuses ou, melhor, daqueles que se diziam seus representantes. A partir desse momento, Roma deixou de ser uma teocracia. Insensivelmente, o monopólio eclesiástico da lei começou a fazer-se em pedaços. Ápio Cláudio, o Cego, publicou um calendário de *dies fasti* (dias de registro), que indicava os dias em que se podiam disputar as causas e a forma pela qual poderiam ser disputadas – assunto que, até esse momento, os sacerdotes declaravam serem os únicos a saber. Mais tarde, Coruncânio fundou verdadeira escola de advogados, os quais terminaram por tornar-se técnicos da lei, com a exclusão dos sacerdotes. As Doze Tábuas, que forneceram os princípios de base para toda legislação posterior em Roma e no mundo, se tornaram matéria de ensino obrigatório para as crianças das escolas: estas deviam aprendê-las de cor e elas contribuíram para formar o caráter romano, ordenado e severo, ligado à lei e altercador.

Foi a partir desse momento que os sacerdotes, obrigados a não mais ocupar-se senão de questões religiosas, procuraram dar-lhes um pouco de ordem, sem, aliás, consegui-lo completamente. Estavam organizados em colégios, cada um dos quais tinha à sua testa um pontífice supremo, eleito pela Assembleia das Centúrias. Não havia necessidade, para neles ingressar, de aprendizagem especial; não formavam uma casta separada e não tinham qualquer poder político. Eram funcionários do Estado: eis tudo. Estavam obrigados a colaborar com o Estado, que os pagava.

O mais importante desses colégios era o dos nove *augures,* cuja tarefa consistia em sondar as intenções dos deuses no que concernia às decisões graves a serem tomadas pelo governo. Vestido com seus ornamentos sagrados e precedido por quinze *flamines,* o Grande Pontífice, nos primeiros tempos, consultava os augúrios pela observação do voo dos pássaros, como o fizera Rômulo para fundar Roma; mais tarde, passou a observar as vísceras dos animais oferecidos em sacrifício (os romanos haviam aprendido com os etruscos os dois sistemas). Por ocasião das graves crises, mandavam a Cumes uma delegação, a fim de interrogar a Sibila, que era a sacerdotisa de Apoio. E, por ocasião de crises ainda mais sérias, era consultado o oráculo de Delfos, cujo renome chegara à Itália. Ora, não tendo os sacerdotes mais deveres do que aqueles que os ligavam ao Estado, era natural que fossem sensíveis às solicitações que o Estado lhes dirigia, com a promessa de alguma promoção ou de algum aumento de benefícios.

O rito consistia num dom ou num sacrifício aos deuses para obter-lhes a proteção ou para desviar-lhes a cólera. Sua execução era meticulosa: um pequeno erro bastava para que tivesse de ser repetido até trinta vezes. A palavra "religião", em latim, tem sentido completamente externo e de processamento. Fazer um sacrifício significa, literalmente, tornar sagrada alguma coisa: a coisa que se oferece à divindade. As oferendas, naturalmente, variavam de acordo com as possibilidades daquele que as fazia e a importância dos benefícios aos quais alguém aspirava. Exercendo em casa função de Grande Pontífice, o pobre pai de família sacrificava no lar um pedaço de pão e de queijo, bem como um copo de vinho. Se a estiagem se prolongasse, chegava a sacrificar um galo novo. Se estivesse ameaçado de inundação, era capaz de degolar um porco ou um carneiro. Porém, quando era o Estado que celebrava o sacrifício, para tornar propícios os deuses no tocante a qualquer grande empresa nacional, o Foro, onde geralmente se passava a cerimônia, se transformava em verdadeiro matadouro. Rebanhos inteiros eram abatidos, enquanto os sacerdotes pronunciavam fórmulas de precisão rigorosa. Como os deuses tivessem gosto requintado, reserva-va-se-lhes o interior dos animais e, especialmente, o fígado. O resto era devorado pela população, reunida em círculo, de tal maneira que tais cerimônias se transformavam em banquetes pantagruélicos, intercalados por orações. Uma lei de 97 a.C. interditou o sacrifício de vítimas humanas, sinal de que, em casos excepcionais, a isso recorriam, em detrimento dos escravos ou dos prisioneiros de guerra. Mas também houve cidadãos que ofereceram voluntariamente a vida pela salvação da pátria, como Marco Cúrcio que, para apaziguar os deuses do Inferno, por ocasião de um tremor de terra, se lançou dentro de uma cratera que, em seguida, se fechou.

Menos truculentas e mais requintadas eram as cerimônias chamadas de purificação, celebradas, por exemplo, em favor de um rebanho, de um exército prestes a seguir para a guerra, ou mesmo de uma cidade inteira. Faziam uma procissão em sentido circular, enquanto entoavam os *carmins,* hinos repletos de fórmulas mágicas. Tratava-se de processo perfeitamente semelhante ao dos *vota,* feitos para obter algum favor dos deuses.

Mas que deuses?

O Estado romano, que os empresava, não conseguiu jamais pôr alguma ordem na matéria; talvez não o tivesse pretendido.

Júpiter era considerado como o mais importante dos locatários do Olimpo; porém, não como seu rei, como o era o Zeus da Grécia antiga. Permaneceu sempre no vago, como força impessoal que se confundia tanto com o sol quanto com a lua ou o relâmpago – de acordo com os gostos. Talvez, em época mais recuada, não tivesse sido mais do que o próprio Jânus, o deus das portas, numa só individualização. Somente com o correr dos tempos é que se diferençaram. As ricas matronas romanas organizavam procissões, com os pés descalços, em direção ao templo de Júpiter Trovejante, sobre o Capitólio, para implorar a chuva, nos períodos de estiagem. Em tempo de guerra, abriam-se as portas do templo de Jânus, para permitir que o deus se juntasse ao exército e o conduzisse na batalha.

Marte era de igual hierarquia: dedicavam-lhe um mês do ano (o mês de março); laço de família o unia a Roma, pois que era o pai natural de Rômulo. Também o era Saturno, deus das sementeiras, que a lenda pintava como rei pré-histórico, professor de agronomia e vagamente comunista.

Após esse quadrunvirato, havia as deusas. Juno era a deusa da fertilidade, tanto dos campos quando das, árvores, tanto dos animais quanto dos homens e, com seu nome, haviam batizado um mês, o mês de junho, considerado o mais favorável aos casamentos. Minerva, importada da Grécia, sobre os ombros de Enéias, protegia a sabedoria e a ciência. Vênus se ocupava da beleza e do amor. Diana, deusa da Lua, superintendia a caça e os bosques; era num bosque, perto de Nemi, que se elevava um majestoso templo de Diana, onde, diziam, ela havia desposado Vírbio, o primeiro rei da floresta.

Depois, seguia-se uma equipe de deuses menores; os grandes suboficiais, poderíamos dizer, desse exército celeste. *Hércules,* deus do vinho e da alegria, era perfeitamente capaz de apostar nos dados uma cortesã contra o porteiro de seu templo.

No que concernia a Mercúrio, atribuíam-lhe um fraco pelos negociantes, os oradores e os ladrões, três categorias de pessoas que, evidentemente, os romanos consideravam da mesma laia. Belona tinha a especialidade da guerra.

É impossível, contudo, nomear a todos. Multiplicaram-se, desmedidamente, com o crescimento da cidade e a extensão de seu domínio. Com efeito, quaisquer que fossem o Estado ou a província que conquistassem, o primeiro cuidado dos soldados era o de fazer mão leve sobre os deuses locais, transportando-os para a pátria, convencidos de que, uma vez sem deuses, os vencidos não poderiam tentar a desforra.

Mas, além desses deuses, que, apesar de colocados em regime especial, não passavam de deuses prisioneiros, havia os *novensiles,* isto é, aqueles que, por iniciativa própria, ao mudar para Roma e aí instalar-se, numerosos estrangeiros levavam para a Urbs, a fim de sentir-se menos no exílio e menos desambientados. Alojavam-nos em templos, construídos com fundos particulares. Não somente os romanos jamais se opuseram a tal direito contra qualquer pessoa como também se mostraram extraordinariamente hospitaleiros para com todos. O Estado e os sacerdotes os consideravam, em certo sentido, como policiais, que colaboravam para a boa ordem de seus fiéis sem solicitar a mínima retribuição. A muitos deles, chegaram a reservar um posto no Olimpo oficial. Foi assim que, no ano 496 a.C., por exemplo, Demétrio e Dionísio foram recrutados como colegas e colaboradores de Ceres e de Líber. Alguns anos mais tarde, Castor e Póhix, também consagrados havia muito pouco tempo, pagaram sua dívida de gratidão, quando desceram para ajudar os romanos a resistir, por ocasião da batalha do lago Regila. Por volta de 300 a.C., Esculápio viu sua autoridade transferida de Epidauro para Roma, a fim de aí ensinar medicina. Pouco a pouco, esses recém-chegados se transformaram, de hóspedes que eram, em senhores da casa, particularmente os deuses gregos, mais afáveis e mais cordiais, menos frios, menos formalistas e menos longínquos do que os deuses romanos. Foi uma influência helênica que fez constituir-se, pouco a pouco, uma série hierárquica entre eles, à testa da qual se reconheceu como chefe Júpiter, com os mesmos atributos de Zeus em Atenas. Eis o primeiro passo para as religiões monoteístas, que triunfaram, a princípio, com o estoicismo; depois, com o judaísmo; enfim, com o cristianismo.

Este processo não se desenvolveu, todavia, senão muito mais tarde. Os romanos da era republicana coabitaram com verdadeira multidão de deuses. Petrônio dizia que, em certas cidades, eram mais numerosos do que os habitantes. Varrão os avalia em perto de trinta mil. Sua atividade e interferência tornavam difícil a vida para os fiéis, que não sabiam como se desembaraçar do cipoal de suas lutas e de suas rivalidades. Por toda parte as pessoas estavam expostas a tocar em algum objeto consagrado a um ou outro. Se alguém os ofendia, mostravam--se sob a forma de feiticeiros, que passavam a noite a roubar, devoravam serpentes, matavam crianças e faziam desaparecer os cadáveres. Em Horácio e Tibulo, em Virgílio e Lucano, são encontradiços a cada passo. Os deuses eram mais perigosos porque, ao contrário de quase todas as outras religiões, a religião romana não os considerava confinados no céu, se bem que admitisse, aí, a existência de alguns. Acreditava que eles preferiam permanecer em terra, presas das excitações terrestres: fome, luxúria, cupidez, ambição, inveja, avareza.

Para pôr os homens ao abrigo de seus malefícios, multiplicaram-se os colégios ou ordens religiosas. Entre essas ordens, houve uma feminina: a das Vestais. Recolhidas entre seis e dez anos, deviam prestar serviço por trinta anos, em castidade absoluta. Foram as antepassadas de nossas atuais religiosas. Com hábitos brancos, veladas de branco, sua função consistia sobretudo em regar a terra, com água recolhida na fonte que se consagrara à ninfa Egéria. Se fossem surpreendidas em transgressão do voto de castidade, eram castigadas com varas e enterradas vivas. Os historiadores romanos nos relatam doze casos de tal suplício. Uma vez terminado o serviço de trinta anos, eram readmitidas no seio da sociedade, com muitas honras e muitos privilégios, tendo até mesmo o direito de casar-se. Contudo, na idade em que estavam não lhes era fácil encontrar marido.

Era a religião que dava aos romanos, que desconheciam o domingo ou os "week-ends", os dias de festa e de repouso. Havia uma centena de tais dias por ano: mais ou menos tantos quanto hoje. Eram, no entanto, celebrados mais seriamente. Alguns desses "dias feriados" eram austeros e comemorativos: tais eram os lêmures (nosso dia dos mortos), no mês de maio, que cada pai de família celebrava em seu lar ao encher a boca com feijões brancos, que depois expelia à sua volta, ao mesmo tempo que exclamava: "Por estes feijões, resgato a mim mesmo e a todos os meus! Ide, almas de nossos antepassados!" Em fevereiro, havia as "parentales" ou as "ferales" e as "lupercales", no decurso das quais jogavam ao Tibre pequenas bonecas de madeira, a fim de enganar o deus que reclamava vidas humanas. Depois, havia as "floralies", as "liberales", as "ambarvales", as "saturnales".

Mesmo nesse domínio reinava tal anarquia que a necessidade de organizar uma lista dessas festas foi a primeira razão que impulsionou os romanos a compor um calendário. Bem nos primeiros tempos, eram os sacerdotes que disso se encarregavam, indicando, a cada mês, quando e como celebrar tal ou qual festa. A tradição atribui a Numa Pompílio o mérito de ter posto ordem nessa matéria, pelo estabelecimento de um calendário fixo, que permaneceu em vigor até César. Dividia o ano em doze meses lunares, mas deixava aos sacerdotes o direito de alongar ou encurtar o mês a seu talante, desde que, no final, se alcançasse o total de trezentos e sessenta e seis dias. De tal forma abusaram os sacerdotes dessa liberdade, para favorecer ou, pelo contrário, para incomodar um ou outro magistrado, que o calendário de Numa Pompílio se tornara completamente fantasista e não tinha outra utilidade senão a de provocar controvérsias.

No curso do dia, contavam-se as horas pelo julgamento da posição do sol no céu. O primeiro quadrante solar foi de fabricação grega. Foi importado de Catânia, em 263 a.c., para ser colocado no Foro. Mas, como Catânia se encontra quatro graus mais ao sul do que Roma, a hora não era exata e os romanos se encolerizavam; durante um século, reinou a desordem, porque ninguém podia evitar esse erro diabólico.

Os dias do mês eram divididos segundo as *calendas* (o primeiro dia), as *nonas* (o quinto ou o sétimo) e os *idos* (o décimo terceiro ou o décimo quinto). O ano, que se chamava *annus,* palavra que igualmente significava *anel,* começava em março. A seguir, vinham abril, maio, junho, quintílio, sextílio, setembro, outubro, novembro, dezembro, janeiro e fevereiro. Existia uma maneira de prefigurar o domingo: a *nundina,* que acontecia de nove em nove dias; era como o dia do mercado nas cidades italianas. Os campônios deixavam os campos para vir à cidade vender ovos e frutas; mas não se tratava propriamente de uma festa.

Se quisessem divertir-se à larga, os romanos deviam esperar as "liberates" e as "saturnales". Era o momento em que, como o diz um personagem de Planto, "cada um pode comer o que quiser, ir aonde desejar, e fazer o amor com quem escolher, desde que deixe tranquilas as esposas, as viúvas, as jovens e os rapazes".

Capítulo 11

 ## *As Cidades*

Não sabemos, de modo preciso, quantos habitantes podia ter Roma às vésperas das guerras púnicas. Os algarismos fornecidos pelos historiadores, à base de recenseamentos incertos, são contraditórios; esses historiadores, talvez, não levaram em conta o fato de que a maior parte dos indivíduos recenseados deviam habitar não no interior da cidade (o que se chamava o *pomoerium*), mas no exterior, no campo, nos vilarejos de que esse campo se via semeado. Na cidade, propriamente dita, não devia haver mais de cem mil almas, população que nos parece modesta hoje em dia, mas que, para a época, era enorme. Sua composição étnica já devia fazer de Roma um centro internacional; menos, contudo, do que deveria ter sido ao tempo dos Tarquínios que, com a paixão dos etruscos pelo comércio e pelo mar, para lá tinham chamado muitos estrangeiros, muitos dos quais de difícil assimilação. Com a República, o elemento latino e sabino ou melhor nativo, havia tomado a desforra; fortalecera-se e tinha, talvez, chegado até mesmo a regulamentar a imigração. Essa imigração vinha, na maior parte, das províncias limítrofes, cujos originários estavam aptos a fundirem-se mais facilmente com os senhores da casa.

A cidade não avançara muito, do ponto de vista urbanístico, sob os magistrados republicanos apagados, avarentos e destituídos de qualquer pretensão. Duas ruas principais aí se cruzavam, dividindo a cidade em quatro zonas, cada uma das quais tinha seus deuses tutelares, os "lares compitales" (dos bairros), cujas estátuas se elevavam em todos os cantos. As ruas eram estreitas e de terra batida: somente mais tarde foram pavimentadas com pedras, tiradas da beira do rio. A *Cloaca Maxima,* ou seja os esgotos, parece já ter existido na época dos Tarquínios. Levava os detritos de Roma para o Tibre, poluindo, dessa maneira, a água que seria bebida. No ano 312 a.C., Ápio Cláudio, o Cego, defrontou-se com esse problema e o resolveu pela construção do primeiro aqueduto, que abasteceu Roma de água fresca e pura, captada diretamente em poços. Pela primeira vez os romanos – pelo menos os que pertenciam a certa categoria – tiveram suficiente água para poder lavar-se. As primeiras termas, entretanto, não foram construídas senão após a derrota de Aníbal.

As casas tinham permanecido mais ou menos como as haviam construído os arquitetos etruscos. Somente exteriormente haviam sido embelezadas, com a ornamentação de estuque e a decoração de grafite.

Os perigos que haviam enfrentado levaram os romanos, antes de tudo, a construir templos para se reconciliarem com a boa vontade dos deuses. Sobre o Capitólio, haviam elevado três templos de madeira, mas revestidos de mármore: um dedicado a Júpiter, outro a Juno e o último a Minerva.

A cidade ainda vivia, sobretudo, da agricultura fundada sobre a pequena propriedade privada. Boa parte da população, até mesmo aquela do centro, após ter dormido sobre a palha, se levantava de madrugada, carregava uma enxada e uma pá, num carro puxado por bois, e partia para cultivar um pequeno campo, que, geralmente, não ultrapassava dois hectares. Camponeses tenazes no trabalho, mas pouco evoluídos, eles não conheciam adubos a não ser o estrume de seus animais nem outra alternância de culturas senão a de trigo pela de legumes ou vice-versa. Foi da agricultura que muitas famílias nobres tiraram seus nomes: os *Lentuli* se haviam especializado nas lentilhas, os *Coepiones* nas cebolas, os *Fabii* nos feijões. Os outros produtos eram os figos, as uvas e o óleo. Cada família tinha seus frangos, porcos e, sobretudo, carneiros, dos quais extraía a lã, o que lhe permitia tecer em casa suas vestimentas.

Às vésperas da guerra púnica, essa vida rústica, idílica, havia mudado um pouco. As expedições contra as populações limítrofes haviam despovoado o campo. As choupanas, abandonadas, caíam em ruínas; as ervas e os matos haviam invadido os campos dos soldados que haviam partido para a guerra: para viver, precisaram ficar na cidade. Os novos territórios, adquiridos às custas dos vencidos, se declaravam "ager publicus" pelo Estado, que os revendia a capitalistas, enriquecidos pelas encomendas de guerra. Foi assim que nasceram as grandes propriedades *(latifundia),* que os proprietários exploravam graças ao trabalho dos escravos, que nada custavam, enquanto na cidade se formava um proletariado de ex-camponeses, desprovidos de tudo e em busca de trabalho.

O trabalho, porém, estava difícil de ser encontrado, porque a indústria, após a queda dos Tarquínios, em vez de progredir retrocedera. O subsolo, pobre em minerais, era propriedade do Estado. Este o alugava a pessoas que o exploravam sem grande consciência ou competência. A metalurgia havia avançado muito pouco. Continuavam a empregar mais o bronze do que o aço. Como combustível, somente conheciam a lenha; foi para obtê-la que devastaram as então belas florestas do Lácio. Unicamente a indústria têxtil prosperara um pouco: havia, desde aquela época, verdadeiras empresas, que tinham começado a produzir em série.

Havia quatro obstáculos para a expansão industrial e comercial em Roma. O primeiro, de ordem psicológica, era a desconfiança da classe dirigente romana, totalmente ligada à terra, para com as atividades apropriadas a fortalecer as classes burguesas médias. O segundo consistia na falta de estradas, que não permitia nem o transporte das matérias-primas nem dos produtos. A primeira das estradas, a "via latina", somente foi construída em 370 a.C., quase um século e meio após a instauração da República: apenas unia a cidade aos montes Albanos. Somente Ápio Cláudio, autor do aqueduto, sentiu a necessidade, cinquenta anos mais tarde, de construir aquela que lhe levou o nome, a fim de ir a Cápua. Os senadores aprovaram seus projetos grandiosos a contragosto e tão-somente porque os generais também pediam um ramal de estradas. O terceiro obstáculo era a ausência de frota: a frota desaparecera desde o final da dominação etrusca em Roma. Pequenos armadores particulares haviam continuado a construir alguns navios, mas suas guarnições eram inexperientes e tímidas. De novembro até março, era impossível fazer partir tais barcos do porto de Óstia, onde, de resto, os bloqueava a lama do Tibre. O rio chegou até mesmo a engolir de uma só vez duzentos deles. Aliás, não ultrapassavam a pequena cabotagem por causa dos piratas gregos a leste e dos cartagineses a oeste, os quais infestavam tais paragens. Tudo isto apenas torna mais admirável o milagre realizado por Roma alguns anos mais tarde, quando defrontou com suas frotas improvisadas as frotas de Hanão e de Aníbal.

Quarto entrave ao comércio foi, também, nos primeiros tempos, a ausência de um sistema monetário. No decurso do primeiro século da República, a moeda de troca foi a rês ou outro qualquer animal doméstico. Faziam comércio à base de frangos, de carneiros, de asnos, de vacas. Com efeito, as primeiras peças de moeda trazem impressa a imagem desses animais; foram chamadas *pecunia,* de acordo com *pecus,* que quer dizer gado. A primeira unidade cunhada foi o *as,* pedaço de cobre de uma libra. Apenas aparecido o *as,* o Estado o desvalorizou de cinco sextos a fim de poder enfrentar as despesas da primeira guerra púnica. Daí vemos que essa "escroquerie" da inflação sempre existiu e se repete com os mesmos métodos, desde que o mundo é mundo. Já naquele tempo o Estado lançou um empréstimo entre os cidadãos. Estes, para ajudá-lo a equipar o exército, lhe levaram todos os seus *as* de uma libra de cobre. O Estado os guardou em caixa, dividiu cada um em seis e, por cada *as* recebido, devolveu um sexto de *as* aos seus credores.

Este *as* desvalorizado permaneceu, durante muito tempo, como a única moeda romana. Seu poder de compra era igual, ao que parece, ao de cinquenta liras italianas em 1957 (é melhor precisar a data porque, dentro de pouco tempo, é possível que o governo italiano se entregue, quanto à lira, à mesma operação que o governo romano, quanto ao *as*). Em seguida, desenvolveu-se um sistema mais complexo: houve o sestércio de prata, que valia dois *as* e meio; depois, o *denarius,* também de prata, igual a quatro sestércios (500 libras); por fim, o talento de ouro, que devia ser um verdadeiro lingote, pois valia algo assim como dois milhões e meio de nossas libras; é provável que noventa por cento dos romanos jamais lhe tenham visto a cor.

Ao contrário de nós outros, que consideramos os bancos como igrejas, os romanos consideravam as igrejas como bancos; aí depositavam os fundos do Estado, porque consideravam tais lugares como os mais protegidos contra os ladrões. Não havia instituições governamentais de crédito. Os empréstimos eram feitos pelos *argentari:* agentes particulares de câmbio, que tinham suas pequenas lojas numa ruela próxima ao Foro. Uma das leis das Doze Tábuas interditava os empréstimos usurários e fixava a taxa de interesse num máximo de 8$. Nem por isso a usura deixou de espalhar-se contra a miséria e as necessidades dos pobres diabos, que eram numerosos e se achavam em situação desesperadora. Isto porque, aquilo que chamo de indústria não passava, de fato, de um formigueiro de pequenas lojas artesanais, que se esforçavam, a fim de vencer a concorrência, por abaixar o custo de seus produtos, valendo-se para isso, sobretudo, do salário de mão-de-obra servil, que nenhum sindicato protegia. Desorganizada e sem chefes, essa mão-de-obra não declarava greves contra os patrões. O que fazia, de quando em quando, era desfechar verdadeiras guerras, que se chamaram, precisamente, "guerras servis" e que puseram em perigo a existência do Estado. Em contrapartida, havia as "corporações de ofícios", também reconhecidas sob o nome de "colégios" desde a época de Numa, ao que parece. Havia a dos cera- mistas, a dos ferreiros, a dos cordoeiros, a dos carpinteiros, a dos tocadores de flauta, a dos tanoeiros, a dos cozinheiros, a dos pedreiros, a dos sapateiros a dos fundidores de bronze, a dos tecelões e a dos "artistas de Dionísio", como se chamavam os atores. Dessas corporações, deduzimos quais eram os misteres dos romanos da cidade. Elas eram, porém, controladas por funcionários do Estado, que não permitiam que aí se discutissem questões de salário ou de retribuições: quando percebiam que o descontentamento aumentava, a ponto de tornar-se perigoso, procediam a uma distribuição gratuita de trigo. Os membros dessas corporações se reuniam para falar do ofício, jogar dados, beber vinho ou auxiliar-se reciprocamente. Isto porque até mesmo aqueles que eram livres e gozavam de direitos políticos não passavam de pobres diabos. É verdade que não pagavam impostos e não prestavam muito tempo de serviço militar em tempo de paz. Porém, em tempo de guerra, morriam como os demais.

Os escritores romanos cujas obras chegaram até nós floresceram muito tempo depois desse período da Roma estoica: eles a embelezaram consideravelmente. Fizeram-no por motivos polêmicos: a fim de opor as virtudes antigas aos vícios de sua época. A República não esteve isenta de graves defeitos. Se foi sob tal regime que se fundou o direito, não podemos dizer que, da mesma forma, nele tivesse triunfado a justiça.

Não deixa de ser menos verdade que, se os cidadãos viviam nessa época com menos comodidades e mais sacrifícios, sua existência se encontrava mais bem ordenada e era mais sadia do que o foi sob o Império. Mesmo então não era muito estrita a moralidade; os maus costumes, entretanto, eram "localizados"; não contaminavam a vida de família, fundada sobre a castidade das jovens e a fidelidade das mulheres casadas. Os homens, após algumas relações com as prostitutas, se casavam cedo: com vinte anos. Em seguida, viam-se muito ocupados em fazer viver mulher e filhos para que pudessem abandonar-se a passatempos perigosos.

O casamento se fazia preceder pelo noivado, geralmente decidido entre os dois pais, muitas vezes sem qualquer consulta aos interessados. Tratava-se de verdadeiro contrato, que definia, principalmente, o patrimônio e o dote; era selado por meio de um anel, que o rapaz colocava no anular esquerdo da moça, onde se acreditava passar um nervo que terminava no coração.

Os casamentos eram de duas espécies: "com a mão" e "sem a mão". Pela primeira, a mais corrente e a mais completa, o pai da jovem renunciava a todos os direitos sobre a mesma em favor do genro, que se tornava, praticamente, o senhor da mulher. Pela segunda, que dispensava a cerimônia religiosa, o pai conservava seus direitos. O casamento "com a mão" se fazia por "usus", isto é, após um ano de coabitação dos esposos; por "coemptio", isto é, por compra; ou por "confarreatio", quando comiam juntos um bolo. Este último casamento se reservava aos patrícios e exigia cerimônia religiosa solene, acompanhada de cortejos e de cânticos. As duas famílias se reuniam com os amigos, os servidores e os clientes na casa da noiva e, de lá, partiam em procissão para a residência do noivo, com acompanhamento de flautas, de cantos de amor e de apóstrofes cheias de alusões grosseiras. Chegado o cortejo, o noivo, por detrás de uma porta, perguntava: "Quem és tu!" A noiva respondia: "Se tu és Fulano, eu sou Fulana." Então, o noivo a soerguia nos braços e lhe dava as chaves da casa. Depois, ambos, de cabeça baixa, passavam sob um jugo, para demonstrar que se submetiam a um laço comum.

Teoricamente, existia o divórcio. Porém, o primeiro, de que temos conhecimento, somente se deu dois séculos e meio após a fundação da República, se bem que uma regra de honra o tornasse obrigatório em caso de adultério da mulher (quanto ao marido, podia fazer o que bem entendesse). As mulheres daquele tempo eram quase todas feiosas, apagadas, com pernas curtas e inclinações grosseiras. As loiras, extremamente raras, eram preferidas às morenas. Em casa, levavam a "stola", espécie de "futa" abissínia da lã branca, que lhes caía até aos pés, fechada ao peito com um alfinete. Quando saíam, elas vestiam uma "palia" ou sobretudo.

Os homens, mais sólidos do que bem parecidos, com a face queimada pelo sol e o nariz reto, levavam, enquanto jovens, a "toga pretexta", bordada de púrpura, e, após o serviço militar, a "toga virile", inteiramente branca, que recobria todo o corpo, com um planejamento que subia na frente sobre o ombro esquerdo, daí descendo por debaixo do braço direito – que, desse modo, ficava livre – e que voltava, por trás, sobre o ombro esquerdo. As dobras da toga serviam de bolsos. Até o ano 300 a.C., os homens usavam barba e bigodes. Depois, prevaleceu o hábito de barbearem-se: para muitos tal moda pareceu audaciosa, em contraste com a gravidade que os romanos buscavam tanto quanto nós procuramos ficar à vontade. Até mesmo nas casas dos grandes senhores reinava sobriedade espartana. O próprio Senado se reunia em bancos de madeira, grosseiros, no interior da Cúria, a qual não recebia aquecimento, até mesmo no inverno. Os embaixadores cartagineses, que vieram pedir a paz, após a primeira guerra púnica, divertiram bastante os compatriotas, sibaritas e gastadores, ao contar-lhes que, por ocasião das refeições que lhes ofereceram os senadores romanos, sempre haviam visto passar o mesmo prato de prata, que, evidentemente, uns emprestavam aos outros.

Foi com a primeira guerra púnica que começaram a aparecer os primeiros sinais de luxo. Logo depois, foi promulgada uma lei que interditava o uso das joias, as vestimentas rebuscadas e os repastos muito copiosos. O que procurava o governo preservar, antes de tudo, era um regime sóbrio e sadio, baseado num pequeno almoço de pão, de mel, de olivas e de queijo; um almoço à base de legumes, de pão e de frutas; um jantar em que somente os ricos comiam carne ou peixe. Os romanos da época bebiam vinho, mas geralmente misturado com água.

Os jovens respeitavam os velhos; talvez, também, no círculo familiar e entre amigos se empregassem expressões de amor e de ternura. Mas, em geral, as relações entre os homens eram rudes. A morte ocorria facilmente e não somente em tempo de guerra. Os prisioneiros e os escravos eram tratados sem piedade. O Estado era severo para com os cidadãos e feroz para com o inimigo. Contudo, algumas de suas atitudes não deixaram de apresentar autêntica grandeza moral. Quando, por exemplo, um sicário veio propor-lhes o envenenamento de Pirro, cujos exércitos ameaçavam Roma, não somente os senadores se recusaram a associar-se ao crime como ainda fizeram com que se prevenisse o rei inimigo da conspiração que contra ele se

HISTÓRIA DE ROMA

armava. Quando, após haver batido os romanos em Cannes, enviou Aníbal dez prisioneiros de guerra a Roma a fim de tratar do' resgate de oito mil restantes, após obter a promessa dos mesmos de que retornariam caso fracassassem, e um deles faltou à palavra para permanecer em sua pátria, o Senado mandou algemá-lo e o devolveu, com as algemas nos pulsos, ao general cartaginês. Para este – relata Políbio – a alegria da vitória se viu ofuscada por esse gesto, que bem lhe mostrava com que gênero de homens estava lidando.

Considerando-se bem, o romano daquela época se parecia bastante com o tipo idealizado pelos historiadores à moda de Tácito e de Plutarco. Faltavam-lhe muitas coisas: o sentido das liberdades individuais, o gosto pela arte e pela ciência, a conversação, o prazer que traz a especulação filosófica (pelo contrário, dela desconfiava) e, acima de tudo, o humor. Tinha, porém, a seu favor a lealdade, a sobriedade, a tenacidade, a obediência, o senso prático.

Não estava preparado para entender o mundo e dele aproveitar-se. Era preparado apenas para conquistá-lo e governá-lo.

Além das festas religiosas, quase não havia outro passatempo. Até o ano 221 a.C., em que se construiu o circo Flamínio, Roma apenas possuiu um único circo, o Máximo, cuja construção se atribui a Tarquínio, o Antigo, e onde eram admiradas as lutas entre escravos, que quase sempre terminavam pela morte do vencido. As mulheres podiam assistir ao espetáculo. A entrada era gratuita. A princípio, foi o Estado que subvencionou os gastos; em seguida, deles cuidaram os edis, a título de propaganda eleitoral.

Alguns deles, de tanto financiarem espetáculos de qualidade, acabavam por atingir ao consulado, assim como hoje em dia alguns presidentes de sociedades de futebol se tornam prefeitos ou deputados, quando triunfa o time que prestigiam.

Fora desses divertimentos, por assim dizer normais, também havia, para alegrar a vida austera e laboriosa dos romanos, o 'triunfo", que se concedia ao general vitorioso, quando matara pelo menos cinco mil soldados inimigos. Se não tivesse conseguido matar senão quatro mil novecentos e noventa e nove, teria de contentar-se com uma "ovação", assim chamada porque consistia no sacrifício de uma ovelha (*ovis*) em sua honra.

Quanto ao triunfo, pelo contrário, tratava-se de imponente procissão, que se organizava fora da cidade, às portas da qual tanto o general quanto suas tropas tinham de depor as armas e passar sob um arco de madeira e de folhagens, que serviu de modelo aos que mais tarde se construíram em mármore travestino. Uma fileira de trombetas abria o cortejo. Atrás, vinham os carros que transportavam as presas de guerra; em seguida, rebanhos inteiros de bois e de carneiros, destinados a serem degolados; após os chefes inimigos acorrentados. Afinal, precedido de litores e de tocadores de flauta, vinha o general, de pé numa quadriga pintada de cores vivas, com uma coroa de ouro na cabeça, levando às mãos um cetro de marfim e um ramo de louro. Cercavam-no os filhos e rodeavam-no os parentes, os secretários, os conselheiros e os amigos – a cavalo. Subia aos templos de Júpiter, de Juno e de Minerva, sobre o Capitólio, depunha os produtos do saque aos pés dos deuses, mandava juntar os animais que seriam degolados e, como oferenda suplementar, ordenava a decapitação dos chefes inimigos prisioneiros.

O povo aplaudia e se rejubilava. Porém, havia o costume pelo qual os soldados lançavam em direção ao general zombarias picantes e "lazzi", pelos quais lhe proclamavam os defeitos, as fraquezas e os ridículos, para que não se tornasse orgulhoso e se acreditasse um Padre Eterno. Assim é que gritavam para César: "Deixa de olhar para as matronas, careca! Contenta-te com as prostitutas!"

Se pudéssemos fazer o mesmo para com os ditadores de nossa época, talvez a democracia nada tivesse a temer.

INDRO MONTANELLI

Capítulo 12

Cartago

Também Cartago, como todas as cidades de seu tempo, fazia remontar sua origem a uma espécie de milagre e narrava sua história como se fora um romance. De acordo com tal romance, fora Dido quem a fundara – antes de ser posteriormente venerada por seus concidadãos como deusa – a filha do rei de Tiro. Ficando viúva, pela falta de seu irmão que lhe matara o marido, pusera-se à testa de um grupo de fiéis em busca de aventuras e, da extremidade oriental do Mediterrâneo, partira em direção ao oeste, a bordo de um navio. Passando ao longo da costa setentrional da África, havia ultrapassado o Egito, a Cirenaica e a Líbia. Chegando, finalmente, a uma dezena de quilômetros a oeste do local em que hoje se eleva Túnis, desembarcou, declarando aos amigos: "Vejam bem! É aqui que construiremos a Nova Cidade". Assim foi que chamaram a cidade de a "Nova Cidade", do mesmo modo que Nápoles ou Nova Iorque: em sua linguagem, isso se dizia Kart Hadasht, que os gregos traduziram por Karchedon e os romanos por Cartago. As coisas, naturalmente, não se passaram exatamente desse modo. Porém, é difícil saber como ocorreram de fato, porque também a Cartago, que teve a infelicidade de se encontrar em seu caminho, os romanos fizeram o mesmo que à Etrúria: reduziram-na a tal estado que é quase impossível, hoje em dia, por falta de material, fazer uma exata reconstituição de sua história e de sua civilização.

É certo que a fundaram os fenícios, povo de raça e de língua semíticas, grandes negociantes, grandes navegadores, que sulcavam os mares com seus barcos, comprando e vendendo de tudo um pouco, e para os quais nem o diabo fazia medo. Foram os primeiros marinheiros do mundo a ultrapassar as "colunas de Hércules", isto é, o estreito de Gibraltar, para descer, pelo Atlântico, ao longo da costa africana e para subir, por ele, à margem dos litorais espanhóis e portugueses. Sobre todo esse itinerário, na época do nascimento de Roma, já haviam fundado muitos vilarejos, que não deviam ter sido, a princípio, mais do que um estaleiro ou um bazar, ou seja, um mercado. Leptis Magna, Utica, Bizerta e Bône são, certamente, dessa origem. Cartago foi uma de suas irmãs, talvez uma das mais humildes, até o momento em que as circunstâncias dela fizeram a mais abastada de todas.

Tais circunstâncias consistiram, sobretudo, no declínio militar e comercial de Tiro e de Sidão, que tiveram o infortúnio de se encontrar na rota de Alexandre da Macedonia, o qual, enquanto Roma ainda não passava de uma vila, queria tornar-se imperador do mundo, pouco faltando para consegui-lo. Ameaçados por seus exércitos, os milionários dessas cidades, que, como todos os milionários, eram mais seguros do que os outros, imaginaram um jeito de pôr-se ao abrigo bem como aos seus capitais. E, como hoje é moda refugiar-se em Tânger, a moda da época foi a de refugiar-se em Cartago.

A cidade viu-se acrescentada de novos habitantes, cheios de dinheiro e de iniciativas. Afastaram cada vez mais para o interior a população nativa, composta de pobres negros, dos quais muitos foram aprisionados como servidores ou como escravos. E, não mais se contentando apenas com o comércio e com o mar, consagraram-se, igualmente, à terra. O pormenor é interessante porque, até então, todos sempre acreditaram serem os judeus refratários à terra pela sua própria constituição. Os de Cartago demonstraram o contrário. Foram grandes mestres no que concerne a muitas culturas: a vinha, a oliveira e os frutos, em particular. Os próprios romanos tiveram muito que aprender com eles. Um cartaginês, Magão, foi o maior professor de Agronomia da Antiguidade.

Era perfeitamente equilibrada a economia de Cartago. Na cidade, prosperava excelente indústria metalúrgica, que fornecia os melhores instrumentos para cultivar a terra, canalizá-la e transformá-la em pomares e jardins. Uma grande parte de tais produtos era transportada pelos navios de Cartago, os maiores do mundo, e enviada para a Espanha ou para a Grécia. Os armadores financiavam os exploradores, a fim de que descobrissem novos mercados. Um deles, Hanão, desceu com sua galera solitária ao longo das costas da África, por mais de dois mil quilômetros.

Outros viajantes-comerciais transpunham os itinerários terrestres no dorso de mulas, de camelos ou de elefantes. Encontraram ouro e marfim e os transportaram para a pátria. Atravessavam o Saara com a mesma indiferença que nós, os florentinos, atravessamos o Arno. Em consequência de seus relatórios, o governo, como o faria mais tarde Veneza, enviava uma pequena frota ou um pequeno exército a fim de tomar posse dos pontos estratégicos.

Seu sistema econômico e financeiro era o mais adiantado do tempo. À época em que Roma apenas começara a cunhar grosseiras peças de dinheiro, Cartago já contava com bilhetes de banco: pedaços de couro, estampilhadas de maneiras diversas, de acordo com seu valor. Tais pedaços constituíam, na bacia do Mediterrâneo, o que mais tarde viria a ser a libra esterlina e, posteriormente, o dólar. Seu valor nominal estava garantido pelo ouro, de que regurgitavam os cofres do Estado. Com efeito, desde que havia feito nova conquista, a primeira coisa que impunha Cartago ao vencido era um tributo, nada leve. Leptis, por exemplo, pagava pela grande honra de ser vassala de Cartago 365 talentos por ano, o que corresponderia a quase um bilhão de liras.

Esta maneira de explorar seu império colonial foi, provavelmente, uma das razões da derrota de Cartago, quando entrou em conflito com Roma. Porém, enquanto esta ameaça não se projetou, ela garantiu à cidade fenícia progresso que, até então, jamais conhecera. Tinha, então, de duzentos a trezentos mil habitantes, que não moravam em cabanas, como em Roma. Os mais pobres se alojavam em arranha-céus, que contavam até doze andares; os ricos, em palácios, rodeados de jardins e de piscinas. Existiam inúmeros templos e numerosos banhos públicos. O porto tinha duzentos e vinte molhes e quatrocentas e quarenta colunas de mármore. Em meio às caças de habitação, havia a *city*, como em Londres, em que se encontrava o ministério das Finanças. À volta toda, havia um tríplice bastião de muralhas, espécie de linha Maginot, que podia conter até vinte mil soldados com todo o seu armamento, quatro mil cavalos e trezentos elefantes.

Sobre o povo e os costumes, o único testemunho que nos resta é o dos historiadores romanos que, naturalmente, não podem ser imparciais no assunto. A língua que falavam era muito próxima da hebraica; com efeito, os magistrados se chamavam *shofetes,* o que vem, certamente, do hebreu *shofetin.* Seus próprios traços denunciavam a origem semítica. Eram indivíduos de tez olivácea, geralmente com longas barbas, mas sem bigodes, e, desde essa época, usavam turbantes. Os mais pobres, originários, provavelmente, de miscigenação com os nativos, tinham, por conseguinte, a pele mais escura; vestiam-se com aquilo que, no Egito, se chama *djellâba:* vasta blusa flutuante, que caía até aos pés, os quais se calçavam com sandálias. Os ricos, ao contrário, seguiam a moda grega, como hoje seguimos a moda inglesa; usavam elegantes vestimentas bordadas de púrpura, bem como traziam um anel ao nariz. A condição das mulheres era inferior à das atenienses, mas superior à das romanas. Em geral, apresentavam-se veladas e viviam confinadas em suas casas; a carreira eclesiástica, entretanto, lhes estava aberta e nela podiam atingir a graus elevados. Também podiam entregar-se à prostituição, ofício extremamente florescente e estimado – pelo menos não desqualificado – como ainda acontece no Japão.

Políbio e Plutarco asseguram, de comum acordo, que era baixo o nível moral em Cartago. Isto nos surpreende um tanto, visto tratar-se de povo de raça semítica: os costumes de tais povos são, geralmente, severos e, até mesmo, puritanos. Aqueles historiadores os apresentam como grandes glutões, grandes beberrões, boêmios impenitentes, sempre prontos a noitadas em seus "clubs" e nas tabernas. A "fides punica" ou seja a palavra dos cartagineses ficou, em latim, como sinônimo de traição. Porém, não devemos esquecer que esta história das traições cartaginesas foi escrita por historiadores romanos. Plutarco nos apresenta esses antigos, esses irredutíveis inimigos de Roma como "servis para com os superiores e indo da covardia na derrota à crueldade na vitória". Políbio acrescenta que, para eles, tudo se media pelo lucro. Sabemos, contudo, que Políbio era amigo de Cipião, aquele que destruiu Cartago, incendiando-a.

Também os cartagineses tinham, naturalmente, seus deuses. Trouxeram-nos da mãe-pátria, a Fenícia, mas lhes mudaram os nomes. Em lugar de Baal-Moloque e Astarté, como eram chamados em Tiro e Sidão, eles os apelidaram Baal-Hamão e Tanite. Abaixo deles, havia Melcarte, o que significa "chave da Cidade"; Echmun, senhor da riqueza e da boa saúde; e, afinal, Dido, a fundadora da cidade, que ocupava, em Cartago, a posição de Quirino em Roma.

A todos esses deuses eram oferecidos sacrifícios, particularmente nos momentos de necessidade. Para os deuses menores, tratava-se de cabras ou de vacas. Quando, porém, era preciso pacificar ou tornar propício Baal-Hamão, recorriam às crianças. Estas eram colocadas entre os braços da grande estátua de bronze que o representava; deixavam que as mesmas caíssem de lá no fogo que se acendera abaixo. No decurso de um dia, chegaram a queimar até trezentas crianças, em meio a grande ruído de tambores e de trombetas, destinado a encobrir-lhes os gritos. As mães tinham de assistir à cena sem uma queixa, sem uma lágrima. Parece que as famílias ricas – quando instadas a fornecer uma criança para ser cozida sobre a grelha – se haviam habituado a comprar uma junto às famílias pobres. Quando, entretanto, Agatocles de Siracusa citou a cidade – tornando assim necessário não somente o socorro dos deuses mas também o bom entendimento das classes sociais – esse hábito foi interditado, para não dar pasto ao ódio entre ricos e pobres. No conjunto, o regime político não diferia muito do de Roma. Aristóteles muito o elogiou, simplesmente, talvez, em virtude do que ele ouvira falar e porque aí jamais se elevou a ameaça séria daquelas ditaduras que tanto detestava. Assim como em Roma, o Senado era o órgão superior; também, como em Roma, o Senado se compunha de trezentos membros, cuja maioria foi, a princípio, representada pela aristocracia latifundiária; depois se representou pela aristocracia do dinheiro, ou seja, em forma de plutocracia. O Senado tomava as grandes decisões e confiava a execução das mesmas a funcionários como os cônsules romanos. Somente quando estes últimos não chegavam a pôr-se de acordo era solicitado o conselho de uma espécie de Câmara dos deputados, que tinha licença para dizer "sim" ou "não", mas não podia estabelecer proposições por conta própria. Também ele, o Senado, era, teoricamente, um colégio eleitoral. Na prática, contudo, como tivesse em mãos todas as rédeas do comando, sempre conseguia – quer pela corrupção quer pela intriga – impor seus candidatos. Acima dele apenas existia uma espécie de Corte constitucional, formada de cento e quarenta e quatro juízes, que controlavam de tudo um pouco: não somente a constitucionalidade das leis, mas até mesmo as contas da administração. No decurso das guerras contra Roma, foi essa Corte que se tornou, pouco a pouco, o verdadeiro governo.

Quanto ao exército, Cartago não lhe dava grande atenção, talvez porque seus vizinhos da África não lhe causavam inquietação. Os cartagineses não apreciavam muito a caserna. As fileiras estavam cheias de mercenários, que eram recrutados entre os nativos, principalmente os líbios. É preciso, portanto, atribuir o mérito dos feitos cumpridos pelo exército, no decurso de um século de lutas com Roma, quase exclusivamente ao gênio de seus Aníbal, Amílcar e Asdrúbal, que se alinham entre os mais brilhantes generais da Antiguidade.

No mar, pelo contrário, Cartago era poderosa: era a mais forte das potências marítimas da época. Sua "home fleet';' se compunha, em tempos de paz, de quinhentos quinquerremes (navios com cinco ordens, sobrepostas, de remadores – nota do tradutor), mais ou menos o equivalente dos encouraçados de hoje em dia, mas alegremente pintalgados de vermelho, verde e amarelo. Os almirantes, que a comandavam, conheciam o próprio ofício: sem compassos e bússolas, o Mediterrâneo lhes era conhecido como o tanque de seus jardins. Na menor das anfractuosidades das costas espanholas e francesas, tinham eles estaleiros, depósitos de reabastecimento, informadores. Seu instituto cartográfico era o mais moderno e o mais bem informado. Enquanto Roma, totalmente empenhada na consolidação de sua hegemonia sobre a península, não possuía frota própria, a frota cartaginesa não permitia qualquer intrusão entre Cartago e Gibraltar. Qualquer que fosse o navio estrangeiro que passasse ao alcance dos seus, eles o capturavam ou danificavam, afogando os marinheiros, sem informar-se sequer de sua origem ou do pavilhão pelo qual combatia.

Tal era, em suma, Cartago, quando os romanos, depois de desembaraçar-se de todos os rivais italianos, uns após outros, e de ter unificado, sob seu poder, a península, começaram a ocupar-se com assuntos marítimos.

Notemos que tudo o que acabamos de descrever se apoia em bases históricas bem frágeis. Cipião, quando submeteu a cidade a ferro e a sangue, sem nela deixar de pé uma pedra, aí encontrou, entre outras coisas, numerosas bibliotecas. Contudo, em vez de transportar os livros para Roma, ele os distribuiu entre os aliados africanos (fato espantoso com relação a homem de tanta cultura quanto ele). Estes pouco se interessavam pela leitura e deixaram que os livros desaparecessem. Eis a razão pela qual não possuímos nem ao menos um manual de história cartaginesa, devendo contentar-nos com o pouco que puderam reconstituir Salústlo e Juba. Alguns fragmentos de Magão e o testemunho de Santo Agostinho nos garantem, todavia, que Cartago leve cultura própria e de boa qualidade.

Os gregos, ainda que tivessem Atenas sob os olhos, diziam ser Cartago uma das mais belas capitais do mundo. O que nos resta dela, entretanto, não basta para confirma tal assertiva. Os vestígios mais importantes são aqueles que os arqueólogos desenterraram nas Baleares, onde os cartagineses haviam fundado uma colônia e, talvez, onde alguns deles se refugiaram no momento do massacre, carregando como bagagem algumas obras de arte. Todo o restante foi recolhido no museu de Túnis, onde os arqueólogos continuam a acumular o que conseguem, pouco a pouco, desenterrar, a dez quilômetros a oeste, no ponto em que se ergueu a cidade.

Ali podemos admirar alguns fragmentos de esculturas, oriundos de sarcófagos. O estilo é uma mistura de estilos grego e fenício. Também há os objetos usuais de cerâmica, mas sem grande valor: utensílios úteis, fabricados em série. Nada nos resta das criações daquilo que parece ter constituído a glória de Cartago: o artesanato. Dizem que seus ourives, em particular, eram mestres. Em todas as épocas, infelizmente, a joalharia e a ourivesaria têm sido a presa de guerra mais cobiçada.

Capítulo 13

Régulo

Pelo pacto que haviam estipulado com Cartago, em 508 a.c., no momento em que se encontravam cercados pela revolução no interior e pela guerra com os etruscos, os latinos e os sabinos no exterior, os romanos se empenhavam em jamais enviar, sob qualquer pretexto, seus navios para além do canal da Sicilia e em não desembarcar na Sardenha ou na Córsega a não ser em caso de "força maior", isto é, por necessidade de reabastecimento ou de algum reparo num estaleiro.

Esses entraves eram sérios; Roma porém, não sofrerá muito com eles, pois sua frota estava nos primeiros passos e se encontrava inteiramente nas mãos de armadores etruscos, que a constituição da República privava tanto de dinheiro quanto de influência política. No mar, do qual os senadores latino-sabinos, completamente ligados à terra, pouco entendiam, Roma, naquele tempo, quase não contava. Renunciara, portanto, a algo que não possuía. Talvez, mesmo, ignorasse as grandes mudanças que se haviam operado naquilo que poderíamos chamar de "o equilíbrio das potências navais" no Mediterrâneo. Examinemos, rápida- ' mente, tais mudanças. Na bacia oriental, a leste do canal da Sicilia, houve, durante séculos, um estado de guerra entre as frotas fenícia e grega; na ocasião, a situação se voltava em favor da última. Primeiramente, o mar Egeu e, em seguida, o mar Jônico tinham caído nas mãos dos gregos.

A Itália só se apercebeu disso quando os vencedores se puseram a desembarcar, em número cada vez maior, em suas costas meridionais e na Sicilia e a fundar, nesses pontos, colônias, que se tornaram, com o correr do tempo, verdadeiro império: a Grande Grécia (Magna Grécia). Catânia, Siracusa, Heracléia, Crotona, Messina, Sibaris, Régio e Naxos foram, para a época, esplêndidas metrópoles. Infelizmente, ao lado de seus deuses, de sua filosofia, de seu teatro e de sua escultura, esses pioneiros traziam da mãe-pátria o espírito das disputas. Foi esse defeito que os deveria perder na luta contra Roma. Nesse instante, porém, eram eles os senhores daquelas paragens.

Na bacia ocidental, pelo contrário, eram os fenícios os dominadores, graças à mais nova de suas colônias: Cartago, colônia esta que, por sua vez, fundara uma infinidade de outras, não somente na costa norte da África mas também nas costas portuguesas, espanholas, francesas, corsas, sardas – de tal modo que fizera do Mediterrâneo ocidental um lago cartaginês.

Quando Roma, ao tempo dos reis, fora senhora da Etruria e, por conseguinte, da frota etrusca, havia entrado, por diversas vezes, em contato com Cartago. É provável que tais contatos nem sempre tenham sido dos mais corteses. Nessa época, o corso era corrente e não implicava senão os capitães e as equipagens que o realizavam. Um navio atacava outro, até mesmo de compatriotas, despojava-o e atirava os marinheiros ao mar. Tudo ficava nisso.

Roma, a seguir, desapareceu na qualidade de potência mediterrânea. A se defrontarem, ficaram apenas os gregos da Grande Grécia e os fenícios de Cartago: uns a leste, os outros a oeste da Sicilia, da qual partilharam as costas – as costas orientais da Sicilia eram gregas e as ocidentais, cartaginesas.

As duas potências não se olhavam com bons olhos e havia entre elas perpétuo regime de "guerra fria", com episódios de guerra quente, seguidos de armistícios e de interregnos. Uma e outra não ignoravam precisar, mais cedo ou mais tarde, chegar a um acerto de contas: não imaginavam, entretanto, que tal se daria em benefício de uma terceira potência.

Ninguém poderia dizer com certeza se Roma sabia o que fazia e se mediu as consequências de seu gesto quando se decidiu a aceitar as ofertas dos mamertinos.

Estes constituíam, no início, um bando de mercenários, recolhidos de todas as partes da Itália por Agatocles de Siracusa com o fito de combater os cartagineses. Em 289 a.C., no momento em que estavam para ser dispensados, em vez de voltarem para os lares, onde talvez os esperasse uma ordem de detenção, formaram um bando, atacaram Messina, saquearam-na, exterminaram-lhe a população e nela se estabeleceram como senhores, tomando, desde essa ocasião, o nome ridículo e presunçoso de "mamertinos", que nada mais significava do que: "filhos de Marte".

Havia lima vintena de anos que essa gente fazia das suas. Atravessavam o estreito para incendiar e destruir as cidades da costa calabresa, situada defronte deles. Tinham molestado Pirro; tinham molestado os romanos. Na ocasião do fim do ano 270 a.C., eles se encontravam sitiados por Hierão de Siracusa, que deles queria dar cabo de uma vez por todas.

Para subtraírem-se de um castigo que teria sido, certamente, exemplar, os mamertinos pediram o auxílio dos cartagineses. Estes lhes enviaram um exército e ocuparam Messina. Vendo que o adágio "um prego expele o outro" tinha funcionado bem, os mamertinos quiseram aplicá-lo mais uma vez e logo chamaram os romanos para que os livrassem de seus "libertadores" cartagineses. Corria o ano 264 a.C.. Dois séculos e meio se haviam escoado desde que Roma e Cartago tinham concluído um pacto de aliança solene, que, bem pesando as coisas, funcionara bem e fora solenemente confirmado, vinte anos mais cedo, na ocasião em que Cartago oferecera ajuda a Roma e a auxiliara na guerra contra Pirro.

Para os romanos, porém, a Sicilia, na qual cogitavam desembarcar, era o Eldorado. Os que aí tinham estado não paravam de celebrar-lhe as riquezas e as belezas. O convite dos mamertinos era daqueles a que dificilmente poderiam resistir.

Talvez tivesse, porém, sido declinado se os senadores fossem livres para tomar, sozinhos, tal decisão: sabiam para onde os levaria essa intervenção. Contudo, desde essa época, algumas deliberações deveriam ficar reservadas para a Assembleia das Centúrias, onde dominavam as classes burguesas de industriais e comerciantes, para os quais a guerra sempre trouxera proveito, de tal forma que elas se mostravam nacionalistas e eivadas de patriotadas extremadas. Os que nada possuíam tinham bastante esperança de obter algo, ainda que uma fazenda pequena numa colônia nova. Os que possuíam algo sabiam que este algo se multiplicaria. É difícil dirigir objeções a pessoas que falam – ou dizem que falam – em nome da Pátria e de um Destino Inelutável.

A Assembleia das Centúrias decidiu que aceitaria a oferta e confiou a execução da empresa ao cônsul Apio Cláudio. Na primavera de 264 a.C., após algumas tentativas vãs, uma pequena frota romana, sob o comando do tribuno Caio Cláudio, conseguiu atravessar o estreito, entrou de surpresa em Messina, com o auxílio dos mamertinos, e aprisionou o general cartaginês Hanão, não lhe deixando senão uma alternativa: as galés ou a retirada de seus homens. Este Hanão devia ser pessoa acomodatícia. Alguns meses antes, havia remetido a Ápio Cláudio vários trirremes romanos, que uma tempestade fizera naufragar nas costas sicilianas, como para dizer-lhe: "Vamos! Não façais tolices!" Diante de alternativa assim ameaçadora, não hesitou e, à frente de seu pequeno exército, voltou para a pátria, onde o crucificaram à guisa de recompensa. Cartago, evidentemente, não estava disposta a aceitar tal afronta. De fato, colocou, imediatamente, novo Hanão à frente de novo exército.

O novo general desembarcou na Sicilia e a primeira coisa que fez foi procurar entender-se bem com os gregos. Pôs-se, num instante, de acordo com os de Agrigento e, logo após, em Selinunte, recebeu uma embaixada de Hierão de Siracusa, que com ele aceitava aliança. Estava claro que os gregos preferiam, aos novos, os antigos inimigos.

Ápio Cláudio, que contara com a discórdia secular de gregos e fenícios, se encontrou, de improviso, com o grosso de seu exército ainda na Calábria. Então, recorreu à astúcia. Fez espalhar-se o boato de que a novidade da situação o obrigava a retornar a Roma para receber ordens e enviou, efetivamente, alguns navios a velejar para o norte. Confiados nisso, os cartagineses relaxaram a vigilância sobre o estreito. Ápio disso se aproveitou a fim de desembarcar suas forças, num total de vinte mil homens, um pouco ao sul de Messina, à vista do campo siracusano, que atacou.

Hierão saiu-se bem da investida; contudo, a brusca aparição daquele exército fê-lo suspeitar de uma traição da parte de

Hanão, que ele lá deixou só, para retornar a toda velocidade para Siracusa. Tendo assim isolado os cartagineses, Ápio Cláudio logo se lançou sobre eles, mas desta vez sem bom resultado. Deixando, então, um destacamento a cercar Messina, teve a ideia de correr atrás do outro inimigo, que considerava o mais fraco. Hierão era bom capitão: foi rude a derrota que infligiu ao inimigo. Ápio somente salvou a pele por milagre e forçoso lhe foi reconhecer que a empresa era mais difícil do que lhe parecera em Roma. Deixando parte de suas forças a vigiar Hanão, retornou à Urbs, a fim de prestar contas da situação e pedir reforços.

Quanto a reforços, foi, sobretudo, a diplomacia que os obteve, com a renovação das relações com Hierão, conduzindo-o, de novo, para o lado dos romanos. Golpe hábil! Porém, após Siracusa, era preciso conquistar Agrigento; aqui, a diplomacia nada podia fazer, pois na cidade se encontrava uma guarnição cartaginesa. Os romanos sitiaram a cidade: ao fim de dez meses, constrangeram os sitiados a tentar uma saída desesperada e os bateram.

A seguir, os cartagineses alinharam um segundo exército, que confiaram a Amílcar (nada em comum com seu homônimo, pai da Aníbal). Este percebeu que não seria o mais forte, com relação aos romanos, em terra e pôs-se a atacar, com sua frota, todas as praças fortes marítimas, obtendo vitórias consecutivas.

Foi então que Roma fez ver o quanto valia. Não tinha navios nem marinheiros. Em alguns meses, graças ao esforço unânime dos cidadãos, preparou cento e vinte unidades. Amílcar, que contava com cento e trinta, foi-lhes ao encontro sem mesmo pensar em tomar as medidas de prudência habituais. Encontrou-se diante dos "corvos", bizarros engenhos que os romanos içavam à proa de seus navios e que impediam a manobra dos navios inimigos. Amílcar perdeu um terço de suas forças e fugiu.

INDRO MONTANELLI

Quando se soube da história, em Cartago, os cartagineses, convencidos como estavam de poder, no mar, vencer a todos, ficaram abalados. Em Roma, todos se orgulhavam do feito. Os romanos decidiram atravessar o Mediterrâneo e levar a guerra ao coração do inimigo. À sua primeira frota, acrescentaram uma segunda, o que dava um conjunto de trezentos e trinta navios, carregados com cento e cinquenta mil homens, sob as ordens do cônsul Atílio Régulo. Cartago pôs em linha outra frota de força equivalente, debaixo do comando de Amílcar. O encontro se deu no largo de Marsala. Os romanos pagaram sua vitória incerta com a perda de vinte e quatro navios; a derrota cartaginesa foi bem assinalada, com a perda de trinta. Porém, Atílio Régulo pôde desembarcar na Africa, no cabo Bom.

Agora era a vez de Cartago mostrar o quanto valia. Ela o mostrou. Traiu, a princípio, alguma fraqueza diante dos primeiros sucessos dos romanos, que chegaram, com o auxílio dos númidas revoltados, a trinta quilômetros da cidade. Enviou embaixadores para pedir a paz aos romanos. Régulo resolveu impor a Cartago condições inaceitáveis. Então, os cartagineses se prepararam para um duelo de morte. Não tendo mais confiança em seus generais, confiaram o comando do exército a um grego de Esparta (como diríamos: a um alemão da Prússia): Xantipo. Este reorganizou o exército mediante métodos expeditos (como diríamos: "encostou os soldados ao muro") e trouxe para o mesmo, no emprego da cavalaria e dos elefantes, novas táticas, das quais, mais tarde, Aníbal soube aproveitar-se admiravelmente.

A batalha decisiva ocorreu perto de Túnis. Do exército romano, houve apenas dois mil homens que se salvaram, retirando-se para o cabo Bom. Corria o ano 255 a.C.

Roma precisou de cinco anos para recompor-se, material e moralmente, do desastre causado pela guerra da Sicilia. No decurso desses cinco anos, muitas foram as vicissitudes; porém, de modo geral, a sorte foi favorável aos cartagineses. Um belo dia, enfim, um de seus generais, Asdrúbal, durante uma tentativa para retomar Palermo, foi batido e deixou no local vinte mil homens; Cartago, fatigada, com o pensamento de que o mesmo se daria com o inimigo, retirou Régulo da prisão e o enviou a Roma, com seus próprios embaixadores, para apoiar as propostas de paz que fazia. Se as mesmas fossem rejeitadas, Régulo dera a palavra que retornaria. O Senado o convidou a apresentar sua opinião, na presença dos potenciários inimigos. Régulo sustentou o ponto de vista de que era preciso continuar a guerra. Após ver que seu conselho seria seguido, retomou o caminho de Cartago, apesar das súplicas da esposa. Como tortura, impediram-no, continuamente, de dormir, até que a morte lhe sobreveio. Em Roma, seus filhos pegaram dois prisioneiros cartagineses de alto nascimento e os mantiveram despertos até morrerem. Eram esses os costumes do tempo.

A guerra foi reencetada; porém, do lado cartaginês, novo personagem fez sua aparição: Amílcar Barca, o pai de Aníbal, chefe supremo do exército e da frota. Foi o inventor daquilo que hoje chamamos de "comandos", que lançou, com efeitos destruidores, às costas da península, dando, assim, aos romanos a impressão de que nelas ia desembarcar.

O Senado, aterrorizado, não desejava arriscar nova frota contra ele. Os recrutamentos militares chegavam ao fim; os cofres do Tesouro estavam vazios. Foi então que os cidadãos mais ricos organizaram, à custa do próprio bolso, uma esquadra de duzentos navios e a puseram à disposição do cônsul Lutácio Catulo, que bloqueava os portos de Drepane e de Lilibéia. Os cartagineses, por sua vez, enviaram outra, de quatrocentas unidades, repleta de reforços, de armamentos e de vitualhas. Se chegasse a desembarcar, seria o fim dos romanos na Sicília. Contrariamente às ordens do Senado, que lhe interditavam qualquer iniciativa naval, Catulo, apesar de gravemente ferido, deu ordens à sua esquadra para atacar. Com o peso de suas cargas, os navios cartagineses estavam na impossibilidade de manobrar; cento e vinte deles foram afundados; os outros tiveram de retomar o rumo de Cartago. Amílcar se encontrava separado da mãe-pátria. Após tais acontecimentos, não lhe restava senão solicitar a capitulação.

Lutácio Catulo não quis reeditar a experiência de Régulo; aceitou, imediatamente, a proposta, concedendo a Amílcar as honras de guerra e permitindo que se retirasse com seus homens. Quanto às outras condições a impor, dirigiu ao Senado a competência das mesmas.

Algumas pessoas, em Roma, reprovaram a longanimidade de Catulo e propuseram a retomada das hostilidades até que se desse o que hoje chamaríamos de "capitulação sem condições" por parte do inimigo. Porém, tais "capitulações sem condições" são, quase sempre, tola pretensão e o Senado teve absoluta razão ao afastar tal ideia. Solicitou dos cartagineses o abandono da Sicilia bem como a entrega de seus prisioneiros sem resgate, além do pagamento, em dez anos, de 4.400 talentos. Estas condições eram razoáveis e Cartago se apressou em aceitá-las.

Assim terminou a primeira guerra púnica, que durara perto de um quarto de século: de 265 a.C. a 241 a.C.

Todos sabiam, contudo, tanto em Roma quanto em Cartago, que essa "paz" não passava de um armistício.

HISTÓRIA DE ROMA

149

Capítulo 14

 Aníbal

De qualquer dos lados, os combatentes saíram em mau estado depois desse quarto de século de guerra; porém, as consequências eram mais graves para Cartago do que para Roma. Não somente lhe foi preciso ceder toda a Sicilia, comprometer-se a pagar pesada taxa e aceitar a concorrência do comércio romano em todo o Mediterrâneo, mas também lutas internas a fizeram cair na anarquia.

Seu governo se recusara a pagar os soldos dos mercenários, que haviam servido sob Amílcar. Eles se revoltaram sob as ordens de Matão, espécie de caporal que conhecia o ofício, e encontraram imediato apoio junto aos povos submetidos a Cartago, particularmente os líbios, que se revoltaram e formaram um exército sob o comando de Espêndio, escravo napolitano. Todos, em conjunto, sitiaram a cidade.

Os ricos negociantes de Cartago tremeram e apressaram Amílcar a livrá-los daquela ameaça. Amílcar hesitava: desagradava-lhe ter de combater seus antigos soldados. Quando, porém, cortaram as mãos e quebraram as pernas de seu colega Cesco, bem como enterraram vinte e sete cartagineses, ele se decidiu a agir. Convocou às armas todos os jovens que encontrou dentro da cidade sitiada, submeteu-os a rigoroso e sintético treinamento militar, atacou com dez mil homens o inimigo, que contava com quarenta mil, rompeu o cerco, compeliu o inimigo para um vale estreito, cujas duas saídas obstruiu e esperou que morresse de fome.

O inimigo comeu, a princípio, seus cavalos; depois, passou aos prisioneiros e, em seguida, aos escravos. Desesperado, afinal, enviou Espêndio para solicitar a paz. Como resposta, Amílcar mandou crucificá-lo. Os mercenários tentaram uma saída e foram massacrados. Matão, aprisionado, foi morto, lentamente, a chicotadas. "Essa foi, disse Políbio, a guerra mais sanguinolenta e impiedosa da História." Durou mais de três anos. Quando terminou, Cartago soube que, além da Sicilia, Roma ocupara a Sardenha. Protestou, mas Roma, conhecedora da situação, lhe respondeu com nova declaração de guerra. Para evitar a guerra, Cartago aceitou a perda da Sardenha, a que teve de acrescentar a da Córsega, e se resignou a pagar ainda 1.200 talentos. Isto quer dizer que, para evitar a guerra, aceitou, pura e simplesmente, a derrota. Desta vez, ela não protestou.

Também Roma pensava os ferimentos, nessa ocasião. O exército não contava com muitos homens e a moeda fora desvalorizada de 83$. A política militar adotada na península dera, em conjunto, bons resultados, pois nenhum dos povos submissos se aproveitara dos maus fados da Urbs para revoltar-se. A fronteira do norte, porém, não estava segura. Os ligúrios, incapazes de fundar um Estado, eram perfeitamente capazes, entretanto, de fazer cabotagem com seus barcos ao longo do mar Tirreno, opondo-se ao tráfico e saqueando as costas, particularmente as toscanas. Ao norte do Adriático, os ilírios, emboscados no meio dos recifes da Dalmácia, faziam o mesmo. E, de Bolonha aos Alpes, em toda a planície do Pó, os gauleses aumentavam suas forças, graças à chegada de seus irmãos da França, que, desconhecendo os romanos, deles não tinham medo. Se ficassem à vontade, não demorariam a cair de novo sobre Roma, como acontecera com Breno.

Uma vez varrida a Sicilia de tudo o que restava dos cartagineses e ocupada por guarnições e "colônias", salvo o reino de Siracusa, que foi deixado para o fiel Hierão, os romanos a proclamaram como "província". Foi a primeira das numerosas províncias que, mais tarde, constituíram o Império. A segunda se formou pela reunião da Sardenha e da Córsega. Tendo, assim, sido instaurada certa ordem administrativa, a Urbs decidiu estendê-la para além do Apenino toscano, que constituía sua fronteira setentrional.

Começou pelos ligúrios, que eram os mais isolados e os menos perigosos. Talvez não se tratasse mesmo, com eles, de verdadeira guerra, mas de uma série de operações "anfíbias" ou seja: realizadas, simultaneamente, na terra e no mar. Tais operações duraram cinco anos, de 238 a.C. a 233 a.C. e não exigiram de Roma seus costumeiros episódios épicos. Quando chegaram ao fim, os ligúrios se haviam tornado vassalos e não mais possuíam uma só barca para perturbar os tráficos de Roma com a Sardenha e a Córsega.

A seguir, foi a vez dos gauleses, que, de fato, já haviam tomado a iniciativa das hostilidades, organizando, com o auxílio de seus irmãos da França, um exército de cinquenta mil infantes e vinte mil cavaleiros. Jamais os romanos tiveram muita simpatia para com esses soldados, que Políbio nos descreve como "grandes e belos, sempre sedentos de guerra, em que combatiam nus, a não ser os colares e amuletos". O Senado ficou de tal forma aterrorizado por esse novo ataque que, retornando a um costume já desusado, decidiu obter o favor dos deuses por meio de um sacrifício humano, enterrando vivas duas vítimas. Estas vítimas foram escolhidas entre os gauleses. De qualquer modo, os deuses ficaram satisfeitos, porque, em Talamona, as legiões romanas conseguiram cercar o inimigo e o destruíram, praticamente, para sempre. Quarenta mil gauleses ficaram sobre o campo da luta e dez mil foram aprisionados. Toda a Itália, até aos Alpes, ficava à mercê de Roma, que chamou essa nova e riquíssima província, que foi a terceira, de Gália cisalpina. Ocupou-lhe a capital, Mediolanum (atual Milão) e aí fundou duas fortes colônias: Cremona e Placência.

Em seguida, voltou-se para leste e, em alguns anos, por intermédio de expedições semelhantes às que organizara contra os ligúrios, reduziu à condição de povo tributário a Ilíria, da rainha Teuta. Punha, assim, pela primeira vez, os pés sobre a outra margem do Adriático, que se tornou a cabeça de ponte para as conquistas que, mais tarde, deveria fazer no oriente.

Enquanto Roma assim completava a tomada de posse da península e se punha em segurança a leste e ao norte, Amílcar, em Cartago, estava inteiramente inflamado a fim de preparar sua vingança. Depois que sufocou a revolta, suplicou ao governo que lhe desse um exército para restaurar, na Espanha, o prestígio abalado dos fenícios, bem como para implantar, aí, uma base de operações contra a Itália. Contava a seu favor com as classes médias, ávidas de reconquistar, no Mediterrâneo, um monopólio de que sua própria sorte dependia. Contra ele, estava a aristocracia latifundiária, que não desejava arriscar seus privilégios, em caso de aventuras perigosas.

Chegaram a um compromisso, pelo qual se concedeu a Amílcar não um corpo de exército, mas simplesmente uma divisão. Esta lhe bastava. Amílcar era, realmente, um grande general; não fora à toa que lhe haviam dado o sobrenome de Barca, que significa, em fenício, "o raio". Antes de partir à testa de seus homens, levou ao templo seus "leõezinhos", como chamava seu genro Asdrúbal e seus três filhos: Aníbal, Asdrúbal e Magão. Os fez jurarem, diante do altar de Baal-Hamão, que, um dia, vingariam Cartago. Após isso, embarcou-os com sua tropa e os levou em sua comitiva.

Em alguns meses, reduziu à obediência as cidades espanholas que se haviam revoltado e se pôs a recrutar nativos para constituir um verdadeiro exército. Sua pátria não mexeu sequer o dedo mindinho para ajudá-lo: Amílcar agiu inteiramente sozinho. Perfurou minas e aí buscou ferro; trabalhou esse ferro para forjar armas e monopolizou o comércio para financiar tudo isso. Infelizmente, a morte o surpreendeu ainda jovem, no decurso de um combate contra uma tribo rebelde. Ao expirar, recomendou que lhe dessem como sucessor seu genro, Asdrúbal. Asdrúbal conservou o comando durante oito anos, sem que jamais tivesse dado razão a que maldissessem a súplica de seu sogro. Construiu uma cidade inteiramente nova, que hoje leva o nome de Cartagena, no distrito mineiro. Quando, por sua vez, morreu, sob as punhaladas de um assassino, os soldados aclamaram como general-chefe a Aníbal, o mais velho dos três filhos de Amílcar. Nessa ocasião, contava ele vinte e seis anos, dos quais dez passados sob a tenda, com os soldados; porém, ele se lembrava perfeitamente do juramento que seu pai o obrigara a prestar.

Aníbal foi, se não o maior, num sentido absoluto, pelo menos o mais brilhante capitão da Antiguidade. Muitos o põem ao nível de Napoleão. Antes de ser conduzido à Espanha por seu pai, recebera perfeita educação. Perfeita para a época, bem entendido. Conhecia a História e as línguas (o grego e o latim); quanto aos relatos de Amílcar, estes lhe haviam dado ideia bastante clara de Roma, de sua força e de suas fraquezas. Assim é que estava convencido de que uma derrota lia Itália tiraria da Urbs seus aliados, porque assim acontecera na época de seu pai. Ignorava, completamente, que a política de Roma não mais era federalista. Era robusto e frugal; sua astúcia e coragem eram ilimitadas. Tito Lívio conta ser ele sempre o primeiro a entrar numa batalha e o último a dela sair. Nutria, talvez, excessiva confiança em suas faculdades de improvisação. Os historiadores romanos, inclusive Tito Lívio, muito insistiram sobre sua avareza, sua crueldade, sua ausência dos escrúpulos. Efetivamente, as armadilhas que preparou para os romanos foram infinitamente numerosas e diabólicas. Era, porém, em parte por isso que os soldados o adoravam e nele tinham confiança cega. Não precisava dos galões para afirmar seu prestígio. Vestia-se como os soldados e compartilhava de suas misérias. Não foi somente extraordinário estrategista, mas excelente diplomata e mestre na questão de espionagem.

Ignorado como era por parte de seus compatriotas, junto aos quais não repusera os pés desde a idade de nove anos, Aníbal não podia, certamente, esperar deles que consentissem na abertura das hostilidades. Quanto à guerra, portanto, não era preciso declará-la: era preciso fazer com que lhe fosse declarada. Eis porque, em 215 a.C., atacou Sagunto.

Sagunto era uma cidade aliada de Roma, que, contudo, desde o tempo de Asdrúbal, tratara de reconhecer como zona de influência cartaginesa toda a região ao sul do Ebro. Como a cidade se encontrasse precisamente nessa região, foi fácil para Aníbal repelir o protesto redigido em termos cominatórios que recebeu de Roma, a qual permanecera convencida de que Cartago era, ainda, a cidade amedrontada e abalada do tempo das revoltas mercenárias. Foi assim que começou essa segunda campanha: muito tino de um lado, muita leviandade do outro.

Aníbal passou seis meses diante das muralhas de Sagunto antes de tomá-la. Não queria deixar, à retaguarda, esse excelente porto aberto para a frota romana. Agora, que no lugar ficara seu irmão Asdrúbal, com ordem de realizar boa vigilância e de preparar reforços, atravessou ele o Ebro com trinta elefantes, cinquenta mil infantes e nove mil cavaleiros. Quase todos esses soldados eram espanhóis e líbios: não havia nenhum mercenário entre eles.

Começaram as dificuldades desde que transpuseram os Pireneus. As tribos gaulesas, aliadas de Marselha, que, por sua vez, o era de Roma, pouco se importando com a sorte que Roma reservara às suas irmãs do vale do Pó, lhe resistiram. Três mil de seus homens se recusaram a segui-lo, quando souberam

HISTÓRIA DE ROMA

157

que Aníbal queria atravessar os Alpes. Barca não os forçou a fazê-lo. Ou melhor: desligou do compromisso outros sete mil soldados, que hesitavam, e os mandou de volta para casa. Livre, assim, dos medrosos e dos irresolutos, fez uma ponta de lança sobre Viena e começou a escalada.

Não sabemos de maneira precisa por onde passou. Uns afirmam: pelo São Bernardo; outros apontam: pelo monte Genebra. De qualquer maneira, atingiu o cimo da garganta nos primeiros dias de setembro do ano 218 a.C., encontrou-o coberto de neve e concedeu a seus homens dois dias de repouso. Já havia perdido alguns milhares de soldados, mortos pelo frio, pela fadiga, pelos precipícios e pelos guerrilheiros celtas. Após essa parada, começou a descida, que foi ainda mais difícil, particularmente para os elefantes. O próprio ânimo dos temerários conheceu horas de crise e de desespero. Aníbal os acalmou, mostrando-lhes lá embaixo, ao longe, a bela planície do Pó, que lhes prometia como presa. Os que chegaram ao fim desses percalços não eram mais do que 26.000 ao todo: menos da metade dos que haviam partido. Em compensação, os bóios e os outros gauleses os acolheram amigavelmente, reabasteceram-nos e a eles se aliaram, massacrando e pondo em fuga os romanos de Cremona e de Placência.

Espantado com tal audácia, o Senado imediatamente percebeu que esta guerra se anunciava muito mais perigosa do que a primeira. Armou 300.000 homens e 14.000 cavalos, parte dos quais confiou ao primeiro dos numerosos Cipiões que deveriam celebrizar o nome da família. Esse Cipião enfrentou Aníbal sobre o Tessino, deixou que sua frente fosse arrebentada pela cavalaria munida e perdeu a batalha. Te- ria, igualmente, perdido a vida, gravemente ferido como se achava, se não tivesse sido salvo por seu filho, que, dezesseis anos mais tarde, devia vingar o pai, em Zama. Corria o mês de outubro de 218 a.C.

Apenas dois meses se haviam escoado e já Roma enviava outro exército para enfrentar Aníbal sobre a Trébia. Segunda batalha: segunda derrota. Escoaram-se outros oito meses. Contra Barca, já então senhor de toda a Gália Cisalpina, enviaram Caio Flamínio, à testa de 30.000 homens. Estava tão seguro de si mesmo que arrastava um carregamento de cadeias para passar nos pés dos prisioneiros. Aníbal deu a impressão de querer evitar a batalha programada. Na realidade, por um jogo sábio de patrulhas e de escaramuças, atraiu o inimigo para uma planície, à margem do lago Trasimênio, toda rodeada de colinas e de bosques, atrás dos quais dissimulara sua cavalaria. Envolveu os romanos nessa rede de maneira inexplicável. Quase ninguém sobreviveu, nem mesmo Flamínio.

Tito Lívio relata que a notícia suscitou, em Roma, verdadeiro pânico. O Senado, porém, enfrentou a situação com firmeza viril. O pretor Marco Pompônio não tentou diminuí-la, ao ler, do alto dos Rostros, o comunicado que anunciava a derrota. "Acabamos de perder uma grande batalha, disse ele. O perigo é sério."

Todavia, do lado de Aníbal nem tudo estava róseo. A medida que se aproximava de Roma, percebia ser vã a esperança de separar a Urbs de suas aliadas. Na Toscana e na Úmbria, as cidades se fecharam diante de seu exército, que não sabia como reabastecer-se. Foi debalde que libertou os prisioneiros não romanos, mandando-os para casa. Do Apenino ao Sênio. toda a região fazia um só bloco com a Urbs. Aníbal não teve outro recurso senão caminhar obliquamente para o Adriático, em busca de plagas mais hospitaleiras. Após três batalhas consecutivas, seus soldados estavam cansados; ele próprio sofria com um tracoma agudo. No momento em que se distanciavam de suas regiões, seus aliados gauleses, que aí não enxergavam nada adiante do nariz, começavam a desertar. Aníbal enviou mensageiros para Cartago, a fim de solicitar reforços: estes lhe foram recusados. Enviou outros para Asdrúbal; este, porém, estava detido na Espanha pelos romanos, que, entrementes, aí haviam desembarcado. Retomou a marcha para o sul, mas se encontrou diante de estratégia nova e bem embaraçosa.

Quinto Fábio Máximo fora nomeado "ditador" e havia inaugurado a "inação magistral", que o fez passar à História sob o nome de Fábio Cunctator, "o contemporizador". Preparava escaramuças, armava emboscadas, mas não se deixava atrair para uma batalha. Esperava que as dificuldades, a fome e a fadiga exercessem sua ação sobre os soldados do inimigo, os quais se sentiam, com efeito, bem próximos do desespero. Infelizmente, os romanos se cansaram diante deles: queriam uma vitória imediata. Assim, deram ouvidos aos ditos maldosos de Minúcio Eufo, lugar-tenente de Fábio e seu detrator. Privaram a Fábio do comando, que foi partilhado por dois cônsules recém-nomeados: Terêncio Varrão e Paulo Emílio. Este último era aristocrata de excelente julgamento, perfeita- mente cônscio de que, contra a estratégia de Aníbal, a estratégia romana ainda não encontrara nada adequado. Varrão era um plebeu mais patriota do que bom general; queria o que seus eleitores queriam: rápido sucesso. Falando em nome do orgulho e do nacionalismo, teve razão, como é de regra. Conduziu, pois, seus oitenta mil infantes e seus seis mil cavaleiros contra Aníbal, que, se bem que não contasse senão com vinte mil veteranos, com quinze mil gauleses pouco seguros e com dez mil cavaleiros, soltou um suspiro de alívio. Ele só temia a Fábio Máximo.

A batalha, que foi a mais gigantesca da Antiguidade, ocorreu em Canas (Cannes), sobre o Ofanto. Barca, como de hábito, atraiu o inimigo para um terreno chato, que se prestava às manobras da cavalaria. Depois, dispôs suas tropas, colocando ao centro os gauleses, na certeza de que debandariam. Foi o que fizeram. Varrão se precipitou pela brecha e as alas de Aníbal sobre ele se fecharam. Paulo Emílio, que não teria desejado tal encontro, combateu como bravo e tombou no campo de batalha, assim como outros 44.000 romanos, dentre os quais oitenta senadores. Varrão conseguiu salvar a pele, ao mesmo tempo que Cipião, que já escapara à morte sobre o Tessino. Kefugiou-se em Chiusi e, daí, voltou a Roma.

O povo, em luto, o esperava às portas da cidade. Quando o viu aparecer, a multidão foi ao seu encontro, com os magistrados à frente, a fim de agradecer-lhe por não haver duvidado da pátria. Foi assim que a Urbs respondeu à catástrofe.

INDRO MONTANELLI
162

Capítulo 15

Cipião

Ao darmos crédito às pessoas competentes, Canas (a atual Cannes) ficou, na história da estratégia, como exemplo jamais sobrepujado. Aníbal, único capitão capaz de bater os romanos quatro vezes seguidas, não perdeu aí senão seis mil homens, dos quais quatro mil eram gauleses. Porém, aí também perdeu o segredo do sucesso, que o inimigo acabou por compreender: a superioridade da cavalaria.

No próprio momento, a vitória do invasor pareceu definitiva. Os sânitas, a gente dos Abruzzos e os lucanianos se sublevaram. Em Crotona, em Locris, em Cápua e em Metaponte, a população massacrou as guarnições romanas; Felipe V da Macedonia se aliou a Aníbal; Cartago, readquirida sua vaidade, anunciou o envio de reforços; também alguns jovens romanos, de famílias patrícias, já corrompidos pela cultura helênica, tiveram a ideia de refugiar-se na Grécia – sua pátria ideal.

Estes últimos casos, entretanto, foram casos isolados. O jovem Cipião, de volta das duas derrotas do Tessino e Canas (Cannes), denunciou tais homens com palavras candentes. O povo aceitou novos tributos e novos recrutamentos; as matronas nobres levaram suas joias ao Tesouro e varreram com os cabelos o assoalho dos templos; o governo ordenou novo sacrifício humano, não de duas, mas de quatro vítimas. Enterrou vivos dois gauleses e dois gregos. Os soldados recusaram o soldo. Viram-se partir das casas voluntários de treze e de catorze anos, a fim de engrossar a fraca guarnição, que se preparava para defender Roma em sua última batalha contra Aníbal.

Aníbal, porém, não se mostrou; ainda hoje muitos perguntam por quais motivos ele não se arriscou. Como Hitler, após Dunquerque, aquele grande soldado, tão corajoso na batalha, não teve coragem para enfrentar o último obstáculo, ainda que o soubesse quase desprovido de defesa. Teria tido a ilusão de que iria receber grandes reforços a tempo para a grande empreitada! Esperou que o inimigo pedisse a paz? Ou Roma, por ele batida em duas vezes, ainda lhe causava respeito reverente? O que quer que seja, em vez de explorar o enorme sucesso de Canas (Cannes), decidiu repousar. Mandou de volta para casa os prisioneiros não romanos; quanto aos romanos, ofereceu entregá-los à Urbs mediante pequena indenização. O Senado, orgulhosamente, a isso se recusou. Aníbal, após enviar certo número deles a Cartago como escravos, consagrou os outros aos jogos de gladiadores, para divertimento de seus soldados. Depois, aproximou-se até a alguns quilômetros de Roma, que fez estremecer, mas obliquou sua marcha para leste, em direção a Cápua.

No momento, os romanos não foram em sua perseguição. Penosamente, preparavam novo exército de duzentos mil homens. Quando este ficou preparado, confiaram uma parte ao cônsul Cláudio Marcelo, para que repusesse em ordem a Sicilia, uma vez que a ilha se revoltara; conservaram uma parte para a defesa da cidade; expediram a terceira parte, composta dos mais idosos, para a Espanha, sob a direção de um dos Cipiões, a fim de procurar cercar, no local, a Aníbal.

No ano seguinte, Cláudio Marcelo conquistava Siracusa, a qual, após a morte do fiel Hierão, traíra sua aliança com Roma e tentara resistir-lhe, graças às invenções de Arquimedes, o maior matemático e técnico da Antiguidade. Arquimedes inventara, entre outras coisas, as "mãos de ferro", que, de acordo com as descrições exaustivas e confusas dos historiadores, deviam ser guindastes, que levantavam os navios romanos, e os "espelhos para queimar", que os incendiavam, ao concentrar, sobre eles, os raios do sol. Talvez essas descobertas não tenham sido mais do que brilhantes ideias, que ficaram no papel, pois a cidade não deixou de cair sob os romanos e o próprio Arquimedes foi morto.

A tal vitória, que veio levantar o prestígio de Roma no sul, vieram juntar-se as dos dois Cipiões, que bateram por várias vezes Asdrúbal, na Espanha, e a reconquista de Cápua, que caiu em 211 a.C., num momento em que Aníbal se afastara com a esperança de enganar os romanos, fingindo que marcharia contra a Urbs. O castigo da cidade infiel foi exemplar: todos os seus chefes foram mortos e toda a população foi deportada, em massa. Em toda a Itália, o terror se espalhava, ao mesmo tempo que se punha a vacilar a confiança no "libertador" Aníbal.

Justamente nessa ocasião, surgiu o grande capitão que deveria vingar todas as humilhações de Roma. Se bem que vitoriosos, os dois Cipiões que guerreavam contra Aníbal haviam tombado no decurso dos combates. Foi enviado para substituí-los, ainda que apenas com vinte anos, seu filho e sobrinho, respectivamente, Públio Cornélio, de volta do Tessino e de Canas (Cannes). Não atingira ainda a idade requerida para tão

HISTÓRIA DE ROMA

165

alto comando; porém, o Senado e a Assembleia se puseram de acordo no sentido de fazer derrogar a lei, em circunstâncias tão graves. Públio Cornélio Cipião tinha sido valoroso soldado e excelente comandante de falange e de coorte. Voltando com Varrão a Roma, no momento mais trágico, o que se seguira à batalha de Canas (Cannes), fora o animador da resistência. Era belo. Era eloquente. Trazia um grande nome. Tinha a reputação de ser piedoso, cortês, justo. Nada empreendia, pública ou particularmente, sem antes pedir conselho aos deuses, recolhendo-se a um templo. Além disso, conseguira fazer-se bem considerado pelos compatriotas como favorecido pela sorte, isto é, bem visto pelos deuses.

Com efeito, apenas chegado à Espanha, onde encontrara o exército a sitiar Cartagena, deu logo provas do favor particular de que gozava junto aos deuses. Para tomar a cidade, era necessário atravessar um tanque, que se comunicava com o mar. Era tal a profundeza da água que não podiam atravessá-lo senão a nado: operação impossível para homens cujo peso aumentara com a couraça, o capacete e as armas. Uma bela manhã, Públio Cornélio convocou os soldados e contou-lhes que Netuno lhe aparecera em sonho e lhe prometera ajuda, fazendo com que baixasse o nível do tanque. Os soldados, talvez, não ficassem convencidos. Quando, porém, viram o general precipitar-se no tanque e atravessá-lo em passo ginástico, acreditaram em milagre, precipitaram-se atrás dele e, ainda para mostrarem-se dignos mais do deus do que do próprio general, conquistaram a posição de um só golpe.

De fato, nada havia de miraculoso no caso. Falando com os pescadores de Tarragona, Públio Cornélio soubera, simplesmente, da alternância da maré alta e da maré baixa, coisa ignorada pelos seus veteranos, gente do interior. Porém a energia e o entusiasmo de um exército redobram quando se persuade de que seu general traz Netuno no bolso. Já murmuravam que o pai de Públio Cornélio não era de forma alguma o terreno Cipião mas antes uma serpente monstruosa, metamorfose escolhida por Júpiter em pessoa, Ou melhor: fora ele mesmo quem o murmurara. Nesses tempos, para serem vitoriosos, os romanos estavam prontos a dar má reputação à própria mãe. De qualquer modo, a sorte estava lançada.

Esse golpe fez com que quase toda a Espanha caísse nas mãos de Roma. Asdrúbal, que já não mais tinha razão de ali permanecer, tratou de refugiar-se e lançou seu exército nas pegadas do irmão, para juntar-se a ele, atravessando a França e os Alpes. Contudo, uma mensagem que mandou a Aníbal, em que lhe anunciava sua chegada e o caminho que iria tomar, caiu nas mãos dos romanos, que ficaram sabendo, desse modo, todo o seu plano de operações. Dois novos exércitos se organizaram rapidamente. Um, comandado por Cláudio Nerão, ocupou-se em imobilizar na Apúlia a Aníbal, que não se mexeu, pois que não estava ao corrente de coisa alguma. O outro, sob as ordens de Lívio Salinator, esperou Asdrúbal e os seus no local mais favorável, sobre o Metauro, perto de Sinigália – e os exterminou. Contam que a cabeça do general, morto no campo de batalha, foi separada do corpo, levada aos Abruzzos e lançada por cima das muralhas da trincheira, em que se abrigavam Aníbal e os seus. O tracoma já fizera perder um olho ao cartaginês. Porém, o que lhe restava foi suficiente para que reconhecesse esse miserável destroço de um irmão que amara como a um filho.

Aníbal, daí por diante se sentiu acabado. Felipe da Macedonia, após uma declaração de guerra absolutamente platônica, se deixara reconquistar pela diplomacia de Roma: fizera a paz. Temerosas com o precedente de Cápua, as cidades rebeldes italianas mostravam simpatia para com Barca, mas não o auxiliavam. Dos cem navios, carregados de reforços, que Cartago lhe enviara, oitenta tinham ido a pique nas costas da Sardenha. As "delícias de Cápua", que se transformaram em provérbio, tinham amolecido, física e moralmente, o altivo exército de Canas (Cannes). "Os deuses – declarara a Aníbal um de seus lugares-tenentes, quando o cartaginês se recusara a marchar contra Roma – os deuses não prodigalizam todos os seus bens a um só homem. Tu sabes vencer, Aníbal, mas não sabes tirar proveito de tuas vitórias." Talvez houvesse verdade nesse parecer.

Em 204 a.c., Cipião, que voltava de suas vitórias espanholas, foi posto à testa de um exército mais poderoso, que embarcou e se dirigiu para as costas da África. De ofensiva, a guerra se tornava defensiva para Cartago. Atemorizada, ela chamou com toda a pressa Aníbal para defendê-la. O homem, porém, que retornava, após trinta e seis anos de ausência, meio cego, gasto pela fadiga e pelas desilusões, era, sempre, um grande general, mas não mais representava o demônio desencadeado que, com vinte e oito anos, tomara seu impulso em Cartagena. A metade de suas tropas se recusou a segui-lo até Cartago. Os historiadores romanos contam que mandou matar vinte mil homens por desobediência. Desembarcou com os restantes em 202 a.C. e reconheceu, com sacrifício, a cidade que deixara com apenas nove anos de idade. Foi enfileirar-se, com os veteranos que lhe restavam, na planície de Zama, mais ou menos a cinquenta milhas ao sul de Cartago.

Os dois exércitos quase equivaliam em força. Permaneceram a observar-se durante muitos meses, reforçando cada um deles suas posições. Depois, o exército romano encontrou um auxiliar: Massinissa, rei da Numídia, que fora destituído de seus bens por Sifax, amigo e protegido dos cartagineses. Massinissa foi enfileirar-se, com sua cavalaria, ao lado de Cipião. Ora, tinha sido na cavalaria, como sempre, que Aníbal concentrara toda a sua esperança.

Talvez aí estivesse a razão pela qual quis, antes da disputa, tentar um pacto de arranjo amistoso. Pediu uma entrevista com o adversário, que lhe foi concedida. Os dois grandes generais se encontraram, afinal, familiarmente. Os dois interlocutores verificaram a impossibilidade de um acordo, mas o desenrolar dos acontecimentos parece mostrar que sentiram, reciprocamente, viva simpatia (quanto ao apreço mútuo, não lhes podia faltar). Afastaram-se sem rancor e, logo após, encetaram o combate.

Pela primeira vez em sua vida, Aníbal, em vez de impor a iniciativa, teve de sofrer a do inimigo, que, para batê-lo, empregou sua própria tática: a da tenaz. Diante do desastre, Barca, que contava, então, quarenta e cinco anos, reencontrou a energia de suas vinte primaveras. Atacou Cipião em duelo individual v– e o feriu. Atacou Massinissa. Formou e reformou cinco, seis, dez vezes suas falanges desorganizadas, a fim de levá-las ao contra-ataque. Porém, nada pôde fazer. Deixou mortos, sobre a terra, vinte mil dos seus homens. Nada mais lhe restou senão escanchar-se sobre um cavalo e galopar em direção a Cartago. Aí chegou coberto de sangue, reuniu o Senado, anunciou que havia perdido não somente uma batalha, mas a própria guerra e aconselhou que se enviasse uma embaixada com o fito de pedir a paz. Assim se fez.

Cipião mostrou-se generoso. Quis que lhe entregassem toda a frota cartaginesa, com exceção de dez trirremes; que o inimigo renunciasse a qualquer conquista na Europa; que reconhecesse Massinissa numa Numídia independente; e que lhe fosse paga uma indenização de dez mil talentos. Deixou, contudo, para Cartago suas possessões da Tunísia e da Argélia, se bem que lhe interditasse o acréscimo de outras às que já possuía, e renunciou à ideia de que lhe entregassem Aníbal, que o povo romano, entretanto, muito gostaria de ver acorrentado atrás do carro de seu vencedor, no dia do triunfo.

Aníbal não encontrou, junto aos compatriotas, absolutamente nada desse espírito cavalheiresco de que o inimigo fizera prova para com ele. Ainda não fora ratificado o tratado de paz e já alguns cartagineses informavam, secretamente, Roma de que Aníbal preparava sua vingança e se entregava, de corpo e alma, a organizar tal empresa. Na realidade, ele nada mais procurava do que repor um tanto de ordem em sua pátria: à frente de um partido popular, cuidava de destruir os privilégios de uma oligarquia senatorial e mercantil corrompida, verdadeira responsável pela derrota.

Cipião empregou toda a influência pessoal para dissuadir os compatriotas de exigir a cabeça do grande inimigo. Foi tudo em vão. Para não ser preso e entregue ao inimigo, Aníbal fugiu, à noite, a cavalo, galopou mais de duzentos quilômetros até Tapsos e, aí, embarcou para Antioquia. Nessa ocasião, o rei Antíoco hesitava entre a paz e a guerra com Roma. Aníbal lhe aconselhou a guerra e tornou-se um de seus conselheiros militares. Apesar de sua experiência, Antíoco foi batido em Magnésia e os romanos lhe impuseram, entre outras coisas, a entrega de Barca. Este teve, então, de refugiar-se, primeiro, em Creta, e, a seguir, na Bitínia. Os romanos não lhe deram trégua e acabaram por apertar-lhe o cerco. O velho general preferiu morrer a cair-lhes nas mãos. Tito Lívio narra que, levando à boca um veneno, ele declarou, ironicamente: "Concedamos a tranquilidade aos romanos, uma vez que não têm a paciência de esperar o fim de um velho como eu." Contava sessenta e sete anos. Alguns meses mais tarde, seu vencedor e admirador, Cornélio Cipião, o seguia no túmulo.

Foi a segunda guerra púnica que decidiu, por séculos e séculos, da sorte do Mediterrâneo e da Europa ocidental. A terceira não passou de um "post-scriptum" inteiramente supérfluo. Foi a segunda que deu a Roma, a Espanha, a África do Norte, o domínio do mar e a riqueza.

Tais ganhos, porém, foram o ponto de partida, também, de uma transformação da vida romana, que não deveria trazer benefícios à Urbs. Haviam tombado mortos trinta mil de seus homens, ao todo: a nata do exército e da agricultura. Quatrocentas cidades tinham sido destruídas. A metade das propriedades rurais fora saqueada, particularmente na Itália meridional, que, desde essa época, disso jamais se recuperou completamente.

Os romanos, duzentos anos mais cedo, facilmente teriam remediado tais desastres em algumas dezenas de anos. Seus sucessores, porém, não se lhes podiam comparar. O que os tentava não mais era o trabalho do campo: era o comércio internacional. Quanto à riqueza, em vez de consegui-la com pena, com paciência, com tenacidade, por meio de um modo de vida econômico e frugal, consideravam mais cômodo ir procurá-la já pronta na Espanha, por exemplo, onde bastava cavar a terra para encontrar ferro e ouro. A espoliação dos povos submissos enchera os cofres do Tesouro. Os tributos de milhares de talentos que os vencidos pagavam anualmente fizeram, praticamente, de cada romano um rendeiro, tirando- lhe o gosto pelo trabalho.

Esse "boom" econômico, como diriam os americanos, abalou a sociedade, tornando inadequado o padrão de vida que a sustentara até então. Uma nova aristocracia se constituía, formada de traficantes e empreiteiros. Os costumes se suavizaram e se tornaram relaxados. Viu-se nascer aquilo que, hoje em dia, se chamaria vida de sociedade, com salões intelectuais e progressistas. Enfraqueceram-se tanto a fé nos deuses quanto a fé votada à democracia. Esta, nos momentos de perigo, tivera, para salvar a pátria, de recorrer aos ditadores e aos "plenos poderes".

A crise não se acentuou logo em seguida; porém, teve início no desenrolar dos anos que se sucederam à catástrofe de Cartago.

Capítulo 16

"Graecia Capta"

Uma das primeiras presas que Roma levou da Grécia, quando se decidiu a declarar-lhe guerra, foi um grupo de perto de mil intelectuais, que se haviam distinguido na resistência à Urbs. Entre eles, havia um certo Políbio, apaixonado pela História, que ensinou aos romanos como escrevê-la. "Por quais sistemas políticos – indagava ele ao chegar – chegou esta cidade a subjugar o mundo em menos de cinquenta e três anos, quando ninguém conseguiu, antes, tal feito?"

Na realidade, Roma gastara em tal empresa mais de cinquenta e três anos; porém, para o grego Políbio, "o mundo" se constituía, unicamente, da Grécia, cuja conquista, com efeito, não exigira mais de meio século. Para dizer a verdade, de modo algum foram as astúcias políticas do Senado romano e dos generais da Urbs que tornaram tão fácil tal sucesso, mas o próprio fato de que a Grécia, antes de deixar-se conquistar, já se havia destruído a si mesma. Sua desintegração partira do interior: Roma se limitara a colher-lhe os frutos.

As primeiras relações da Urbs com a Grécia remontavam, com efeito, à época de Pirro; foi este último quem teve a iniciativa de entretê-las, ao desembarcar na Itália, no ano de 281 A.C., com seus soldados e elefantes, para defender da agressão romana Tarento e as outras cidades gregas da península. Desde esse momento, entretanto, já a Grécia deixara de existir como nação ou, mais exatamente, já abandonara toda a esperança de tornar-se uma nação. As diversas cidades de que se compunha passavam o tempo a combater-se mutuamente: nenhuma delas era capaz de manter unidas as restantes para defesa dos interesses comuns.

A última tentativa de criar uma nação grega viera do exterior, isto é, da Macedonia, província que os gregos de Atenas, de Corinto, de Tebas e de outras cidades consideravam como estrangeira e bárbara. Com efeito, não tinha muita coisa de grego. As cadeias de montanhas inacessíveis, que a encerravam ao sul, haviam barrado a passagem à cultura e aos costumes, isto é, à civilização das metrópoles da costa, civilização, aliás, muito citadina e mercantil para poder aclimatar-se nessa região rude e severa, de vales fechados, de rebanhos espalhados, de aldeias arcaicas e solitárias. Em compensação, a população aí se conservara sã, rude e forte. Não conhecia nem a gramática nem a filosofia: acreditava em seus deuses e obedecia a seus chefes. Estes constituíam uma aristocracia de grandes proprietários de terras, cuja única ocupação era a administração de seus bens e cujas distrações se resumiam nos torneios e na caça. A Pela, sua capital, não iam senão raramente e contra a vontade, não só porque a viagem era fatigante, mas também porque era nesse vilarejo campestre e sem atrativos que residia o rei, do qual queriam permanecer o mais possível independentes. Somente Felipe e seu filho Alexandre conseguiram desarmar-lhes a desconfiança e uni-los para uma grande aventura de conquista. Cada um deles trazia ao exército comum seu próprio contingente de forças, de que era o general. Todos, em conjunto, sob o comando único do pai, a princípio, e do filho, a seguir, ocuparam a Grécia, nela impuseram a ordem e trataram de coordenar suas forças com as forças macedônias para a conquista do mundo.

Esta passou de maravilhosa aventura, que não sobreviveu a seus dois heróis. Quando, em 323 a.C., com a idade de trinta anos, apenas, morreu Alexandre em Babilônia, após conduzir o exército, de vitória em vitória, até ao Egito e à índia, através da Ásia Menor, da Mesopotamia e da Pérsia, seu reino efêmero voou aos pedaços. Quando os generais, reunidos à sua cabeceira, lhe perguntavam qual dentre eles designaria como herdeiro, respondeu: "O mais forte". Esqueceu-se de precisar qual seria. Talvez nem ele mesmo o soubesse bem. Repartiram, portanto, sua herança em cinco partes: Antipater ficou com a Macedonia e a Grécia; Lisímaco, com a Trácia; Antígono, com a Ásia Menor; Seleuco, com a Babilônia; e Ptolomeu, com o Egito. E, obviamente, a seguir, puseram a guerrear-se entre si.

Deixemos esses "diádocos", como foram chamados a seguir, com suas disputas, as quais, em conjunto, deviam contribuir para a vantagem definitiva de Roma. Limitemo-nos a lembrar as que irromperam no interior do reino de Antipater, que deveria manter unidas a Macedonia e a Grécia. Se essa união se fizesse, o osso, para Roma, teria sido muito mais duro de roer. Os gregos, porém, não a quiseram e tudo fizeram para sabotá-la. Quando morreu Alexandre, conta Plutarco, o povo de

HISTÓRIA DE ROMA

Atenas, que não recebera dele senão benefícios, formou cortejos pelas ruas para cantar hinos de vitória, "como se tivesse sido ele quem abatera o tirano". Demóstenes, que fora o campeão da "Resistência" – resistência tão somente de palavras – teve seu instante de glória e concitou os compatriotas a organizar um exército a fim de resistir a Antipater. Foi organizado esse exército; fique bem entendido que o bateu o novo rei da Macedonia, o qual, ignorante como era, não demonstrou as fraquezas de Alexandre para com aquela Atenas supercivilizada e a tratou como costumava tratar os soldados, quando estes lhe desobedeciam.

Quando, por sua vez, morreu Antipater, deixando o trono para o filho Cassandro, de novo se revoltou Atenas. Foi, de novo, batida e punida. Durante dezenas de anos, não houve mais do que revoltas e depressões. A seguir, Demétrio Poliorceta (o que quer dizer o "conquistador de cidades"), filho de Antígono, veio da Ásia Menor a fim de expulsar da Grécia os macedônios. Foi acolhido, em Atenas, como triunfador e prepararam-lhe um apartamento no Partenão, o qual ele encheu de efebos e prostitutas. Depois, cansou-se de tais prazeres, proclamou-se rei da Macedonia e, como tal, aboliu a independência grega, que ele mesmo restabelecera, repondo a cidade sob os poderes de uma guarnição macedônia.

Desse regime anárquico, que durou um século e que ainda se complicou com uma terrível invasão gaulesa, saiu a Grécia politicamente acabada. No sulco de sua frota mercante e na ponta das espadas de Felipe, de Alexandre e dos diádocos, sua civilização penetrara todos os pontos: do Épiro à Ásia Menor, à Palestina, ao Egito, à Persia e até à Índia: em todos os pontos, as classes dirigentes e intelectuais eram gregas ou grecizantes. A filosofia, a escultura, a literatura, a ciência da Grécia, transplantadas para essas regiões conquistadas, aí criavam uma nova cultura. Politicamente, porém, a Grécia estava morta e assim deveria permanecer por dois mil anos.

Quando Roma, após desembaraçar-se de Cartago, voltou os olhos para ela, nada mais viu do que uma Via Láctea de bem pequenos Estados, em perpétua querela uns com os outros. Políbio não tem a menor razão em espantar-se de que Roma tenha levado tão pouco em conquistá-los. Na realidade, ela o teria podido fazer bem mais depressa.

Tudo começou por culpa de Felipe V, rei da Macedônia, Estado que Alexandre deixara exangue: não era mais o mesmo de outrora. Porém, continuava a ser o mais sólido da Grécia toda. Esta se dividira, no momento, entre duas ligas: a Liga Acaica e a Liga Etoliana, que não faziam a paz entre si senão para unir-se contra Felipe.

Em 216 a.C., quando soube que Aníbal tinha esmagado os romanos em Canas (Cannes), Felipe com ele assinou um pacto de aliança e pediu aos gregos para ajudá-lo na destruição de Roma, que poderia tornar-se perigosa para todos. Realizou-se uma conferência em Naupacta, onde o delegado dos etolianos, Agesilau, falando em nome de todos os assistentes, concitou Felipe a pôr-se à frente de todos os gregos para tal cruzada. Contudo, logo depois, em Atenas e nas outras cidades da Grécia, espalhou-se o boato de que Aníbal, em troca do apoio do macedônio, ia deixar-lhe as mãos livres no tocante a elas. De súbito, as desconfianças, momentaneamente adormecidas, ressuscitaram e a Liga Etoliana enviou a Roma mensageiros, a fim de solicitar-lhe auxílio contra Felipe. Este, para enfrentar a Grécia, teve de renunciar à Itália bem como concluir, também ele, um pacto com Roma, pondo, assim, término a essa primeira guerra da Macedonia, antes de tê-la começado.

Após Zama, foram Pérgamo, o Egito e Rodes que solicitaram o auxílio da Urbs contra Felipe, que os molestava. A Urbs, que tinha boa memória e recordava a tentativa do rei da Macedonia, por ocasião de Canas, enviou contra ele, sob as ordens de Quinéeio Flamínio, um exército, que o derrotou em Cinecéfales, em 197 a.C. Uma vez batida essa fortaleza, estava aberto o caminho da Grécia.

Flamínio, contudo, era um personagem estranho. De família patrícia, fizera seus estudos em Tarento, aí aprendera o grego e se apaixonara pela civilização helênica. Além disso, nutria ideias "progressistas". Longe de condenar Felipe à morte, restabeleceu-o no trono, a despeito dos protestos dos seus aliados gregos, que pretendiam terem sido eles os que o haviam abatido em Cinocéfales, do mesmo modo que, hoje em dia, alguns franceses imaginam terem sido eles que abateram a Alemanha. Depois, por ocasião dos grandes Jogos ístmicos, que reuniam em Corinto os delegados de toda a Grécia, ele proclamou todos os povos e todas as cidades da Grécia livres; não deveriam submeter-se a nenhuma guarnição, a nenhum tributo, mas poderiam governar-se segundo as próprias leis. Seus ouvintes, que esperavam ver o jugo dos macedônios ser substituído pelo dos romanos, ficaram boquiabertos. E Plutarco relata que soltaram tais gritos de entusiasmo que tombou morto um bando de corvos, que lhes voava sobre as cabeças. Seria motivo de riso se Plutarco contasse todas suas histórias com tal cuidado pela verdade!

Os céticos de Atenas e das outras cidades não tiveram tempo para levantar dúvidas sobre as honestas intenções de Flamínio, pois este as pôs em prática imediatamente, com a retirada de seu exército do território grego. Todavia, depois de havê-lo saudado como "Salvador e Libertador", acharam de voltar atrás, pelo fato de ter ele levado rica presa de guerra, sob a forma de obras de arte, e de ter emancipado da Liga Etoliana algumas cidades, que dela faziam parte a contragosto. Então, essas cidades chamaram Antíoco, o último herdeiro de Seleuco, rei da Babilônia, para, de novo, as libertar. Libertá-las, de novo, de que não poderíamos dizer, uma vez que Flamínio as deixara completamente livres.

Pérgamo e Lâmpsaco se encontravam mais próximas de Antíoco: sabiam, portanto, o que esperar de sua parte e pediram socorro a Roma. O Senado, que jamais acreditara na experiência liberal e progressista de Plamínio, expediu-lhes outro exército, sob as ordens do herói de Zama. Este, à frente de pequeno número de homens, atacou Antíoco em Magnésia, derrotando-o, apesar dos sábios conselhos estratégicos que lhe dera Aníbal, seu hóspede, e assegurando, assim, a Roma quase todo o litoral mediterrâneo da Ásia Menor. Depois voltou para o norte, bateu os gauleses, que ainda acampavam em tais paragens, e retornou à Itália, sem tocar nas cidades gregas.

Durante alguns anos, Roma persistiu, com relação a elas, nessa política de tolerância e de respeito, muito semelhante àquela praticada na Europa pelos Estados Unidos da América após a segunda guerra mundial. Não intervinha em seus negócios internos a não ser quando solicitada, esforçando-se por consolidar a ordem constituída. Eis porque conseguia a antipatia de todos os descontentes, que a acusavam de espírito reacionário.

Perseu, rei da Macedonia, que sucedera a Felipe em 179 a.C., acreditou poder aproveitar-se desse estado de espírito das "massas" e as concitou a socorrê-lo numa guerra contra a Urbs. Casara-se com a filha de Seleuco, o herdeiro de Antíoco. Seleuco aliou-se a ele, arrastando consigo a Ilíria e o Épiro. Estes dois últimos Estados foram os únicos que lhe prestaram, praticamente, mão forte, quando um terceiro exército romano, conduzido por Emílio Paulo, filho do cônsul morto em Canas, chegou e, em Pidna, no ano de 171 a.C., derrotou Perseu, que foi transportado para Roma, coberto de cadeias, para enfeitar o carro do vencedor.

Os arquivos secretos do vencido, entre outras coisas, caíram entre as mãos de Emílio. Neles encontraram documentos relativos à conjuração, com a prova das diversas responsabilidades. Como castigo, foram arrasadas setenta cidades macedônias e devastados o Épiro e a Ilíria. Rodes, que, sem tomar parte ativa na guerra, havia conspirado, viu-se privado de suas possessões da Ásia Menor. Mil simpatizantes gregos de Perseu, entre os quais Políbio, foram levados a Roma como reféns.

Isto era sinal de que o Senado – renunciando às ilusões de Flamínio e dos outros filo-helenistas da Urbs, entre os quais se contavam os próprios Cipiões – vencera o complexo de inferioridade com respeito à Grécia e voltara aos sistemas tradicionais de tratar os vencidos. E, todavia, ainda dessa vez, os gregos turbulentos nada quiseram compreender. Ao fim de alguns anos, viram-se subir ao poder, em diversas cidades, classes proletárias, numa mistura de socialismo e nacionalismo. Reconstituiu-se a Liga Arcaica e, quando soube que Roma se encontrava entregue a uma terceira guerra contra Cartago, convocou toda a Grécia para a libertação.

Roma, contudo, podia, na ocasião, manter, tranquila- mente, uma guerra em duas frentes. Enquanto Cipião Emiliano embarcava para a África, o cônsul Múmio dirigiu-se para Corinto, uma das cidades mais agitadas. Sitiou-a, tomou-a, matou todos os homens, fez das mulheres escravas, embarcou para Roma tudo o que era transportável e pôs em chamas a cidade. A Grécia e a Macedonia se reuniram numa única província, sob a autoridade de um governador romano, com exceção de Atenas e de Esparta, às quais foi reconhecida certa autonomia.

A Grécia encontrara, enfim, a paz: a paz do cemitério.

A terceira e última guerra p única foi desejada por Catão, o censor, e provocada por Massinissa. Nem um nem o outro devia ver-lhe o final.

Massinissa foi um dos estranhos personagens da Antiguidade. Viveu até os noventa anos, teve seu último filho aos oitenta e seis, com oitenta e oito galopava, ainda, à frente de suas tropas. Depois de Zama, reocupara o trono na Numídia e, como Cartago se empenhara junto a Roma em não fazer-lhe guerra, não parava de molestar Cartago por meio de incursões e de pilhagens. Cartago protestava, mas Roma mandava que se calasse. Todavia, quando pagou a última das cinquenta indenizações anuais que devia à Urbs, ela se revoltou contra tais abusos e atacou Massinissa.

Em Roma, na ocasião, dominava o partido de Catão, que sempre terminava seus discursos, qualquer que fosse o assunto, por este refrão: "Quanto ao resto, penso que é preciso destruir Cartago." Nesse incidente e impelido por Catão, o Senado viu uma boa desculpa. Não só proibiu que os cartagineses tomassem qualquer iniciativa, mas também exigiu, a título de reféns, trezentas crianças de famílias nobres. As crianças foram entregues, apesar dos gemidos das mães, algumas das quais se puseram a seguir a nado os navios que as transportavam e pereceram. Logo em seguida, vendo que não fora suficiente tal provocação, os romanos pediram que lhes fossem transmitidas todas as armas, toda a frota e boa parte do trigo. Uma vez ainda aceitas tais condições, o Senado exigiu que a população se retirasse para dez milhas da cidade, que devia ser arrasada. Em vão objetaram os embaixadores cartagineses que jamais se vira, no decurso da História, semelhante atrocidade e se lançaram por terra, arrancando os cabelos e oferecendo, em troca de tal ato, as próprias vidas.

Nada feito. Roma queria a guerra; precisava da guerra a qualquer custo.

Quando soube do caso, em Cartago, a multidão, enlouquecida, em fúria, linchou os dirigentes que haviam entregue as crianças, os embaixadores, os ministros e todos os italianos que lhe caíram entre as mãos. Loucos de ódio, os cartagineses

HISTÓRIA DE ROMA

convocaram todos às armas, inclusive os escravos, fizeram de cada casa uma fortaleza e, em dois meses de trabalho febril, prepararam oito mil escudos, dezoito mil espadas, trinta mil lanças e cento e vinte navios.

O cerco, tanto por terra quanto por mar, durou três anos. Cipião Emiliano, filho adotivo do filho do vencedor de Zama, conquistou glória de qualidade duvidosa, terminando por tomar a cidade, onde, ainda por seis dias, de rua em rua, de casa em casa, continuou o combate. Acossado por franco-atiradores, que lançavam projéteis dos tetos e das janelas, Cipião destruiu todos os edifícios.

Os que terminaram por render-se não eram mais de 50.000, sobre o total de 500.000 habitantes de Cartago. Todos os outros estavam mortos. Seu general, que se chamava Asdrúbal – como mudara a história – implorou para si mesmo a misericórdia de Cipião e a obteve. De vergonha, sua mulher, com todas as crianças, se precipitou nas chamas de um incêndio.

Cipião pediu ao Senado autorização para deter a carnificina. Responderam-lhe que não somente Cartago, mas também todas as suas dependências deveriam ser destruídas. A cidade continuou a queimar durante dezessete dias. Os poucos sobreviventes foram vendidos como escravos. Seu território tornava-se, daí por diante província designada pelo nome genérico de Africa.

Não houve tratado de paz, pois não saberiam com quem estipulá-lo. Os embaixadores cartagineses tinham razão: jamais se vira, no decurso da História, semelhante atrocidade.

Felizmente para eles, Catão e Massinissa não podiam sentir remorsos, porque já se encontravam debaixo da terra.

Capítulo 17

 Catão

No ano de 195 a.C., logo depois da primeira guerra púnica, as mulheres romanas se alinharam em cortejo, foram ter ao Foro e solicitaram do Parlamento a anulação da lei "Oppia", promulgada durante o regime de austeridade, imposto pela ameaça de Aníbal, a qual proibia ao belo sexo os adornos de ouro, os vestidos de cor e o emprego das viaturas.

Era a primeira vez na história de Roma que as mulheres representavam um papel qualquer, tomavam uma iniciativa política: em suma, afirmavam os próprios direitos. No decurso de cinco séculos e meio, isto é, a partir de sua fundação, a história de Roma fora uma história de homens, na qual as mulheres, massa anônima, representavam o papel de coro. As poucas mulheres cujo nome é conhecido: Tarpéia, Lucrécia, Virgínia, talvez nunca tenham existido, talvez jamais encarnaram personagens autênticos, mas são monumentos à Traição ou à Virtude. A vida pública romana era, unicamente, masculina. As mulheres não existiam senão na vida privada, ou seja, no círculo da casa e da família, onde sua influência se ligava, exclusivamente, às funções de mãe, de esposa, de filha ou de irmã dos homens.

No Senado, na qualidade de "censor", preposto à vigilância dos costumes, Marco Pórcio Catão opôs-se àquela demanda. Seu discurso, que nos foi conservado por Tito Lívio, muito diz sobre as transformações da vida familiar e social da Urbs no curso dos anos precedentes.

"Se cada um de nós, senhores, tivesse conservado a autoridade e os direitos do marido no interior do lar, não teríamos chegado a este ponto. Agora, eis onde estamos; após haver aniquilado nossa liberdade de ação em família, a tirania das mulheres está pronta a destruí-la no Foro. Lembrem-se do trabalho que temos tido para manter nossas mulheres à mão e refrear-lhes a licenciosidade, enquanto as leis nos permitiram. Imaginem o que acontecerá, daqui por diante, se essas leis forem revogadas e se as mulheres se puserem, ainda que legalmente, em pé de igualdade conosco. Os senhores as conhecem, as mulheres: façam-nas suas iguais e, imediatamente, elas lhes montarão às costas para governá-los. Acabaremos por ver o seguinte: os homens do mundo inteiro, que, no mundo inteiro, governam as mulheres, governados pelos únicos homens que se deixam governar pelas mulheres – os romanos."

As manifestações afogaram as palavras do orador sob risadas, ao que, de resto, ele se achava habituado, como todos os que dizem a verdade. A lei "Oppia" foi revogada e em vão Catão tratou de controlar as consequências do fato, ao decuplicar as taxas que já oneravam os artigos de luxo. Quando certos ventos se põem a soprar, não é a barba de um censor que os fará parar. E as sufragistas, agora que haviam tomado a iniciativa, não tinham a intenção de largá-la. Pouco a pouco, obtiveram o direito de administrar o próprio dote, o que as tornava, economicamente, independentes e livres, como hoje diríamos, para "viver a própria vida"; em seguida, o de divorciar-se do marido e, de quando em quando, se não o conseguissem, de envená-lo. Além do mais, entregaram-se às práticas maltusianas para evitar a "animalização" das crianças.

Contrariamente ao que acreditamos e à maneira pela qual nos foi pintado, o homem que se esforçava por barrar a passagem a essas modas novas, todas de origem grega, não era, de modo algum, insuportável moralista de boca amarga, de fígado estragado. Muito lhe faltava para tanto. Marco Pórcio Catão, camponês plebeu das cercanias de Rieti, cheio de saúde e de bom humor, viveu até aos oitenta e cinco anos (idade quase legendária, para a época) e só morreu depois de ver passadas todas as suas fantasias, inclusive a que mais lhe agradara: a de arranjar coleções de inimigos.

Foi o acaso que dele fez o homem político assinalado, talvez, mesmo, o mais interessante personagem desse período. Vivia vida de simplicidade estoica em sua terrinha, que cultivava com as próprias mãos, quando veio habitar nas proximidades um senador em ostracismo, Valério, que para lá se retirara por causa do desgosto que lhe causava a corrupção de Roma. Era um patrício à moda antiga, isto é, daqueles que tinham horror pelos refinamentos. Tomou-se, imediatamente, de amizade por aquele rapaz de mãos calosas, de costumes severos, de cabeleira ruiva, de dentes separados, que lia bem os clássicos, mas às escondidas, pois enrubescia disso como de vício vergonhoso; porém, fora neles que aprendera a escrever e a falar em estilo puro e seco. Tornaram-se amigos na base de hábitos e ideias comuns. Foi Valério quem impeliu Marco – chamado Pórcio, porque sua família sempre criara porcos, e Catão, porque todos os antepassados tinham sido gente astuta – a formar-se advoga-

HISTÓRIA DE ROMA

185

do. Talvez, mesmo, o senador tenha-o lançado em tal carreira com o fito preciso, a esperança determinada de nele ter um herdeiro na polêmica antimodernista, uma vez que a idade não lhe permitia continuar os esforços.

Catão experimentou cuidar de uma dezena de causas no tribunal local e ganhou todas elas, umas após outras. Com clientela assegurada, abriu um escritório, como hoje diríamos, em Roma, concorreu às eleições e prosseguiu na "fieira de honrarias" de maneira anibalesea. Edil com trinta anos, em 199 a.C.; pretor em 198 a.C.; três anos mais tarde, já era cônsul. A seguir, reencetou a série: tribuno em 191 a.C., censor em 194 a.C. Praticamente, continuou a exercer magistratura após magistratura até à mais extrema velhice, distinguindo-se, sobretudo, em tempo de guerra, quando trocava as honrarias civis por galões militares. O campo de batalha lhe convinha mais do que o Foro, porque lá podia apelar com vantagem à disciplina, que considerava a condição "sine qua non" dos valores morais. Parece que foi um general que gostava de contrariar. Seus soldados, entretanto, o perdoavam, pois marchava a pé com eles, combatia com coragem tranquila e, no momento do saque, que fazia parte dos direitos do vencedor, concedia a cada um a posse de uma libra de prata sobre a presa – que remetia, em seguida, integralmente ao Senado, sem tocar numa onça para si mesmo.

Era uma regra que os generais romanos quase sempre tinham observado, até às guerras púnicas, porém que, já havia algum tempo, constituía exceção. O governo não via de muito perto a parte que o vencedor embolsava, quando os despojos eram ricos. Quinto Minúcio tinha trazido da Espanha trinta e cinco mil libras de prata e trinta e cinco mil dinheiros; Mânlio Vuslão trouxera da Ásia quatro mil e quinhentas libras de ouro; quatrocentos mil sestércios, isto é, algo como dois milhares de libras, tinham sido extorquidos de Antíoco e de Perseu...

Debaixo dessa chuva de ouro, era natural ver sombrear-se a honestidade dos generais e dos magistrados romanos, estreitamente ligada à própria pobreza. A batalha levada a efeito por Catão para impedir tal naufrágio estava predestinada ao insucesso. Nem assim deixou ele de levá-la a efeito.

No ano de 187 a.c., quando era tribuno, pediu Catão a Cipião Emiliano e a seu irmão Lúcio, que voltavam da Ásia como triunfadores, que prestassem conta ao Senado das somas despendidas por Antíoco como indenização de guerra. Tratava-se de demanda perfeitamente legítima, mas que surpreendeu Roma, porque punha em dúvida a correção do vencedor de Zama, a qual, com efeito, estava acima de qualquer suspeita. Não compreendemos bem qual a razão que impeliu Catão a fazer isso. Não podia, certamente, ignorar a integridade do Africano e sua imensa popularidade. Talvez quisesse, simplesmente, restabelecer o princípio, que começava a cair em desuso, pelo qual os generais – quaisquer que fossem os nomes e os méritos tinham de prestar contas? Haveria nisso, talvez, violenta antipatia pelo clã dos Cipiões, que se mostrava estetizante, helenizante e modernizante?

Talvez, também, tivessem entrado em jogo ambas as razões? De qualquer modo, tal pretensão reuniu, contra aquele que a demonstrava, a oligarquia de famílias dominantes, que, no meio da aristocracia senatorial, detinha, praticamente, o monopólio do poder. Até Sila, a história romana se resume 11a história de algumas dinastias: são os mesmos nomes que aparecem, continuamente. Quanto aos duzentos últimos cônsules da República, a metade pertence a dez famílias; a outra metade, a dezesseis. Entre essas famílias, a dos Cipiões era, talvez, a mais ilustre, desde aquele que tombara em Trébia até 0 que triunfara em Zama e que era pai adotivo daquele que, mais tarde, destruiu Cartago.

HISTÓRIA DE ROMA

O Africano, ainda que ferido em seu orgulho, se preparava para responder, mas disso O impediu seu irmão Lúcio. Tirando do dossiê os documentos que atestavam O que fora pilhado e o que fora recebido como indenização, ele os despedaçou diante do Senado. Tal gesto fez com que fosse levado à Assembleia e condenado por fraude. O castigo, porém, lhe foi poupado pelo veto de um tribuno, um certo Tibério Semprônio Graco, de quem tornaremos a ouvir falar dentro em pouco. Esse tribuno, como que para confirmar a regra que acabamos de apontar, era aparentado com o imputado, pois tinha desposado Cornélia, filha de Cipião, o Africano. O herói de Zama foi convocado diante da Assembleia para ser submetido a julgamento. Interrompeu o debate, ao convidar os deputados a irem ao templo de Júpiter, a fim de celebrarem o aniversário de sua grande vitória, que recaía justamente naquele dia. Os deputados o seguiram, assistiram às cerimônias que lá se desenrolaram;

voltando ao Parlamento, contudo, convocaram de novo o general. Este, desta vez, se recusou a apresentar-se; cheio de amargura, retirou-se para sua vila de Literna, onde residiu até à morte. Seus perseguidores o deixaram, enfim, em paz. Catão, porém, deplorou – e não estava errado – que, pela primeira vez na história de Roma, os méritos de guerra de uma pessoa fossem obstáculo à justiça, denunciando nesse episódio a primeira infiltração de um individualismo, pelo qual a Sociedade se corromperia diante do culto ao herói e a democracia seria destruída. Os fatos se encarregariam de dar-lhe inteira razão.

Alguns poderão indagar como, tendo contra si as mulheres e o "bando" das famílias aristocráticas, esse infatigável combatente das facilidades chegou a manter-se e a vencer nas eleições toda vez que se candidatou a qualquer magistratura. Com efeito, havia poucos que o amavam. Sua honestidade nessa época de corrupção, seu ascetismo nesse tempo de licenciosidade - todo mundo os enfrentava como a um remorso. Representava ele aquilo que todos deveriam ser e, talvez gostariam de ser – mas não eram. Precisamente por essa causa, no entanto, ainda que o detestando, todos o respeitavam e nele votavam. Além disso, era um grande orador. Coisa bastante estranha, pois se iniciara nas letras por um tratado contra os retóricos, onde já se fazia prever a frase famosa de Verlaine: "Pegue a eloquência e torça-lhe o pescoço." Contudo, justamente à força de ensinar os outros como era preciso que não falassem, aprendera ele mesmo a falar muito bem. O pouco que nos resta de seus discursos basta para verificarmos ter sido ele maior do que Cícero: este, certamente, era mais polido, mais digno, mais perfeito do ponto de vista literário, mas menos direto, menos eficaz e menos sincero. Isto bem nos mostra que não há eloquência, assim como não há literatura, bem como não há nada sem força moral e autêntica convicção como sustentáculos.

Catão temperava de bom humor até mesmo seus mais severos requisitórios. Quando, por exemplo, na qualidade de censor, fez que expulsassem do Senado a Mânlio, por haver abraçado a mulher em público, e alguém lhe perguntou se ele, Catão, jamais o fizera, respondeu: "Sim, mas somente quando troveja. Eis porque o mau tempo sempre me deixa de bom humor." Até mesmo quando lhe dirigiam processos, o que foi feito, parece, por quarenta e quatro vezes, ele não perdia o bom humor e se ria tanto quanto feria. Com sarcasmos sempre prontos, suas tiradas populares, sua figura recortada de cicatrizes, cabeleira ruiva e dentes espaçados, nada agradável era tê-lo à frente como adversário. Jamais alguém conseguiu desarvorá-lo a não ser quando ele mesmo, cansado, em determinado momento, de uma batalha que julgava inútil, se retirava espontaneamente para escrever livros, ocupação que desprezava, em seu foro íntimo.

Se assim fazia é porque desejava pôr, em oposição, alguns textos escritos em latim aos que, desde aquela época, todos os letrados se haviam posto a escrever em grego, língua que se arriscava a tomar o monopólio da cultura romana. E, com efeito, o "De Agricultura", a única obra que dele nos restou, foi o primeiro livro verdadeiramente em prosa que nasceu em Roma. É um curioso manual prático, em que se misturam a ideias vagamente filosóficas conselhos para tratar da diarreia e de reumatismo. Quanto a seus critérios para a exploração das terras, ei-los: "O melhor, diz ele, é uma frutuosa criação de gado. E depois? Uma criação medianamente lucrativa. E depois? Depois... depois: a agricultura e as sementeiras." Catão não desejava, mesmo, o retorno à agricultura, mas ao tempo dos pastores.

Ninguém teve, de modo tão vivo quanto ele, o pressentimento da decadência de Roma e ninguém diagnosticou melhor o foco de infecção: a Grécia. Ele havia estudado a língua grega: culto, prevenido como estava apesar de seus grosseiros hábitos, compreendera que a cultura helênica era muito superior, muito requintada para deixar de vir a corromper a cultura romana. Tratava Sócrates de "velha tagarela" e aprovava os juízes que haviam condenado à morte aquele sabotador das leis e do caráter de Atenas; porém, se o odiava, isto se dava, precisamente, porque o admirava e porque tinha em conta que suas ideias chegariam a conquistar até a própria Urbs. "Acredita-me, escrevia ao filho, se esse povo chegar a nos contaminar com sua cultura, estaremos perdidos. Já o começou com seus médicos, que, sob o pretexto de nos tratar, aqui vieram destruir "os bárbaros". Proibo-te de manter relações com eles." Preferia ver o filho morto do que curado pelas aspirinas e vitaminas gregas.

Provavelmente, tal terror é que deve haver-lhe sugerido a insistência com que tornou célebre o "delenda Carthago". Mais do que a impedir um renascimento da cidade fenícia visava ele a distrair Roma da tentação de conquistar a Grécia. Queria que sua pátria olhasse para o lado do ocidente e não para o oriente, de onde só lhe poderiam chegar, segundo pensava, vícios e infelicidades. Picou, talvez, muito decepcionado com a rapidez de Cipião ao realizar a empreitada. Teria preferido uma guerra defensiva contra dez Aníbais a uma só ofensiva, contra a Hélade. Quando viu os cônsules Marcelo, Púlvio e Paulo Emílio daí voltarem com carros repletos de estátuas, de pinturas, de taças de metal, de espelhos, de móveis de preço e de tecidos bordados, enquanto o povo se apertava à volta dessas maravilhas a falar de modas, de estilos, de pequenos "souvenirs", de sândalos, de prataria e de cosméticos, deve ter arrancado os cabelos.

Morreu em 149 a.c., quando o Senado já havia decidido enviar o último Cipião *ad delendam Carthaginem* (para destruir Cartago). Tal gesto, talvez, lhe tenha provocado um suspiro de esperança; pelo menos, assim nos apraz acreditar. Se tivesse vivido ainda um pouco que fosse, teria percebido que a destruição de Cartago não servira, exatamente, de nada. Ou, melhor, mal havia essa cidade desaparecido da face da África e do Mediterrâneo e já os romanos só tinham olhos, ouvidos e pensamento para Fídias, Praxiteles, Aristóteles, Platão, a cozinha, os cosméticos e as "hetaíras" (cortesãs – N. do tradutor) de Atenas.

Capítulo 18

"...*Ferum Victorem Cepit*"

Horácio, muito mais tarde, confirmou, "a posteriori", os temores expressos por Catão, "a priori", através do verso famoso: "Graecia capta ferum victorem cepit" (a Grécia conquistada conquistou seu bárbaro vencedor). Para tanto realizar, ela empregou diversas armas: a religião e o teatro para a plebe; a filosofia e as artes para as classes superiores, que ainda não eram cultas, mas que vieram a sê-lo em demasia.

Políbio, quando foi aprisionado, teve a impressão de que, em Roma, ainda era sólida a religião. "O caráter, escreve ele, em virtude do qual, segundo penso, o império romano se mostra superior a todos os outros, é a religião que nele se pratica. Aquilo que, noutras nações, seria considerado como superstição censurável constitui, em Roma, o cimento do Estado. Tudo o que diz respeito à religião se reveste de tal pompa e condiciona de tal modo a vida pública e privada que nada jamais lhe poderá fazer concorrência. Acredito que o governo faz isso, de caso pensado, para as massas. Isto não seria necessário com relação a um povo composto, exclusivamente, de pessoas cultas; porém, para as multidões que são sempre obtusas e inclinadas às paixões cegas, é bom que o temor, pelo menos, lhes sirva de freio."

Para um homem como ele, que acabara de chegar da Grécia, onde o ceticismo e a incredulidade não tinham limites, é compreensível fizessem efeito de monges os romanos, que ainda conservavam um clarão de fé; porém, na realidade, tratava-se, somente, de aparência, ainda que a força do hábito fizesse que ainda se respeitassem certas formas litúrgicas ("a pompa", como diz Políbio). Catão, que, no entanto, se esforçava por salvar todos os antigos costumes e todas as velhas crenças, indagava, num discurso público, como podiam fazer os "augures", que conheciam, reciprocamente, os próprios truques, para evitar as gargalhadas, quando se encontravam na rua. Em cena, Plauto podia, impunemente, ridicularizar Júpiter, na qualidade de sedutor de Alcmena, e apresentar Mercúrio como palhaço.

O povo, que aplaudia essas comédias ímpias, era o mesmo que, alguns anos antes, quando soubera do desastre de Canas (Cannes), se precipitara em praça pública a gritar: "Qual é o deus que devemos invocar para a salvação de Roma?" Evidentemente, apenas nos momentos de perigo se lembravam os romanos de que tinham deuses, mas, em meio a todos os que lhes povoavam o paraíso, não sabiam qual era o bom. A resposta do governo foi curiosa: decidiu confiar a salvação da Urbs não a

INDRO MONTANELLI

um deus romano, como sempre se fizera até então, mas a uma deusa grega, Cibele, e ordenou que sua estátua fosse transportada a Roma de Pessiononte, na Ásia Menor, onde se encontrava. Átalo, rei de Pérgamo, consentiu nessa viagem. Foi assim que *Magna Mater* (a avó), como ela foi rebatizada, chegou um dia a Óstia, onde a aguardava Cipião, o Africano, à frente de uma comitiva de nobres matronas. Em Roma, correu o boato de que o navio, que se prendera na areia da embocadura do Tibre, fora libertado e comboiado ao longo do rio, até ao coração da cidade, pela vestal Virgínia Cláudia, unicamente em virtude de sua castidade. Todos, acreditando ou não, queimaram incenso à passagem da deusa, que as matronas levaram em procissão até ao templo da Vitória. O Senado ficou um tanto escandalizado e perplexo, quando soube que a "avó" devia ser guardada por sacerdotes que houvessem praticado a autocastração. Não existiam tais sacerdotes nos colégios sacerdotais de Roma. Acabaram por descobrir-se alguns no meio dos prisioneiros de guerra, que foram sagrados na ocasião.

A partir desse momento, a liturgia grega se espalhou; aplicou-se não somente aos deuses que de lá vieram, mas igualmente, aos deuses romanos. Disso resultou que, de austera e um tanto lúgubre que até então fora, ela se tornou alegre e carnavalesca. No ano 186 a.C., o Senado tomou conhecimento, com inquietação e estupor, de que a plebe se havia afeiçoado especialmente a Dionísio, de quem fizera seu santo preferido (Baco). Seu templo vivia repleto. Faziam-lhe sacrifícios com entusiasmo muito especial. Fácil é de compreender-se a razão disso. Os sacrifícios consistiam em comedorias pantagruélicas, em bebedeiras colossais, em desregramentos entre homens e mulheres. Resumindo, tratava-se de tudo, salvo de "sacrifícios". A polícia fez uma devassa entre os que participavam de tais festas; prendeu sete mil pessoas, condenou algumas centenas à morte, outras à prisão e suprimiu o culto; porém, quando é necessária a intervenção policial para salvaguardar os costumes de um povo, quer dizer que os mesmos estão agonizantes.

Via-se isso, aliás, no teatro, que se tornava o verdadeiro templo de Roma.

A primeira tentativa de espetáculo fora a de Lívio Andrônico, o prisioneiro de guerra tarentino, de origem grega, que, em 244 a.C., pusera em cena, recitara e cantara em versos "saturninos" grosseiros a "Odisseia". Como já dissemos, o governo e o povo tanto se encantaram que permitiram aos autores constituírem-se em "corporação" e organizarem, para as grandes festas do ano, o que chamaram de "jogos cênicos".

Cinco anos após essa "premiere" histórica, outro prisioneiro de guerra, napolitano, Cnéio Névio, fez outra comédia, que punha em ridículo os abusos e as hipocrisias da sociedade romana, no estilo de Aristófanes. O povo se divertiu; porém, as famílias influentes, que se sentiam visadas, protestaram. Eram muito grosseiras e rudes para aceitar a sátira, que só encontra lugar entre os povos civilizados. O pobre Névio foi detido e teve de retratar-se. Escreveu outra comédia, com a firme intenção de não mais ferir qualquer pessoa; porém, como era homem cheio de espírito, não teve sucesso. Algumas malícias, que lhe escaparam da pena, fizeram com que o condenassem a ser deportado. Foi assim que Roma perdeu, a um só tempo, um bom autor de comédias, capaz de iniciar uma produção original e não calcada em modelos estrangeiros, e um humorista, que poderia ensinar ao seu povo, pesado e sombrio, a arte de sorrir, de tomar conhecimento dos próprios defeitos e de dar-lhes remédio. Exilado, Névio não deixou de compor. Deixou um mau poema dramático sobre a história romana, que nele revelava um patriotismo arrebatado.

A partir desse momento, o teatro se contentou em imitar o grego, até ao dia em que um terceiro estrangeiro lhe veio trazer um sopro de originalidade. Quinto Ênio era de origem grega. Seu pai era italiano, mas a mãe era grega. Estudara em Tarento, onde se representavam as tragédias de Euripides, de que tanto gostava. A seguir, fora prestar o serviço militar; então, na Sardenha, atraíra, por sua coragem, a atenção de Catão, que lá se achava como questor e que o levou para Roma. Seus "Anais", história épica de Roma de Enéias a Pirro, foram, até Virgílio, o poema nacional da Urbs. Todavia, sua paixão era o teatro, para o qual escreveu uma trintena de tragédias, em que se atinha, particularmente, ao fervor dos beatos. Eis algumas de suas convicções religiosas (expressas por um de seus personagens): "Eu vos asseguro, meus amigos, que os deuses existem; porém, eles zombam do que fazem os mortais. De outro modo, como explicaria que o bem não seja sempre pago com o bem e o mal com o mal?" Cícero, que lembra essa frase, onde já despontam as teorias de Epicuro, disse que a ouvia declamada com os próprios ouvidos e que fora saudada com sonoros aplausos da plateia.

Ênio aconselhava os discípulos a empregarem um pouco de filosofia nas comédias, mas não muito. Infelizmente, foi o primeiro a não levar em conta tão sábio princípio. Quis escrever peças de "tese", como dizem hoje. O público, aborrecido, lhe virou as costas e correu a ver as farsas de Plauto, o primeiro verdadeiro autor de comédias de Roma.

Plauto chegara da Úmbria em 254 a.C. e já seu nome provocava o riso. Tito Maco Plauto queria dizer: Tito, o palhaço de pés chatos. Começou sua carreira como "figurante", economizou alguns tostões, colocou-os num negócio pouco seguro e os perdeu. Então, para comer, pôs-se a escrever. Adaptou, a princípio, comédias gregas, nelas introduzindo tiradas cômicas sobre os acontecimentos da atualidade romana. Quando viu que eram, principalmente, tais tiradas que provocavam o riso do povo romano, abandonou os modelos estrangeiros e se pôs

HISTÓRIA DE ROMA

197

a compor peças originais, cujo assunto encontrava nas crônicas da cidade, inaugurando, assim, um verdadeiro teatro de costumes. Tornou-se rapidamente o ídolo do povo, que encantava com seu bom humor cordial e seu sal grosseiro, à moda de Rabelais. Seu "Miles Gloriosus" fazia a plateia delirar de alegria. Todo mundo o adorava; isto fez com que se aceitasse o "Anfitrião", o qual continha irreverente sátira a Júpiter, apresentado como vulgar Don Juan, que, para seduzir Alcmena, se faz passar por seu marido, faz invocações a si mesmo e a si mesmo destina sacrifícios.

O ano em que Plauto morreu, 184 a.C., viu chegar a Roma Terêncio, escravo cartaginês, que teve a sorte de cair na casa de Terêncio Lucano, senador culto e afável, que descobriu o talento do escravo e o libertou: Terêncio, que se chamava, primitivamente, Públio Afer, tomou-lhe emprestado o nome, por gratidão. Escrita sua primeira comédia, "Ândria", fê-la ler por Cecílio Estácio, autor que se firmara e fazia furor no momento, mas do qual nada nos resta. Suetônio conta que Estácio ficou tão impressionado com o talento de seu visitante que o reteve para almoçar, se bem que estivesse vestido como mendigo. Terêncio frequentou os salões e ficou na moda entre as classes elevadas; porém, jamais atingiu à popularidade de Plauto. Sua segunda comédia, "Hecira", caiu, porque o público, ao saber que começara no circo o combate de um gladiador e de um urso, abandonou em massa a plateia. Foi com o "Eunuco" que lhe sorriu a fortuna; dois espetáculos, dados no mesmo dia, lhe trouxeram a soma de oito mil sestércios, isto é, quatro milhões de liras. Em Roma, murmuravam que o verdadeiro autor de tais obras era Lélio, o irmão de Cipião, grande amigo e grande protetor de Terêncio. Este, com muito tato, se absteve, igualmente, de desmentir nu de confirmar essa conversa de comadres. Talvez para fugir a isso é que decidiu partir para a Grécia. De lá não deveria voltar. No caminho da volta, uma enfermidade o matou, na Arcádia.

Os meios intelectuais e sofisticados da época tiveram por Terêncio a paixão que os franceses de ontem devotaram a Gide. Cícero o definiu: "o poeta mais delicioso da República". César, que conhecia literatura e era mais franco, o considerava, em cena, como perfeito estilista, mas um "dimidatus Menander", um Menandro cortado em dois. Efetivamente, suas comédias jamais caem nas grosseirices de Plauto. Os personagens são mais complexos e mais coloridos, o diálogo mais concentrado e rico em subentendidos. Infelizmente, sua linguagem não é mais a do povo. Este sentiu o artifício e o valou.

Esse povo ia ao teatro em filas cada vez mais numerosas – não fora pela gratuidade dos bilhetes. Os locais eram rudimentares; não eram arranjados senão por ocasião das festas, após o que se retirava o que havia sido posto. O que aí se punha consistia num tablado de madeira, que sustentava a cena, diante do qual havia uma "orquestra" circular, para os bailados que acompanhavam o espetáculo. Os espectadores ficavam, em parte, de pé; em parte, estendidos pelo solo; em parte, acomodados em escabelos que traziam de casa. Somente em 145 a.C. se construiu um teatro estável, ainda de madeira e desprovido de teto, mas com assentos fixos, dispostos em círculo, em volta da cena, de acordo com o estilo grego. Todo mundo aí era admitido, inclusive os escravos que, todavia, não tinham o direito de assentar-se, e até mesmo as mulheres, que, todavia, ficavam relegadas ao fundo.

Nos prólogos, que o autor recitava antes do levantar da cortina, encontram-se recomendações às mães para assoar o nariz das crianças antes do início do espetáculo ou para levar para casa as que estivessem incomodando. As plateias deveriam ser indisciplinadas e barulhentas, interrompendo, frequentemente, a representação com tiradas mordazes e chalaças grosseiras, não tomando conhecimento, muitas vezes, do término do espetáculo, pois que este terminava por um "nunc plaudite omnes", isto é, um convite ao aplauso geral.

Os atores eram, em geral, escravos gregos, exceção do personagem principal, que podia ser cidadão romano. Todavia, ao encetar tal carreira, um cidadão perdia os direitos políticos, como acontecia na França até ao XVIII século. Homens é que representavam os papéis femininos. Enquanto o público era restrito, contentavam-se com pouco "maquillage". Porém, quando as plateias se encheram de espectadores, no século I a.C., para distinguirem-se os personagens se empregaram as máscaras, que se chamavam "personae", da palavra etrusca "phersa". "Dramatis personae" significa, para falar com propriedade, "máscaras do drama". Quando se tratava de tragédias, os atores calçavam os "coturni", espécie de botinas; no caso de comédias, calçavam o "soecus", ou seja, um sapato baixo.

Naquela época, como hoje em dia, havia contínuos conflitos entre o gosto do público e a censura, que vigiava atentamente a produção. Foi em virtude de uma lei das Doze Tábuas, que interditava a sátira política e previa, mesmo, a pena de morte para ela, que o pobre Névio se viu banido. Para não sofrer sua sorte, seus sucessores tudo tomavam emprestado à Grécia: as cenas, os caracteres, as situações, os costumes, até mesmo o nome das moedas. Os critérios que inspiravam tal censura policial eram, como sempre, burocráticos e limitados. Ela permitia qualquer obscenidade, contanto que não se fizessem críticas ao governo ou a cidadãos de destaque.

Por felicidade, os edis, que preparavam esses espetáculos para agradar as massas – e ganhar-lhes os votos – estavam sempre do lado dos autores e os protegiam. Plauto deve ter contado com alguém bem poderoso, a seu favor, para poder permitir-se tudo aquilo que se permitiu. Sem ele, o teatro romano não teria, mesmo, nascido. Teria continuado a ser a imitação do teatro grego e nele não encontraríamos esse espelho da sociedade, que ele nos fornece da melhor forma possível.

Todavia, se esse relaxamento dos freios ocorreu, tal se deu porque soprava um vento de "livre pensamento". Quem o havia trazido foram os "graeculi", como os romanos os chamavam por caçoada. Caçoada que não os impedir de tomá-los por mestres. Prisioneiros de guerra importados, na qualidade de reféns e de escravos, foram eles, com efeito, os primeiros *gramáticos, retóricos* e *filósofos,* tendo aberto escolas em Roma. O Senado, em 172 a.c., descobriu, entre eles, discípulos de Epicuro e os baniu. Alguns anos mais tarde, Crates de Maios, diretor da Biblioteca do Estado de Pérgamo, foi a Roma, na qualidade de Embaixador, quebrou a perna e, esperando a cura, pôs-se a realizar conferências. Em 155 a.c., Atenas enviou, em missão diplomática, três filósofos (não tinha mais nada senão filósofos): Carnéades, o platônico; Critolau, o aristotélico; Diógenes, o estóico. Também eles fizeram conferências. Quando Catão ouviu Carnéades afirmar que os deuses não existiam e que a justiça e a injustiça eram questão de pura conveniência, correu ao Senado e pediu o repatriamento dos três atenienses.

Ele o obteve, mas tal fato não teve grande utilidade, visto que a cultura e o pensamento gregos estavam protegidos por grande número de romanos, dos mais influentes, que já os haviam absorvido. Flaminino tinha, em casa, uma galeria repleta de estátuas de Policleto, de Fídias, de Escopas e de Praxiteles. Paulo Emílio separara, do saque feito a Perseu, a biblioteca do rei, que lhe servia para a educação dos filhos. O mais jovem destes, por ocasião da morte de Paulo Emílio, foi adotado por Cornélio Cipião, filho de Cipião, o Africano. Cipião Emiliano foi o êmulo de seu avô, Cornélio Cipião, destruindo Cartago, e tornando-se o chefe dessa poderosa família, que converteu toda ao helenismo. Belo e rico como era, de maneiras afáveis, de inteligência viva e de honestidade incorruptível (por ocasião de sua morte, não deixou mais do que 33 libras de prata e 2 de ouro), estava particularmente indicado para tornar-se o ídolo dos salões, que começavam a proliferar. Foi em sua casa que Políbio viveu durante anos; cotidianamente, via-se, também, nessa mesma casa, Panécio, outro grego de Rodes, de sangue aristocrático, pertencente à escola estoica. Seu livro "Sobre o dever", provavelmente inspirado, sugerido por Cipião, foi o texto sobre o qual se formou a "jeunesse dorée" de Roma. Contrariamente aos estoicos antigos, esses estoicos modernos não preconizavam a virtude absoluta e não pediam indiferença completa com relação à felicidade e à infelicidade. Propunham, tão-somente, adaptação, cheia de compromissos, mas decente, a uma fé que, aliás, não mais sustentava os costumes de Roma. A indulgência substituía o puritanismo severo de antigamente.

O salão de Cipião exerceu enorme influência. Aí se distinguiam, além de Flaminino, Caio Lucílio e Caio Lélio, cuja amizade fraternal com o dono da casa inspirou a Cícero o livro "De amicitia". Nele se debatiam ideias elevadas. Todos se entusiasmavam pelo Belo. Era obrigação nele demonstrar maneiras refinadas, ideias originais e preciosas e, sobretudo, linguagem pura, polida, sem acento: a linguagem que, manejada por Catulo, frequentador de tais ambientes, se tornava a língua literária e culta de Roma. Contudo, ao ouvi-la na boca dos personagens de Terêncio, o povo a vaiava, pois a sentia artificial e distanciada da sua própria.

Capítulo 19

 Os Gracos

Foi num desses salões que se preparou a revolução. Ao contrário do que se acredita, jamais a revolução nasce nas classes proletárias, mas nas classes elevadas; é a seguir que os proletários lhe fornecem a mão-de-obra. São, também, as classes altas que lhe recebem os encargos. Trata-se, sempre, mais ou menos, de uma forma de suicídio. Não se elimina uma classe senão quando ela própria já se encontra eliminada.

Cornélia, filha de Cipião, o Africano, desposara Tibério Semprônio Graco, o tribuno que opusera seu veto à condenação de Lúcio, o irmão do herói de Zama. Fora uma manifestação de nepotismo (ainda que a contragosto, pois, assim agindo, salvara o tio de sua mulher). A despeito dessa fraqueza compreensível, Semprônio continuara a gozar da reputação de integridade, o que merecia. Eleito censor e, depois, por duas vezes, cônsul, administrara a Espanha de aeôrdo com critérios liberais e com métodos esclarecidos. Cornélia lhe dem doze filhos, dos quais nove morreram muito novos Quando, por sua vez, ele faleceu, Cornélia tinha apenas três filhos: dois homens, Tibério e Caio, e uma mulher, Cornélia, nascida enferma ou que assim ficara, em seguida a um ataque de paralisia infantil.

Cornélia, a mãe, foi viúva exemplar e grande educadora. Devia ser também, belo tipo de mulher porque, a darmos crédito a Plutarco, um rei do Egito pediu-lhe a mão. Ela lhe respondeu, orgulhosamente, que preferia continuar a ser a filha de um Cipião, a sogra de outro Cipião e a mãe dos Gracos. Com efeito, por essa época, Cornélia, sua filha, já se casara com o destruidor de Cartago. Não parece ter sido um casamento de amor: foi um desses casamentos de conveniência, que tinham o hábito de realizar naquela sociedade de famílias e de dinastias, a fim de reforçar-lhes as alianças.

Cornélia, contudo, era também algo que, em Roma, jamais se vira anteriormente: uma grande "intelectual" e adorável dona de casa. Seu salão, onde se reuniam os mais ilustres personagens da política, das artes e da filosofia, lembrava o de certas damas francesas do XVIII século e representou, pouco a pouco, o mesmo papel. Quem aí dominava – não fosse por questões de parentesco – era o "círculo dos Cipiões", com Lélio, Flaminino. Políbio, Caio Lucílio, Múcio Cévola e Metelo, o macedônio. Tudo o que havia de melhor em Roma, nessa época, pelo sangue, pela inteligência, pela experiência. Porém, como esses novos líderes eram diferentes de seus papais e de seus avós! Antes de tudo, aceitavam como inspiradora a uma mulher. Depois, tomavam banho diariamente, cuidavam muito de suas vestimentas e não pareciam, absolutamente, convencidos de que Roma devia dar lições ao mundo inteiro. Ou melhor: estavam persuadidos do contrário – eram eles que deviam entrar na escola. Na escola da Grécia.

Os propósitos que se levavam a efeito nesse salão não eram revolucionários, mas, antes, certamente "progressistas". Deviam, vagamente, lembrar os que são apoiados, atualmente, pelos "liberais da esquerda", radicais e radicais-socialistas. Como todos tinham às mãos a chave da questão, sabiam o que diziam e o que diziam ecoava no Senado e junto ao governo.

Com efeito, a situação de Roma não era divertida: permitia as maiores críticas e as mais negras previsões. A Urbs digeria mal o enorme império que devorara com tanta rapidez. O trigo da Sicilia, da Sardenha, da Espanha e da África, entregue a baixo preço em seus mercados, uma vez que era produzido a baixo preço pelo trabalho gratuito dos escravos, levava à ruína aquela Itália rústica de lavradores, de proprietários pequenos e médios, que constituíra a melhor fortaleza contra Aníbal e fornecera os melhores soldados para batê-lo. Incapazes de enfrentar a concorrência, esses lavradores vendiam as modestas fazendas, que eram absorvidas pelas grandes propriedades. Uma lei do ano 220 a.C., que proibia o comércio aos senadores, obrigava-os a investir, na agricultura, os capitais que as presas de guerra fizeram acumular-se entre suas mãos. Grande parte das terras requisitadas ao inimigo era concedida a especuladores, a fim de pagar-lhes o dinheiro emprestado ao Estado; porém, nem os senadores nem os especuladores eram senhores de fazenda. Habituados a viver na cidade, em meio às facilidades e aos luxos dessa cidade, ocupados pela política ou pelos negócios, não tinham a menor intenção de ir ao campo para retornar à vida simples e frugal de seus antepassados. Comportavam-se como ainda se comportam alguns barões do sul da Italia: após haver adquirido uma grande propriedade, confiavam-na a um administrador, que, pelo trabalho gratuito dos escravos, se esforçava por fazê-la render o máximo possível, para seu patrão e para si mesmo, explorando ao máximo a fadiga do homem e os recursos do solo, sem pensar no dia de amanhã.

A essa crise econômica viera acrescentar-se outra, social e moral: a de uma sociedade que, após ter-se apoiado em lavradores pequenos e livres, vinha entregar-se, cada vez mais, aos saques no exterior, à escravidão no interior. No tocante a escravos, era uma torrente que se despejava, sem cessar, sobre Roma. Quarenta mil sardos foram importados, de uma só vez, em 177 a.C.; cento e cinquenta mil epirotas, dez anos mais tarde. Os "atacadistas" dessa mercadoria humana marchavam na retaguarda das legiões que a buscavam e que, aliás, após a catástrofe do império grego e do império macedônio, tinham chegado à Asia, às regiões do Danúbio e até às fronteiras da Rússia. Havia tal abundância de escravos que as transações de dez mil cabeças, por vez, eram normais no mercado intercontinental de Delos e o preço descia até a quinhentas liras por escravo.

Na cidade, eram os escravos que forneciam a mão-de-obra para as lojas dos artesãos, para os escritórios, para os bancos, para as fábricas, condenando ao desemprego e à indigência os cidadãos que aí se empregavam, anteriormente. As relações com os empregadores variavam de acordo com o temperamento destes últimos. Alguns, ainda que a nada fossem obrigados com relação aos escravos, procuravam tratá-los humanamente. A lei econômica dos preços e da concorrência, contudo, punha limite a essas boas disposições. Ela impunha que se exigisse cada vez mais e que se concedesse cada vez menos.

No campo, a miséria do escravo estava ainda mais acentuada desde que terminaram os tempos em que constituía mercadoria rara e, uma vez aceito numa casa, acabava por dela fazer parte como parente pobre. A modéstia das propriedades e a falta de braços tornavam, então, diretas e humanas as relações do escravo com o amo. Todavia, nas grandes propriedades, em que os escravos se contavam aos batalhões, o patrão nem aparecia; aquele que o representava era um guarda-turba, recrutado entre a pior canalha, e procurava fazer economias impossíveis à custa da nutrição e dos andrajos dos escravos, único salário devido àqueles infelizes. Se desobedeciam ou se queixavam, eram acorrentados e colocados num "ergástulo" subterrâneo. Em 196 a.c., dera-se uma revolta de escravos na Etrúria. Foram todos mortos pelas legiões; muitos foram crucificados. Dez anos mais tarde, outra revolta estourava na Apúlia; os poucos homens que sobreviveram à repressão foram internados nas minas. Em 139 a.c., estourou verdadeira guerra "servil", comandada por Euno, que massacrou a população de Ena, ocupou Agrigento e – rapidamente, à frente de um exército de setenta mil homens, todos escravos revoltados – se apossou de toda a Sicilia e bateu um exército romano. Passaram-se seis anos para que fosse dominado. O castigo foi, todavia, como sempre, proporcional ao esforço.

Foi, precisamente, no ano dessa derrota dos escravos, em 133 a.c., que Tibério Graco, filho de Semprônio e de Cornélia, se elegeu tribuno.

No salão de sua mãe, fora educado com as ideias radicais que lhe tinham, ainda, sido confirmadas pelo preceptor Bléssio, filósofo grego de Cumes. Na idade em que pensamos somente nas moças, já ele não pensava senão na política. Era o que comumente chamamos "idealista". Porém, até a que ponto suas ideias, que eram excelentes, não estavam a serviço de sua ambição, que era muito grande – e vice-versa – nem ele próprio o sabia, como é, aliás, o caso de todos os idealistas. Conhecia a situação do país, um pouco porque disso sempre falaram no salão materno, com muita competência, um tanto porque, segundo nos disse seu irmão, ele fora estudá-la, pessoalmente, na Etrúria, de onde voltara horrorizado. Compreendeu que a Itália desmoronaria se a agricultura caísse, definitivamente, nas mãos dos especuladores e dos escravos; que, na própria Roma,

HISTÓRIA DE ROMA

nenhuma sã democracia podia triunfar com um proletariado que se corrompia cada dia mais, ao receber subsídios e permanecer inativo.

O único remédio a trazer à extensão do trabalho escravo, à vida citadina e à decadência militar, acreditou havê-lo encontrado numa audaciosa reforma agrária, que, apenas eleito, propôs à Assembleia. Consistia em três proposições: 1) nenhum cidadão devia possuir mais de cem hectares; esses cem hectares não podiam tornar-se duzentos se ele não tivesse, pelo menos, dois filhos; 2) todas as terras distribuídas ou alugadas pelo Estado deviam ser-lhe devolvidas pelo mesmo preço, menos o reembolso das melhorias eventualmente realizadas; 3) essas terras deviam ser divididas e redistribuídas entre os cidadãos pobres, por lotes de cinco ou seis hectares, com o compromisso de não vendê-las e com o encargo de um modesto imposto.

Tratava-se de preposições razoáveis, perfeitamente em harmonia com as leis Licínia, que haviam sido aprovadas. Mas Tibério cometeu o erro de temperá-las com eloquência demagógica e estilo de barricada, que apresentavam, dentre outros inconvenientes, o de destoar com sua função social. Com efeito, assim como, atualmente, aqueles "progressistas" de alta estirpe, quer fossem nobres ou grandes burgueses, não escapavam a certa contradição entre seus hábitos de vida – refinada e artificial – e suas atitudes políticas – plebeias e ao gosto da ralé. Nossos generais, diz ele, do alto dos Rostros, vos concitam a combater pelos templos e pelos túmulos de nossos antepassados. É um apelo ôco e falso. Não tendes túmulos ancestrais. Nada tendes. Combateis e morreis apenas para fornecer aos outros luxo e riquezas."

Estava bem-dito porque, infelizmente, Tibério era excelente orador; porém, tratava-se de sabotagem levada a seu limite extremo. O Senado proclamou ilegais as proposições, acusou o autor de nutrir ambições ditatoriais e decidiu que Otávio, o outro tribuno, lhes opusesse o veto. A resposta de Tibério foi o projeto de uma lei em virtude da qual um tribuno devia ser imediatamente deposto, quando agisse contra a vontade do Parlamento. O Senado aprovou a proposição e os litores de Tibério expulsaram a Otávio de sua bancada. Após isso, votou-se o projeto de lei e a Assembleia, temendo pela vida de Graco, o escoltou até a própria residência.

Temos a impressão de que não deve ter sido acolhido nesse dia com o entusiasmo unânime que, sem dúvida, esperava. Talvez, mesmo, apenas Cornélia continuou a reconhecê-lo como uma de suas "joias", como certa vez definiu os filhos: Caio e Tibério. Os outros deviam estar um tanto abalados, não pela lei que ele impusera e que correspondia, plenamente, aos pontos de vista políticos e sociais do "salão", mas pelos meios anticonstitucionais que empregara contra Otávio. Em todo caso, ficaram escandalizados e lhe retiraram a solidariedade, quando, a despeito de regra precisa que o proibia, lutou Tibério para chegar, pela segunda vez, ao tribunato.

Era obrigado a fazê-lo, uma vez que o Senado ameaçava de abrir processo contra ele, tão cedo deixasse o cargo. Contudo, tal gesto representava ato de rebelião. Abandonado, desse modo, pelos amigos da sua casa, Tibério voltou-se, cada vez mais, para a esquerda, a fim de conquistar o favor da plebe. Prometeu, no caso de ser reeleito, abreviar o serviço militar, abolir o monopólio dos senadores nos júris dos tribunais e – como nesse momento acabava de morrer Átalo III, de Pérgamo, deixando seu reino para Roma – propunha vender-lhe as propriedades móveis a fim de ajudar os camponeses a equipar suas terras. Nesse ponto, chegara à pura demagogia e dava razão aos adversários.

No dia das eleições Tibério fez sua aparição no Foro, com guarda armada e vestido de luto, para demonstrar que o insucesso de sua candidatura equivaleria a uma condenação à morte. No entanto, ao processar-se o voto, irrompeu pelo Foro um grupo de senadores, armados de cacetes e liderados por Cipião Násica. O prestígio de que ainda gozava o Senado e que Graco fora tolo em não ter em conta é nos atestado pelo fato de que os amigos de Tibério se apagaram, respeitosamente, diante daquelas togas patrícias e lhes abriram passagem, deixando Tibério sozinho. Foi assassinado com um golpe de cacete na nuca. O corpo foi lançado ao Tibre, juntamente com os corpos de centenas de seus amigos.

Seu irmão solicitou permissão para pescá-lo, a fim de dar-lhe sepultura. Foi-lhe negada autorização para tanto.

Tais fatos se deram em 131 a.C. Sete anos mais tarde, isto é, em 124 a.C., a segunda das "joias" de Cornélia havia substituído o irmão na qualidade de tribuno. Conhecemo-lo melhor e o apreciamos mais porque nos parece ter tido espírito mais realista do que o do irmão, além de ser mais sincero. Também ele foi magnífico orador; Cícero o considerava o maior de todos (depois dele próprio, bem entendido). Combatera corajosamente, sob as ordens de seu cunhado Cipião Emiliano, em Numância, e possuía grande domínio sobre a própria vontade. De fato, procedeu sempre gradativamente, evitando empregar medidas extremas desde o princípio.

No decurso desses sete anos, as leis agrárias de Tibério, que o Senado não ousara revogar depois de assassinado seu autor, tinham dado bons frutos, ainda que sua aplicação tivesse encontrado muitas dificuldades. O serviço do recenseamento registrou 80.000 novos cidadãos, que chegavam a tal qualidade precisamente por haver recebido um lote de terra. Os antigos proprietários, porém, tinham lançado muitos protestos. Não desejavam nem desmembramentos nem confiscos e confiaram sua causa a Cipião Emiliano. Ignoramos porque Cipião Emiliano aceitou a defesa de tais interesses, contrários a suas ideias. Talvez, mesmo, precisamente por questões de família é que deveria ter-se abstido de tal. Suas relações com a esposa Cornelia (a jovem) não havia deixado de piorar. Numa manhã do ano 129 a.c., encontraram-no assassinado no leito. O assassino sempre permaneceu desconhecido, porém, obviamente, as tagarelices das casas aristocráticas – onde eram odiadas – acusaram do fato a esposa e a sogra.

Educado em meio a tanta infelicidade, numa casa abandonada pelos melhores amigos, Caio não aplicou senão com prudência as leis de Tibério; criou novas colônias agrícolas no sul da Itália e na África, conquistou os soldados, ao decidir que seriam equipados, daí por diante, às custas do Estado; determinou ao trigo um "preço político": a metade do vigente no mercado. Graças a esta última medida, que foi, mais tarde, a melhor arma entre as mãos de Mário e de César, teve a seu favor toda a plebe da Urbs.

Apoiado em tais sucessos, Caio pôde candidatar-se ao tribunato no ano seguinte, sem pagar com a vida a pretensão, como acontecera a seu irmão, e foi eleito. Então, imaginou poder lançar suas melhores cartadas e foi aí que se enganou. Propôs que se acrescentassem aos trezentos senadores por direito outros senadores, eleitos pela Assembleia, bem como a extensão dos direitos de cidadão livre a todos os habitantes do Lácio que não fossem escravos e a boa parte dos que restavam em outros pontos da península.

Não pensara no egoísmo do proletariado romano, que desprezava os confrades do Lácio. O Senado apressou-se em aproveitar tal erro do adversário. Fez com que o outro tribuno, Lívio Druso, apresentasse propostas ainda mais radicais: abolição das taxas impostas pela lei de Tibério aos novos proprietários; distribuição a mil indivíduos de Roma, desprovidos de quaisquer

HISTÓRIA DE ROMA

bens, de terras novas em dez novas colônias. A Assembleia, imediatamente, aprovou o projeto. Quando Caio voltou, verificou que era Druso quem monopolizava todos os favores.

Apresentou-se pela terceira vez, mas fracassou. Seus partidários declararam que a eleição do rival fora fraudulenta, mas ele próprio os aconselhou a que se moderassem.

Quando teve de enfrentar compromissos que tomara apenas com o fito de liquidar Caio, o Senado se encontrou em embaraço e se esforçou por tergiversar. A Assembleia compreendeu ser esse um primeiro passo para sabotar a legislação dos Gracos e os partidários destes chegaram armados na sessão seguinte. Um deles deixou em pedaços um conservador, que pronunciara palavras de ameaça contra Caio.

No dia seguinte, os senadores se apresentaram armados como que para uma batalha, cada um seguido de dois escravos. Os partidários de Graco se entrincheiraram sobre o Aventino. Caio quis intervir, para restabelecer a paz. Como não conseguisse, lançou-se ao Tibre, para atravessá-lo a nado. Chegando à outra margem, no momento em que os perseguidores iam alcançá-lo, ordenou a um dos servos que o matasse. O servidor obedeceu; depois, retirando o punhal tinto de sangue do peito do amo, enterrou-o no próprio peito. Um partidário de Caio cortou a cabeça do cadáver, encheu-a de chumbo e a levou ao Senado, que a pusera a prêmio por seu peso em ouro. Embolsou o prêmio e conseguiu nova "virgindade" política. O povo, que tanto aplaudira Caio, não levantou a ponta do minguinho diante do assassínio de seu herói: estava muito ocupado na pilhagem de sua casa.

Cornélia, mãe de dois filhos assassinados e de uma filha, suspeita de assassínio, pôs luto. O Senado, proibiu-a de usá-lo.

Capítulo 20

Mário

Com Caio Graco, foram mortos duzentos e cinquenta de seus partidários. Detiveram-se três mil outros. Na própria ocasião, houve a impressão de que os conservadores tinham ganho a partida e esperou-se uma repressão total. Porém, essa repressão não se deu. O Senado pôs de lado a reforma agrária, mas não mexeu no preço afixado para o trigo e não tentou restaurar o monopólio da aristocracia nos júris dos tribunais. Bem compreendia que, a despeito dessa vitória momentânea, a situação não comportava reações radicais.

Durante alguns anos, a vida decorreu sem que se substituísse qualquer remédio àquele que, prematuramente, sem dúvida, e com numerosos erros táticos, tentaram os Gracos impor. Sob o pretexto de ainda favorecer os novos pequenos proprietários, criados pelas leis agrárias, permitiram a eles que vendessem as terras que lhes tinham sido concedidas. Como tinham ficado desprovidos de qualquer apoio, eles o fizeram. Assim, as grandes propriedades se reformaram, sobre a mesma base do trabalho dos escravos. Apiano, democrata bem moderado, verifica que, no decurso daqueles anos, havia em toda Roma cerca de dois mil proprietários, não mais. Todos os outros se achavam desprovidos de qualquer propriedade e sua condição piorava dia a dia.

A gota que fez transbordar o vaso e deu pretexto à revolta foi o que chamamos "o escândalo da África", que teve início no ano 112 a.C. Micipsa, que sucedera a Massinissa no trono da Numídia e que morrera seis anos atrás, deixara Jugurta, filho natural, como regente do trono e tutor de seus dois herdeiros legítimos, ainda menores. Jugurta matou um deles e fez guerra contra o outro. Este último invocou o auxílio da Urbs, protetora do reino. A Urbs enviou uma comissão de inquérito, que Jugurta comprou por meio de muitos subornos. Convocado a Roma, corrompeu os senadores que deveriam julgá-lo. Em suma, foi preciso que se esperasse a eleição do cônsul Quinto Metelo, homem medíocre, mas honesto, para encontrar um general disposto a guerrear o usurpador em vez de enriquecer-se à sua custa.

Se bem que nessa época não existissem jornais, as pessoas não deixavam de estar bem informadas e conheciam muito bem os fatos e o que ocorria nos bastidores. O ódio, que grassava contra a aristocracia desde o assassínio dos Gracos, irrompeu violentamente, quando souberam que Metelo, ainda que fosse um dos melhores daquela classe, se opunha à eleição para o consulado de Caio Mário, um de seus lugares-tenentes, unicamente por não ser aristocrata. Sem saber bem quem era Mário, a Assembleia votou em massa a seu favor e lhe confiou o comando das legiões. Nesse momento, de fato, repetiu-se, em Roma, aquilo que sempre acontece, em todos os lugares e a todos os instantes, quando a democracia entra em agonia: "Precisamos de um homem."

Por acaso, essa escolha fez com que se encontrasse esse homem.

Mário era pessoa à antiga, como não mais se encontrava, aliás, senão na província. Com efeito, nascera em Arpino, como Cícero; era filho de um pobre trabalhador jornaleiro: a caserna, para a qual entrara muito jovem, fora para ele verdadeira universidade. Ganhara, no cerco de Numância, seus graus, suas medalhas e as cicatrizes que lhe tatuavam o corpo. Voltando à pátria, arranjara um bom casamento. Desposara uma tal Júlia, irmã de certo Caio Júlio César, que não pertencia a uma família extraordinária, pois apenas fazia parte da pequena aristocracia agrícola. Caio, porém, já tinha por filho um segundo Caio Júlio César, destinado a dar o que falar por milênios. Graças a suas aventuras militares, Mário fora eleito tribuno. Aproveitara-se disso não para fazer política e nisso demonstrar toda a sua incapacidade, mas sim para retornar, com maiores poderes, à frente de seus soldados, sob o comando de Metelo. Este empreendia a guerra contra Jugurta. Quando soube que o subordinado desejava ir a Roma a fim de disputar o consulado, escandalizou-se com a pretensão, como se a mesma estivesse deslocada com relação a um pobre campônio como ele: na realidade, o consulado era accessível até mesmo aos plebeus, mas isto se tratava de matéria teórica...

Mário, suscetível e rancoroso, ficou sentido. Uma vez eleito, reclamou o posto de Metelo, que teve de lhe ceder. A guerra tomou, imediatamente, novo ritmo. Em poucos meses, Jugurta foi obrigado a render-se: adornou o carro do vencedor, que recebeu, em Roma, soberba acolhida do povo, que nele via seu campeão. O povo desconhecia que o golpe decisivo ao usurpador da Numídia não fora Mário quem o dera, mas um de seus questores, chamado Sila, que era, mais ou menos, com relação a Mário, o que este fora relativamente a Metelo.

Na expectativa, por enquanto, era Mário o herói da cidade. Esta, ignorando uma Constituição agonizante e nele vendo "o homem de quem precisava", confirmou-o no consulado por seis anos consecutivos. Com efeito, o perigo externo não terminara com Jugurta; pelo contrário, era mais grave do que nunca por causa dos gauleses, que retornavam em massa à ofensiva. Cimbros e teutões voltavam a dar sinal de vida, mais numerosos e agressivos do que nunca, passando da Germânia para a Gália. Um exército romano, que com eles se batera na Caríntia, fora destroçado. Derrotaram um segundo, sobre o Reno; a seguir, um terceiro e um quarto, até que o Senado enviou um quinto exército, sob as ordens de dois aristocratas, Servílio Cépio e Mânlio Máximo, que nada acharam de melhor do que disputar entre si mesmos, por ciúmes, destruindo, cada um, o que o outro fazia. Em Orange, 80.000 legionários e o prestígio da

aristocracia, de onde saíam esses generais ineptos, caíram por terra, além de 40.000 auxiliares. O terror de ver essas hordas, que avançavam sobre ela, deixou Roma sem fôlego. Graças aos céus, em vez dos Alpes, foram os Pireneus que elas escolheram para escalar, a fim de saquear a Espanha. Quando voltaram sobre os próprios passos para atacar a Itália, Mário, cônsul havia quatro anos, estava preparado para recebê-los.

Tinha adestrado novo exército, que constituía sua grande e verdadeira revolução, a que devia fornecer, em seguida, suas armas a seu sobrinho César. Compreendera que ninguém mais podia contar com os cidadãos, que eram declarados "bons para o serviço" unicamente porque, inscritos numa das cinco classes, se viam obrigados a prestar o serviço militar (mas que não o desejariam fazer). Dirigiu-se aos outros, aos indigentes, aos desesperados, que atraía com a esperança de bom pagamento e de um bom lote de terras, após a vitória. Era a substituição por um exército mercenário do exército nacional, operação arriscada e que se tornou, com o correr do tempo, catastrófica, mas que a decadência da sociedade romana fizera necessária.

Levou para o outro lado dos Alpes seus recrutas proletários, enquadrados por suboficiais veteranos; enrijou-os, ao obrigá-los a fazer marchas, e treinou-os na batalha, por meio de escaramuças e de objetivos menores. Acabou por fazer com que construíssem um campo entrincheirado nas cercanias de Aix, na Provença, ponto de passagem obrigatória para os teutões.

Estes desfilaram diante do campo seis dias seguidos, de tal modo eram numerosos. Por chalaça, perguntavam aos soldados romanos, que montavam guarda no alto das muralhas, se queriam que eles se encarregassem de levar mensagens para as mulheres, que tinham deixado em casa. Eram os mesmos de três séculos passados: grandes, loiros, muito fortes, muito corajosos, mas sem qualquer noção de estratégia, sem o que não teriam deixado subsistir atrás deles inimigos daquela envergadura. Pagaram caro tal erro. Algumas horas mais tarde, Mário lhes caía em cima, pela retaguarda, e exterminava cem mil deles. Plutarco relata que os habitantes de Marselha fizeram paliçadas com os seus esqueletos e que as terras, enriquecidas com todos esses cadáveres, deram, naquele ano, colheita nunca vista.

Após tal vitória, Mário retornou à Itália e aguardou os cimbros perto de Vercéli, lá mesmo onde Aníbal havia conquistado sua primeira vitória. Também os cimbros, como os irmãos germanos, demonstraram mais coragem do que inteligência. Avançaram tranquilamente, nus, na neve, servindo-se dos escudos como de trenós para deixar-se escorregar sobre os romanos, do alto dos declives gelados, num alegre alarido, como se se tratasse de uma disputa desportiva. Também lá, como em Aix, mais do que uma batalha, ocorreu monstruosa carnificina.

Em Roma, acolheram a Mário como a "um segundo Camilo". Em testemunho de gratidão, foi-lhe concedido todo o saque feito ao inimigo. Tornou-se assim, muito rico, proprietário de terras "grandes como um reino". E, pela sexta vez, em seguida, viu-se eleito cônsul.

No jogo da política, que precisava enfrentar pela primeira vez, o herói – é algo que frequentemente ocorre aos heróis – mostrou-se menos esclarecido do que na direção das legiões. Fizera aos soldados promessas que tinha necessidade de cumprir. Para cumpri-las, teve de aliar-se aos chefes do partido popular: Saturnino, tribuno da plebe, e Gláucias, pretor. Eram dois canalhas, bem a par de todas as astúcias parlamentares, e que, à sombra do popular Mário, queriam, muito simplesmente, realizar seus negócios. As terras foram, com efeito, distribuídas, como aplicação das leis do Gracos, mas, ao mesmo tempo, para conseguir votos para o partido, eles abaixaram de novo o preço do trigo – já dos mais baixos – de nove décimos. Tratava-se de medida absurda, que punha em perigo o orçamento do Estado. Dentre os próprios "populistas", os mais moderados hesitavam. O Senado fez com que um tribuno opusesse seu veto. Porém, violando a Constituição, Saturnino não deixou de propor a lei. Ocorreram incidentes. Para o consulado do ano 99 a.c., como candidato ao posto de cônsul, ao lado de Mário, os populistas apresentaram Gláucias e os conservadores, Caio Mêmio, um dos raros aristocratas que ainda eram respeitados. Este último, porém, foi assassinado pelos homens de Saturnino. Então, o Senado recorreu ao "senatus-consultus" dos casos de urgência e deu ordem a Mário para fazer justiça e restabelecer a ordem. Mário hesitou. Não fazia outra coisa, aliás, desde que se metera na política. Tinha envelhecido, engordara, bebia muito. Tratava-se de escolher entre uma revolta aberta e a liquidação de seus amigos. Escolheu a segunda solução e deixou os conservadores – que ele próprio comandou nessa circunstância – matar e lapidar Saturnino, Gláucias e seus partidários. Depois, dando-se conta de que, daí por diante se tornara odioso para todo mundo: à aristocracia, que nele apenas via um aliado pouco seguro; e à plebe, que o considerava, certamente, como traidor, ele se retirou, cheio de rancor, e partiu em viagem para o Oriente.

Ainda não se haviam passado dois anos desde que Roma o acolhera triunfalmente como "um segundo Camilo". Se houvesse aceito tal ingratidão com um pouco mais de filosofia, teria ficado na História com nome imaculado. Contudo, era rude, apaixonado e estava mais convencido do que nunca de que era "o homem que fazia falta". Portanto, quando os acontecimentos o chamaram, de novo, à cena, ele se apresentou sem qualquer hesitação, para representar um papel mais ou menos ambíguo.

Em 91 a.C., Marco Lívio Druso foi eleito tribuno. Era aristocrata, filho daquele que se opusera a Tibério Graco e pai de uma menina que desposaria, mais tarde, um certo Otávio, destinado a tornar-se, no futuro, César Augusto. Propôs à Assembleia três reformas fundamentais: distribuir novas terras aos pobres, devolver ao Senado o monopólio nos júris, mas lhe acrescentando trezentos membros, e tornar cidadãos romanos todos os italianos livres. A Assembleia aprovou os dois primeiros projetos. O outro projeto não foi discutido, pois um assassino, que permaneceu anônimo, lhe suprimiu o autor.

Imediatamente após, toda a península estava em armas. Continuavam a tratá-la, depois de dois séculos de união com Roma, como província conquistada. Apertavam-na com impostos, esmagavam-na com recrutamentos militares. Submetiam-na a leis, aprovadas por um Parlamento em que não possuía qualquer representação. Além disso, o maior trabalho dos prefeitos romanos, nos diversos postos-chave, tinha sido excitar o antagonismo dos ricos e dos pobres, de maneira a entretê-los em perpétuo desacordo. Somente alguns milionários, haviam obtido o título de cidadãos romanos, à força de intrigas e de subornos. Em -126, contudo, a Assembleia proibira aos italianos da província de emigrar para Roma e, em -95, expulsara os que aí já se encontravam.

A revolta se estendeu com rapidez fulminante, salvo na Etrúria e na Úmbria, províncias que ficaram fiéis. Foi recrutado um exército, mais forte de desespero do que de lanças e escudos, formado, sobretudo, de escravos que uniram, imediatamente, seu destino ao dos rebeldes. Estes proclamaram uma república federal, com capital em Corfínio, e a guerra "social" e a guerra "servil" não foram senão uma única e mesma coisa. O pânico, que assaltou Roma, onde não tinham qualquer ilusão sobre os projetos de vingança que esses deserdados deviam conceber contra ela, que os esmagava há tanto tempo, fez ressuscitar o mito de Mário, "o homem que nos faz falta". Com seu sistema habitual, Mário improvisou um exército, que conduziu de vitória em vitória, mas sem se importar com as consequências, devastando e massacrando toda a península. Foi depois que perto de 300.000 homens haviam tombado em ambas as partes que o Senado se decidiu a conceder o título de cidadãos romanos aos etruscos e aos úmbrios, para recompensar-lhes a fidelidade, e a todos os que estivessem prontos a lhe jurar essa fidelidade, a fim de fazer com que depusessem as armas.

A paz, que se seguiu, foi a paz de um cemitério e não trouxe qualquer honra a quem a impôs. Além do mais, Roma não manteve a palavra. Apenas englobou os novos cidadãos em dez novas tribos, que não deviam votar *senão após* as trinta e cinco tribos romanas, que formavam os comícios de tribos, isto é, sem a menor possibilidade de lutar contra os veredidos de Roma. Para obter plenos direitos democráticos, foi preciso que esperassem por César; eis porque se abriram as portas a este último com tanto entusiasmo, sem perceberem que se tratava do fim da democracia.

No ano seguinte, a guerra recomeçou. Não mais "social", não mais "servil", mas "civil". B, desta vez, Mário não se limitou a aproveitar-se dela: convencido de que ainda era "o homem que faz falta", ele a provocou.

Com efeito, infelizmente fazia falta um homem! Todavia, não se tratava mais dele. Era aquele que, também por acaso, tinham os conservadores encontrado, como acontecera com os populistas: o antigo subordinado e questor de Mário na Numídia – Sila.

Capítulo 21

 Sila

Sila foi eleito cônsul em 88 a.c., isto é, pouco tempo depois de terminar a revolução social e servil, reprimida por Mário, de acordo com a Constituição e os hábitos, pois que recaíra sobre um homem que não seguira o "cursus honorum" regular.

Lúcio Cornélio Sila provinha da pequena aristocracia pobre e sempre se mostrara refratário às duas grandes paixões dos contemporâneos: o uniforme e o Foro. Tinha tido mocidade desregrada. Gigolô de uma prostituta grega, mais idosa do que ele, Sila a enganara e maltratara. Jamais se ocupara de política ou de coisas sérias; talvez, mesmo, nunca tivesse tido estudos regulares; porém, muito havia lido, conhecia muito bem a língua e a literatura gregas e possuía gosto rebuscado em matéria de artes.

Suas qualidades básicas, tão grandes, jamais, talvez, teriam vindo à tona se – eleito questor não sabemos como e intitulado com posto mais ou menos equivalente ao de capitão, no exército de Mário, na Numídia – não viesse ele a encontrar-se diretamente implicado na liquidação de Jugurta. Foi ele, com efeito, que persuadiu Boco, rei da Mauritânia, a lhe entregar o usurpador. Tratava-se de brilhante operação, que vinha coroar as que já fizera, com a espada à mão. Sila se havia revelado magnífico comandante: frio, astuto, extremamente corajoso, com grande ascendência sobre os soldados. Começou a interessar-se pela guerra: ela o divertia, porque implicava, ao mesmo tempo, o jôgo e o risco, duas coisas que sempre o tinham satisfeito. Por conseguinte, seguiu a Mário nas campanhas contra os teutões e os cimbros e contribuiu, poderosamente, para as vitórias.

Voltando a Roma em 99 a.C., com tais méritos no ativo, bem poderia ter proposto sua candidatura a magistraturas mais elevadas. Nada disso: estava cansado. Durante quatro anos, remergulhou em sua vida anterior, em meio a prostitutas, gladiadores do Circo, poetas malditos e atores necessitados. Depois, bruscamente, lançou sua candidatura ao pretório e não foi aceito. Então, espicaçado por um sentimento de orgulho, que representava, para ele, o papel da ambição, veio a apresentar-se como candidato a edil, foi eleito e encantou os romanos, ao oferecer-lhes, no anfiteatro, o primeiro combate de leões. No ano seguinte, é óbvio, ficou pretor e, como tal, obteve o comando de uma divisão na Capadócia, para reduzir à obediência o rei daquele país, que se revoltara. Deu a Roma, além de mais uma vitória, rica presa de guerra, porém, parece que o que embolsou por própria conta ainda era mais valioso. Estava cansado de dívidas e preferia financiar, pessoalmente, suas campanhas eleitorais, em vez de depender de um partido. Com efeito, não estava inscrito em nenhum. Nascido aristocrata, mas pobre, nutria a mesma indiferença e o mesmo desprezo pela aristocracia, que o olhara por cima, quanto pela plebe, que não o considerava como um dos seus. Sempre vivera por si mesmo, na companhia de marginais da sociedade. Sua querela com Mário não veio de questões políticas, mas simplesmente do fato de que fizera com que Boco lhe oferecesse um baixo-relevo de ouro, que representava o rei dos mouros a entregar Jugurta a ele, Sila, e não a Mário. Ninharias...

Quando Sila se apresentou ao consulado, em 88 a.c., não o foi para fazer política, mas para obter o comando do exército, que se formava, a fim de combater Mitridates, na província – eternamente turbulenta da Ásia Menor, em que já havia combatido contra Ariobarzane – da Capadócia. Foi, sobretudo, por causa das mulheres que se elegeu. Com efeito, conseguiu divórcio de sua terceira esposa, Clélia, cobrindo-a de joias, a fim de desposar uma quarta, Cecília Metela, viúva de Escauro e filha de Metelo da Dalmácia, grande pontífice e príncipe (isto queria dizer presidente) do Senado. Em virtude dessa aliança com uma de suas mais importantes famílias, a aristocracia passou a considerar Sila como seu campeão, favoreceu-lhe a eleição e lhe concedeu, logo em seguida, o comando a que aspirava.

O tribuno Sulpício Rufo se esforçou para invalidar tais nomeações e propôs que se transferissem as mesmas para Mário, que, ainda que quase septuagenário, lutava ainda por postos, cargos e honrarias. Sila, porém, não era homem para renunciar. Correu até Nola, onde o exército se organizava. Então, em vez de embarcá-lo para a Ásia Menor, ele o encaminhou para Roma, onde Mário improvisara outro, a fim de resistir-lhe. Sila obteve vitória fácil e rápida. Mário refugiou-se na África e Sulpício foi morto por um de seus escravos. Sila exibiu, sobre os Rostros, sua cabeça cortada e recompensou o assassino, a princípio, libertando-o pelo serviço prestado e, em seguida, dando-lhe a morte, como prêmio da traição cometida.

Após essa primeira restauração, não houve ou quase não houve mais represálias. Com seus 35.000 homens acampados no Foro, Sila proclamou que, daí por diante nenhum projeto de lei podia ser apresentado à Assembleia sem o consentimento preventivo do Senado e que, nos comícios, o voto devia ser dado por centúrias, de acordo com a velha Constituição de Sérvio. A seguir, após haver feito com que se confirmasse seu comando militar com o título de procônsul, consentiu na eleição de dois cônsules para tratar dos negócios de Roma: o aristocrata Cnéio Otávio e o plebeu Cornélio Cina. Então, partiu para a empresa que o atraía.

Ainda não chegara a ver as costas gregas e já Otávio e Cina se engalfinhavam. E, atrás deles, desciam para as ruas, de um lado, os conservadores ou "optimates" e, do outro,

os democratas ou "populares". A guerra social e servil de dois anos antes tinha como fim uma guerra civil. Foi Otávio que a venceu e Cina que fugiu; porém, uma única jornada fora suficiente para juncar com mais de dez mil cadáveres os calçamentos da Urbs.

Mário retornou, precipitadamente, da África, para juntar-se a Gina, que percorria a província para nela suscitar a revolta. Apresentou-se de maneira melodramática, com a toga em frangalhos, as sandálias estragadas, a barba crescida e as cicatrizes dos ferimentos bem à vista. Num piscar de olhos, reuniu um exército de seis mil homens, quase todos escravos, com os quais marchou sobre a capital, que ficara indefesa. Otávio aguardou a morte com calma, sentado em seu tamborete de senador. As cabeças dos senadores, metidas em varas, foram levadas pelas ruas. Um tribunal revolucionário condenou à pena capital milhares de patrícios; somente Cecília escapou, pois conseguiu fugir e juntar-se ao esposo, na Grécia. Sob o novo consulado de Mário e de Cina, continuou, implacável, o terror. Corvos e cães devoravam nas ruas os cadáveres, aos quais se recusara sepultura. Os escravos libertos continuaram a saquear tudo, a incendiar e a pilhar, até que Cina, com o auxílio de um destacamento de soldados gauleses, os isolou, cercou e massacrou até o derradeiro homem. Foi a primeira vez na história de Roma que tropas estrangeiras se empregaram para o restabelecimento da ordem na cidade.

Foram estas as últimas aventuras de Mário, que morreu bem no meio do massacre, corroído pelo álcool, pelos rancores, por um complexo de inferioridade e pelas ambições desfeitas, que tal complexo lhe inspirara. Foi pena, para tão grande capitão, que, antes de engolfá-la na guerra civil, tantas vezes salvara a pátria.

Ficava Cina, praticamente, como ditador, uma vez que Valério Flaco, eleito no lugar de Mário, foi enviado ao Oriente, à frente de doze mil homens, para depor Sila.

Separado da mãe-pátria, este estava sitiando Atenas, que se aliara a Mitridates. Mitridates chegava da Ásia com um exército cinco vezes superior ao seu. A situação era quase desesperadora e podia ficar sem saída, se ele se deixasse surpreender, ao mesmo tempo, por Mitridates e por Flaco, junto aos muros da cidade; porém, os que conheciam Sila bem diziam que, nele, se encontravam juntos um leão e uma raposa e que esta era muito mais perigosa do que o outro. Certo número de "milagres" artificiais, por ele provocados, tinham persuadido os soldados de que era um deus e, nessa qualidade, infalível. Bem entendido, era ele simplesmente um formidável general, que conhecia perfeitamente os homens e os meios de fazer com que se empenhassem ao máximo, explorando-lhes, por cálculos de fria lucidez, a força e as fraquezas. Como se encontrasse sem dinheiro, "pagara" as tropas ao permitir-lhes que saqueassem Olímpia, Epidauro e Delfos. Contudo, imediatamente após, restabelecera a disciplina. Tomou a nunca tomada Atenas de surpresa. "Ignoramos quantas pessoas foram mortas, diz Plutarco, mas o sangue correu a fluxos pelas ruas, inundando até mesmo os subúrbios."

Após dias e dias de massacre, Sila, que, com todo o amor que devotara à Grécia, por causa de sua cultura e de sua arte, a eles assistiu com plena calma, declarou que, em nome dos mortos, era mister perdoar os vivos. Reorganizou as falanges e as dirigiu contra Mitridates, que avançava sobre Queronéia e Orcómeno. No decorrer de batalha magistral, bateu Mitridates e perseguiu os restos de seu exército através do Helesponto, até ao coração da Ásia. Foi então, quando se preparava para aniquilar, definitivamente, as últimas forças do inimigo, que apareceu Placo, com a ordem de destituí-lo do comando.

Os dois generais se defrontaram. Ao termo da conversação, não somente Placo renunciara a executar aquela ordem mas também se pusera, espontaneamente, sob o comando de Sila. Seu lugar-tenente Pímbria tentou sublevar-se. Então, Sila ofereceu a Mitridates uma paz vantajosa, garantindo-lhe o respeito de seu reino com as antigas fronteiras e dele exigindo, apenas, a título de indenização, oitenta navios e dois mil talentos, para pagar suas tropas e voltar para a pátria. Após isso, dirigiu-se para a Lídia, em busca de Pímbria, mas não teve necessidade de combatê-lo, pois, desde que os homens deste último o viram, uniram-se aos seus homens, em razão do prestígio de seu nome. Pímbria, ficando só, matou-se.

Sila voltou sobre os próprios passos, sem esquecer-se de saquear os tesouros e de obter dinheiro em todas as províncias por que passava. Atravessou a Grécia, embarcou o exército em Patras e chegou a Brindes (Brindisi, em italiano) em 83 a.C.. Cina se precipitou ao seu encontro, mas foi assassinado pelos seus próprios soldados.

Sila trazia para o governo belas presas: 15.000 libras de ouro e 100.000 de prata. O governo, porém, que ficara nas mãos de "populares", dirigidos pelo filho de Mário, Mário, o Jovem, proclamou-o inimigo público e contra ele enviou um exército. Muitos aristocratas fugiram da Urbs para unirem-se a Sila. Um deles, Cnéio Pompeu, considerado como o mais brilhante membro da "jeunesse dorée", levou-lhe um pequeno exército pessoal, exclusivamente formado de amigos, de clientes e de servidores de sua família.

No decorrer da batalha, Mário, o Jovem, fez-se bater com estrondo. Tendo, contudo, de refugiar-se em Preneste (hoje, Palestrina, cidade do Lácio – N. do tradutor), deu ordem a seus partidários de Roma para que matassem todos os patrícios que haviam ficado na capital. O pretor, como de direito, convocou o Senado. Todos os senadores, que figuravam na "lista negra", foram degolados em seus tamboretes. Depois disso, os assassinos evacuaram a cidade para juntarem-se a Mário e às últimas forças "populares", que se preparavam para lançar a derradeira cartada contra Sila. A batalha da Porta Colina foi das mais sangrentas da Antiguidade. Mais de metade dos 100.000 ou mais homens de Mário restaram por terra. Foram massacrados, indistintamente, 8.000 prisioneiros. As cabeças dos generais, cortadas e fincadas em pontões, foram levadas em procissão por baixo das muralhas de Preneste, último bastião da resistência popular, que, pouco depois, deveria render-se. Mário já se matara. Sua cabeça foi cortada e, também, enviada a Roma e fincada no meio do Foro.

O triunfo reservado pela capital a Sila, nos dias 27 e 28 de janeiro do ano 81 a.C., foi imenso. O general era seguido pelo cortejo entusiasta dos romanos que Mário proscrevera: todos, coroados de flores, o aclamavam como o pai e o salvador da pátria. Até mesmo os soldados, desta vez, não gracejavam com seu general. Também eles bradavam hosanas! Sila celebrou os sacrifícios rituais no Capitólio; depois, dirigiu a palavra à multidão, no Foro, retraçando, com hipócrita modéstia, a incrível série de sucessos que até lá o conduzira e os atribuiu, apenas, à Fortuna, em honra da qual pediu, ou, melhor, exigiu lhe fosse reconhecido o título de "felix", palavra que, literalmente, significa "feliz". Neste caso, porém, queria dizer favorecido pela sorte, nascido iluminado, numa palavra: "o homem da Providência". O povo a tudo se inclinou e decidiu erigir-lhe, em sinal de gratidão, de bronze dourado, a primeira estátua equestre que jamais se vira em Roma, onde nunca fora tolerado que alguém fosse representado a não ser a pé.

Não foi só essa a novidade introduzida por Sila, a fim de indicar o caráter absoluto de seu poder. Foi ele o verdadeiro inventor do "culto da personalidade". Fez cunhar novas moedas com seu perfil e introduziu no calendário, como festa obrigatória, a "da vitória de Sila". Do alto de seu totalitarismo ditatorial, tratou Roma como a qualquer cidade conquistada, deixando-a sob a guarda de seu exército em armas e submetendo-a a feroz repressão. Quarenta senadores e dois mil e seiscentos cavaleiros, que haviam tomado o partido de Mário, foram condenados à morte e executados. Prêmios, que se elevavam até a cinco milhões de liras, foram distribuídos aos que entregassem, vivo ou morto, um proscrito fugitivo. O Foro foi alegremente adornado de cabeça decapitadas, como hoje seria guarnecida uma praça com balões coloridos. "Esposos, diz Plutarco, foram degolados nos braços da propria esposa; filhos, nos braços da própria mãe." Até mesmo muitos daqueles que se haviam esforçado por louvaminhar, sem tomar partido, foram suprimidos ou deportados, particularmente se fossem ricos, uma vez que Sila lhes cobiçava o patrimônio, a fim de aliciar os soldados. Um dos designados para a supressão foi um jovem chamado Caio Júlio César: sobrinho de Mário, por parte da mulher deste último, recusara-se a renegar o tio. Amigos comuns se interpuseram e o jovem se arranjou com uma condenação ao banimento. Ao assinar a comunicação da pena, Sila disse, à parte: "Faço uma tolice; há, neste jovem, o estofo de vários Mários." Não deixou, porém, de assiná-la.

Alguns dias após ter assumido, definitivamente, o poder, Sila, numa cerimônia pública, viu-se diante do gesto de insubordinação de um de seus mais fiéis lugares-tenentes, Lucrécio Ofela, o conquistador de Preneste, bravo soldado, mas indisciplinado e fanfarrão. Defronte das tropas, que, entretanto, o adoravam, Sila mandou que um guarda o apunhalasse, do mesmo modo que, dois mil anos mais tarde, deveriam fazer Hitler, com relação a Roehm, e Staline, com relação a dezenas de seus amigos. Eis o sinal da "normalização".

Sila governou como autocrata durante dois anos. Para preencher as vagas provocadas pela guerra civil nas fileiras dos cidadãos romanos, concedeu o título de cidadãos romanos a estrangeiros, particularmente espanhóis e gauleses. Distribuiu terras a mais de cem mil veteranos, principalmente na província de Cumas (na Campânia), onde ele mesmo possuía uma fazenda. Para deter o congestionamento das cidades, aboliu as distribuições gratuitas de trigo. Diminuiu o prestígio dos tribunos e restabeleceu a necessidade de um lapso de dez anos a fim de disputar, uma segunda vez, o consulado. Injetou no Senado, esvaziado por causa dos massacres, sangue novo, aí tendo introduzido trezentos novos membros da burguesia, escolhidos entre seus fiéis, e lhe restituiu todos os privilégios e todos os direitos de que gozava antes dos Gracos. Tratava-se, realmente, de uma "restauração aristocrática". Realizou-a completamente e pôs em férias o exército, decretando que, daí por diante, nenhuma força armada poderia mais acampar na Itália. Após tudo isso, considerando terminada sua missão, diante da estupefação geral, recolocou seu poder em mãos do Senado e restabeleceu o governo popular. Como um simples particular, retirou-se para sua vila de Cumas.

Nessa época, Cecília Metela estava morta. Caíra doente pouco tempo após 0 triunfo do marido e, como se tratasse de moléstia infecciosa, Sila mandara que fosse transportada para outra casa, para que aí se deixasse morrer como um cão pestilento.

Um pouco antes da abdicação, Sila, que, por essa época, beirava os sessenta anos, viera a conhecer Valéria, bela moça de vinte e cinco primaveras. O acaso fizera com que ela se localizasse no Circo ao seu lado. Ela viu um cabelo na toga do ditador e o retirou, pegando-o entre o polegar e o indicador. Sila voltou-se para vê-la, surpreendido, a princípio, com o arrojo do gesto; em seguida, por sua beleza e encanto: "Não te incomodes, ditador, lhe disse ela; também eu desejo compartilhar de tua sorte, ainda que pelo simples valor de um fio de cabelo." Parece que foi esse o único amor verdadeiro e desinteressado de Sila, muito egoísta para nutrir semelhantes sentimentos. Desposou-a pouco depois e ninguém poderia dizer até que ponto o desejo de gozar inteiramente da jovem e bela mulher veio a influir sobre seus projetos de abdicação.

No dia em que, tendo-se despojado do poder e das insígnias do poder, voltou para casa como qualquer particular, em meio ao silêncio espantado dos que passavam, um destes se pôs a segui-lo e a injuriá-lo. Sila não se voltou nem mesmo quando o grosseiro personagem lhe dirigiu gestos ofensivos. Disse, porém, aos poucos amigos que o acompanhavam: "Que imbecil! Após tal manifestação, não haverá um único ditador no mundo que venha a abandonar o poder!"

Passou os últimos anos da vida a gozar do amor de Valéria, a caçar, a falar de filosofia com os amigos e a escrever as "Memórias", de que nos ficaram apenas trechos. O "Afortunado" parece ter sido afortunado ao máximo no decurso do crepúsculo da existência, que fora tão plena de acontecimentos, sem desilusões nem remorsos (era incapaz de sentir remorsos). Entre seus veteranos de Cumes, permaneceu até à morte ativo e robusto, opondo-se a suas disputas, como sempre, de modo pronto e imperioso. Tendo certo Grânio lhe desobedecido, por questão de uma bagatela, fê-lo vir ao seu quarto e fez com que seus servidores o estrangulassem, como na época em que era ditador. O orgulho e a prepotência não *i* cederam, até mesmo quando se defrontou com a morte, que lhe batia à porta sob a forma de uma úlcera maligna – talvez, mesmo, um câncer. Com os olhos azul-claro, frios, sob a cabeleira dourada, com o rosto pálido, que parecia "uma baga de amor a salpicada de farinha", como disse Plutarco, continuou a esconder os sofrimentos sob sorriso alegre e prazenteiro.

Antes de morrer, ditou seu próprio epitáfio:

"Nenhum amigo jamais me prestou serviço e nenhum inimigo jamais me dirigiu ofensa – sem que eu lhes tenha inteiramente pago."

Era verdade.

Capítulo 22

Um Jantar em Roma

A restauração de Sila estava marcada por um defeito fundamental: o de ser, precisamente, uma "restauração", isto é, algo que negava as necessidades e as pressões que haviam provocado a revolução. O que faltava ao autor, a fim de realizar obra viável e duradoura, era o elemento mais necessário: ter confiança nos homens. Os homens não merecem essa confiança; porém, eles a exigem da parte dos que se propõem a conduzi-los. Sila em nada acreditava; ainda menos do que nada, na possibilidade de melhorar os semelhantes. O amor que devotava a si mesmo era tão grande que não lhe sobrava nada para os outros. Desprezava-os. Estava convencido de que a única coisa a fazer com eles era mantê-los na ordem. Eis por que criou um formidável aparelhamento policial, de que deixara encarregada a aristocracia. Não que a estimasse: estava convencido, porém, de que os outros, os "populares", ainda eram mais desprezíveis e de que todas as suas reformas nada mais fariam do que agravar a situação. A consequência disso foi que, dez anos após sua morte, sua obra política voara aos pedaços.

Os patrícios, que haviam reencontrado todos os seus poderes entre as mãos, longe de usá-los para fazer voltar a ordem ao governo e à sociedade, deles se aproveitaram para roubar, corromper e matar. Tudo, aliás, se reduzia a uma questão de dinheiro. Comprar um cargo se tornara operação normal; havia indústria especializada para a obtenção de votos, em que se empregavam técnicos especializados: os *intérpretes,* os repartidores e os *"sequestres".* Pompeu, com o fito de eleger o amigo Afrânio, convidou os chefes das tribos ao seu palácio e negociou com eles os sufrágios, como se fossem sacos de batatas. Nos tribunais, ainda em pior. Lêntulo Sura, absolvido pelos jurados por dois votos de maioria, declarou, batendo na testa: "Puxa! Comprei um voto a mais! Com esta alta de preços!..."

Dependendo tudo do dinheiro, este se tornara a única preocupação de todos. Entre os burocratas, encontravam-se, ainda, é bom dizer, funcionários honestos e capazes. Contudo, a maioria se constituía de gatunos incompetentes, que, para obter um posto na administração de uma província, não somente renunciavam a qualquer ordenado mas ainda pagavam pelo posto, seguros de que teriam recompensado, abundantemente, os gastos dentro de um ano. É certo que se veriam recompensados dos gastos: por meio dos impostos, pela rapina, pela venda dos habitantes como escravos. César, quando o nomearam para a Espanha, devia aos credores algo como meio bilhão de liras. No prazo de um ano, havia pago tudo. Cícero mereceu o título de "homem honesto" porque, no transcurso do ano em que foi governador na Clínica, não conservou para si mesmo senão 60 milhões e o proclamou em todas as cartas como fato exemplar. Os militares não eram melhores. Após suas sortidas pelo Oriente, Lúculo voltou para casa riquíssimo. Das mesmas regiões, Pompeu trouxe para os cofres do Estado uma pilhagem de 6 ou 7 bilhões e de 15 para suas arcas particulares. A facilidade de multiplicar o capital – uma vez que a pessoa tivesse o suficiente para comprar um cargo – era tal que os banqueiros emprestavam a 50$ aos que não possuíam dinheiro. O Senado proibiu seus membros de praticar tão ignóbil usura. Porém, a medida foi inútil, pois se empregaram os testas-de-ferro. Até homens de grande dignidade, como Bruto, se associavam a usurários, que lhes geriam o dinheiro, dando-o emprestado a tais... módicas condições. Nas mãos de dirigentes de tal modo corrompidos, Roma não passava de uma bomba aspirante, que sugava sem cessar o império, a fim de permitir a uma categoria de sátrapas padrão de vida cada vez mais faustoso, luxo sempre em insolência crescente.

Certa tarde, Cícero se pôs a gracejar com Lúculo sobre a sua reputação de requintado "gourmet" (amante e conhecedor da boa mesa). Era Cícero um jovem advogado de Arpino, filho de um agricultor abastado, que lhe dera boa educação. Com a idade de apenas vinte e sete anos, ainda quase desconhecido, defrontara-se com um processo célebre e dos mais perigosos para ele: tratava-se de defender Róscio contra Crisógono, grande favorito de Sila, ainda ditador nessa época. Um discurso magistral lhe valeu a vitória. A seguir, temendo bastante, talvez, alguma represália da parte de Sila, partiu para a Grécia, onde permaneceu três anos a estudar a língua, a eloquência de Demóstenes e a filosofia de Posidônio, medíocre epígono de Sócrates e dos estoicos.

Quando voltou, três anos mais tarde, Sila já morrera. Desposou Terência e seu dote, que era considerável – e, ao mesmo tempo que desempenhava a profissão de advogado, cultivou a política, que lhe estava, aliás, muito ligada. Teve, imediatamente, entre as mãos outro processo retumbante, o que se abrira contra Verres, senador que fora enviado para governar a Sicília e que lá cometera todas as espécies de roubos e de canalhices, mas que era sustentado pela aristocracia. Cícero tinha contra si a Hortênsio, o príncipe do Foro romano, o advogado de confiança da aristocracia e do Senado. Essa causa foi mais ou menos o processo Dreyfus da época, com os patrícios de um lado e o povo, mas principalmente a grande burguesia " equestre", do outro. Ainda uma vez venceu Cícero, destronando a Hortênsio e tornando-se, desta forma, o ídolo de uma classe social da qual ele próprio provinha.

Era Lúculo um ex-lugar-tenente de Sila, cuja obra continuara no Oriente durante dez anos, combatendo Mitridates. Provinha de uma família aristocrática pobre e de má fama. Diziam que seu pai se havia deixado subornar pelos escravos revoltosos da Sicília, que seu avô roubara estátuas e que sua mãe tivera mais amantes do que cabelos na cabeça. Talvez tudo isso não passasse de simples calúnias. De qualquer modo, Lúculo, na juventude, não deixara entrever nenhum desses vícios: tinha, simplesmente, uma grande ambição e todas as qualidades necessárias para satisfazê-la: a inteligência, a eloquência, a cultura e a coragem. Uma vez que Sila, que por ele tinha um fraco, vencera, sua carreira fora fácil. Morto seu protetor, não hesitou, para continuar a carreira, em conquistar as boas graças de uma mulher, Précia, cujas intrigas amorosas a tinham feito alcançar grande poderio. Foi graças a ela que obteve o proconsulado da Cilícia, isto é, a possibilidade de poder continuar a comandar, a guerrear, a vencer e a enriquecer-se com os despojos do inimigo. Para chegar, como capitão, ao nível dos Mários, dos Silas e dos Césares, uma coisa lhe faltava, uma única: a intuição psicológica. Levou seus soldados de vitória em

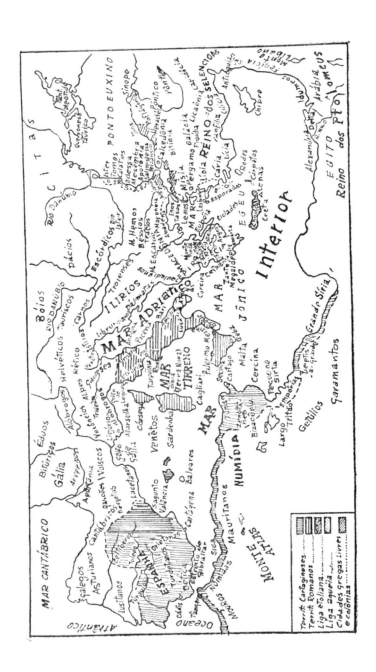

vitória, mas os cansou ao ponto de se amotinarem. Assim como obtivera seu posto pela intriga, foi pela intriga que o perdeu. Chamado a Roma, retirou-se dos negócios públicos e nada mais fez do que gozar de suas riquezas, que eram imensas, e as alardear insolentemente. Sua vila do cabo Miseno lhe custara mais de um bilhão de liras; sua fazenda de Túsculo contava mais de vinte mil hectares; o palácio, que mandara construir no Píncio, era célebre pela galeria de estátuas, pelos manuscritos preciosos que roubara no Oriente, pelos jardins em que cultivava, com o cuidado de um botânico apaixonado, plantas até então desconhecidas em Roma, como a cerejeira, e, sobretudo, pela cozinha, laboratório dos refinamentos mais preciosos.

Por conseguinte, numa tarde, Cícero, em reunião de amigos, começou a gracejar com Lúculo sobre sua reputação de "gourmet", declarando que isso não passava de atitude e apostando que, se alguém fosse ao seu palácio sem que disso se prevenissem os cozinheiros, apenas encontraria um repasto frugal, para soldados ou camponeses. Lúculo aceitou o desafio e convidou a todos para pôr-se a par dos fatos, pedindo, simplesmente, permissão para dar ordem aos servidores no sentido de que preparassem o "couvert" (serviço para refeição) para todos na sala de Apoio. Isto bastou para fazer seu pessoal compreender de que se tratava: na sala de Apoio, uma refeição não podia custar menos do que 200.000 sestércios. Aí havia, obrigatoriamente, como entradas, mariscos, pequenos pássaros com aspargos, "paté" de ostras, lagostas. A seguir, vinha a refeição propriamente dita: "filet" de bacorinho, peixe, pato, perdizes da Frigia, conservas de peixe da Gabes, esturjão de Rodes. Queijos, bolos e vinhos.

Plutarco, que nos relata esse episódio, não nos diz quem tomou parte nesse banquete. Deveria ter sido a nata da "sociedade" romana. Aí veriamos, certamente, Marco Licínio Crasso, aristocrata, filho de um famoso lugar-tenente de Sila, que preferira matar-se do que se entregar a Mário. (Sila recompensara o órfão, deixando-o comprar, a preços de liquidação, os bens dos simpatizantes de Mário, proscritos, e permitindo-lhe que organizasse o primeiro corpo de bombeiros que jamais existiu em Roma. Quando irrompia um incêndio, Crasso acorria ao local; em vez de extinguir as chamas, começava, imediatamente, a negociar o edifício, que se queimava, com o proprietário, sempre bastante feliz em dele se desembaraçar. Não era senão depois de havê-lo adquirido que punha suas bombas a trabalhar. De outro modo, deixava que se queimasse).

Outro que, certamente, compareceu foi Tito Pompônio Ático, que, se bem que fosse nascido na burguesia, representava um tipo de aristocrata mais refinado. Não tinha necessidade de sujar-se com negócios baixos, pois já era muito rico de família; por conseguinte, não tivera outro cuidado senão o de aperfeiçoar sua cultura em Atenas. Lá, Sila o conheceu e de tal modo ficou por ele seduzido que quis tomá-lo como colaborador. Ático, porém, renunciou a essa colaboração para continuar os estudos. A seguir, investiu o patrimônio, que chegava a perto de um bilhão, na compra de uma fazenda destinada à criação do gado, no Epiro; na aquisição de apartamentos, em Roma; bem como na fundação de uma escola de gladiadores e na de uma casa para editar livros de alta cultura. Cícero, Hortênsio e muitos outros grandes personagens da época o empregavam não somente como conselheiro financeiro, mas também como depositário de seus bens. Tais eram a estima e o prestígio de que gozava que, apesar de levar vida frugal, como verdadeiro epieurista, não havia salão da sociedade romana em que não fosse convidado permanente nem festa em que não tomasse parte.

Seguramente, aí deveria encontrar-se Pompeu, favorito e genro de Sila, que, não sem um tanto de ironia, o chamava "o Grande". Também de família "equestre", isto é, burguesa, era ele o "príncipe encantado" da "jeunesse dorée" de Roma. Ganhara uma batalha e merecera um triunfo antes de ser maior de idade. Era tão belo que a cortesã Flora dizia que não podia largá-lo sem antes mordê-lo um pouco. Passava por ser jovem honesto e o era, com efeito, para a época. Esforçava-se em fazer o bem a todos com tanto ardor quanto aquele com que trabalhava para o bem próprio. Atribuíam-lhe diversas ambições. Na realidade, só tinha uma: estar em tudo acima de todos. Mais do que uma ambição, nele esse traço era vaidade.

Seriam tantos os personagens no banquete como não poderiam ser encontrados na Roma estoica de três séculos antes. Isso não apenas em razão da confecção esmerada de suas vestes, dos pratos que comiam, das conversas que mantinham num belo latim, puro e polido, temperadas com alusões literárias, mas também porque as mulheres, libertadas da sujeição, tomavam parte nessas festas. Cláudia, a mulher de Quinto Cecílio Metelo, era, por essa ocasião, a "primeira dama" da cidade e dava o tom às outras damas. Era feminista, saía sozinha à noite e, quando encontrava um homem que conhecia, em vez de baixar pudicamente os olhos, como fora hábito sempre, o abraçava afetuosamente. Convidava amigos para jantar na ausência do marido, afirmava o direito de pluralidade para as mulheres tanto quanto para os homens e o pôs largamente em prática, tendo amantes às dezenas e deixando-os com muita graça, mas sem remorsos. Um deles foi o poeta Catulo, que não conseguiu esquecê-la, roía-se de ciúmes e deu livre curso a essa ciumeira em seus versos, onde a cantou sob o nome de Lésbia. Célio, outro dos abandonados, a acusou diante do tribunal de ter querido envenená-lo e a chamou, públicamente, de "quadrantaria", isto é, "quarto de cêntimo", a tarifa das prostitutas pobres. Cláudia foi condenada a pagar uma multa; não porque fosse culpada, mas por ser irmã de Públio Cláudio, um dos chefes do partido radical, detestado pelos aristocratas, então todo-poderosos, e inimigo por juramento de Cícero, que apoiou a causa de Célio, ainda que dizendo repugnar-lhe o acusar uma mulher e particularmente aquela, que se mostrara tão boa amiga de tantos homens.

Com exemplos semelhantes à vista, era difícil que as jovens se tornassem boas mães de família. Unicamente ditados pelos cálculos políticos on interesseiros, os casamentos se faziam e se desfaziam da forma mais fácil do mundo. Pompeu, para progredir, divorciou-se da primeira mulher a fim de desposar Emilia, a enteada de Sila. Uma vez viúvo, casou-se com Júlia, a filha de César, o qual trocou cinco vezes de mulher e as enganou a todas, regularmente. "Esta cidade, dizia Catão, nada é mais do que uma agência de casamentos políticos, corrigidos pelos cornos." Metelo, o Macedônio, num discurso desolador, em que convidava os compatriotas a repor a ordem na vida familiar, dizia-lhes: "Dou-me bem conta de que uma esposa não é mais do que um aborrecimento." O casamento "com a mão", isto é, a forma de casamento que excluía o divórcio, tinha desaparecido praticamente, justamente para permitir aos cônjuges que voltassem atrás quanto ao casamento, se assim o quisessem. Bastava uma simples carta. As crianças não eram desejadas por serem um estorvo. Tinham-se tornado um luxo, que apenas os pobres se podiam permitir. As mulheres casadas, escapando às gestações, ao aleitamento e às papas, procuravam a "evasão", como hoje se diria. Encontravam-na, sobretudo, nas aventuras e na cultura, que começava a tornar-se planta mundana de salão.

Os gostos literários dessa sociedade rica e frívola não se orientaram para o maior escritor e maior poeta do tempo:

Lucrécio. O autor do "De rerum natura" foi, provavelmente, um aristocrata; porém, viveu muito retirado, ainda que por simples razões de saúde. Parece ter sido atingido por depressões eiclotímieas e sua inspiração era muito elevada, muito trágica e muito profunda para ficar na moda. Quem fazia furor era Catulo, poeta fácil e sentimental, algo de intermediário entre Gozzano e Paul Géraldy. Tratava-se de um burguês de Verona, avaro e abastado, queixando-se constantemente de miséria, mas que possuía sua casa em Roma, uma vila em Tívoli e outra às margens do lago de Guarda. Agradava às damas porque falava apenas de amor e tornara aveludada e de salão uma língua que não parecia feita senão para códigos e boletins de vitória.

Ao lado de Catulo, eram considerados muito grandes Marco Célio, aristocrata sem tostão, comunista simpatizante ; Licínio Calvo, poeta e orador por amadorismo, que não deixava de ter talento; e Hélvio Cina, que se considerou, por engano, após a morte de César, como um de seus assassinos, de tal forma que foi morto pela multidão. Eram todos intelectuais "da esquerda", que se opunham à ditadura, sem nada fazer para defender a democracia. Se tiveram influência, talvez superior aos próprios méritos, foi porque, além dos salões e das damas, tiveram à sua disposição verdadeira empresa de edições.

Ático introduzira em Roma o pergaminho; com ele fazia "volumes", isto é, rolos, compostos de duas ou três colunas manuscritas. Eram os escravos que deviam preenchê-las a mão, escravos especializados, aos quais somente se pagava a manutenção. Os próprios autores não recebiam retribuição, mas apenas alguma dádiva ocasional; por conseguinte, na prática, somente os ricos podiam consagrar-se à literatura. Uma edição se constituía, quase sempre, de um milhar de exemplares, que se distribuíam aos livreiros, onde os amadores os iam comprar. Foi um desses amadores, Asínio Polião, que constituiu a primeira biblioteca pública de Roma.

Esse progresso técnico estimulou a produção. Terêncio Varrão publicou seus ensaios sobre a língua latina e sobre a vida rústica. Salústio, entre duas batalhas políticas, mandou editar suas "Histórias", magnificamente escritas, mas um tanto unilaterais. Cícero, que já se tornara o "mestre" por excelência da arte oratória, transformou seus discursos em livros: cinquenta e sete, somente dentre os que nos restaram.

Em suma, a cultura não mais era monopólio de alguns especialistas solitários. Começava a expandir-se naquela sociedade, que, daí por diante, voltava decididamente as costas aos costumes rudes e à sadia ignorância da primeira época republicana. Estava próxima aquela que é costume chamar de "idade de ouro" de Koma, a qual, como todas as "idades de ouro", não passava de um prelúdio para a agonia de sua civilização.

Capítulo 23

Cícero

Pompeu e Crasso, que encontramos no capítulo precedente, não eram somente homens de negócios e amantes da boa vida, mas homens políticos, que pretendiam representar papel de primeira plana. Conseguiram-no, mas ambos o pagaram com a própria vida.

Favoritos de Sila, tiveram, no início, carreira fácil. Com efeito, quando se retirou o ditador, foi a eles que o Senado apelou, pondo-os à testa de dois exércitos destinados a dominar as revoltas da Espanha e da Itália.

A Espanha já se havia rebelado muitas vezes contra os desatinos de seus governadores romanos. Porém, eis que, aos desatinos, vieram juntar-se inúteis crueldades. Em 98 a.C., o general Dídio, nisso imitando o exemplo de seu predecessor

Sulpício Galba, atraiu para o seu acampamento uma tribo inteira de nativos, prometendo distribuir-lhes terras, e os exterminou. Um de seus oficiais, Quinto Ser- tório, indignado pelas barbaridades tão inúteis, desertou, chamou às armas as outras tribos, com elas constituiu um exército e, durante oito anos, conduziu esse exército de vitória em vitória contra os romanos. Como Metelo, o general que o Senado enviara para combatê-lo não chegasse a dar-lhe cabo, prometeu-se algo como duzentos milhões de liras e dez mil hectares de terras a quem conseguisse matá-lo. Perpena, outro refugiado romano do acampamento de Sertório, o apunhalou. Porém, em vez de ir buscar seu prêmio, preferiu ficar como sucessor do morto e continuar a guerra por sua própria conta. Então, o Senado expediu contra ele Pompeu, que não teve dificuldade em bater o renegado, dele apoderar-se e suprimi-lo – fazendo que a Espanha voltasse ao regime dos desatinos de seus governadores.

Mais grave era a revolta que, na mesma época, inundava de sangue a Itália. Lêntulo Basiato tinha, em Cápua, uma escola de gladiadores, naturalmente frequentada por escravos, que aí se preparavam, praticamente, para morrer no circo a fim de divertir os espectadores. Um dia, duzentos deles tentaram fugir; setenta e oito o conseguiram, saquearam as redondezas e escolheram como chefe um trácio chamado Espártaco, que devia ser homem de boa raça e de nobres qualidades. Espártaco lançou um apelo a todos os escravos da Itália, cujo número atingia a milhões, organizou 70.000 deles, que formaram um exército ávido de liberdade e vingança, ensinou-lhes a fabricar armas e bateu os generais que contra ele enviou o Senado.

Essas vitórias não o embriagaram. Era um político esperto. Sabia muito bem que sua vitória não podia durar, que era vitória sem esperança. Eis por que levou sua tropa para os Alpes, na intenção de dissolvê-la e de mandar cada um para a própria casa. Pelo menos, é isto o que relata Plutarco. Seus auxiliares, porém, quiseram voltar e começaram a saquear cidades e campos. Espártaco, que devia ser homem de consciência, procurando opor-se a tais rapinagens, não teve coragem de abandoná-los. Perdeu uma batalha; depois, venceu ainda uma outra contra Cássio. Finalmente, encontrou-se defronte da Urbs, aterrorizada pela ideia de ver todos os escravos da Itália e os da própria Roma – que constituíam no interior da cidade uma temível quinta coluna – unir-se aos insurreitos e tornar-se uma avalancha.

Então, o comando passou para Crasso e toda a nata da aristocracia se alistou voluntariamente nas fileiras. Espártaco deu-se conta de que era o próprio Império que tinha à sua frente; retirou-se para o sul, na esperança de fazer passar suas tropas primeiro para a Sicilia e, a seguir, para a África. Crasso o seguiu, entrou em contato com suas tropas, destruiu a retaguarda, perseguiu-o. Durante esse tempo, Pompeu conduzia suas legiões da Espanha em marchas forçadas. Consciente de que o fim havia chegado, Espártaco atacou, lançou-se em plena luta, matou dois centuriões e ficou ele próprio de tal modo crivado de golpes que se tornou impossível, a seguir, identificar-lhe o cadáver.

A maior parte de seus homens com ele pereceram. Cerca de dez mil, que se encontravam nos bosques, foram crucificados ao longo da via Ápia.

Corria o ano de 71 a.C. Os dois generais vitoriosos, de retorno a Roma, não dissolveram os seus exércitos, como o queria a lei e o desejava o Senado. Não gostavam um do outro. Ambos eram muito ricos, tinham muita sorte, eram muito ambiciosos. Porém, quando o Senado recusou o triunfo a Pompeu e aos seus veteranos a distribuição de terras que lhes fora prometida, aliaram-se e fizeram com que seus homens se acampassem, ameaçadores, nas cercanias imediatas da cidade.

HISTÓRIA DE ROMA

Logo em seguida, os "populares", que, desde a morte de Sila, esperavam o momento de poder vingar-se dos abusos da aristocracia, se enfileiraram à volta deles, fizeram-nos os seus campeões e os elegeram cônsules para o ano 70 a.C. Pompeu e Crasso não eram, de forma alguma, "populares": pertenciam, por nascimento, à alta burguesia. Contudo, o egoísmo cego da aristocracia tivera, por consequência, impelir a alta burguesia para os lados do proletariado. E, de fato, as primeiras medidas tomadas pelos dois cônsules foram a restauração do poder dos tribunos, de que Sila os despojara, e a retirada aos patrícios do monopólio do júri nos tribunais, aí readmitindo os cavaleiros (burgueses – N. do tr.). Após isso, renovaram sua aliança a fim de repartir mutuamente as vantagens pessoais. Pompeu devia ficar com o comando supremo dos exércitos no Oriente, em que substituiria Lúculo, juntando aos seus poderes de general os de almirante, para a repressão dos piratas do Mediterrâneo, que tornavam pouco seguras as rotas da Ásia Menor. Em compensação, comprometia-se a reabrir os mercados orientais aos investimentos dos banqueiros, aliados de Crasso, que assim se tornava o chefe supremo daqueles mercados.

No seio do Senado, que se opôs, unanimemente, a essa medida, uma única voz se elevou para defendê-la, a de um jovem ainda pouco querido e não muito bem visto pelos aristocráticos colegas: Júlio César. A Assembleia a aprovou com a mesma unanimidade, levada, como o foi, pelo voto de outro jovem: Cícero. A vitória da Assembleia e de Pompeu assinalou o fim da supremacia dos patrícios e da restauração de Sila, que sobre ela repousava. Teve consequências decisivas na sequência dos acontecimentos. Imediatamente após a partida de Pompeu, à frente de cento e vinte e cinco mil homens, de quinhentos navios e de 150 milhões de sestércios, o comércio com o Oriente se reiniciou, o que fez cair o preço do trigo, coluna da aristocracia latifundiária.

INDRO MONTANELLI

Um único acontecimento veio perturbar esse pacífico e progressista retorno à democracia. Não conhecemos Lúcio Catilina senão pelos retratos que dele fizeram seus inimigos, particularmente Salústio e Cícero. Este último nos pinta como um "indivíduo equívoco, perpetuamente em querela com os deuses e os homens, que não pode encontrar repouso nem acordado nem ao dormir: daí sua cor terrosa, os olhos injetados, o aspecto de epilético, em suma, a aparência de louco". O azar era que Cícero, pelo lado da mulher, vinha a ser meio-cunhado de uma Vestal, que Catilina fora acusado de haver deflorado. Os juízes o absolveram. Todavia, diziam nos salões que o caso era verdadeiro e que nada tinha de espantoso, pois Catilina já assassinara um dos filhos para agradar uma amante.

Talvez em virtude dessa hostilidade que encontrava em toda a parte, Catilina, ainda que de nascença aristocrática, passou para o lado dos "populares" mais excitados, com forte cor jacobina. Seu programa era radical: reclamava a abolição de todas as dívidas para todos os cidadãos. Imediatamente, murmuraram que ele já organizara um bando de quatrocentos esfaimados para matar os cônsules e apoderar-se do governo.

Na realidade, ninguém jamais viu esse famoso bando e Catilina se contentou em apresentar, muito democraticamente, sua candidatura ao consulado, na esperança de que seu nome obteria a unanimidade anti-senatorial, que tão bem funcionara para Pompeu e Crasso. A alta burguesia, contudo, à qual pertenciam os credores, e que muito desconfiava dessa espécie de comunismo, não se mexeu dessa vez. Estava com a plebe quando tratavam de diminuir os monopólios da aristocracia; aliava-se, contudo, à aristocracia e, por conseguinte, ao Senado, uma vez que estivessem em jogo o Estado e o capitalismo.

Viu-se bem isso pela atitude de Cícero, que opôs a própria candidatura à de Catilina e o bateu, propugnando a "concórdia das Ordens" ou seja a Santa-Aliança da aristocracia com a alta burguesia, das quais foi, naquele ano, o grande intérprete.

Derrotado nas eleições, Catilina começou a organizar sua famosa conjuração, reunindo, secretamente, em Fiesole, alguns milhares de simpatizantes e constituindo uma quinta coluna dentro da própria cidade. Nessa quinta coluna, havia de tudo: escravos, senadores e dois pretores – Cetego e Lêntulo. Apoiado em tais forças, apresentou-se às eleições no ano seguinte e, para ficar bem seguro do resultado, preparou o assassínio de seu rival e de Cícero.

Tal é, pelo menos, a versão dos fatos que deu Cícero, quando se apresentou ao Campo de Marte para a contagem dos votos, com um séquito de homens armados. Catilina outra vez foi derrotado.

No dia 7 de novembro de 63 a.C., Cícero disse que, no transcurso da noite, assassinos foram à sua casa para matá-lo, mas que tinham sido repelidos pelos guardas. E, no dia seguinte, encontrando Catilina no Senado, contra ele pronunciou a famosa arenga ("quousque tandem..." Até quando, Catilina, abusarás de nossa paciência?), que faz as delícias e o desespero dos alunos de curso médio. Não lhe bastaram dois dias para tal requisitório: precisou de três. Foi sua obra-prima. Aí espalhou, em proporções iguais, os tesouros de sua eloquência arredondada e cantante, de sua vaidade e de seu cabotinismo.

A 3 de dezembro, conseguiu obter um mandado de prisão contra Lêntulo, Cetego e cinco outros conspiradores de alta linhagem. Todavia, não ousou fazer o mesmo quanto a Catilina, que partiu sem ruído e foi juntar-se a suas tropas na Toscana. No dia 5, Cícero pediu a condenação dos acusados à morte; Solano e Catão, o Jovem, o apoiaram. De novo, para defender os acusados, apenas se elevou uma voz, jovem e fresca, a de César, fiel advogado dos "populares", que solicitou se limitasse a pena a uma simples detenção. Contrariamente à de Cícero, sua eloquência era sóbria e despojada. Quando acabou de falar, alguns jovens aristocratas tentaram assassiná-lo. César conseguiu fugir, enquanto Cícero ia para a prisão a fim de fazer com que se executasse a sentença e o outro cônsul, Marco Antônio, pai do garoto que se tornaria mais famoso do que ele, partia à frente do exército com o fito de aniquilar Catilina,

A batalha ocorreu perto de Pistóia; nenhum dos insurretos se rendeu. Esmagados pelo número, combateram até o último homem à volta de sua bandeira: as águias de Mário, e em torno de Catilina, que lhes seguiu a sorte.

O primeiro a ficar surpreso e entusiasmado pela energia que demonstrara foi Cícero, que nunca teria imaginado isso. Num discurso que pronunciou diante do Senado, declarou, "modestamente", que a aventura que cumprira era tão grande que ultrapassava os limites permitidos aos homens. Assim propondo sua candidatura à divinização, acrescentou que poderia ser comparado a Rômulo, se a salvação de Roma não tivesse sido muito mais gloriosa do que a sua fundação.

Os senadores sorriram a tais palavras; porém, lhe concederam, voluntariamente, o título de "Pai da Pátria". E, quando, no fim do ano 63 a.c., Cícero deixou o mandato, eles o escoltaram até à residência, em sinal de homenagem. Tudo isso contribuiu para que mais alçasse a cabeça o grande orador, que se considerou, desde então, o árbitro de Roma. Possuía vilas em Arpino, em Pôzzuoli e em Pompéia; uma fazenda de cinquenta mil sestércios em Pórmies, uma outra de quinhentos mil em Túsculo e um palácio de três milhões e meio sobre o Palatino. Tudo isso comprara com o auxílio de empréstimos consentidos por seus clientes, porque a lei proibia que os advogados recebessem honorários. Eram os empréstimos – que, bem entendido, não eram reembolsados – que os substituíam. Cícero, contudo, imaginou, a fim de enriquecer, novo meio: os testamentos, nos quais fazia com que o designassem como herdeiro. Em trinta anos, herdou de sua clientela vinte milhões de sestércios: um bilhão de liras.

Era lógico que semelhante homem pregasse a "concórdia das ordens", que procurasse um equilíbrio que não fosse a reação cega de uma casta aristocrática à qual não pertencia, mas muito menos o progressismo de pessoas interessadas num nivelamento geral.

Bico como era, príncipe do Foro e "Pai da Pátria", poderíamos acreditar que nada lhe faltasse. Faltava-lhe a mais importante de todas as coisas: a paz em família. Terência foi esposa virtuosa, mas insuportável, que lhe envenenou a vida com seu nervosismo, seus reumatismos e eloquência que não ficava por baixo da do esposo. Dois oradores na mesma casa é demais. O príncipe do Foro cedia, em sua casa, do cetro à mulher, que o empregava a torto e a direito para queixar-se continuamente de alguma coisa. Quando acabou por decidir-se a deixá-lo viúvo, Cícero a substituiu por Publília, que lhe trouxe dote igual ao da pobre defunta. Contudo, teve de logo separar-se dela, pois não tivera a honra de agradar à sua filha Túlia, sua única afeição real e desinteressada.

Após a questão Catilina, seu astro político começou a declinar, se bem que ainda lhe viesse a lançar alguns resplendores sob César, de que foi ora amigo ora inimigo, como o veremos, mas a quem Cícero não perdoou o fato de ser orador mais ou menos tão grande quanto ele, ainda que em estilo completamente diverso. Seus passatempos literários se tornaram cada vez mais intensos; a eles devemos algumas das mais belas páginas da língua latina. O que nos agrada sobremodo, em razão de seu caráter direto, são as cartas, repletas de anedotas autobiográficas. Escreveu-as em profusão e nelas se pintou tal qual era: trabalhador assíduo, pai amoroso, administrador ponderado das finanças públicas e das próprias, bom amigo para os amigos que lhe podiam ser úteis, vaidoso tão pouco consciente da vaidade pessoal que a imortalizou em prosa impecável, com uma espécie de candura que resgata o erro e dele quase faz uma qualidade.

Capítulo 24

César

Foi por ocasião da queda de Catilina que chegou a Roma Metelo Nepos, lugar-tenente vanguardeiro de Pompeu, o qual voltava da Ásia Menor após uma série completa de brilhantes vitórias. Metelo Nepos havia adiantado a viagem a fim de lançar sua candidatura ao cargo de pretor, para favorecer, caso eleito, nova candidatura de Pompeu ao consulado.

Alcançou o primeiro objetivo graças aos votos dos "populares", mas se encontrou como colega de Marco Catão, representante dos mais intransigentes conservadores. Estes, após o esmagamento de Catilina, acreditavam haver voltado a ser senhores da situação. Não viram por que razões deveriam apoiar Pompeu. Este nada poderia querer de melhor do que ser campeão de suas ideias. Se o tivessem escolhido, é bem provável que se tivessem salvado. Pelo menos, teriam retardado a própria derrota, dado o prestígio de que gozava Pompeu. Porém, a maioria dentre eles o invejara em virtude da riqueza e dos sucessos e pensava que dele não tinham necessidade.

Ainda uma vez, no Senado, uma só dissonância em meio ao coro: o voto de César, também ele pretor, que apoiou Pompeu. A Assembleia, nesse dia, foi tumultuosa. César, destituído ao mesmo tempo que Metelo Nepos, foi salvo pela turba, que foi protegê-lo e queria sublevar-se. Ele a acalmou e mandou para casa. O Senado, pela primeira vez, percebeu que esse jovem tinha algum valor e revogou sua destituição.

Caio Júlio César tinha, então, vinte e cinco anos e provinha, como Sila, de uma família aristocrática e pobre, cuja origem fazia remontar a Anco Márcio e a Vênus. Todavia, depois desses ancestrais putativos, não fornecera personagens ilustres para a História de Roma. Tinha havido Júlios pretores, questores e até mesmo cônsules, mas sem especial envergadura. Sua casa se situava na Suburra, o bairro popular e mal afamado de Roma; foi lá que César nasceu, segundo uns em 100 a.C., conforme outros em 102 a.C..

Nada sabemos de sua infância a não ser que teve como preceptor um gaulês, Antônio Grifo, que lhe ensinou, talvez, além do latim e do grego, algo de muito útil sobre o caráter de seus compatriotas. Parece que, na época da puberdade, sofreu dores de cabeça e ataques de epilepsia, e que sua ambição, então, teria sido a de tornar-se escritor. Picou calvo muito cedo e, como disso muito se envergonhava, tratou de "levar" seus cabelos da nuca até quase à fronte, perdendo bastante tempo, cada manhã, nessa complicada operação.

Suetônio conta-nos que ele era grande, um tanto gordo, com a pele clara e os olhos negros e vivos. Plutarco diz que era magro e de talhe médio. Talvez ambos tenham razão. O primeiro o descreve jovem; o outro, quando maduro, na idade em que, geralmente, as pessoas ficam um tanto pesadas. Seus longos períodos de vida militar devem tê-lo deixado mais robusto. Foi, desde a infância, excelente escudeiro; galopava frequentemente, com as mãos cruzadas às costas. Porém, também marchava muito a pé à frente dos seus soldados, dormindo nos carroções, comendo sobriamente e conservando, sobretudo, o sangue-frio e a lucidez do cérebro. Seu rosto não era belo. Sob o crânio pelado e um tanto maciço em demasia, via-se um queixo quadrado, a bôca amarga, cujo lábio inferior se salientava quanto ao superior. Nem por isso deixou de ter menos sorte, sempre, com as mulheres. Desposou quatro e teve como amantes infinidade de outras. Seus soldados o chamavam de "moechus calvus", o adúltero calvo, e, quando desfilavam pelas ruas de Roma, por ocasião de um triunfo, exclamavam: "Atenção, homens! Fechai bem em casa vossas mulheres! O sedutor careca está de volta!" Era César o primeiro a rir-se disso.

Contrariamente a certa legenda que o reveste de grave e digna solenidade, César era perfeito homem do mundo, galante, elegante, sem preconceitos, bem-humorado, capaz de receber as zombarias de outrem e pagá-las com sarcasmos mordazes. Era indulgente para com os vícios alheios, porque precisava de que os outros o fossem para com os seus. Cícero o chamava "o marido de todas as mulheres e a mulher de todos os maridos". Uma das razões pelas quais os aristocratas o detestavam é que ele, infalivelmente, lhes seduzia as mulheres. Estas, para dizer a verdade, se deixavam seduzir por qualquer um. Figura entre elas Servília, meio-irmã de Catão, uma das razões pelas quais este se mostrou, irredutivelmente, hostil a César. Servília lhe era de tal modo devotada que, quando os anos a constrangeram à retirada, ela lhe fez o sacrifício da filha Tércia, deixando que esta a substituísse, quando a idade a obrigou a retirar-se. César recompensou essa abnegação de mãe, fazendo com que lhe fossem atribuídos os bens de alguns senadores proscritos a um terço de seu valor. Cícero, sobre esse assunto, fez um jogo de palavras, declarando que essa venda a baixo preço tinha sido feita "Tertia deducta" (com o desconto de um terço. Jogo de palavras com o nome da filha de Servília. N. do tr.). O próprio Pompeu, ainda que mais belo, mais rico e, nesse momento, mais famoso do que César, deixou que este lhe roubasse a mulher e a repudiou. César fez com que a questão fosse perdoada por Pompeu, dando-lhe a própria filha em casamento.

Esse extraordinário personagem, em torno do qual, daí em diante, começou a gravitar toda a história de Roma e do mundo inteiro, era, pois, quanto à moralidade, bem o filho de sua época. Seus primeiros passos, com efeito, nada prometiam de bom. Após terminar os estudos com cerca de dezesseis anos, partiu na companhia de Marco Termo, que ia para a Ásia realizar uma daquelas numerosas guerras que lá ocorreram. Porém, em vez de tornar-se um bom soldado, veio a ser o favorito de Nicomedes, rei da Bitínia, que tinha sua fraqueza pelos belos efebos. Voltando a Roma com a idade de dezoito anos, desposou Cossúcia, porque tal era a vontade de seu pai. Depois que este morreu, ele a repudiou e substituiu por Cornélia, filha daquele Cina, que, outrora, ficara como sucessor de seu tio Mário. César reforçou, desse modo, os laços que já o uniam ao partido democrático.

Sila, quando iniciou sua ditadura, o intimou a divorciar-se. Se bem que habituado a trocar de mulher como trocamos de roupa, César recusou-se a isso, audaciosamente. Foi condenado à morte e confiscou-se o dote de Cornélia. Depois disso, amigos comuns se interpuseram e Sila deixou que ele partisse para o exílio. César agradeceu tal gesto de clemência qualificando-o de "..." Porém, ele se enganava. Sila compreendera muito bem a "..." que fazia e o revelou a alguns íntimos: "Este rapaz vale muitos Mários!" Talvez sentisse por ele secreta simpatia.

INDRO MONTANELLI

Quando o ditador se retirou, César voltou a Roma. Todavia, como ainda encontrou a cidade em mãos dos reacionários que o detestavam, por ser o sobrinho de Mário e o genro de Cina, de novo partiu, desta vez para a Cilicia. No mar, os piratas se apossaram de sua pessoa e exigiram vinte talentos como resgate, algo como quarenta milhões de liras. César lhes disse, insolentemente, que era preço muito baixo para o seu valor e que preferia lhes dar cinquenta. Enviou seus servidores para conseguir o dinheiro e disfarçou a expectativa a escrever versos e a lê-los aos seus raptores, que de modo algum os apreciaram. César os tratou de "bárbaros" e "cretinos", prometendo que mandaria enforcá-los na próxima ocasião. Manteve a palavra pois, apenas libertado, correu a Mileto, alugou uma flotilha, perseguiu e capturou os flibusteiros, retornou-lhes o dinheiro ou, melhor, o dinheiro de seus credores – a quem não devolveu – e, como manifestação de clemência, degolou-os, antes de içá-los a um poste.

É ele mesmo quem relata essa aventura em algumas carias a amigos e não juraríamos seja autêntica. Naquela ocasião, César ainda era o sóbrio, o imparcial escritor do "De Bello Gallico", que, tendo, com efeito, ganho uma porção de batalhas, não tinha necessidade de romanceá-las. Era um mau jovem, fanfarrão, arrogante e dissipado. Quando se apresentou como pretor, em sua volta a Roma, em 68 a.C., já estava crivado de dívidas. Contraíra essas dívidas com Crasso, do qual também seduzira a mulher, Tértula. Com o dinheiro que tomara emprestado, comprou os eleitores, foi eleito, obteve um governo e um comando militar na Espanha, combateu os rebeldes e retornou a Roma com a reputação de bravo soldado e administrador consciente.

Em 65 a.C., candidatou-se às eleições, elegeu-se como edil e agradeceu aos eleitores com o financiamento de espetáculos como jamais haviam sido vistos. Porém, ainda fez outra coisa: reconduziu ao Capitólio os troféus de Mário, que Sila de lá fizera retirar. Três anos mais tarde, foi nomeado pró-pretor na Espanha. Seus credores se reuniram e solicitaram do governo que não o deixasse partir sem que lhes tivesse pago as dívidas, Ele próprio reconheceu que devia aos seus credores vinte e cinco milhões de sestércios. Como de hábito, foi Crasso quem lhes emprestou. César retornou ao meio dos iberos, submeteu-os quase completamente e mandou para Roma tamanha presa de guerra que o Senado lhe outorgou o triunfo. Talvez o Senado lhe tenha concedido tal honra apenas para impedir que se candidatasse ao consulado, uma vez que o candidato devia estar presente quando propunha a candidatura e que a lei proibia que o triunfador retornasse a Roma antes do triunfo. César, contudo, deixando o exército às portas da cidade, não deixou de ir a Roma. É precisamente no decurso dessa campanha eleitoral que tem início sua grande ação política.

Os conservadores detestavam César, que defendera Catilina, recolocara os troféus de Mário no Capitólio e, agora, se apresentava como chefe dos "populares". Bem que pode- riam impedir-lhe o sucesso, caso lhe opusessem um homem do prestígio de Pompeu, que, pelo contrário, enganaram, como já dissemos, porque tinham ciúmes de suas vitórias e riquezas. Estas eram tamanhas que lhe permitiam manter um exército pessoal: aquele que desembarcou em Brindes (Brindisi), ao voltar do Oriente, e que poderia fazê-lo eleger ditador pela força. Generosamente, Pompeu dissolveu esse exército e foi apenas com reduzido séquito de oficiais que entrou em Roma e aí celebrou seu triunfo. Muito corajoso na batalha, Pompeu era muito tímido diante das responsabilidades políticas: jamais queria fazer algo que contrariasse a legalidade e o "regulamento" O Senado o sabia: disso se aproveitou para tratá-lo friamente e recusou-se a distribuir a seus soldados as terras que Pompeu lhes prometera. César viu nisso boa ocasião para atraí-lo para seu lado e para o lado de Crasso.

Tal obra-prima de diplomacia foi selada por um acordo tripartite: o primeiro triunvirato. Pompeu e Crasso colocavam sua influência – que era grande – e suas riquezas – que eram imensas – ao serviço de César para fazer que se elegesse cônsul. Uma vez cônsul, César distribuiria as terras devidas aos soldados de Pompeu e concederia a Crasso as adjudicações a que este aspirava.

Assim se rompeu a "concórdia das Ordens", que Cícero sustentava, isto é, a aliança da aristocracia e da alta burguesia. Esta última, que via em Crasso e Pompeu seus legítimos representantes, nem por isso deixou de também aliar-se aos "populares" de César. E a aristocracia, convencida em sua arrogância e estupidez de que não precisava de socorro, e que não tinha de compartilhar com ninguém seus privilégios, ficou isolada. Apresentou como candidato um personagem insignificante: Bíbulo – que foi eleito. Porém, não pôde impedir que, ao mesmo tempo, se elegesse César, personagem de estofo completamente diverso.

César manteve os compromissos que tomara com os aliados. Propôs, imediatamente, a distribuição das terras e a ratificação das medidas adotadas por Pompeu no Oriente. O Senado a isso se opôs. César, então, levou os projetos de lei para a Assembleia. Foi o que haviam feito os Gracos. Com isso, tinham arriscado a pele. Os tempos, todavia, haviam mudado. Bíbulo apresentou seu veto, dizendo que os deuses haviam sido interrogados e se tinham mostrado hostis ao projeto. A Assembleia riu-lhe na cara e um "popular" lhe atirou à cabeça um urinol. Os projetos foram aprovados por grande maioria. Pompeu tornou-se genro de Oésar, ao desposar-lhe a filha Júlia; burgueses e proletários se abraçaram fortemente e, durante meses e meses, o povo se divertiu às custas dos triúnviros, que ofereciam, no circo, magníficos espetáculos.

Nessa atmosfera de favor popular, foi fácil a César realizar suas reformas econômicas e sociais, que eram as dos Gracos. O Senado a todas entravou e, regularmente, enviava Bíbulo para declarar que os deuses lhes eram contrários. Bem que a Assembleia zombava desses deuses. Ria-se na cara de Bíbulo, que acabou por retirar-se em casa e não mais aparecer. Exigindo o costume que se batizasse o ano com os nomes dos dois cônsules, os romanos chamaram o ano de 59 a.C. de "o ano Júlio e César".

Júlio César terminou o ano de consulado fazendo com que se elegessem para sucedê-lo, em -58, a Gabínio e Pisão e casou--se com a filha deste último, após haver, regularmente, obtido o divórcio de sua terceira esposa, Pompéia, que estava a ponto de ser atacada em justiça por ultraje ao pudor e à religião: acusavam-me de haver introduzido o amante, Clódio, disfarçado de mulher, no recinto consagrado à deusa Bona, da qual era sacerdotiza. O fato era verdadeiro. Clódio, jovem e belo aristocrata, ambicioso e sem escrúpulos, frequentava a casa de César de quem admirava a política e, muito mais, aliás, a mulher. O que se ignora é se esta foi sua cúmplice quando foi surpreendido a executar aquele ato ímpio. César, citado como testemunha, proclamou a inocência de Pompéia. Como o juiz lhe indagasse porque, nesse caso, se havia divorciado, ele lhe respondeu: "Porque a mulher de César não deve nem ao menos ser tocada por uma suspeita." Testemunhou, também, em favor de Clódio, declarando não considerá-lo capaz de gesto semelhante, se bem que estivesse provado que tinha praticado piores: por exemplo, seduzir sua própria irmã Clódia, mulher de Quinto Cecílio Metelo, aquela a quem Catulo chamava Lésbia e que Cícero perseguia, como linguarudo que era. Rancoroso e "fazedor de histórias", o grande advogado Cícero foi testemunhar contra o irmão, como havia testemunhado contra a irmã. César, porém, pôs em movimento Crasso, que subornou os juízes, e Clódio foi absolvido.

INDRO MONTANELLI

A razão pela qual César fazia tal força para salvar o debochado que lhe desonrara a mulher, como se diria hoje, pôde ser compreendida imediatamente após, quando Clódio, sustentado por César, propôs-se como candidato a tribuno da plebe. Evidentemente, após fazer que se elegessem cônsules seu genro e um amigo íntimo, César desejava um devedor à testa do proletariado. Quanto à honra conjugal, dela César zombava. Com essa história, Clódio lhe prestara o serviço de desembaraçá-lo de uma mulher que de nada mais lhe servia, a fim de substituí-la por outra cuja parentela lhe deveria ser muito útil. No momento de deixar suas funções, ele próprio se nomeara procônsul na Gália cisalpina e narbonesa. Como a lei proibisse que se mandassem estacionar tropas ao sul do Apenino, o homem que detivesse o comando das tropas ao norte do Apenino era, praticamente, o senhor da península. Era o que, daí por diante, desejava ser César.

Sabia muito bem que o Senado tudo faria por impedi-lo. Porém, havia demonstrado que podia governar sem o Senado, fazendo que as leis fossem aprovadas, diretamente, pela Assembleia. No decurso dos últimos tempos, tinha ido, até mesmo, mais longe: impusera que todas as discussões que se dessem no seio daquela solene, aristocrática Assembleia fossem registradas e publicadas diariamente. Assim nasceu o primeiro jornal. Chamou-se "Aeta diurna" e era gratuito: não era vendido mas afixado nas paredes, a fim de que todos os cidadãos pudessem lê-lo e controlar o que faziam e diziam aqueles que os governavam. Essa invenção tinha enorme repercussão: sancionava o mais democrático de todos os direitos. O Senado, que contava com o segredo para seu prestígio, ficou, daí por diante, submetido à vigilância da opinião pública. Jamais se recobrou de tal golpe.

Com Gabínio e Pisão como cônsules para apoiá-lo, com um aventureiro fácil de fazer cantar, como Clódio, à frente da ple-

HISTÓRIA DE ROMA

be, com a amizade de Pompeu e o auxílio financeiro de Crasso, com um Senado dobrado e obrigado a prestar contas de suas decisões, César podia distanciar-se de Roma, a fim de procurar o que ainda lhe faltava: a glória militar e um exército fiel.

Capítulo 25

A Conquista da Galia

Quando César lá chegou em 58 a.C., a França não era para os romanos mais do que um simples nome: Gália (Gallia). Os romanos só lhe conheciam as províncias meridionais, aquelas que haviam transformado em vassalas, a fim de assegurar as suas comunicações por terra com a Espanha. Desconheciam as terras que se encontravam mais ao norte.

Mais ao norte, não existia aquilo que hoje se chama de nação. Tribos de raça céltica viviam espalhadas nas diversas regiões e passavam o tempo a guerrear mutuamente. César, que tinha, dentre outras qualidades, as de grande jornalista e possuía o dom da observação, verificou que cada uma dessas tribos se dividia em três classes: os nobres, ou cavaleiros, que tinham o monopólio do exército; os sacerdotes, ou "druidas", que mantinham o monopólio da religião e da instrução; e o povo, que monopolizava a fome e o temor. César imaginou que, para dominar essas tribos, bastaria manter-lhes a divisão, seria suficiente opor os cavaleiros aos cavaleiros. Cada um deles, para combater o outro, arrastaria consigo uma porção de povo. Não havia mais do que um perigo: que os druidas fizessem entendimentos recíprocos e constituíssem o centro espiritual de uma unidade nacional. Era preciso, portanto, que Roma os tivesse a todos a seu lado.

César tinha simpatia pelos gauleses, e isso por duas razões: primeiro, porque fora um gaulês o seu primeiro preceptor. Depois, porque os gauleses eram irmãos de sangue daqueles celtas do Piemonte e da Lombardia, que Roma já submetera e que constituíam os seus melhores soldados de infantaria. Se conseguisse submeter toda a França, lá encontraria inesgotáveis recursos em soldados.

César não contava com forças suficientes para uma conquista. Para aquele enorme território, não lhe haviam dado mais do que quatro legiões: apenas trinta mil homens. E, no momento preciso em que assumia o comando, quatrocentos mil helvécios, vindos da Suíça, inundavam a Gália narbonesa, que ameaçavam de submergir, e cento e cinquenta mil germanos atravessavam o Reno, para ir reforçar, nas Flandres, seu confrade Ariovisto, que aí se estabelecera havia treze anos. Toda a Gália, aterrorizada, pediu auxílio e proteção a César, que, sem nem ao menos avisar o Senado, recrutou às suas custas quatro outras legiões e solicitou de Ariovisto que fosse discutir com ele um acordo. Ariovisto se recusou a isso; para afirmar o prestígio aos olhos de seus novos súditos, César viu-se obrigado a guerreá-lo bem com os helvécios.

Foram duas campanhas temerárias e fulminantes. Os helvécios, batidos apesar de sua enorme superioridade numérica, pediram que lhes fosse permitido voltar à pátria; César nisso consentiu, sob a condição de que se reconhecessem vassalos de Roma. Os germanos foram literalmente aniquilados perto de Ostheim. Ariovisto fugiu, mas morreu pouco depois. O "Don Juan", o incorrigível fazedor de dívidas se revelava, no campo de batalha, formidável general.

Aproveitando desse sucesso, que havia assustado a Gália, César lhe propôs que se unisse toda sob seu comando. Contudo, era possível pedir qualquer coisa aos gauleses, exceto que se unissem uns aos outros. Numerosas tribos se revoltaram e chamaram em socorro aos belgas que atenderam. César bateu-os; a seguir, bateu aqueles que os haviam chamado e anunciou a Roma, um tanto prematuramente, que toda a Gália se achava submetida. O povo rejubilou-se, a Assembleia deu vivas, o Senador fez careta. César farejou que os conservadores deviam preparar-lhe alguma armadilha. Voltou à Itália e convocou, em Luca, Pompeu e Crasso, a fim de reforçar, para a defesa comum, o "triunvirato".

Com efeito, desde que César não mais era cônsul, Roma se vira presa de convulsões. Até a época, o campeão dos aristocratas fora Catão, reacionário bastante obtuso, mas homem honesto. Talvez tivesse tido ideias mais largas se não levasse o nome de seu avô, o grande Catão, que as tivera tão limitadas. Foi esse nome que o perdeu, obrigando-o a representar uma comédia, na qual, talvez, não acreditasse. Para defender a austeridade de costumes de antigamente, viam-no vagar de pés descalços e sem túnica, murmurando sem cessar contra os novos costumes. Também o primeiro Catão assim fizera; porém, misturava às suas murmurações boas gargalhadas sonoras, sarcasmos picantes, grandes pratadas de feijão e grandes goladas de "chianti". O sobrinho tinha o rosto rabugento e crispado, a coloração de um pastor protestante hepático, a boca amarga de uma solteirona repleta de pecados não cometidos. Talvez aborrecesse os outros porque se aborrecia a si mesmo, a executar sem detença esse mister de moralista "desmancha-prazeres". Isso sem contar que era moralista à sua moda. Assim é que não encontrou nada a objetar no fato de que sua mulher Márcia, também ela saturada de um marido tão aborrecido – quem poderia atirar-lhe a pedra, à pobre mulher? – tomasse por amante o advogado Hortênsio, belo jovem, cheio de eloquência. Ou melhor, quando disso se deu conta, declarou ao amante: "Tu a queres? Dou-a emprestada." É o que, pelo menos, nos conta Plutarco. Não foi tudo. Tendo Hortênsio falecido pouco depois, Catão recolheu de novo Márcia em casa e continuou a viver com ela como se nada se tivesse passado.

Esse homem curioso tinha, aliás, suas qualidades. Era, antes de tudo, honesto. É bem esse fato que explica, numa época em que tudo estava à venda e, particularmente, os votos dos eleitores, o fato de jamais conseguir cargo mais elevado do que o de pretor. Os senadores, de que defendia o monopólio político, que não primavam absolutamente pela honestidade, teriam preferido vê-lo lutar com armas mais adequadas à corrupção geral e ao inimigo diante do qual se encontravam: aquele Clódio, que, desde a partida de César, se tornara o senhor de Roma e obtivera, dentre outras coisas, da Assembleia, que enviasse Catão a Chipre, na qualidade de alto-comissário. Catão obedeceu e os conservadores ficaram privados de seu chefe.

Felizmente para eles, era mais um grande demagogo do que grande político: por conseguinte, não tinha o senso da medida. Em seu ódio cego a Cícero, pôs-se a persegui-lo, constrangiu-o a fugir para a Grécia, confiscou-lhe o patrimônio e fez com que arrasassem seu palácio sobre o Palatino.

Ora, Cícero não era, em Roma, tudo o que imaginava ser. Contudo, não deixava de representar como que uma instituição nacional; de tal modo, Pompeu e César foram os primeiros a desaprovar tais medidas. Clódio nada quis saber, revoltou-se contra seus dois potentes protetores, recrutou um bando de agitadores e pôs-se a aterrorizar a cidade. Quinto, o irmão de Cícero, que solicitara da Assembleia o retorno do proscrito, foi vítima de um atentado, de que somente se salvou por milagre. Para fazer que se cumprissem seus pedidos, Pompeu teve, também ele, de recrutar um bando de "fora-da-lei" sob as ordens de Ânio Milão, aristocrata sem dinheiro e sem escrúpulos do mesmo modo que Clódio, ao qual Milão declarou a guerra. Roma tornou-se, então, o que foi Chicago há uns quarenta anos.

Cícero, acolhido no retorno com grandes manifestações de alegria, tornou-se o advogado dos triúnviros, que o haviam salvado, sustentou a própria causa diante do Senado, fez com que se concedessem novos fundos a César para suas tropas da Gália e a Pompeu um comissariado com plenos poderes, durante seis anos, para resolver o problema alimentar da península. Em 57 a.C., porém, Catão voltou de Chipre, após haver-se desincumbido brilhantemente de suas funções; sob sua direção, os conservadores retomaram a luta contra os triúnviros. Calvo e Catulo encheram a cidade de epigramas a ele dirigidos. Apresentada sua candidatura ao consulado para o ano 56 a.C., o aristocrata Domício fez da revogação das leis agrárias de César o centro de sua campanha eleitoral. Cícero auscultou a direção do vento; como de hábito, imaginou que soprava para as direitas, enfileirou-se ao lado de Domício e denunciou Pisão, o sogro de César, como culpado de desvios de dinheiro.

Foi para remediar tudo isso que os triúnviros se reuniram em Luca, onde decidiram que Crasso e Pompeu se candidatariam ao consulado e que, após a vitória, confirmariam César no cargo de governador da Gália durante mais cinco anos. Terminado o mandato de cônsul, Crasso ficaria com a Síria e Pompeu com a Espanha. Desse modo, entre os três, seriam os senhores de todo o exército.

O plano se efetivou porque as riquezas de Crasso e de Pompeu, às quais se veio juntar a contribuição de César, que agora tinha em mãos, como carteira de notas, toda a Gália, foram suficientes para a compra de uma maioria. Foi assim que o procônsul pôde retornar às suas províncias, em que ocorria, no momento, nova incursão germânica. César massacrou a maior parte dos intrusos e impeliu os sobreviventes para o outro lado do Reno; depois, à frente de pequeno destacamento, atravessou o canal da Mancha. Foi com ele que, pela primeira vez, os romanos pisaram o solo inglês. Não sabemos bem porque foi à Inglaterra; talvez, simplesmente para ver como era. Aí ficou apenas alguns dias, bateu as poucas tribos que encontrou pelo caminho, tomou algumas notas e voltou. No ano seguinte, porém, repreendia a aventura com forças mais importantes, batia um exército nativo comandado por Cassivelauno, forçava caminho até o Tâmisa e teria, talvez, ido além, se a notícia de que havia rebentado uma revolta não lhe tivesse vindo da Gália.

César acreditou, a princípio, que se tratasse de coisa sem particular importância. Logo que desembarcou no continente, derrotou os eburões, que tinham tido a iniciativa da revolução e, deixando nas províncias nórdicas o grosso do exército para vigiá-los, chegou de volta à Lombardia apenas com pequena escolta. Mal havia aí chegado, soube que toda a Gália, unida pela primeira vez sob as ordens de um chefe hábil: Vercingetorix, estava em ebulição. César conhecia Vercingetorix; era um guerreiro da Alvérnia (Auvergne em francês, N. do tr.), região de montanheses robustos e combativos, filho de um certo Celtill, que aspirara a tornar-se rei de toda a Gália: por essa razão, os seus homens o fizeram perecer. Talvez o jovem houvesse alimentado as mesmas ambições de seu pai e a esperança de receber a investidura de César, de quem se mostrara amigo. Porém, mais ajuizado do que os outros, fazia apelo ao sentimento nacional e havia assegurado para si o auxílio dos druidas, que lhe deram o apoio religioso.

De momento, Vercingetorix se mantinha com grandes forças entre César, ao sul, e o seu exército, ao norte. A situação não podia ser pior. César a defrontou com a audácia habitual. Com seus magros destacamentos, reatravessou os Alpes e ganhou de novo a França, país que lhe estava inteiramente hostil. Marchou a pé dia e noite, à frente dos seus soldados, através das neves das Cevenas (Cevennes – montanhas do centro da França. N. do tr.), na direção da capital do inimigo. Vercingetorix acorreu para defendê-la. César passou o comando das tropas a Décimo Bruto e, com uma escolta de apenas alguns cavaleiros, se insinuou através das linhas inimigas rumo ao grosso de suas forças. Beuniu essas forças, bateu separadamente os avaros e os cenabos e saqueou-lhes as cidades. Diante, contudo, de Gergóvia, teve de recuar, perseguido pelos éduos, que considerara os mais fiéis de seus aliados e que o abandonavam.

Percebeu que estava só – um contra dez – no meio de um país hostil e se considerou perdido. Jogando tudo num só lance, marchou contra Alésia, onde Vercingetorix havia amontoado seu exército, e a sitiou. Logo a seguir, os gauleses acorreram de todos os lados a fim de libertar a capital. Os que se concentraram contra as quatro legiões romanas se elevavam ao número de duzentos e cinquenta mil. César ordenou aos seus que abrissem duas trincheiras, uma na direção da cidade sitiada e a outra voltada para as forças que vinham em socorro da cidade. Foi entre esses dois bastiões que concentrou seus soldados bem como algumas munições e os poucos víveres que lhes restavam. Após uma semana de resistência desesperada nas duas frentes, os romanos se encontravam reduzidos à fome; os gauleses, por seu lado, tinham caído na anarquia e começaram a retirar-se em desordem. César conta que, se houvessem insistido mais um dia, teriam sido vitoriosos.

HISTÓRIA DE ROMA

Vercingetorix, em pessoa, saiu da cidade, no fim de suas forças, a fim de pedir graça. César concedeu graça à cidade; os rebeldes, contudo, se tornaram propriedade dos legionários, que os venderam como escravos e com eles se enriqueceram. O infortunado capitão foi levado a Roma, onde no ano seguinte, carregado de cadeias, seguiu o carro do triunfador, que o "sacrificou aos deuses", como se dizia na época.

César passou o resto do ano na Gália para liquidar os restos da revolta. Fê-lo com severidade que não lhe era de hábito, uma vez que sempre se mostrara generoso para com um adversário vencido. Todavia, após haver castigado a rebelião, pela supressão de seus chefes, voltou a seus métodos de clemência e compreensão. Equilibrando assim judiciosamente a mão de ferro e a luva de veludo, fez dos gauleses povo respeitador e ligado a Roma, como se viu no decurso da guerra civil contra Pompeu: os gauleses não fizeram a menor tentativa para libertar-se do jugo ainda oscilante que os mantinha sujeitos.

Roma não se deu conta da grandeza do presente que lhe fazia seu procônsul. Não enxergou na Gália mais do que outra província para explorar, duas vezes maior do que a Itália e povoada de cinco milhões de habitantes. Não podia supor, certamente, que César aí fundara uma nação, destinada a espalhar e a perpetuar sua língua e sua civilização pela Europa. Nesse momento, aliás, ela não tinha quase tempo para ocupar-se de tais histórias, ocupada como se encontrava por suas discórdias.

Crasso, após seu consulado, partira para a Síria, como ficara combinado em Luca. Por causa de sua avidez de glória militar, declarara guerra aos partos, fora por eles batido em Carre e, enquanto parlamentava com o general vencedor, fora assassinado por este, que enviara sua cabeça para o teatro, a fim de adornar uma cena de Eurípedes. Quanto a Pompeu, após fazer com que lhe dessem um exército para governar a Espanha, ficara na Itália com esse exército e sna atitude nada anunciava de bom. O laço mais forte que o une a César tinha desaparecido com a morte de Júlia. César ofereceu para substituí-la sua neta Otávia. Tendo o viúvo a recusado, César propôs a Pompeu que ele próprio desposaria sua filha no' lugar de Calpúrnia, de quem se divorciara. Em Roma, era a coisa mais fácil do mundo assim passar de uma situação de sogro para a de genro. Pompeu também recusou essa proposta: não lhe convinha reatar com César laços de parentesco, pois acabara de se pôr de acordo com os conservadores, dos quais se tornara o campeão. Sabendo que o pro consulado de César deveria terminar no ano 49 a.C., fez com que seu próprio pro consulado se prorrogasse até 46 a.c. Ficaria, assim, como o único dos dois a contar com um exército.

A democracia agonizava sob os golpes de Clódio e de Milão, que a haviam reduzido a uma questão de agitações. Milão acabou por matar Clódio, logo depois que este lhe queimara a casa. A plebe concedeu ao defunto as honras de mártir, levou-lhe o cadáver para o Senado e pôs fogo ao palácio em que este se reunia. Pompeu apelou para seus soldados a fim de pacificar o tumulto e tornou-se, assim, senhor da cidade. Cícero saudou, na sua pessoa, o "Cônsul sem colega". A fórmula agradou aos conservadores, que a adotaram, porque permitia que se atribuíssem a Pompeu poderes de ditador, evitando a palavra, que soava mal. Pompeu fez com que todo o seu exército acampasse em Roma e foi à sombra desse exército que a Assembleia realizou suas sessões e que os tribunais julgaram os processos. Entre esses processos, houve um famoso: o de Milão, que foi condenado pelo assassínio de Clódio, a despeito da defesa de Cícero, que, mais tarde, publicou sua arenga. Quando Milão a leu, após ter sido forçado a refugiar-se em Marselha, declarou: "Oh! Cícero, se tivesses, realmente, pronunciado as palavras que escreveste, não estaria eu aqui a comer peixe!" Isto levanta muita suspeita quanto à correspondência entre os escritos do grande advogado e os discursos que, realmente, pronunciou.

Pompeu apresentou, de novo, a lei que exigia, para ser eleito cônsul, a presença do candidato na cidade. Guardada por suas tropas, a Assembleia aprovou essa lei. Assim ficava excluído César, que não podia retornar antes do dia designado para seu triunfo. Corria o ano de 49 a.C.; o encargo de César terminava em 1.º de março; Marco Marcelo, contudo, sustentou que era preciso apressar essa data. Os tribunos da plebe opuseram seu veto a tal proposta; o veto, porém, pressupunha uma legalidade democrática, que não mais existia. Catão piorou o caso, ao proclamar que deveria processar-se César e bani-lo da Itália.

Como agradecimento pela conquista da Gália, tal tratamento não estava nada mal...

Capítulo 26

 O Rubicão

As hesitações de César antes de desencadear a guerra civil fizeram a alegria de numerosos escritores e a fortuna de um pobre regato, do qual, sem as mesmas, ninguém, hoje em dia, conheceria o nome: o Rubicão. O Rubicão marcava, perto de Rimini, a fronteira que separava a Gália Cisalpina, onde o procônsul tinha o direito de mandar acampar seus soldados, e a Itália propriamente dita, em que a lei o proibia de trazer as tropas; foi às suas margens que os escritores descreveram um César meditativo e devorado pelas hesitações. Na realidade, quando César lá chegou, já havia tomado sua decisão ou, mais exatamente, esta já lhe fora imposta.

Para evitar a luta entre romanos, aceitara todas as proposições de Pompeu e do Senado, que, daí por diante, não passavam de uma unidade: enviar uma de suas bem magras legiões ao Oriente, para lá vingar a morte de Crasso; devolver outra a Pompeu, que lhe havia emprestado para as operações na Gália. Porém, quando o Senado lhe deu uma resposta definitiva, que o impedia de apresentar-se como candidato ao consulado e lhe impunha a alternativa de dissolver seu exército ou ser declarado inimigo público, César compreendeu que, se escolhesse a primeira solução, se entregaria sem armas a um Estado que lhe ambicionava a pele. Fêz, ainda, uma última proposta, que seus lugares-tenentes Curião e Antônio foram ler no Senado, sob a forma de carta – estava pronto a licenciar oito de suas dez legiões se lhe fosse prorrogado o encargo de governador da Gália até ao ano de -48. Pompeu e Cícero se pronunciaram a favor dessa proposta, mas o cônsul Lêntulo expulsou os dois mensageiros da sala e Catão e Marcelo pediram ao Senado, que a isso acedeu a contragosto, que conferisse a Pompeu todos os poderes a fim de impedir "que se causasse um prejuízo ao Estado". Era a fórmula que instituía a aplicação da lei marcial. Punha, definitivamente, César encostado à parede.

César reuniu sua legião favorita, a XIII, e falou aos soldados, aos quais não chamou de "milites", mas de "commilitones". Podia fazê-lo. Não tinha sido somente seu general, mas também seu companheiro. Havia dez anos que os conduzia de fadiga em fadiga e de vitória em vitória, alternando sabiamente, para com eles, a indulgência e o rigor. Seus veteranos eram verdadeiros profissionais da guerra: eles reconheciam isso e sabiam medir o valor de seus oficiais. Para com César, que raramente tivera de apelar para a própria autoridade a fim de confirmar seu prestígio, devotavam respeitosa afeição. Quando César lhes explicou a situação e lhes perguntou se sentiam coragem para enfrentar Roma, sua pátria, numa guerra que deles faria traidores no caso em que a perdessem, eles lhe responderam sim, por unanimidade. Sua pátria era ele, o general. Quando ele os preveniu de que nem tinha dinheiro suficiente para lhes pagar o soldo, responderam-lhe despejando as economias pessoais nos cofres da legião. Um único dentre eles desertou para tomar o partido de Pompeu: Tito Labieno. César o considerava como o mais qualificado e, também, como o mais seguro de seus lugares-tenentes. César lhe mandou as bagagens e o soldo, que o fujão negligenciara de levar consigo.

Foi no dia 10 de janeiro daquele ano de 49 a.C. que "lançou o dado", como ele próprio mais tarde o disse, isto é, atravessou o Rubicão com aquela legião: seis mil homens para enfrentar os sessenta mil que Pompeu já reunira. A XII a ele se juntou em Piceno e a VIII, em Cofrinio. Formou três outras legiões com voluntários regionais, que não haviam esquecido Mário e viam em César – sobrinho de Mário – seu continuador. "As cidades se abrem diante dele e o saúdam como a um Deus", deveria escrever Cícero, que não estava mais muito certo de haver feito boa escolha ao declarar-se pelos conservadores. Na realidade, a Itália deles estava cansada e não opunha qualquer resistência ao rebelde. Este a recompensava por essa atitude com uma clemência eivada de previdência: nada de saques, nada de prisioneiros, nada de corretivos.

No decurso desse avanço sobre Roma sem derramamento de sangue, César continuava a tentar um acordo ou, pelo menos, procurava mostrar que o fazia. Escreveu a Lêntulo para lhe expor os desastres que Roma poderia defrontar com uma luta fratricida. Escreveu a Cícero para dizer-lhe que fizesse saber a Pompeu que ele estava pronto para retirar-se da vida pública caso lhe fosse garantida a segurança. Sem esperar as respostas, porém, continuava a avançar em direção a Pompeu, o qual, por sua vez, também avançava, mas rumo ao sul.

Repelindo completamente as ofertas de César, os conservadores tinham abandonado Roma, declarando considerar como inimigos os senadores que aí permanecessem. Carregados de

dinheiro, de pretensões e de insolência, cada um deles acompanhado de servidores, de esposas, de amantes, de efebos, de tendas de luxo, de roupa branca de linho, de uniformes e de penachos, esses aristocratas faziam, ruidosamente, o séquito a Pompeu e lhe quebravam a cabeça por causa de suas tagarelices. Pompeu jamais tivera muito caráter, mesmo na época em que era jovem e delgado. Agora, envelhecido e obeso, o pouco que tivera tinha perdido. Para não enfrentar uma decisão retirou-se para Brindes (Brindisi), onde embarcou todo o exército e fê-lo atravessar o mar para conduzi-lo a Durazo. Curiosa tática para um general cujo exército representava o dobro do adversário. Declarou, porém, que desejava treinar e disciplinar esse exército antes de enfrentar a batalha decisiva.

César entrou em Roma no dia 16 de março, deixando o exército fora da cidade. Revoltara-se contra o Senado, mas nem por isso respeitava menos os seus regulamentos. Solicitou o título de ditador, que o Senado lhe recusou. Pediu que se enviassem mensagens de paz a Pompeu e o Senado recusou. Demandou o poder de dispor do Tesouro e o tribuno Lúcio Metelo lhe opôs o veto. "É-me tão difícil pronunciar ameaças quanto me é fácil executá-las", disse César. O Tesouro, imediatamente, foi posto à sua disposição. Antes de esvaziá-lo para alimentar os cofres de seus regimentos, César aí despejou todos os despojos que acumulara no decurso de suas últimas campanhas. De acordo com o roubo, mas, antes de tudo, pela legalidade.

Os conservadores prepararam o contragolpe pelo acúmulo de três exércitos: o de Pompeu, na Albânia; o de Catão, na Sicilia; e um terceiro, na Espanha. Contavam com a fome para fazer a capitulação de César e da Itália, sem ter necessidade de entregar-se a uma batalha que lhes causava temor. César enviou à Sicilia duas legiões, sob o comando de Curião, que perseguiu Catão, o qual embarcara para a África. Curião o atacou sem estar devidamente preparado para esse ataque e morreu no curso do combate, pedindo perdão a César pelo aborrecimento que lhe causava. Foi César, em pessoa, que partiu contra a Espanha, a fim de assegurar o reabastecimento de trigo. Pensava que o exército de Pompeu estivesse menos forte do que estava e se encontrou diante de dificuldades imprevistas. Era, porém, nos momentos de perigo que César dava o melhor de si mesmo. Um dia, em que estava sitiado, contornou um rio e tornou-se o atacante. O inimigo capitulou e a Espanha ficou, de novo, sob o controle de Roma. O povo, libertado do pesadelo da fome, o aclamou. O Senado lhe concedeu o título de ditador; mas, desta vez, foi César quem o recusou: bastava-lhe o de cônsul, que lhe conferiram os eleitores.

Com a rapidez habitual, trouxe de novo a ordem aos negócios internos do Estado, mas sem processos, sem banimentos, sem confiscos. A seguir, reuniu o exército em Brindes (Brindisi), embarcou vinte mil homens nos doze navios que tinha à disposição e os desembarcou na Albânia, na retaguarda de Pompeu, que ficou petrificado: jamais acreditara que, no inverno, alguém pudesse arriscar-se a atravessar aquele braço de mar, onde patrulhava sua própria e poderosa frota. Jamais ficou sabido porque Pompeu não atacou logo aquele inimigo temerário, que dele se aproximava a tal ponto, com tão poucas forças. E, contudo, teve a seu favor a tempestade, que fez submergir a pequena esquadra de César, impedindo-o, dessa forma, de passar o resto do exército. Na barca por meio da qual se esforçava por retornar à costa italiana, César gritava aos remadores aterrorizados: "Não tenhais medo; transportais a César e à sua estrela. O furacão não deixou, apesar disso, de levar tanto um quanto a outra para os escolhos; se Pompeu tivesse tomado, nesse momento, a iniciativa, nem um nem a outra se salvariam.

O tempo acabou por voltar a ficar bom. Marco Antônio, o melhor dos lugares-tenentes de César, veio reforçar-lhe as tropas desmoralizadas com outros homens e víveres. César diz que, antes de atacar, enviou a Pompeu nova oferta de paz que ficou sem efeito. Todavia, também o ataque de César ficou sem efeito. Pompeu resistiu e fez alguns prisioneiros, que matou. Também César fez prisioneiros; porém, os recrutou em suas fileiras. Seus veteranos reconheceram que a batalha tinha corrido mal porque não tinham nela posto todo o coração e pediram que os castigasse. César a tanto se recusou. Suplicaram que, de novo, os conduzisse ao ataque. Foi, entretanto, à Tessália que ele os conduziu, para que aí repousassem e se restaurassem nesse celeiro de trigo.

No campo de Pompeu, Afrânio aconselhava que se abandonasse César a seu destino e que todos voltassem para Roma, que ficara indefesa. A maioria, porém, preferiu dar-lhe o golpe de graça: com efeito, já o consideravam como vencido. Pompeu, que não tinha ideias pessoais e seguia as alheias, perseguiu o inimigo e o encontrou na planície de Farsália. Tinha cinquenta mil infantes e mil cavaleiros; César contava com vinte e dois mil infantes e mil cavaleiros. À véspera da batalha, houve grandes banquetes no campo de Pompeu: fizeram-se discursos, houve bebedeiras, brindes em honra de uma vitória certa. César comeu com os soldados uma porção de trigo e de couve, na lama da trincheira. Diante dele, que dava aos oficiais ordens indiscutíveis, havia mil estrategistas fanfarrões a expor mil planos diferentes e um general a esperar que lhe fosse apresentado um bom.

Farsália foi a obra-prima de César. Aí perdeu apenas duzentos homens, matou quinze mil, capturou vinte mil, que ordenou fossem poupados, e celebrou a vitória a consumir, na suntuosa tenda de Pompeu, a refeição que os cozinheiros do general inimigo lhe haviam preparado para festejar o triunfo. Nessa ocasião, o infortunado Pompeu cavalgava em direção a Larissa, sempre seguido por aquela multidão de aristocratas indolentes, no número dos quais se encontrava um certo Bruto, de quem César buscara o cadáver no campo de batalha com terror de vir a encontrá-lo. Bruto era filho da antiga amante de César, Servília, meia-irmã de Catão, talvez mesmo seu filho. César respirou, quando recebeu de Larissa uma carta de Bruto, em que este lhe pedia perdão em seu nome e em nome de seu cunhado Cássio (Cássio se casara com a irmã de Bruto: Tércia), prisioneiro com outros partidários de Pompeu.

César concedeu imediatamente sua absolvição aos dois cunhados, porque Roma era, então, aquilo que Flaiano diz ser hoje a Itália: um país não somente de poetas, de heróis, de navegantes – mas também de tios, de sobrinhos e de primos.

Voltemos a Pompeu. Após ter-se juntado à mulher, em Mitilene, com ela embarcou para a África, na intenção, sem dúvida, de pôr-se à frente do último exército senatorial: aquele que Catão e Labieno tinham organizado em Utica. O navio lançou a âncora nas águas do Egito, Estado vassalo de Roma, que o administrava por intermédio de um jovem rei, Ptolomeu XII. Este jovem rei era um vizinho incômodo, semidegenerado, semitolo, inteiramente sob o poder de um "vizir", isto é, de um primeiro ministro eunuco e canalha: Potim. Este já conhecia o resultado da batalha de Farsália; acreditou que asseguraria o reconhecimento do vencedor com o assassínio do vencido. Pompeu foi apunhalado pelas costas, à vista de sua mulher, no momento em que desembarcava de uma chalupa. Sua cabeça foi apresentada a César, que desviou o olhar, horrorizado. César não gostava de sangue, ainda que fosse do inimigo. Não há dúvida de que teria concedido graça a Pompeu, se o tivesse aprisionado vivo.

Tendo negócios no Egito, César quis, antes de retornar a Roma, repor também em ordem os negócios daquele país, que, já há muito, iam bem mal. De acordo com o testamento de seu pai, Ptolomeu tinha de partilhar o trono com sua irmã Cleopatra, após havê-la desposado (no Egito, esses amores entre irmãos e irmãs continuaram frequentes até à época do rei Faruque; isso faz parte da cor local). Quando, porém, César chegou ao Egito, Cleópatra lá não se encontrava; para agir mais à vontade, Potim a havia relegado e aprisionado. César fê-la voltar, às escondidas. Para encontrá-lo, ela fez com que a escondessem sob as cobertas de um leito, confiado a seu servidor Apolodoro, para ser levado ao palácio real em intenção de seu ilustre hóspede. Este a encontrou no momento de deitar-se: momento particularmente propício para uma mulher dessa espécie.

Não muito bela, mas cheia de "sex-appeal", loira, curvilínea, grande mestra em cosméticos e pós de arroz, com a voz melodiosa, que em nada correspondia – como sempre acontece – a seu caráter ávido e calculista, intelectual na medida exata que lhe era necessária para entreter brilhantemente a conversação, ignorava totalmente tudo o que pudesse parecer-se com o pudor. Era exatamente o que faltava a um mulherengo tão prevenido como César, após todos esses meses de trincheiras e de continência. Em questão de mulheres, César continuava tal qual fora anteriormente e tal qual foi sempre: todas as ocasiões que se deixam passar são perdidas!

No dia seguinte, repôs de acordo o irmão e a irmã, isto é, na prática, deu a esta todo o poder, em detrimento de Potim, que foi discretamente suprimido, sob o pretexto – talvez verdadeiro – de que tramava uma conspiração. Por infortúnio, a cidade se revoltou contra César e a guarnição romana, que aí residia, se uniu aos rebeldes. Com os poucos homens que lhe restavam, César transformou o palácio real num fortim, enviou um mensageiro à Ásia Menor para pedir reforços, mandou incendiar a frota para que não caísse nas mãos do inimigo (o incêndio, infelizmente, se propagou até a grande biblioteca, honra e glória de Alexandria) e, num golpe de mão, que ele próprio dirigiu, para lá seguindo a nado, tomou a ilha de Paros, em que esperou os reforços que lhe deviam chegar por mar. Ptolomeu pensou que ele estivesse perdido, uniu-se aos rebeldes e nada mais se soube dele. Cleópatra permaneceu corajosamente com César, que, desde a chegada dos seus, derrotou os egípcios e a restabeleceu no trono.

César ficou a seu lado nove meses, o tempo necessário à rainha para dar à luz um menino que se chamou Cesarião, para que não houvesse a menor dúvida quanto à identidade de seu pai. Devia ter sido grande o amor de ambos, pois deixou César surdo aos apelos de Roma, que se tornara a presa, em sua ausência, dos bandos de Milão, em retorno de Marselha. Enfim, diante do boato de que ele iria empreender com ela longa viagem pelo Nilo, seus soldados se rebelaram: correra a notícia em suas fileiras de que o seu general queria desposá-la e ficar no Egito como rei do Mediterrâneo.

HISTÓRIA DE ROMA

Então, César se conteve. Depôs-se à frente dos seus: correu à Ásia Menor, onde, em Zela, pôde dizer na luta contra Farnacete, o filho rebelde de Mitridates: "Veni, vidi, vinci."

Após isso, embarcou para Tarento, onde Cícero e outros antigos conservadores lhe vieram ao encontro com a cabeça coberta de cinzas. Com a magnanimidade habitual, César lhes interrompeu o ato de contrição, estendendo-lhes a mão. Picaram de tal modo felizes que não tiveram tempo nem ideia de escandalizar-se ao ver o chefe voltar a uma Roma cheia de luto e de atrocidades, seguido de uma mulher enfeitada e emplastrada como cantora de café-concerto, acompanhada por uma escrava que carregava um mico choramingas.

Foi a comboiar essa presa viva que César se apresentou à Urbs e a sua esposa Calpúrnia, que não se queixou, pois estava habituada a tais coisas. Todavia, foi ela provavelmente a única a perceber que Cleópatra tinha o nariz um tanto longo demais. Estamos bem certo de que isso lhe teria dado grande prazer.

Capítulo 27

Os Idos de Março

A situação, em Roma, não era divertida. O trigo não mais chegava da Espanha, onde o filho de Pompeu organizara outro exército, nem da África, onde Catão e Labieno tinham ficado senhores do lugar e tinham sob suas ordens forças iguais às que foram batidas em Farsália. No interior, o caos se estendia. O genro de Cícero, Dolabela, se ligara a Célio, sucessor de Clódio e chefe dos extremistas. Ambos tinham ordenado a abolição de todas as dívidas, o que significava o marasmo econômico, bem como haviam chamado de Marselha a Milão, o grande demagogo e agitador. Marco Antônio, que representava César e devia manter a ordem, mas só conhecia os processos expeditos dos soldados, havia soltado a tropa: um milhar de romanos fora degolado no Foro; quanto a Célio e Milão, fugiram a fim de organizar a revolta na província onde diversas legiões se tinham revoltado.

César, habituado a bater-se contra a direita, isto é, contra os reacionários, detestava ter inimigos à esquerda e não queria ter o fim de Mário, obrigado, para restabelecer a ordem, a massacrar os seus. Tratou de não deixar sua casca política bem agarrada aos soldados, "porque, disse, os soldados dependem do dinheiro, que depende da força, que deles depende". Apresentou-se sozinho e desarmado diante das legiões revoltadas e lhes disse, com a calma habitual, que reconhecia o bom fundamento de suas reivindicações e que as satisfaria quando voltasse da África, para onde seguia a fim de lutar "com outros soldados". Diante dessas palavras, diz Suetônio, os veteranos fremiram de remorso e de vergonha e gritaram que não podia ser assim, que eram eles os soldados de César e que queriam permanecer como tal. César apresentou alguma dificuldade; acabou, porém, por render-se aos seus rogos pela simples razão de que, em matéria de soldados, não contava com outros. Esse grande general era, também, um famoso fingido, como hoje se diria. Embarcou em seus navios aqueles homens, que ardiam de desejo de resgatar os erros cometidos, desembarcou na África no mês de abril do ano 46 a.C., em Tapso, e encontrou a esperá-lo oitenta mil homens, sob o comando de Catão, Metelo Cipião, seu antigo lugar-tenente Labieno, e Juba, rei da Numídia.

Estava, mais uma vez, na obrigação de bater-se sozinho contra três. Foi, mais uma vez, batido no primeiro encontro. Mais uma vez, venceu a batalha decisiva, que foi terrível. Nessa ocasião, os soldados não respeitaram suas ordens de clemência e massacraram os prisioneiros. Juba se matou no campo de batalha. Cipião foi alcançado à beira mar e assassinado. Catão refugiou-se em Utica com um pequeno destacamento, aconselhou ao filho que se rendesse a César, distribuiu o dinheiro que tinha em caixa por todos os que lhe pediram para fugir, ofereceu um jantar aos íntimos e os entreteve a falar de Sócrates e de Platão. Depois, retirando-se para o quarto, enfiou um punhal no ventre. Os servidores perceberam: chamaram um médico, que recolocou no lugar os intestinos que saíam pelo ferimento e pôs as ataduras necessárias. Catão fingiu estar em coma. Uma vez que o deixaram só, tirou as ataduras e reabriu o ferimento com as próprias mãos.

Foi encontrado morto, com a cabeça inclinada sobre o "Phedon" de Platão. César, bastante entristecido, declarou não poder perdoar-lhe o haver-lhe tirado a ocasião de oferecer-lhe o perdão. Mandou que lhe fizessem solenes funerais e dispensou sua clemência para com seu filho. Ele próprio sentia, talvez, que aquele homem desagradável, antipático sob tantos pontos de vista, levava consigo para o túmulo as virtudes da Roma republicana. Teria, muito espontaneamente, trocado a vida desse inimigo pela de muitos de seus amigos: Cícero, por exemplo.

Após breve parada em Roma, partiu para dar o golpe de graça ao último exército de Pompeu: o da Espanha. Venceu-o em Munda e pôde, afinal, consagrar-se inteiramente à reorganização do Estado. Tinha, daí por diante esse poder, pois o Senado lhe concedera o título de ditador, a princípio, por cinco anos, e, em seguida, por toda a vida. A empresa, contudo, era gigantesca e teria requerido uma classe dirigente com que César não contava. Convidou seus antigos adversários aristocráticos – que eram os mais competentes – a com ele colaborar. Não lhe responderam senão por sarcasmos e conspirações, voltando a proclamar a velha história de seu projeto de casamento com Cleópatra e da transferência da capital para Alexandria. César apenas pôde contar com um grupo de alguns amigos, nos quais podia confiar, mas que não tinham experiência de administração, e com eles formou uma espécie de ministério. Eram eles Balbo, Marco Antônio, Dolabela, Ópio e outros. Tinha a Assembleia a seu favor. Reduziu o Senado ao papel de simples corpo consultivo, após ter passado o número de senadores de 600 a 900, pela introdução de novos elementos, escolhidos, em parte, na burguesia de Roma e, em parte, entre seus velhos oficiais celtas, dos quais muitos eram filhos de escravos.

Essa manobra fazia parte de projeto mais vasto, que César esboçara quando concedera os direitos de cidadania à Gália cispadana. Jamais o Senado ratificou essa medida e ei-lo, agora, tendo de aceitar que a mesma se estendesse a toda a Itália. César compreendera que nada mais havia a esperar dos romanos de Roma, daí por diante amolecidos, abastardados, incapazes de fornecer outra coisa senão agentes suspeitos e desertores. Sabia que os bons elementos somente ainda eram encontrados na província, onde a família permanecera sólida, os costumes eram sadios e a educação, severa. Era com esses provincianos, saídos do meio rural ou da pequena burguesia, que desejava reformar os quadros da burocracia e do exército.

Aí estava a sua grande revolução. Esforçou-se por realizá-la através da grande reforma agrária, projetada pelos Gracos. Para ter êxito, apelou para a colaboração da alta burguesia industrial e mercantil – que financiou a operação. Grandes capitalistas, como Balbo e Ático, tornaram-se seus banqueiros e conselheiros. César desenvolveu nessa tarefa a mesma energia que empregava na batalha, como general. Queria ver tudo, saber tudo, decidir tudo. Não admitia dissipação nem incompetência. Para excluí-las, sempre achava tempo. A política do pleno emprego da mão-de-obra concordava muito bem com a mania da pedra, que o atormentava, porque César era um construtor nato. Passava, dessa forma, alegremente, jornadas terríveis. Em vez de irritá-lo, as tagarelices de seus inimigos o divertiam.

Faziam com que elas lhe fossem contadas a fim de contá-las, a seguir, a Calpúrnia, com quem retomara a vida em comum, após o parêntese de Cleopatra. Era, a seu modo, bom marido e bom pai, que procurava dar lenitivo à mulher, por todos os cornos que a fizera levar, através de mil atenções, profunda estima e afetuosa camaradagem. Tinha sempre algo para contar-lhe, quando voltava do escritório, onde tratava colaboradores e subordinados com a distância aristocrática que lhe era habitual. Vestia-se com cuidado e não se aproveitava das possibilidades inerentes a seu título de ditador senão por levar a coroa de louros, que lhe disfarçava a calvície. Tudo praticava com elegância, inclusive o dom de perdão aos que o haviam ofendido. Ainda mais: as ofensas, quando podia, preferia ignorá-las. Foi assim que queimou, sem ler, a correspondência deixada por Pompeu, em sua tenda, bem como a de Cipião, em Tapso. Deus sabe todas as ignomínias, todas as traições, todos os jogos dúplices que aí teria descoberto. Quando soube que Sexto se preparava para vingar o pai, na Espanha, mandou-lhe os sobrinhos que haviam ficado em Roma. De seus dois adversários, Bruto e Cássio, fizera dois governadores de província. Talvez tal magnanimidade não deixasse de conter algum desprezo pelos homens, caráter que, quase sempre, acompanha a grandeza. Também, talvez, esse desprezo fosse a razão de sua total indiferença aos perigos que o ameaçavam. Não podia ignorar que conspiravam à sua volta e que, para o ódio, a generosidade é um estímulo, não um sedativo. Não considerava, entretanto, os inimigos como suficientemente corajosos para ousar. Sonhava com novas expedições: vingar Crasso dos partos, estender o Império, nele englobando a Germânia e a Cítia, refundir, definitivamente, toda a sociedade italiana, dando-lhe o nível de uma classe média provincial e camponesa, mais vigorosa e mais de acordo com os costumes antigos.

No mês de fevereiro daquele ano de 44 a.C., já redigia ele planos para tais campanhas, quando Cássio se pôs à testa de uma conspiração, à qual se esforçou por atrair Bruto, que César continuava a amar como a um filho, talvez mesmo por saber que era seu filho. Os romancistas e os dramaturgos fizeram desse rapaz um herói das liberdades republicanas. Duvidamos muito de que o tenha sido. A conspiração se adornava com nobres ideais: declaravam querer a morte de um tirano, que aspirava à coroa real, para dela partilhar com Cleópatra, a cortesã estrangeira, e, em seguida, deixá-la para seu bastardo Cesarião, após ter transportado a capital para o Egito. Não fizera elevar a própria estátua ao lado das dos antigos reis? Não mandara imprimir sua figura nas novas moedas? O poder lhe havia subido à cabeça, cabeça já enfraquecida por uma volta de seus ataques de epilepsia. Até mesmo por ele e pela sua lembrança, valia mais suprimi-lo, antes que se lhe apresentasse a ocasião de destruir de um só golpe a liberdade e a superioridade de Roma.

Tais foram, provavelmente, os argumentos de que fez uso aquele "pálido e magro" Cássio – como nos descreve Plutareo – para convencer o cunhado. Talvez, entretanto, foram bem outros os que triunfaram, mais pessoais e mais secretos. Se Bruto detestava a César, não era por ignorar ser seu filho, mas por sabê-lo. Talvez jamais tivesse perdoado à sua mãe por dele haver feito um bastardo. Aí temos, contudo, apenas suposições, porque Bruto era taciturno e secreto. Uma fonte bem duvidosa nos relata que teria ele escrito a um amigo: "Nossos antepassados nos ensinaram que não devemos suportar um tirano, ainda que seja nosso pai." É muito fácil atribuir tais ideias a um homem depois que este as tenha executado. Tratava-se de homem culto, que sabia o grego e conhecia a, filosofia. Governara com honestidade e competência a Gália cisalpina, de que César lhe confiara o encargo. Casara-se com sua prima Pórcia, filha de seu tio Catão, que não deveria, certamente, predispô-lo favoravelmente com relação ao ditador. Entretanto, o que havia de mais grave quanto a ele é que escrevia ensaios sobre a

Virtude. A Virtude é como uma mulher honesta – se amamos, dela não falamos.

Nos primeiros dias de março, depois de haver "trabalhado" bem a Bruto, Cássio foi dizer-lhe que, nos próximos idos, isto é, no dia 15, César executaria o grande golpe: seu lugar-tenente Lúcio Cota proporia à Assembleia (decidida, de antemão, a aprovar) proclamar rei o ditador, porque a Sibila havia previsto que somente um rei poderia bater os partos, contra os quais se preparava uma expedição. Não podia contar com a oposição do Senado, agora que a reforma recente dera a maioria aos simpatizantes de César. Não restava, portanto, senão o punhal, antes que fosse muito tarde. Tal conversação se realizou na presença de Pórcia, que tomou o partido de Cássio, a qual, para mostrar que, mesmo que submetida à tortura saberia guardar segredo, enfiou um punhal na coxa. Bruto aceitou, ainda que apenas para não se mostrar inferior à mulher.

Naquela tarde, César jantava em casa, na companhia de alguns amigos. Conforme o costume dos anfitriões romanos, propôs um tema de conversação e este foi "qual é a morte que preferiríeis?". Cada um deu a própria opinião. César se pronunciou pôr um fim rápido e violento. Na manhã do dia seguinte, Calpúrnia lhe disse que o vira, em sonho, coberto de sangue e pediu-lhe que não se dirigisse ao Senado. Um amigo, contudo, que fazia parte da conjuração, foi pedir-lhe, pelo contrário, que para lá fosse. César o seguiu, poucos minutos antes de que outro amigo, este fiel, lá fosse para informá-lo da conspiração. Enquanto se encaminhava para o Senado, um vidente lhe gritou que desconfiasse dos idos de março. "Neles já estamos", lhe respondeu César. "Mas ainda não se passaram", lhe retorquiu o outro. Ao penetrar na sala, alguém lhe pôs na mão um papiro enrolado. César acreditou tratar-se de uma das numerosas súplicas que lhe dirigiam e não o desenrolou. Tinha-o, ainda, na mão, depois de morto: era uma denúncia pormenorizada.

Apenas penetrou na sala e já lhe caíam em cima os conjurados, com os punhais ao alto. O único que teria podido defendê-lo, Marco Antônio, tinha ficado retido na antecâmara por Trebônio. A princípio, César tentou aparar os golpes com o braço, mas parou, ao ver Bruto entre os assassinos. É muito provável que tenha dito, com efeito: "Até você, meu filho?!", segundo o relata Suetônio. É uma frase que qualquer pai teria pronunciado em tais condições.

Caiu, crivado de golpes, ao pé da estátua de Pompeu, que ele próprio lá mandara instalar e diante da qual costumava inclinar-se, ao passar.

O golpe deixou gelados de espanto e completamente desconcertados até mesmo os próprios executantes. Bruto, agitando o punhal ensanguentado, lançou um hurra tonitruante a Cícero, chamando-o "Pai da Pátria" e convidando-o a fazer um discurso. Aterrorizado à simples ideia de encontrar-se complicado no caso e percebendo bem a inoportunidade de qualquer retórica, o grande advogado ficou mudo, pela primeira vez na vida. Marco Antônio entrou e viu o cadáver por terra; todos esperavam de sua parte algum raio de ódio vingador. Pelo contrário, "o fiel entre todos" guardou silêncio e partiu. Do lado de fora, a multidão se juntava, agitada pela notícia que começara a circular. Temerosamente, os conjura- dos se apresentaram diante da porta e um deles tratou de explicar o fato, justificando-o como um triunfo da liberdade. A palavra, porém, não mais fazia qualquer impressão nos romanos, que a acolheram com murmúrios ameaçadores. Os conjurados se retiraram, fizeram barricadas no Capitólio, que mandaram os servidores guardar, e enviaram uma mensagem a Marco Antônio, para que este os tirasse do embaraço.

O "fiel entre todos" só veio no dia seguinte, quando Bruto e Cássio, bem em vão, já haviam pronunciado um segundo discurso, para tentar acalmar a multidão, cada vez mais ameaçadora. Marco Antônio teve mais sorte do que eles, ao fazer um discurso hábil, pelo qual prometeu, pelo contrário, o castigo dos culpados. Após ter pronunciado tal discurso, foi procurar Calpúrnia, aniquilada pela dor, a fim de que ela lhe desse, num envelope lacrado, o testamento de César. De acordo com o costume, remeteu-o às vestais, sem abri-lo, de tal modo estava certo de que era ele o designado como herdeiro por César. Em seguida, mandou, secretamente, chamar as tropas acampadas fora da cidade. De volta ao Senado, aí pronunciou discurso de equilíbrio bem cesariano, que já constituía plataforma de governo e visava à pacificação. Aprovou a proposta de anistia geral feita por Cícero, sob a condição de que o Senado ratificasse todos os projetos deixados por César em suspenso. Prometeu a Cássio e a Bruto postos de governadores, que lhes permitiriam distanciar-se de Roma, e, naquela noite, os reteve para jantar.

No dia 18, foi ele o encarregado de pronunciar o elogio de César, por ocasião dos funerais, que constituíram o que de mais solene já fora visto em Roma. A comunidade israelita, reconhecida a César pela maneira amigável com que a tratara, seguia o esquife ao lado dos veteranos, cantando seus hinos antigos e solenes. Sobre a pira ardente, os soldados lançaram suas armas e os gladiadores, suas vestes. Durante toda a noite, a totalidade dos cidadãos permaneceu em torno do ataúde.

No dia seguinte, Antônio providenciou para que as vestais lhe devolvessem o testamento; abriu-o, solenemente, diante dos mais elevados magistrados do Estado, e fez, publicamente, sua leitura. Quanto à sua fortuna particular, que se elevava a perto de cem milhões de sestércios, César deixava algo para todos os cidadãos romanos. Legava seus maravilhosos jardins para a municipalidade, para que deles fizesse um parque público. O resto deveria ser partilhado entre seus três sobrinhos-netos. Um deles, Caio Otávio, fora adotado como filho e designado como herdeiro.

O "fiel entre todos", que, quarenta e oito horas após o assassínio de seu chefe, convidara os assassinos a com ele jantar, fora pago como merecia por sua estranha fidelidade.

Capítulo 28

Antônio e Cleópatra

Além dos íntimos da casa de César, que o haviam visto adolescente, ninguém, em Roma, conhecia aquele Caio Otávio, destinado a mudar duas vezes o nome, e, com o último destes, Augusto, a passar à História como o maior estadista de Roma. Tinha como avó Júlia, a irmã de César, que desposara um provinciano de Velletri, rico e rústico. O pai tivera carreira muito bela: terminara como governador da Macedonia. Quanto ao próprio rapaz, crescera debaixo de disciplina quase espartana. Seu tio-avô César, que, apesar de todas as mulheres que desposara, permanecera sem filho legítimo, a ele se apegara. Levara-o em sua companhia à Espanha, quando lá fora, em 45 a.C., para desmantelar os últimos remanescentes dos exércitos de Pompeu. Naquela ocasião, admirara a força de vontade com que o adolescente imberbe e frágil enfrentava fadigas desproporcionais à própria saúde. Com efeito, o jovem sofria de colite, de eczema e de frequentes pequenos acessos de bronquite, males que ainda se agravaram com o correr do tempo e o obrigaram a viver em resguardo, com cinturas de flanelas, xales, barretes de lã; a carregar um completo aparato de pílulas, unguentos e xaropes, bem como a ter sempre um médico ao lado, até mesmo no decurso das batalhas. Não bebia, comia como passarinho, tinha verdadeiro terror das correntes de ar; contudo, enfrentava o inimigo com fria coragem e não fazia um único gesto – até mesmo o mais comum – sem ter pesado bem os prós e os contras.

César – brilhante improvisador, temerário e de espírito mais do que aberto, de generosidade irrefletida, com a facilidade da palavra e a vivacidade dos gestos – deveria por ele simpatizar-se por amor ao contraste. Seguiu-lhe os estudos, dirigiu-o quanto à estratégia e à administração e lhe confiou – na idade de apenas dezessete anos – um pequeno comando na Ilíria, a fim de que se treinasse, simultaneamente, na guerra e na arte de governar. Foi lá que um mensageiro o procurou, nos fins de março, para informá-lo da morte de seu tio-avô e do testamento. Correu para Roma e, contra a vontade de sua mãe, que desconfiava de Marco Antônio, foi procurar a este último, que o tratava com desprezo e o qualificava de "rapazinho".

O "rapazinho" não se atemorizou. Perguntou, com bons modos, se o dinheiro que César deixara aos cidadãos e aos soldados lhes fora efetivamente distribuído. Antônio lhe retorquiu haver assuntos mais urgentes a tratar. Caio Otávio – que, agora, por sua adoção, tomara o nome de Caio Júlio César Otávio – pediu em empréstimo a ricos amigos do defunto os fundos necessários e os distribuiu, de conformidade com as

INDRO MONTANELLI

vontades daquele. Os veteranos começaram a encarar aquele "rapazinho" com simpatia: prometia vir a saber portar-se bem.

Irritado, Antônio, alguns dias mais tarde, declarou que fora vítima de um atentado e que soubera, pelo autor do mesmo, que o organizador do golpe era Otávio. Otávio exigiu provas. Como estas não lhe foram apresentadas juntou as duas legiões que, entrementes, mandara vir da Ilíria; reuniu-as às dos dois cônsules em mandato – Ircio e Pansa – e com elas marchou contra Antônio.

Tinha, nesse momento, somente dezoito anos. Eis a razão pela qual teve o Senado a seu favor. Os aristocratas estavam alarmados com o despotismo de Antônio, que, após ver-se frustrado quanto à herança de César, dela tratava de apossar-se, à força. No decurso dos poucos dias em que se mantivera no poder, pilhara o Tesouro, apropriando-se de quinze milhões; ocupara, arbitrariamente, o palácio de Pompeu e nomeara a si mesmo governador da Gália cisalpina, para ter o pretexto de manter um exército na Itália e, assim, dela tornar-se o senhor. O Senado percebeu que, se deixasse que as coisas assim corressem, o César morto seria substituído por outro bem pior. Daí a razão por que decidiu apoiar Otávio, "rapazinho" que lhe fazia muito menos sombra. Cícero emprestou sua eloquência nessa luta contra Antônio, escrevendo uma série de "Filípicas", em que atacava, particularmente, sua vida privada. Para isso não faltava matéria: Antônio, com trinta e oito anos, tinha a vida repleta de proezas militares, de violências, de generosidade e de indecência. O próprio César, ainda que bem devasso, se havia escandalizado com o harém dos dois sexos que seu general levava como séquito, até em tempo de guerra. Antônio era um aristocrata ignorante e amoral, robusto, sanguíneo e sempre pronto a usar das mãos. Examinando-lhe a conduta, Cícero encontrou com que levantar-lhe todas as acusações.

O encontro dos dois exércitos se deu perto de Modena. A fortuna favoreceu tão escandalosamente a Otávio, que foi ele o único general a dela sair-se bem. Ircio e Pansa tombaram; Antônio, derrotado pela primeira vez na vida, fugiu. Foi assim que o "rapazinho" retornou a Roma à frente de todas as tropas acampadas na Itália, dirigiu-se ao Senado, impôs a própria nomeação como cônsul, a anulação da anistia concedida aos conspiradores dos idos de março e sua condenação à morte. O Senado, que contara poder servir-se daquele jovem como de um instrumento, indignou-se e resistiu. Otávio convocou outro lugar-tenente de César, Lépido, enviou-o como mensageiro de paz a Antônio e, com eles, estabeleceu um segundo triunvirato, demonstrando, assim, que se aproveitara bem da lição de seu tio-avô. O Senado curvou-se e os dias que se seguiram permitiram que meditasse no seguinte: o sucessor de um ditador faz sempre com que se lastime aquele que o precedeu.

Enviaram-se patrulhas de soldados para todas as portas da cidade e teve início a grande vingança. Trezentos senadores e dois mil funcionários foram acusados pelo assassínio, submetidos a processo e mortos, depois do sequestro de todos os bens. Vinte e cinco mil dracmas, isto é, perto de dez milhões de francos, eram o prêmio pela cabeça de quem quer que fugisse. Contudo, a maioria preferiu matar-se e, com essa atitude, reencontrava o estilo dos grandes romanos antigos. O tribuno Sálvio ofereceu um banquete, durante o qual tomou veneno. Sua última vontade foi que o banquete prosseguisse na presença de seu cadáver: deram satisfação a seu pedido. Fúlvia, a mulher de Antônio, mandou enforcar, diante da porta de sua casa, a Rufo, que era inocente, tão somente porque este não lhe quisera vender a casa. O marido não pôde impedir-lhe tal atitude, pois se encontrava, na ocasião, a dormir com a mulher de Copônio, o que valeu a este ter a vida salva.

Todavia, a vítima mais cobiçada por Antônio era Cícero, não só porque ainda lhe atravessavam a garganta as "Filípicas" mas também porque tinha de vingar Clódio, cuja viúva desposara, e Lêntulo, que Cícero mandara matar numa galera, ao tempo de Catilina, e de quem Antônio era genro. O "Pai da Pátria" tentara fugir, tendo embarcado em Âncio. Infelizmente, sofria de enjoo em alto-mar. Isto lhe pareceu pior do que a morte e o constrangeu a desembarcar em Formies. As patrulhas de Antônio caíram sobre ele. Cícero proibiu aos servidores qualquer resistência e ofereceu, docilmente, o pescoço ao golpe dos soldados. Sua cabeça bem como a mão direita foram levadas para os triúnviros. Antônio exultou. Otávio ficou indignado – ou fingiu assim sentir-se. Jamais tivera simpatia por Cícero, cuja conduta com relação a seu tio-avô tinha sido ambígua: depois de tanto lhe dirigir elogios em vida, aliara-se aos seus assassinos. No que lhe dizia respeito, a ele, Otávio, Cícero o havia definido como *"laudandum adolescent em; ornandum, tollendum"*, o que parecia uma sequência de elogios. Contudo "tollendum" não significava apenas "para ser exaltado"; também poderia significar "para ser suprimido". E, na boca de Cícero, todos sabiam como interpretar duplos sentidos desse jaez.

Assim, acabou como vítima de seu talento oratório o maior orador de Roma.

Faltavam ser castigados os dois principais culpados: Bruto e Cássio. Governadores, respectivamente, da Macedonia e da Síria, tinham reunido as forças e com elas constituído o último exército republicano, exército esse que não estava destinado a deixar boa lembrança naquelas províncias. A Palestina, a Silícia e a Trácia foram literalmente espoliadas. Populações inteiras – de judeus, principalmente – que não podiam pagar as contribuições impostas, se viram reduzidas à escravidão e vendidas. A Virtude não impediu a Bruto de sitiar, matar de fome e levar ao suicídio em massa os habitantes de Xantos. Quando chegaram, os exércitos de Antônio e de Otávio foram acolhidos como "libertadores".

O combate ocorreu em Filipes, no mês de setembro de 42 a.C. Bruto penetrou pelas linhas de Otávio; porém, Antônio penetrou pelas de Cássio, que se fez matar pelo ordenança. Otávio estava de cama, em sua tenda, acometido de uma das gripes habituais. Antônio esperou que ele melhorasse a fim de lançarem-se juntos em perseguição a Bruto. Quando este último viu seus homens derrotados, atirou-se sobre a espada de um amigo, nela morrendo traspassado. Antônio procurou seu cadáver, que recobriu piedosamente com a túnica de púrpura. Lembrava-se de que Bruto apenas impusera uma condição para participar da conspiração contra César: a de que Antônio fosse poupado.

Em Filipes, tombaram, com a República, os mais belos nomes da aristocracia, que dela era o sustento. Aqueles que não encontraram a morte no campo de batalha buscaram-na através do suicídio, como o filho de Hortênsio e o de Catão. Eram eles tudo o que restava de melhor do antigo patriciado romano. Mostraram-se, pelo menos, até o fim, soldados corajosos. Os que haviam permanecido em casa eram os emboscados e os cães pesteados – gente completamente disposta, para não sofrer ou correr riscos, a tudo aceitar, inclusive a partilha que do Império fizeram, entre eles próprios, os vencedores. Otávio ficou com a Europa, Lépido tomou para si mesmo a África e Antônio escolheu o Egito, a Grécia e o Oriente Médio. Cada um dos três homens bem sabia que tal arranjo era apenas provisório. Cada um deles, exceto Lépido, que se contentava com sua parte, esperava suprimir, mais cedo ou mais tarde, os outros dois. O mais crédulo em atingir tal objetivo era Antônio, que somente acreditava na força militar e se tinha, como general, na conta de melhor do que os outros.

A primeira coisa que fez foi enviar mensagem a Cleópatra, em que solicitava sua vinda a Tarso, a fim de responder à acusação que alguns lhe faziam de haver auxiliado e financiado

Crasso. Cleópatra obedeceu. No dia fixado para sua chegada, Antônio preparou-se para recebê-la, assentado num trono majestoso, no meio do Foro, diante de uma população excitada pela ideia de processo iminente. Cleópatra chegou num navio de velame vermelho, munido de esporão dourado, com a quilha revestida de prata. A equipagem se compunha de suas servas, vestidas como ninfas. Descreviam um círculo, qual coroa, em torno de um pavilhão laminado de ouro, sob o qual ela mesma se achava deitada, numa vestimenta provocante de Vênus, a escutar a música que lhe entoavam ao redor pífanos e flautas. Quando a notícia dessa extraordinária aparição sobre as águas do rio Cidno se espalhou pela cidade, toda a população acorreu ao porto para vê-la, assim como hoje se precipita para ver Sofia Loren, deixando Antônio só e louco furioso. Mandou chamá-la. Ela ordenou lhe respondessem que estava a esperá-lo para almoçar a bordo. Antônio para lá se dirigiu, mas furioso: continuava a considerar-se como um juiz e a ela, como acusada. Quando, porém, ele a viu, ficou estatelado. Conhecera-a muito jovem ainda, em Alexandria; desde então, não mais a vira e, agora, a reencontrava como mulher feita e feita de tal modo que bem explicava a razão de o próprio César por ela deixar--se enfeitiçar. Seus generais já se arrojavam aos pés dela como imbecis. Durante o aperitivo, ele começou por acusá-la, com arrogância de carrasco. À sobremesa, já lhe presenteara a Fenícia, Chipre e boas porções da Arábia e da Palestina. Disso ela o recompensou na mesma noite. Os generais tiveram de contentar-se com as ninfas. A seguir, ela o rebocou até Alexandria, onde Antônio pareceu esquecer completamente o quanto sua condição tinha de provisório. Cleópatra, pelo contrário, disso estava plenamente ciente. Bem sabia que o Império não aguentava três senhores. Não amava Antônio. Talvez não houvesse mesmo amado a ninguém. Teve, contudo, a ideia de dar com ele o golpe que não conseguira dar com César.

HISTÓRIA DE ROMA

Enquanto ocorriam tais fatos em Alexandria, Otávio, em Roma, lançava as bases para uma reunificação. A tarefa não era fácil. Na Espanha, Sexto Pompeu recomeçara as agitações e bloqueava o reabastecimento. O desemprego se espalhava em enormes proporções, havia ameaça de inflação, o Senado fazia crítica e, de cada vez, era preciso comprá-lo. Além disso, a mulher de Antônio, Fúlvia – talvez para subtrair o esposo ao enfeitiçamento por Cleópatra, fazendo-o retornar a Roma – organizou uma conspiração com o irmão de Antônio, Lúcio. Recrutaram um exército e lançaram aos italianos apelo à revolta. O mais fiel dos lugares-tenentes de Otávio, Marco Agripa, teve de intervir para sufocar tal tentativa. Fúlvia morreu de ódio, de decepção, de ciúmes.

Cleópatra achou no acontecimento pretexto para levar Antônio a jogar tudo ou nada. Ele reuniu seu exército, embarcou-o em Brindes (Brindisi) e aí sitiou a guarnição de Otávio. Contudo, dos dois lados os soldados se recusaram a combater e obrigaram os generais a fazer a paz. Tal paz foi selada com um matrimônio: o de Antônio com Otávia, a irmã de Otávio, mulher honesta, de quem seria loucura esperar que retivesse criatura tão ardente.

A História não registrou a reação de Cleópatra diante desse episódio, que fazia irem-lhe os planos por terra. Antônio, longe dela, pareceu recobrar um pouco de bom senso. Levou a mulher para Atenas. Ela, como mulher culta, o levava a visitar os museus, a escutar as lições dos filósofos. Antônio fingia olhar e escutar, mas, de fato, apenas pensava em Cleópatra e na guerra, únicas coisas no mundo que lhe agradavam de verdade. Talvez, mesmo, refletisse que, entre as duas, ainda era a guerra a menos perigosa. Cansado da vida decente e das virtudes domésticas, mandou Otávia de retorno a Roma e dirigiu o exército contra a Pérsia, onde Labieno, filho do general que havia traído César, organizava um exército a serviço do pai rebelde. Cleópatra juntou-

-se a Antônio em Antioquia, desaprovou a campanha, recusou-se a financiá-la; entretanto, seguiu, assim mesmo, o amante. Este perseguiu, inutilmente, o inimigo por quinhentos quilômetros, perdeu boa parte de seus cem mil homens, impôs à Armênia uma vassalagem inteiramente teórica, proclamou-se vencedor e ofereceu a si mesmo solene triunfo em Alexandria, escandalizando, dessa forma, Roma, que se considerava como a única depositária de tais cerimônias ; a seguir, enviou a Otávia intimação para divorciar-se, rompendo, assim, o único laço que ainda o mantinha em contato com Otávio, a fim de desposar Cleópatra, oferecer todo o Oriente Médio aos dois filhos que dela tinha e fazer de Cesarião o príncipe herdeiro do Egito e de Chipre.

Dessa forma, ele próprio tornava inevitável o conflito com Otávio, que, por seu lado, se vinha preparando com a prudente e habitual tenacidade. Otávio tinha tido, também ele, suas complicações sentimentais. Imaginai que caíra de amores por uma mulher grávida de cinco meses, Lívia, esposa de Tibério Cláudio Nero. Já se havia casado por duas vezes anteriormente, se bem que ainda não contasse vinte anos de idade: primeiramente, com Cláudia; depois, com Escribônia, que lhe dera uma filha: Júlia. Divorciou-se, também, desta segunda mulher e persuadiu Tibério Cláudio Nero a que fizesse o mesmo com relação a Lívia, que tomou para si, com dois filhos: Tibério, já taludinho, e Druso, que estava por nascer. Adotou esses dois enteados como se fossem filhos legítimos seus.

Uma vez postas em execução tais operações matrimoniais, retomou, de uma assentada, o trabalho de reconstrução. Eliminou-se o bloco de Sexto pela destruição de sua frota, restabeleceu-se a ordem, a confiança renasceu e descongelaram-se os capitais escondidos. Marco Agripa não era somente bom general; revelou-se, também, incomparável como ministro da Guerra. Foi ele o verdadeiro reorganizador do grande exército, que devia restabelecer a unidade de comando no Império romano.

HISTÓRIA DE ROMA

Capítulo 29

 Augusto

Na primavera de 32 a.c. chegou a Roma um mensageiro de Antônio, portador de uma carta para o Senado, pela qual o triúnviro propunha a seus dois colegas a deposição simultânea do poder e das armas e o retorno à vida privada, após estarem restauradas as instituições republicanas. Parece impossível que semelhante estouvado tivesse podido conceber gesto tão hábil. Por baixo disso deveria estar a mão de Cleópatra.

Otávio se encontrou em situação bem embaraçosa. Para dela sair, exibiu o testamento de Antônio, declarando que o obtivera das vestais, que o tinham sob sua guarda. Tal testamento designava como únicos herdeiros os filhos que tivera de Cleópatra e esta como regente. Alimentamos muita dúvida quanto à autenticidade desse documento. Apenas confirmou as suspeitas que toda Roma já nutria com relação àquele intrigante e permitiu a Otávio proclamar uma guerra de "independência", que, com muito tato, não declarou contra Antônio, mas contra Cleópatra.

Foi uma guerra marítima. As duas frotas se enfrentaram em Actio. A de Otávio, comandada por Agripa, se bem que inferior em número de unidades, pôs em fuga a do adversário, que se retirou desordenadamente para Alexandria. Otávio não a perseguiu. Sabia que o tempo por ele trabalhava e que, quanto mais Antônio permanecesse no Egito, mais se tornaria amolecido pelas orgias e delícias. Desembarcou em Atenas para restabelecer a ordem na Grécia. Voltou à Itália para pacificar uma revolta. Em seguida, fez longo desvio pela Asia, para destruir as alianças que Antônio lá deixara, com o fito de isolá-lo. Afinal, dirigiu-se para Alexandria. Pelo caminho, recebeu três cartas: uma de Cleópatra, acompanhada de um cetro e de uma coroa, como penhores de submissão, e duas de Antônio, que implorava a paz. Otávio não respondeu a Antônio. A Cleópatra, assegurou-lhe que lhe deixaria o trono se matasse o amante. Tendo em vista o personagem, não podemos deixar de admirar-nos de que ela não o tenha feito.

Com a coragem do desespero, Antônio encetou um ataque e obteve vitória parcial, o que não impediu Otávio de cercar a vila como num torno. No dia seguinte, porém, os mercenários de Cleópatra se renderam e Antônio ouviu dizer que a rainha tinha morrido. Tentou matar-se com uma punhalada. Agonizante, soube que ela ainda estava viva; fez-se transportar até à torre em que ela se entrincheirava com as servas e expirou em seus braços. Cleópatra pediu a Otávio que lhe permitisse sepultar o cadáver de Antônio bem como lhe concedesse uma audiência. Otávio lhe concedeu a entrevista. Ela se apresentou diante dele como o havia feito com relação a Antônio: perfumada, maquiada, regiamente envolta em leves véus. Infelizmente, sob tais véus, não havia senão uma mulher de quarenta anos e não uma de vinte e nove – quarenta anos que se mostravam bem. Seu nariz não mais se via compensado pela frescura das carnes e a luminosidade do sorriso. Augusto não precisou apelar para toda sua força de caráter a fim de tratá-la com frialdade e anunciar-lhe que a conduziria a Roma como ornamento de seu carro de triunfo. Talvez, mesmo, Cleópatra sofresse mais, ainda, por haver perdido tudo como mulher do que por haver perdido tudo como rainha. Pode bem ser essa a causa que a impeliu ao suicídio. Mandou que lhe colocassem uma áspide no seio e, assim, se fez envenenar, no que a imitaram as servas.

Otávio liquidou sua herança e a de Antônio com um tato que nos permite reconstituir-lhe todo o caráter. Deu permissão para que os dois cadáveres fossem inumados um ao lado do outro. Matou o pequeno Cesarião, mas enviou os filhos dos dois defuntos a Otávia, que os criou como filhos; proclamou-se rei do Egito para não humilhar o país, declarando-o província romana. Embolsou o enorme tesouro do país, aí deixou um prefeito, retornou para casa, mandou tranquilamente suprimir – como o fizera a Cesarião – o filho mais velho que Antônio tivera de Fúlvia e, com a consciência tranquila de quem tem o sentimento de ter apenas cumprido o dever, ao entregar-se a assassínios de crianças, retornou ao trabalho.

Nessa ocasião, contava apenas trinta anos e se encontrava como senhor absoluto de toda a herança de César. O Senado não mais tinha vontade ou força para contestar-lhe o obtido; apenas, por prudência, deixou Otávio de solicitar-lhe a investidura no trono: o Senado tê-la-ia concedido. Otávio, entretanto, bem conhecia o peso das palavras: sabia que a palavra "rei" era desagradável ao ouvido. Para que acordar fantasias então adormecidas no fundo das consciências? Os romanos haviam deixado de acreditar nas instituições democráticas e republicanas por lhes conhecer a corrupção; nem por isso caíam menos em logro quanto às formas. O que pediam era ordem, paz,

HISTÓRIA DE ROMA

segurança, boa administração, moeda sadia e economias bem a salvo. Otávio se preparou a fim de satisfazê-los.

Com o ouro trazido do Egito, liquidou o exército, que se constituía de meio milhão de homens e custava muito caro, apenas retendo em serviço duzentos mil, dos quais se proclamou Imperator, título puramente militar, e colocando os restantes como camponeses, em terras para eles compradas; anulou as dívidas dos particulares para com o Estado e deu o primeiro impulso a grandes trabalhos públicos. Tais foram seus primeiros passos e os mais fáceis. Como César, Otávio não tinha em vista somente administrar: desejava realizar gigantesca reforma, refundindo toda a sociedade de acordo com o plano de seu tio. Para fazê-lo, precisava de uma burocracia; foi ele seu verdadeiro inventor. Constituiu a seu redor uma espécie de gabinete, ministerial, para cuja escolha teve bom tacto. Aí colocara um grande organizador como Agripa, um grande financeiro como Mecenas e diversos generais, dentre os quais seu enteado, Tibério, teve. em breve, ocasião de distinguir-se.

Pertencendo quase todos esses personagens à alta burguesia, os aristocratas se queixavam por estar excluídos do grupo. Otávio escolheu, então, uma vintena de aristocratas, todos senadores, e os constituiu como uma espécie de Conselho da Coroa, que se tornou, pouco a pouco, o porta-voz do Senado e lhe determinou as decisões. A Assembleia, ou Parlamento, continuou a reunir-se e a discutir, mas cada vez com menor frequência e sem jamais tentar derrubar qualquer proposta de Otávio. Este se candidatou regularmente ao Consulado treze vezes em seguida e, obviamente, para lá foi nomeado todas as vezes. Em 27 a.C., bruscamente, devolveu todos os seus poderes ao Senado, proclamou a restauração da República e anunciou que desejava retirar-se para a vida particular. Na ocasião, contava apenas trinta e cinco anos: o único título que teria aceito seria o de príncipe – um título novo. O Senado, como resposta, abdicou por sua vez, repondo entre suas mãos todos os poderes que lhe solicitara assumir bem como lhe conferido o qualificativo de *Augusto,* que queria dizer, propriamente falando, "o aumentador" e que, de adjetivo que era, o uso fez um substantivo. Otávio consentiu em ambas as coisas com ar de resignação. Foi uma cena perfeitamente representada por ambas as partes; bem mostrava que, daí por diante, a Fronda conservadora e republicana estava acabada – até mesmo os orgulhosos senadores preferiam um senhor ao caos.

O senhor, todavia, continuou a mostrar-se moderado no exercício do poder. Morava na residência particular de Hortênsio, que era muito bela, mas da qual não fez um palácio real; como apartamento pessoal, reservou para si mesmo um pequeno quarto do rés-do-chão, com um gabinete de trabalho, mobiliado com simplicidade monacal. Até mesmo quando, muitos anos mais tarde, se desmoronou o edifício, como consequência de um incêndio, ele mandou construir outro semelhante e quis que lhe fossem refeitas, de idêntica forma, aquelas duas peças. Mantinha seus hábitos, era sóbrio e deixava dominar-se pelo horário. Trabalhava muito, pois se considerava como o primeiro trabalhador do Estado. Tudo escrevia: não somente os discursos que precisava proferir em público, mas também as resoluções que mantinha em casa, com relação à esposa e aos familiares. Seria preciso esperarmos pelo imperador da Áustria, Francisco José – que com ele se pareceu de muitos modos – para encontrarmos um soberano a tal ponto escravo do dever, respeitável, prosaico, pouco amável e inditoso nas suas afeições familiares.

Tais afeições se encarnavam em Júlia, a filha que tivera de Escribônia; em Lívia, sua terceira esposa; e nos dois enteados que esta lhe trouxera: Druso e Tibério. Lívia foi esposa impecável, talvez um tanto aborrecida devido à própria virtude. Educou bem as crianças, era muito generosa e suportou com muita indulgência os cornos sucessivos que o marido lhe pôs. Tudo permite acreditar que lhe interessavam, mais do que o amor de Augusto, o poder e, também, a carreira de seus filhos, que foi, de fato, rápida; generais com vinte anos, foram enviados para dominar a Ilíria e a Panônia. Augusto, que realizou "pax romana", renunciou rapidamente à guerra e às novas anexações. Desejava, porém, proteger as fronteiras do Império, continuamente ameaçadas. Druso, seu preferido, as trasladou do Reno ao Elba, para torná-las mais seguras, batendo brilhantemente os germanos. Caiu, porém, do cavalo e se feriu gravemente. Tibério, que o adorava e se encontrava na Gália, caminhou quatrocentas milhas para encontrá-lo e chegou a tempo para cerrar-lhe os olhos. Augusto se comoveu com a morte desse rapaz alegre, impetuoso, expansivo, que pensava tornar seu sucessor. Esperou que Júlia lhe desse um novo herdeiro.

Amava-a como à pupila de seus olhos, a essa rapariga viva, sensual, malcomportada. Quando ainda não contava ela catorze anos, ele a fizera casar-se com Marcelo, o filho de sua irmã Otávia, viúva de Antônio. Marcelo, porém, morrera pouco depois e Júlia se tornara a "viúva alegre" de Roma. Não se contentava apenas em despudorar-se mas em relatar desfaçatez. Seu pai, que começara a estabelecer leis para reassegurar os bons costumes, pensou fazê-la voltar ao bom caminho com o fato de dar-lhe um segundo marido, aquele Marco Agripa, ministro da Guerra, que, após lhe ter dado a vitória em Actio, se tornara seu colaborador mais fiel e mais hábil. Homem de honra, grande soldado, grande engenheiro, pacificara a Espanha e a Gália, reorganizara o comércio, construíra estradas e era o único homem altamente colocado de quem não se murmurava que tais empreendimentos lhe traziam proveitos. Augusto, que tinha o estofo de "planificador" e se considerava, também, com o direito de planificar a felicidade das pessoas, não cuidou do fato de que Agripa contava quarenta e dois anos e Júlia dezoito, nem de que Agripa estivesse casado com uma mulher que o fazia feliz. Impôs a ele que se divorciasse para poder tornar a casar-se.

Nenhum casal poderia ter sido mais mal juntado, se bem que Júlia tenha dado à luz cinco crianças, as quais – fato extraordinário – se pareciam com Agripa. Quando, audaciosamente, perguntavam a Júlia como explicava o prodígio, ela retorquia, não menos audaciosamente: "É que jamais deixo subirem outros marinheiros sobre o navio senão depois que este esteja cheio". Oito anos mais tarde, Agripa faleceu e Júlia voltou a ser a viúva alegre de Roma. Augusto, de novo, tentou remediar a situação, impondo-lhe um terceiro casamento, desta vez com Tibério, em quem no momento via – ou em quem Lívia o fazia ver – um possível regente do Império, enquanto os filhos de Júlia, Gaio e Lúcio, não fossem maiores. Também ele, Tibério, estava casado e, precisamente, com a filha de Agripa, Vipsânia, que o tornava feliz. Essa felicidade, contudo, não contava nos projetos de planificação de Augusto, que a destruiu para criar infelicidade. Tornando-se o sucessor de Agripa depois de ter sido o seu próprio genro, Tibério teve de suportar de Júlia tudo o que pode aturar da mulher o mais infortunado dos maridos. Quando lhe acabaram as forças, ele se retirou para Rodes, para viver aí como simples particular, ocupando-se apenas de estudos, enquanto os escândalos de Júlia eclipsavam até mesmo as lembranças de Clódia. Gaio e Lúcio tinham morrido, um de febre tifoide e o outro na guerra. Alquebrado por tais pesares, devorado pelo eczema e, cada vez mais, sob o domínio de Lívia, Augusto acabou por banir a filha, por imoralidade, mandando encerrá-lo na ilha de Ventotene; depois, chamou de volta Tibério e o adotou como filho e herdeiro, ainda que continuasse a não amá-lo.

Talvez já se acreditasse, então, à beira do túmulo. A colite e as gripes não lhe davam trégua; não mais dava um passo sem seu médico pessoal, Antônio Musa, ao lado. Tornara-se suscetível, suspeitoso, cruel. Por causa de uma indiscrição, mandou quebrar as pernas de seu secretário Talo. Para proteger-se de conspirações inexistentes, inventou a polícia, ou seja, os pretorianos ou guardas de corpo, que deveriam representar papel tão nefasto sob seus sucessores. Tendo-se tornado amargo e cético por causa dos sofrimentos, via claramente a falência de sua obra de reconstrução. Sim, sem dúvida, todos gozavam da "pax augusta" e os marinheiros do Oriente lhe vinham render graças pela segurança com que, daí por diante, navegavam. Sobre o Elba, Armínio havia massacrado Varo e três legiões e a fronteira teve de recuar para o Reno. Augusto tinha a impressão de que, atrás do Reno, em suas florestas sombrias, as tribos germânicas estavam em ebulição. Sim, o comércio, reorganizado por Augusto, reflorescia. A moeda, saneada por Mecenas, estava firme. A burocracia funcionava. O exército estava forte. A grande reforma dos costumes, todavia, tinha fracassado. O divórcio e o maltusianismo haviam matado a família e a cepa romana estava quase extinta. O último recenseamento revelava que três quartos dos cidadãos eram constituídos de libertos ou filhos de libertos estrangeiros. Tinham sido construídos centenas de novos templos; porém, no interior desses templos, apenas havia deuses em que ninguém acreditava. Uma moral não se refaz sem base religiosa. Augusto havia procurado reanimar a fé antiga, sem reparti-la. Como resposta, o povo aparentou adorá-lo, a ele, como Deus.

Júlia, que morreu no exílio, deixara a Augusto uma neta, chamada Júlia como ela, a qual se mostrou disposta, imediatamente, a continuar as pegadas da mãe não só pelo nome mas por outros modos. Também ela teve de ser relegada por imoralidade, pelo avô. Aniquilado por mais este sofrimento, Augusto quis deixar-se morrer de fome. Depois, seus deveres burocráticos, aos quais se atinha enormemente – e a certeza de não contar com força por muito tempo – tiveram a supremacia.

Todavia, como todos os homens que não têm saúde, de todo, ele viveu – para a época – muito tempo.

Estava com a idade de sessenta e seis anos e se encontrava em Nola, convalescendo de uma bronquite, quando foi surpreendido pela morte. Naquela manhã, tinha trabalhado, como de costume, das oito horas ao meio-dia, assinara todos os decretos e respondera todas as cartas, como perfeito funcionário que era. Mandou chamar Lívia, com quem estava a ponto de celebrar as bodas de ouro, e deu-lhe, afetuosamente, adeus. Depois, como verdadeiro grande romano, voltou-se para os que o rodeavam e lhes disse: "Representei bem meu papel. Deixai-me, pois, abandonar a cena, meus amigos, levando comigo vossos aplausos."

Os senadores transportaram seu ataúde sobre os ombros, atravessando toda Roma, antes de queimar o cadáver no Campo de Marte. Talvez estivessem contentes com sua morte, se não soubessem que Tibério fora designado para sucedê-lo.

HISTÓRIA DE ROMA

Capítulo 30

Horácio e Tito Lívio

Muitos anos antes, quando retornava vitorioso de sua campanha contra Antônio, Augusto havia encontrado em Brindes (Brindisi), esperando-o, junto com Mecenas, um jovem poeta de Mântua: Virgílio. Era o filho de um funcionário do Estado, de sangue celta, de quem os legionários haviam sequestrado a pequena fazenda, onde empatara as economias. O jovem tinha ido a Roma e lá publicara um volume de poesias, as "Églogas", que conseguiram belo sucesso. Mecenas o protegia e desejava fazer dele instrumento de propaganda para Augusto; vinha, pois, apresentá-lo a este último.

Augusto fez com que o autor lhe lesse o manuscrito das "Geórgicas", ainda inéditas, e sentiu simpatia pelo jovem por duas razões, que pouco tinham a ver com a arte, da qual escarnecia violentamente. Primeiramente, porque Virgílio era doentio e débil, como ele mesmo; era, portanto, alguém com quem poderia comentar, bem à vontade, a respeito de bronquite, de inflamação das amídalas e de colite. A seguir, porque tais poesias celebravam os prazeres da vida rústica e frugal, à qual queria Augusto reconduzir os romanos. Na verdade, como o diria mais tarde Sêneca, Virgílio descrevia o campo no tom e com o gosto dos que vivem na cidade, isto é, de maneira falsa. Augusto, porém, não tinha ouvido suficiente para tanto perceber. O que lhe importava era que a poesia de Virgílio tivesse qualidades didáticas. Recompensou o autor fazendo que lhe devolvessem a fazenda que haviam tomado de seu pai. Virgílio a ela não mais retornou, pois preferia permanecer em Roma, a escrever sobre o campo, mas se mostrou reconhecido a Augusto e, em sua honra, compôs a "Eneida", destinada a celebrar-lhe as vitórias. Escrevia lentamente, com bastante cuidado e muito escrúpulo quanto a estilo, consagrando ao trabalho a maior parte de seus dias, pois que, com as rendas da fazenda e as liberalidades de Mecenas, não tinha necessidade de trabalhar para viver e desconhecia outras distrações. Não se casara por questões de saúde e os amigos de Nápoles, cidade em que passava, de quando em quando, temporadas de inverno, o chamavam "o jovem virgem". Augusto tinha pressa de ver a "Eneida" terminada; uma vez ou outra, Virgílio lhe lia um trecho, mas nunca chegava ao fim. Em 19 a.C., interrompeu o trabalho para juntar-se ao imperador em Atenas, sofreu uma insolação e – em ponto de morrer, em Brindes, para onde o haviam transportado – recomendou que queimassem o manuscrito de seu poema. Talvez tivesse percebido que a poesia épica não se coadunava com seu estro e preferisse confiar sua memória a outros escritos, fragmentários e elegíacos. Augusto proibiu que se executasse a vontade do morto. Desejando conservar para a própria glória aquele monumento inacabado, guardou para a poesia uma autêntica obra-prima do artifício.

O interesse de Augusto com relação à literatura não se deteve em Virgílio: estendeu-se a muitos outros escritores, dentre os quais Horácio e Propércio. Quem os apresentava a Augusto era Mecenas, seu empresário, que deu seu nome aos protetores das artes, fazendo com que, assim, o perdoassem pelos maus versos que ele próprio tinha a mania de compor. Era essa, entretanto, desde essa época, atitude frequente entre todos os romanos ricos, que se tornavam sensíveis à "cultura", ainda quando não a possuíam. Depois da primeira casa editora de Atenas, haviam aparecido muitas outras, que tinham assinalado o início de um comércio florescente. Edições de cinco ou dez mil exemplares, todos copiados a mão por escravos, se esgotavam em poucos meses, ao preço de mil ou duas mil liras cada exemplar. O livro se transformara no adorno obrigatório de toda casa que se prezasse ainda que nela não lessem; as encomendas afluíam da província.

Essa moda exerceu o maior efeito sobre a sociedade, que, de inculta e guerreira, se tornou, cada vez mais, literária e "de salão". Foi precisamente por essa razão que Augusto viu, na leitura, o instrumento de uma reforma moral. Enquanto a velhice e as dores não o deixaram suscetível e melindroso, ele se mostrou muito tolerante, até mesmo quanto aos epigramas e às sátiras que o atingiam pessoalmente. Mandou construir bibliotecas públicas e sempre recomendava a Tibério que fosse indulgente e evitasse a instituição de uma censura. Aconteceu-lhe de compor, ele mesmo, alguns versos para enviar a um grego, que o esperava todos os dias à saída do palácio com o fito de ler-lhe os próprios. O grego agradeceu-lhe por meio de um punhado de moedas de pouco valor, acompanhado de uma carta cortês, em que se desculpava de não poder pagar mais, em virtude de sua pobreza. Augusto se divertiu bastante com essa réplica espirituosa e mandou entregar-lhe cem mil sestércios.

Nem por isso os escritores e os poetas deixaram de decepcionar as esperanças do imperador, não tendo dado à propaganda do Estado senão o pior de sua produção, quando favoreciam, com o melhor de seu talento, as deploráveis tendências de uma sociedade que se tornava, cada vez mais, libertina e canalha e que recusava os grandes temas da glória, da religião e da natureza, aos quais preferia os do amor e da galantaria. O bardo desses novos motivos foi Ovídio, um advogado dos Abruzzos, que tinha dado muito trabalho ao pai ao recusar-se a seguir uma carreira política e ao proclamar-se como designado pessoalmente por Vênus para falar de Eros (nome do deus do Amor e, por extensão, do próprio amor. N. do trad.). Ovídio casou-se com três mulheres, amou outras muitas, sobre todas escreveu muito livremente e declarou que se divertia com todos os pequenos censores que o criticavam. O sucesso de seus versos, doces e lascivos, o persuadiu a tal ponto de que era um grande poeta, que as últimas palavras de suas "Metamorfoses" constituem esta frase, eminentemente "modesta": "Viverei pelo decurso dos séculos."

Mal ele as havia tragado e uma ordem do imperador chegava, a qual o bania para Constança, no mar Negro. Nunca souberam exatamente de que desejava puni-lo o imperador. Falaram de relações com sua neta Júlia, que tinha sido, efetivamente, banida mais ou menos no mesmo período. Como todos os homens que obtiveram sucesso fácil, Ovídio não tinha estofo suficiente para suportar o infortúnio. Suas queixas, emanadas daquela região de exílio, "Ex Ponto et Tristia", servem mais como elogio de sua veia elegíaca do que de seu caráter. Voltou a Roma somente depois de morto, após ter, debalde, implorado em mil cartas a piedade do imperador e o auxílio dos amigos.

De maneira geral, se bem que tenham chamado a esta época de o século de ouro, a era de Augusto não conheceu floração literária e artística comparável à da Grécia de Péricles ou à da Itália do Renascimento. Sob a égide daquele imperador burguês, desenvolveu-se, igualmente, um gosto burguês, que, em tudo, dava preferência ao mediano ou seja, com muita frequência, ao medíocre. E, com efeito, o melhor escritor daquele tempo, foi o que melhor o representou: Horácio.

Horácio era o filho de um agente fiscal das Pulhas, que desejava ver seu rebento advogado e homem político e o mandou, ao preço de Deus sabe quantos sacrifícios, fazer os estudos, a princípio, em Roma e, a seguir, em Atenas. Foi lá que Horácio conheceu Bruto, o qual, em preparo para a batalha de Filipes, simpatizou com o rapaz e o nomeou, num fechar de olhos, comandante de uma legião. Isto não é pouco para ajudar-nos a compreender como foi abatido seu exército. Horácio, bem no meio da batalha, lançou fora o capacete, o escudo e a espada e retornou a Atenas para escrever uma poesia para cantar a que ponto é doce e nobre morrer pela pátria.

Voltando a Roma sem um ceitil, conseguiu um emprego com o questor e pôs-se a escrever versos sobre as cortesãs que frequentava, porque não era convidado para os salões e não conhecia mulheres de conveniência. Virgílio, certo dia, leu um de seus livros e dele falou com entusiasmo a Mecenas, que lhe pediu para apresentar-lhe o autor. Mecenas sentiu, imediatamente, simpatia por aquele provinciano um tanto rústico, atarracado, orgulhoso e tímido e o propôs como secretário para Augusto, que a tanto aquiesceu. Horácio, porém, recusou essa oferta, que teria parecido a qualquer outro o maná do céu, um pouco porque seu temperamento o impelia mais à contemplação do que à ação, um pouco porque não era ambicioso ou ávido e muito, também – acreditamos – porque não pretendia ligar seu destino ao de um homem político que poderia ser

HISTÓRIA DE ROMA

suprimido no dia seguinte, atraindo-o consigo a igual sorte. Mecenas, para permitir que ele se consagrasse mais livremente à literatura, fez-lhe presente de uma vila na Sabina, com boas terras. Essa vila foi exumada em 1932. Dá bem a medida da generosidade do rico protetor: vinte e quatro peças, um grande pórtico, três salas de banho, um belo jardim e cinco propriedades.

Transformado em proprietário abastado, Horácio pôde consagrar-se inteiramente à sua veia, que era a de moralista. Suas "Sátiras" nos apresentam amostras preciosas dos personagens romanos mais correntes na época. Ele os cata na rua e não na História e nos palácios. Representa-os com objetividade chocarreira, fazendo de cada um deles um "tipo". De quando em quando, para conservar as boas graças do governo, escrevia alguns versos, de pura retórica insincera, em honra a Augusto. Este, com isso, se sentiu muito lisonjeado e lhe encomendou que completasse as "Odes" por meio de um "Canto secular", destinado a celebrar seus empreendimentos e façanhas bem como os de Druso e Tibério. Horácio se pôs a trabalhar, suspirando e sem a menor inspiração. Precisava tratar de questões de Glória, de Sorte, de Inelutável Destino, coisas essas que não lhe eram adequadas ao estro e pelas quais não alimentava a menor simpatia. Acabou seu mau poema com aborrecimento e fadiga, não sem o haver mil vezes interrompido para escrever as "Epístolas" a seus amigos (a Mecenas, em particular). As "Epístolas" permanecem conhecidas, bem como as "Sátiras", sua obra-prima, ainda hoje.

Tornava-se cada vez mais sedentário, não fosse por outro motivo, por causa de sua saúde, que o obrigava a regime estrito e a muitas precauções. Era em vão que Mecenas o convidava a fazer viagens de turismo. Horácio preferia ficar em Roma ou, ainda mais, em sua vila, comer quatro "nouilles" (espécie de massa feita com farinha e ovos. N. do trad.) feitas em casa, um pequeno pedaço de assado e uma maçã cozida. Fazia a sua desforra ao cantar em suas poesias os banquetes amistosos, os repastos suculentos, as grandes bebedeiras e os amores com Glicéria, Neéria, Pirra, Lídia, Lalágia, uma infinidade de mulheres que jamais existiram ou que nunca conheceu. Sentia pela virtude o respeito de um estoico; pelo prazer, a simpatia de um epicurista; porém, jamais pôde cultivar uma ou outro, em razão de seus ardores de estômago, de seus reumatismos e de sua insuficiência hepática.

Não se enganava no que concerne à decadência da sociedade e não errava ao atribuí-la à decadência da religião. Não tinha, contudo, forças para apoiar a esta, talvez porque ele próprio não era crente.

Seus últimos anos se ensombreceram pela expectativa angustiosa da morte: não queria mais nem ir a Roma. As últimas cartas estão repletas dessa angústia: "Tu comeste, bebeste e amaste suficientemente; é o momento de partires", dizia para si mesmo. Isso, porém, não era verdade. Bem que teria gostado de continuar, ainda um pouco, a comer, a beber e a amar. Tudo isso, sem males do estômago.

Morreu aos cinquenta e sete anos, deixando sua propriedade para o imperador, e pediu-lhe que o mandasse sepultar ao lado de Mecenas, desaparecido poucos meses antes. Tal pedido foi deferido.

O que a época de Augusto não pudera dar às artes e à filosofia, ela o legou à História com Tito Lívio, também de origem celta, como Virgílio, e nascido em Pádua. Também ele, se tivesse seguido as intenções da família, teria sido advogado. Porém, o desgosto que lhe inspiravam os contemporâneos fez com que preferisse entregar-se ao estudo da Roma antiga. Não nos deixou, infelizmente, a menor informação sobre suas vicissitudes pessoais: estava muito ocupado em relatar-nos as dos

HISTÓRIA DE ROMA

Horácios e dos Cipiões, que lotavam, "ab urbe condita", isto é, desde a fundação de Roma, cento e quarenta e dois livros, dos quais apenas uma quarentena chegou até nós. Trabalho enorme, feito, sobretudo, à sua maneira, sem economia. Bem compreendemos que, tendo chegado às guerras púnicas, tenha sentido falta de fôlego e desejado parar. Foi Augusto que o compeliu a continuar.

Disso podemos espantar-nos um pouco, pois a obra de Tito Lívio não é mais do que exaltação da grande aristocracia republicana e conservadora, contrária, por isso mesmo, a César e ao espírito de César. Mas ela também entoa um hino aos velhos hábitos austeros, isto é, ao "caráter" romano. Era isso que agradava o imperador. Sobre a exatidão do que nos conta Tito Lívio, é preciso fazer certas reservas, principalmente quando põe na boca dos personagens longos discursos, no que se parecem muito mais com Tito Lívio do que com eles mesmos. Sua História é uma história de heróis, imenso afresco de episódios, mais próprios a exaltar do que a informar o leitor. Roma – se lhe dermos crédito – teria sido povoada, exclusivamente – como a Itália do tempo de Mussolini – de guerreiros e navegantes, absolutamente desinteressados, a conquistar o mundo para aperfeiçoá-lo e moralizá-lo. Os homens, segundo ele, se dividem em bons e maus. Em Roma, somente havia homens bons; fora de Roma, só havia maus. Até mesmo um grande general, como Aníbal, se torna, em sua pena, um simples canalha.

Isto não impede que a "História" de Tito Lívio – a qual custou cinquenta anos de duro trabalho a um autor que a ela se consagrou inteiramente – permaneça como grande monumento literário, talvez, mesmo, o maior dentre todos os monumentos – um tanto medíocres – erigidos sob o signo de Augusto.

Capítulo 31

Tibério
e Calígula

    A única coisa certa que poderemos dizer de Tibério é que nasceu sob má estrela. Julgai por vós mesmos.

    Quando sua mãe o levou, bem pequeno, à casa de Augusto, o Imperador não teve olhos senão para o seu irmão Druso, tão brigão, tirânico e simpático quanto ele. Tibério era tímido, reservado, ajuizado e sensível. Disso, Tibério poderia ter conservado algum rancor e inveja. Pelo contrário, teve por Druso afeto e admiração; arriscou a vida para tentar salvá-lo quando foi ferido na Germânia e a morte do irmão lhe foi verdadeira tragédia. Seguiu-lhe o caixão, a cavalo, do Elba a Roma e foram-lhe precisos anos para curar tal dor.

Estudara intensamente e com proveito. Desde que lhe confiaram um exército, ele o conduziu, de vitória em vitória, contra inimigos tão aguerridos e insidiosos como o eram os ilírios e os panônios. Quando lhe deram províncias para governar, ele as reorganizou com competência e integridade. Aos vinte anos, chamavam-no "o pequeno velho", por causa de sua seriedade. O pouco de tempo que o trabalho lhe deixava, ele o consagrava a refazer os conhecimentos do grego, língua que conhecia muito bem, ou entregava-se a estudos de astrologia, que lhe trouxeram reputação de "herético". Não frequentava nem os salões nem o Circo. Talvez a primeira mulher que realmente conheceu tenha sido sua esposa Vipsânia, filha de Agripa, dama de grandes virtudes e de habites tão caseiro quanto os seus.

Se tivesse podido continuar a seu lado, talvez seu caráter tivesse permanecido o mesmo que fora na juventude: o de um estoico de simplicidade serena, generoso para os amigos, mais intransigente para consigo mesmo do que para com os outros. O fato que o demonstra é que seus soldados o adoravam, ao passo que, em Roma, o detestavam, como o modelo de uma virtude que constituía opróbrio para todos. Augusto, porém, fez com que se divorciasse para desposar sua filha Júlia, moça infeliz, bastante simpática, mas a menos indicada para ser a companheira de um homem como ele. Por que Tibério o aceitou? É verdade que a herança de Augusto estava em jogo, mas nunca ele demonstrou desejá-la muito. Ele se mostrara, para o sogro, colaborador cheio de zelo, mas jamais lhe fizera muito a corte: preferia ser estimado do que ser amado por ele. É, certamente, preciso perceber, em sua obediência, a mão de Lívia, esposa exemplar de Augusto, mas mãe terrível para Tibério, para o qual desejava a glória, ainda que ao preço de sua felicidade.

Tibério suportou seus dissabores conjugais com muita dignidade. É falso que se tenha recusado a denunciar Júlia como adúltera – da forma pela qual a lei lhe permitia ou, mais exatamente, como a lei lhe impunha – para não perder o favor de Augusto. Pelo contrário, tudo abandonou para levar a vida de simples particular, em Rodes, onde passou, talvez, o mais tranquilo período de sua vida. Após haver banido Júlia e perdido os filhos de Júlia, Gaio e Lúcio, o Imperador chamou Tibério. E, ainda nisso, reconhecemos a influência de Lívia. Tibério retomou o trabalho ao lado de um padrasto cada vez mais melancólico e insuportável e que o fazia suportar sua antipatia. Já estava com cinquenta anos quando lhe foi necessário substituir Augusto. Ele o fez, apresentando-se ao Senado e pedindo-lhe que disso o dispensasse e que se restabelecesse a República. O Senado considerou essa atitude como comédia e, talvez, assim o fosse. Ainda que o detestando, os senadores lhe suplicaram que permanecesse e lhe pediram que desse o seu nome a um mês do ano, como já haviam feito com Augusto. "Mas que fareis após o décimo terceiro?", lhes indagou Tibério.

Foi com essa atitude sarcástica a respeito de toda forma de adulação que o taciturno e casto Tibério se pôs a governar. Governou com muita clarividência e equidade, deixando, quando de sua morte, um Estado mais rico e florescente do que aquele que encontrara. Contudo, caiu sob a pena de Tácito e de Suetônio, que dele fizeram o bode expiatório de todos os vícios do tempo.

A falta mais grave dentre todas as que lhe censuram é a de ter mandado suprimir seu sobrinho Germânico, após havê-lo adotado como filho e designado como herdeiro. Germânico era filho de Druso e de uma sobrinha de Antônio. Era um belo rapaz, vivo, inteligente, corajoso, que Roma inteira amava. Tibério o enviou ao Oriente, com o título de governador, para que adquirisse experiência e muitos murmuravam que ele o exilara por ciúmes. Germânico lá morreu e o povo dizia que fora Pisão que o assassinara, por ordem do Imperador. Pisão matou-se para escapar ao processo e a viúva de Germânico, Agripina, foi uma das mais cruéis acusadoras de Tibério, enquanto sua mãe, Antônia, lhe ficou sempre fiel. Entre uma esposa e uma mãe, a mãe inspira mais confiança.

Outra acusação que contra ele levantaram foi a de ter sido cruel para com Lívia. Certamente, era a Lívia que devia o trono. Contudo, não devia ser fácil viver com ela, que pretendia referendar os decretos imperiais, recordando-lhe a cada instante que, sem ela, ele teria continuado a ser um simples cidadão emigrado em Rodes e, sobretudo, se considerava a senhora da casa, recusando-lhe as chaves, quando ele saía. Tibério acabou por ir viver por sua conta, num apartamento modesto e melancólico, onde ninguém devia poder incomodá-lo. Teve, porém, questão com Agripina, que também lhe reclamava um crédito: a vida de Germânico.

Essa Agripina não somente se tornara sua sobrinha pelo casamento com o filho de Druso; era, igualmente, sua enteada. Júlia, que a tivera de seu casamento com Agripa, levara-a consigo ao desposá-lo. Era uma mulher ávida e queixosa, com todos os vícios de sua mãe, mas sem nenhuma de suas qualidades: a generosidade, o espírito, o dom da simpatia. Agripina tinha, de Germânico, um filho, um certo Nero, que, de acordo com ela, devia substituir o pai como herdeiro do trono. Tibério lhe suportava os ataques com paciência resignada. "Tu te sentes realmente frustrada pelo fato de não seres imperatriz?", lhe perguntava. Também Tibério tinha um filho, Druso, que lhe havia dado sua querida e boa Vipsânia. Era, contudo, um inútil, cheio de vícios, e ele o renegara. Procurava, efetivamente, seu sucessor mas Nero, também, nada lhe fazia prever de bom.

Verdadeira série de conspirações foi organizada contra Tibério. Foi Sejano, o comandante dos pretores do Palácio, que lhe levou as provas. Quem sabe se eram verdadeiras? Tibério, porém, pouco a pouco, pôs-se a não ter mais confiança senão em Sejano; permitiu-lhe que aumentasse a guarda até dez mil coortes, sem perceber o terrível precedente que iria criar. Então, retirou-se em Cápri.

Não podemos dizer que, de lá, tenha deixado de governar. Era, todavia, a Sejano que transmitia as ordens e Sejano as modificava a seu bel talante. Foi assim que Sejano se tornou o verdadeiro senhor da cidade. Ele descobriu um ...ésimo complô, fomentado pelo senador Pompeu Sabino, Agripina e Nero e fez com que lhe fosse dada autorização para puni-los. O primeiro foi suprimido; a segunda, exilada em Panteleria; o terceiro se matou. Druso estava morto; também Lívia, a "Mãe da Pátria", como a chamavam por zombaria.

Um dia, a enteada de Tibério, Antônia, mãe de Germânico, lhe enviou, secretamente, com risco de vida, um bilhete em que o advertia de que, por sua vez, Sejano conspirava para mandar assassinar o imperador e tomar-lhe o lugar. Tibério, apesar da idade, partiu para Roma, deteve o traidor e o entregou ao Senado para que fosse instaurado seu processo. Havia anos que o Senado vivia sob o terror desse sátrapa. Não somente ele, mas também todos os seus parentes foram mortos. Como a lei proibia matar as virgens, sua filha, muito nova, foi deflorada antes do processo. Sua mulher se matou, mas não sem antes ter denunciado, por escrito, a Tibério que Livila, filha de Antônio, era cúmplice de Sejano. Tibério mandou prender Livila. Ela deixou-se morrer na prisão, recusando alimento. Agripina, também ela, se matou. É normal que o Tibério emerso dessa hecatombe familiar não mais tenha sido o homem de antigamente. A isso sobreviveu seis anos e parece bem que ficou com o espírito perturbado. Em 37 a.C., decidiu-se a deixar Cápri. Enquanto atravessava a Campânia, foi tomado de uma crise – talvez um enfarte do miocárdio. Quando perceberam que retomava os sentidos, seus cortesãos o sufocaram sob um coxim.

HISTÓRIA DE ROMA

Tibério havia mantido a paz, aperfeiçoado a administração, enriquecido o Tesouro. O Império parecia intacto, mas sua capital se gangrenava cada vez mais. Para deter-lhe a decomposição, seria mister a mão de um grande reformador. Tibério acreditou, talvez, encontrar tal estofo no segundo filho de Agripina e de Germânico: Gaio, que os soldados da Germânia, onde ele crescera, chamavam "Caligula" (Botina), por causa dos calçados militares que usava.

No início, a escolha pareceu realmente boa. Caligula se mostrou generoso para com os pobres e reconstituiu uma aparência de democracia, ao devolver seus poderes à Assembleia. Já o conheciam como soldado vitorioso e ajuizado. Sua brusca e inesperada transformação só poderia ser explicada por alguma moléstia que lhe tivesse perturbado o cérebro: um caso de esquizofrenia, de dissociação da personalidade. Começou a sentir terrores noturnos, sobretudo por ocasião de tempestade: corria pelo palácio a pedir socorro. Grande e gordo, como era, desportivo, atlético, passava horas diante do espelho a fazer caretas, exercício em que se saía muito bem, com seus olhos vesgos e uma placa de calvície, que lembrava uma tonsura. Num certo momento, ficou impressionado com a civilização egípcia e quis introduzir-lhe os costumes em Roma. Pretendeu que os senadores lhe beijassem os pés e se batessem em duelo, no Circo, com os gladiadores, que os matavam com regularidade. Impôs-lhes que elegessem como cônsul seu cavalo, Incitatus, para o qual mandou construir um estábulo de mármore, com mangedoura de marfim. Sempre para imitar o Egito, tomou as irmãs como amantes. Chegou, mesmo, a desposar uma, Drusila, e a nomeou herdeira do trono. Depois, repudiou-a para desposar Orestila, no mesmo dia em que ela se casava com Gaio Pisão. Não se deteve senão na quarta mulher, Cesônia, que estava grávida quando ele a conheceu e era feiosa. Para com ela ele se mostrou – somente Deus sabe por que – fiel e devotado.

INDRO MONTANELLI

É possível que, no seu ódio à monarquia, Dião Cássio e Suetônio tenham carregado um pouco as cores. Contudo, com bastante certeza, Caligula era louco. Uma bela manhã, levantou-se com fobia pelos calvos e mandou levar todos os calvos como pasto para as feras do Circo, esfaimadas pela carestia. Após isso, foram os filósofos que lhe deram na veneta e ele os condenou, a todos, à morte ou ao exílio. Somente dois dentre eles se salvaram: seu tio Cláudio, porque era considerado idiota, e o jovem Sêneca, porque fingiu estar muito doente. Nada mais sabendo do que perseguir, constrangeu ao suicídio sua avó Antônia somente porque, certo dia, quando a observava, teve a impressão de que sua cabeça era bela, mas fazia mal efeito sobre as espáduas. Terminou por implicar-se com Júpiter, dizendo que se tratava de verdadeira película, que lhe usurpara, o lugar de rei dos deuses. Mandou tirar a cabeça de todas as suas estátuas e substituí-la pela sua.

Era pena, porque, em seus raros momentos de lucidez, sabia ser simpático, cordial, espirituoso; tinha a resposta pronta e o sarcasmo fácil. Chamando-o de histrião, em pleno rosto, um sapateiro gaulês, Caligula lhe respondeu: "É verdade, mas pensas que meus súditos valem mais do que eu?" É certo que, se valessem um pouquinho mais do que ele, já se teriam desembaraçado de sua pessoa, de um modo ou de outro. Longe disso, aplaudiam-no e lhe beijavam os pés, com os senadores à frente.

Foi necessário o espírito resoluto do comandante [7]dos pretorianos, Cássio Queréias, para livrar Roma desse flagelo. Caligula sentia prazer em lançar-lhe, como senha, injúrias obscenas. Ora, Cássio era suscetível. Certo dia em que acompanhava o Imperador, num corredor de teatro, ele o apunhalou. A cidade não podia acreditar no fato. Para mostrar a todos que era bem verdade, os pretorianos mataram também sua mulher Cesônia e bateram a cabeça de sua filhinha contra uma parede.

A conclusão estava em plena harmonia com os personagens e o sombrio clima de terror e de demência em que tinham vivido. Todavia, daí por diante, Roma era a capital de um Império onde não havia outra alternativa senão o satrapismo desenfreado ou o regicídio. E, para o regicídio, havia mister de mercenários. Os romanos nem sequer eram mais capazes de matar seus tiranos.

Capítulo 32

Cláudio e Sêneca

Tendo matado Caligula, os pretores ficaram senhores da situação e assim pretendiam permanecer. Olharam ao redor, em busca de um sucessor que pudessem ter à mão. Tiveram a impressão de que o personagem mais indicado seria o tio do defunto, Cláudio – aquele pobre diabo, já quinquagenário, as pernas contraídas por uma paralisia infantil, a língua travada por gagueira, o ar pasmado – que haviam encontrado escondido, por trás de uma coluna, tremendo de medo, na noite do assassínio.

Era filho de Antônia e de Druso, assim como Germânico. Havia passado pelas tragédias da família Cláudia sem delas participar, porque sua reputação bem firmada de imbecil o protegera. Se se tratava de uma comédia, é preciso dizer que ele a tinha representado a contento, desde a infância: sua mãe o tratava de aborto. Quando queria indicar até que ponto alguém era estúpido, ela o definia: "Mais cretino do que meu pobre Cláudio".

Difícil é dizer até que ponto esse personagem, que, a seguir, se revelou excelente administrador, era idiota ou se fazia passar por idiota, a fim de poder atravessar todas as tramas! É certo que, desse modo, foi o único da família a salvar a pele. Arrastando suas pequenas pernas anquilosadas, curvando-se diante de todo mundo ao falar, grande, mas atarracado por causa do ventre, e com o nariz avermelhado pelo vinho – vivera até essa idade sem fazer sombra a ninguém, estudando e escrevendo páginas de história, dentre as quais sua autobiografia. Quando se apresentou ao Senado para fazer-se proclamar imperador, declarou: "Sei bem que me considerais como um pobre imbecil. Mas não sou idiota. Fingi sê-lo. Ê por isso mesmo que hoje me encontro aqui." A seguir, entretanto, estragou tudo, ao fazer aos senadores uma conferência sobre a maneira de cuidar das mordeduras de víbora.

Cláudio começou por conceder boa gorjeta aos pretorianos, que o haviam eleito. Em troca desse suborno, porém, fez com que lhe entregassem os assassinos de Caligula, os quais mandou suprimir, para inaugurar, disse ele, o princípio de que não se matam os imperadores. A seguir, rasurou, com uma penada, todas as leis de seus predecessores e pôs-se a reformar a administração, mostrando nessa reforma bom senso e equilíbrio, que ninguém dele suspeitaria. Convencido de que não se encontraria mais nada de bom na categoria dos senadores, constituiu um ministério de técnicos, escolhidos entre os libertos. Pôs-se a estudar e a realizar, com eles, trabalhos públicos de grande envergadura, divertindo-se ao colaborar em seus cálculos e projetos. O que mais o ocupou foi o ressecamento do lago Fucino. Empregou, durante onze anos, trinta mil aterradores para cavar um canal, a fim de escoar as águas. Quando tudo ficou pronto, antes do ressecamento, ofereceu aos romanos o último espetáculo de uma batalha naval entre duas frotas de vinte mil condenados à morte, que lhe dirigiram o famoso brado. *"Ave Caesar, morituri te salutant!"*. atravessaram uns para os lados dos outros e se afogaram. O público, que atapetava as colinas ao redor, divertiu-se a valer.

Todo mundo começou a rir, quando viu partir esse imperador, bêbado, com ar de idiota beato, à frente do exército, com a intenção de conquistar a Inglaterra. Jamais fora soldado – teria sido, aliás, reformado – e Roma estava convencida de que empreenderia a fuga na primeira refrega. Quando, porém, correu o boato de que estava morto, a consternação foi grande e geral; os romanos se haviam, sinceramente, apegado a esse imperador, que, a despeito das extravagâncias, se mostrara o melhor, ou, em todo caso, o mais humano dos que sucederam a Augusto.

Cláudio não somente escapara à morte, mas conquistara a Inglaterra e retornava, arrastando em seu séquito o seu rei, Caracacto, o primeiro dos reis, vencidos por Roma, que foi perdoado. Sem dúvida, o mérito da vitória pertenceu, mais do que a Cláudio, aos seus generais. Estes generais, porém, eram por ele nomeados: não se enganava em sua escolha. Foi sob seu comando que se formou Vespasiano.

Infelizmente, esse bravo imperador tinha um fraco: as mulheres. Era incorrigível mulherengo. Já tivera e já enganara três mulheres quando, com quase cinquenta anos, desposou a quarta, Messalina, de dezesseis. Messalina passou à História como a mais infame de todas as rainhas, o que; talvez, seja inexato. Talvez apenas tenha sido a mais dissoluta. Como não fosse bela, se acontecia de algum rapaz resistir-lhe, ela fazia com que o Imperador desse ordem para que o mesmo cedesse, transformando, assim, o amor em patriotismo. Cláudio se prestava à farsa, uma vez que Messalina lhe deixasse campo livre com as arrumadeiras. No fundo, constituíam um casal bem combinado. Era um infortúnio que Cláudio teimasse em reformar os costumes romanos, instituindo a austeridade, e que semelhante mulher não lhe fosse o melhor exemplo. Um dia, em que ele estava ausente, ela desposou, muito tranquilamente, o amante da ocasião, Sílio. Os ministros disso informaram o Imperador, dizendo-lhe que Sílio desejava subir ao trono em seu lugar. Cláudio voltou, mandou matar Sílio e, depois, mandou procurar Messalina, que se escondera em casa de sua mãe. Temendo-lhe a vingança, os pretorianos a apunhalaram nos braços de sua mãe. Cláudio lhes ordenou que o apunhalassem, também, se pensasse em tornar a casar-se.

Casou-se, já no ano seguinte, e sua quinta mulher, virtuosa, fez lastimar a quarta, libertina. Agripina, filha de Agripina e de Germânico, era sua sobrinha. Ela já tivera dois maridos, sendo que, do primeiro, lhe ficara um menininho, chamado Nero, cuja carreira foi sua única paixão. Era outra Lívia, em ponto maior. Seus trinta anos lhe permitiram facilmente tomar as rédeas da casa, com um marido quase sexagenário e enfraquecido pelos passatempos com as camareiras. Ela o isolou de seus colaboradores, colocou seu amigo Burro à frente dos pretorianos e instaurou novo regime de terror, às expensas dos senadores e cavaleiros. As condenações à morte levavam a assinatura de Cláudio, o que, depois de sua morte, se reconheceu ser imitação. O pobre homem, se hem que havendo retornado ao estado infantil de espírito, parece que teve, em certo momento, consciência do que se passava e quis remediar a situação: Agripina a ele se adiantou, servindo-lhe cogumelos venenosos. Nero, que, a seu modo, tinha espírito, declarou,

INDRO MONTANELLI

mais tarde, que os cogumelos deviam constituir prato divino, pois que tinham tido a virtude de transformar em deus um pobre diabo como Cláudio.

Nero, em dialeto sabino, significa "forte". Durante os cinco primeiros anos de reinado, Nero foi fiel ao próprio nome: mostrou-se imperador judicioso e magnânimo. Isso, entretanto, não era seu mérito: era o de Sêneca, que em seu nome governava.

Sêneca era espanhol, de Córdoba, nascido numa família de milionários e filósofo de profissão. Já fizera com que dele falassem, quando Agripina o escolheu para preceptor do filho. Calígula o condenara à morte por "impertinência"; depois lhe perdoara, por ser fortemente asmático. Cláudio o exilara na Córsega, em razão de uma intriga com sua tia Júlia, filha de Germânico. Sêneca lá ficara oito longos anos, escrevendo excelentes ensaios e algumas fracas tragédias. Ignoramos quem o propôs a Agripina como o homem mais indicado para educar Nero, segundo os princípios de estoicismo, de que ele era considerado o mestre incontestável. De qualquer modo, em alguns dias, passou ele da condição de recluso à de mestre do futuro senhor do Império.

Era um homem estranho. Aproveitou-se da posição, sem muitos escrúpulos, para aumentar o patrimônio, mas não se aproveitou deste para levar a vida de um homem rico. Comia muito pouco, bebia apenas água, deitava-se sobre tábuas, despendia seu dinheiro somente em livros e obras de arte; desde que se casou, foi absolutamente fiel à mulher e respondia aos que o censuravam, por muito apreciar o dinheiro e o poder: "Não faço *o* elogio da vida que levo. Faço o elogio da vida que gostaria de levar e da qual, de muito longe, ainda que me debatendo, persigo o modelo." Quando estava no mais alto grau de poderio, um panfletário o acusou, publicamente, de haver

HISTÓRIA DE ROMA

roubado ao Estado trezentos milhões de sestércios, de havê-los multiplicado pela usura e de desembaraçar-se de seus rivais e inimigos, ao acusá-los. Sêneca, que nessa ocasião poderia mandar suprimir todos os que quisesse, absteve-se, como resposta, de denunciar seu denunciante. Isto não o impediu, de acordo com Dião Cássio, de continuar a exercer a usura.

Ao subir ao trono seu pupilo, Sêneca fê-lo ler, diante do Senado, um belo discurso, no qual o novo Imperador se comprometia a não exercer outro poder senão o de comandante supremo do exército. É provável que ninguém nisso acreditasse. Nero, porém, manteve a palavra durante cinco anos, quando os outros poderes foram exercidos por Agripina e por Sêneca. As coisas marcharam muito bem, enquanto aqueles dois personagens estiveram de acordo. Com os dois a sugerir por trás dele, Nero tomou algumas decisões judiciosas. Repeliu a moção do Senado que propunha erigir-lhe estátuas de ouro e recusou assinar condenações à morte, exclamando, em altos brados, com a pluma para o alto, no caso de uma exceção que precisou fazer a essa regra: "Como gostaria de jamais haver aprendido a escrever!" Tinham todos, dele, a verdadeira impressão de um bom rapaz, que se interessava exclusivamente pela música e pela poesia: ninguém imaginava que, um dia, tais disposições pudessem tornar-se perigosas.

A seguir, Agripina mostrou ciúmes. Queria fazer tudo por si mesma. Sêneca e Burro com isso se alarmaram. Para neutralizá-la, compeliram Nero a fazer sentir sua autoridade. Agripina, furiosa, ameaçou aniquilar a própria obra, pondo no trono Britânico, filho de Cláudio. Como resposta, Nero mandou matar Britânico e a enviou para uma vila, onde ela prestou mau serviço à História, ao escrever um livro de "Memórias" sobre Tibério, Cláudio e Nero, em que se apoiaram, completamente ou quase, Suetônio e Tácito; inspiradas, como eram, pelo espírito de vingança, tememos que tais "Memórias" não mereçam inteiro crédito.

Nós nos perguntamos que parte teria tido Sêneca no assassínio de Britânico. Na sua qualidade de autor de um ensaio intitulado "Da Clemência", esperamos que não tenha tido nenhuma. Isto, entretanto, sem que ousemos jurá-lo, dados os precedentes.

Enquanto Nero continuou a pôr em prática as teorias de Sêneca, Roma e o Império estiveram tranquilos, o comércio prosperou, a indústria se desenvolveu. Contudo, em determinado momento, o pupilo de Sêneca, que não tinha vinte anos, começou a voltar-se para outro mestre, que dava mais satisfação às suas tendências de esteta: Caio Petrônio, o árbitro de todas as elegâncias romanas, o fundador de lima categoria de homens bastante espalhada: os "dandies".

Sentimos certa dificuldade em identificar esse rico aristocrata – que Tácito nos descreve como requintado nos desejos, delicadamente voluptuoso, de conversação irônica e soberanamente elegante – com o Caio Petrônio autor do "Satiricon", – libelo constituído de versos vulgares até à obscenidade, em que não nos apresenta senão personagens banais e situações repisadas. Se se tratar realmente do mesmo personagem, então, entre o modo de existência e vida e a maneira de escrever, há um oceano. De qualquer forma, Nero, fascinado pelo Petrônio que conhecera na sociedade, refinado, culto, grande sedutor de homens e de mulheres, conhecedor infalível do Belo, achou mais fácil imitar o mau poeta e pôr-lhe em prática os ensinamentos literários. Tomou, como amigos, os heróis do "Satiricon" e com eles se meteu a percorrer os bairros de pior fama de Roma.

No momento justo, Sêneca nada encontrou para recriminar em tal situação. É mesmo provável que tenha impelido o discípulo a esse caminho, para desviá-lo, cada vez mais, dos problemas do governo, que preferia resolver sozinho ou apenas com Burro. Foi assim que, durante alguns anos, com um imperador que se aviltava gradualmente, o Império continuou a prosperar. Trajano, mais tarde, definiu o primeiro lustro do reinado de Nero como o "melhor período que Roma jamais conheceu", Entretanto, num certo momento, o jovem soberano encontrou Popéia, nova Agripina, na plenitude da beleza, a qual desejava ser imperatriz. Para consegui-lo, compeliu Nero a tornar-se realmente imperador. Nero estava com vinte e um anos e tinha uma esposa muito honesta, Otávia, que suportava com bastante dignidade suas desventuras conjugais, bem como uma amante, Actéia, que era honesta, também ela, e dele se achava enamorada. As mulheres honestas, porém, não tinham sido feitas para Nero, que a ambas enganou com Popéia, sensual, libertina e calculista. É neste momento que têm início a história pessoal de Nero e as atribulações de Roma.

INDRO MONTANELLI

Capítulo 33

Nero

Agripina havia sido, certamente, mulher nefasta. Os últimos episódios de sua vida não deixam, entretanto, de ser dignos de uma verdadeira matrona da Roma antiga. Não hesitou em opor-se, resolutamente, ao filho, quando este lhe pediu consentimento para devorciar-se de Otávia. Tácito disse que ela chegou até mesmo a oferecer-se a ele.

Ainda que a tivesse relegado numa vila, Nero continuava a temê-la. Contudo, também tinha medo de Popéia, que continuava a recusar-se a ele e a ridicularizar-lhe o amor pela mãe. Popéia acabou por fazer Nero acreditar que Agripina conspirava contra ele. Nero, não ousando matá-la, tentou, uma vez, fazê-la morrer envenenada; da segunda vez, fê-la cair no Tibre. Agripina, porém, a tudo estava preparada (talvez tivesse conservado no palácio um servidor de confiança). Na primeira vez, um remédio transformou o envenenamento em simples cólica. Na segunda tentativa, escapou à morte a nado e, para agarrá-la do outro lado do rio, os guardas de Nero também tiveram de nadar. Podemos inquirir quais teriam sido os pensamentos e as ideias dessa mulher, ao ver-se perseguida pelos sicários de um filho a quem sacrificara toda a vida. Nada demonstrou, contudo, quando a alcançaram. Disse, simplesmente: "Golpeai aqui!", designando o ventre em que Nero fora concebido. Quando lhe levaram o corpo nu da mãe morta, Nero contentou-se em notar: "Vejam só! Jamais eu percebera que tinha uma mãe tão bela!" Talvez, mesmo, a única coisa que lamentou foi de não aceitá-la, quando ela se lhe havia oferecido.

Como já nos aconteceu, a respeito de Calígula, para explicar semelhantes reações a única hipótese é a loucura.

A História nos garante que Sêneca nada teve a ver com esse crime espantoso. Permite-nos verificar, entretanto, que ele o aceitou, pois permaneceu ao lado do imperador. Teria esperança de detê-lo na ladeira da perdição? Se chegou alguma vez a alimentar tal esperança, deve ter-se desiludido muito depressa. Nero não somente repeliu os conselhos de Sêneca — quando este se esforçou para fazê-lo compreender que não convinha a um imperador entregar-se a competições no Circo, como cocheiro, e exibir-se no teatro, como tenor — mas também — para bem demonstrar a pouca consideração que, daí por diante, votava ao mestre — ordenou aos senadores que com ele próprio se medissem em disputas de ginástica e em recitais de música, declarando tratar-se da tradição grega e que esta valia mais do que a romana.

Os senadores, em conjunto, talvez não merecessem mais do que isso; alguns dentre eles, contudo, ainda conservavam uma centelha de dignidade. Traséias Peto e Helvídio Prisco falaram abertamente contra o imperador. Os espiões deste os acusaram de conspirar. Nero, que depois do matricídio demonstrava certa clemência, deixou-se arrastar a uma orgia de sangue. Como o tesouro – que Cláudio deixara florescente – houvesse definhado com seus desregramentos, obrigou os condenados a legar-lhe as fortunas. Sêneca criticou tais medidas; porém, a verdadeira razão de vir a perder o seu posto foi a de haver criticado as poesias de seu senhor. Foi, talvez, com um suspiro de alívio que se retirou em sua vila, na Campânia, onde se aplicou, ativamente, a buscar, como escritor, compensação à falência como preceptor. Burro havia morrido alguns meses antes e fora substituído por um celerado: Tigelino.

Nero, sem mais qualquer freio que o retivesse, se precipitava, rapidamente. Quanto ao físico, o retrato que dele nos deixaram nos mostra, aos vinte e cinco anos, com a cabeleira de cabelos louros enrolados em pequenas tranças, olhar embaciado, ventre adiposo sobre pequenas pernas raquíticas. Popéia, então sua mulher, dele fazia o que queria. Não satisfeita de havê-lo obrigado a divorciar-se de Otávia, compeliu-o a exilá-la. Como os romanos reprovassem tal medida e cobrissem a estátua de Otávia de flores, Popéia decidiu fazer com que ele a mandasse assassinar. Otávia não teve uma morte bastante beta: tinha medo, implorava perdão. Não tinha vinte anos e nascera para ser a boa esposa de um marido e não a heroína de uma tragédia.

Ainda dessa vez, Nero não sentiu qualquer remorso porque, nesse ínterim, fizera com que o consagrassem deus e os deuses não são obrigados a fazer exame de consciência. Na ocasião, só tinha uma ideia: mandar construir um novo palácio de ouro, que se tornaria seu próprio templo. Ora, como o projetasse com dimensões gigantescas, não encontrava, no centro superpovoado de Roma, nenhum terreno para construir que lhe conviesse. Já fazia algum tempo ele resmungava que a cidade fora mal construída, que seria preciso refazê-la intei-

HISTÓRIA DE ROMA

343

ramente, conforme plano de urbanismo mais racional, quando irrompeu o famoso incêndio do mês de julho do ano 64 da Era Cristã.

Teria sido ele, em verdade, o autor? Talvez não. Nesse momento, encontrava-se em Âncio. Voltou, imediatamente, e gastou, nos socorros, energia de que ninguém o creria capaz. Mas o fato de que a voz do povo o tenha acusado, imediatamente, demonstra que, ainda que não fosse o autor do incêndio, todos o consideravam capaz de tanto. É extremamente estranho que, dessa vez, não tenha reagido às acusações e, nem ao menos, perseguido os autores de panfletos e libelos. Contudo, como verdadeiro chefe de um regime totalitário, diante de um desastre pensou que, antes mesmo de remediá-lo, era mister procurar alguém a quem acusar.

Foi assim, disse Tácito, que pensou numa seita religiosa que se formara, recentemente, em Roma e tomava emprestado o nome de um certo Cristo, judeu condenado à morte por Pôncio Pilatos, no reinado de Tibério.

Nero nada mais sabia a respeito, quando mandou prender todos os que pôde e, depois de processo sumário, fê-los condenar à tortura. Uns foram lançados às feras, os outros se viram crucificados, ainda outros foram embebidos em resina e transformados em tochas. Roma jamais lhes havia dado muita atenção. Após esse martírio em massa, começou a observá-los com certa curiosidade. O imperador, afinal, podia construir uma Roma a seu gosto. Nessa tarefa, que o absorveu inteiramente, demonstrou certa competência. Enquanto, porém, uma nova Roma se erigia, mais bela do que a precedente, Popéia morreu de um mau sucesso. Às más línguas declararam, imediatamente, que fora seu esposo quem, no decorrer de uma disputa, lhe dera um pontapé no ventre. É possível. De qualquer modo, foi um golpe terrível para ele, que perdia, simultaneamente, a mulher amada e o herdeiro que esperava. Enquanto, acabrunhado pela dor, perambulava pelas ruas, descobriu um jovem, um certo Esporo, cujo rosto lembrava estranhamente o da morta. Conduziu-o ao palácio, mandou castrá-lo e o desposou. Os romanos comentaram: "Ah! se o pai de Nero tivesse feito o mesmo!"

Enquanto dirigia os trabalhos de construção de seu grande palácio, seus espiões descobriram uma conspiração, destinada a pôr no trono Calpúrnio Pisão. Houve as detenções habituais, as torturas habituais, as confissões habituais. No decorrer dessas confissões, foram pronunciados os nomes de diversos intelectuais, dentre os quais Sêneca e Lucano.

Lucano era outro espanhol de Córdoba, primo distante de Sêneca. Chegando a Roma para estudar Direito, cometera o imperdoável erro de ganhar um prêmio de poesia, num concurso em que Nero igualmente se apresentara e fora derrotado. O imperador proibiu que continuasse a escrever. Lucano lhe desobedeceu: escreveu um poema sobre a batalha de Farsália, de retórica medíocre, mas de entonação nitidamente republicana. Sem poder publicá-lo, leu-o, entretanto, em salões aristocráticos, onde teve grande sucesso junto a pessoas que não mais tinham força para opor-se à tirania, mas aspiravam à liberdade. Teria realmente participado na conspiração em que foi inscrito, ex-ofício, entre os conjurados, por policiais que sabiam da antipatia de Nero por seu rival? No decurso dos interrogatórios, admitiu a culpabilidade e denunciou seus cúmplices, entre os quais, parece sua mãe e seu primo Sêneca. Condenado, convidou os amigos para uma grande festa, comeu e brindou com eles, abriu as próprias veias e morreu a recitar alguns de seus versos contra o despotismo. Tinha vinte e seis anos.

Foi, talvez, por intermédio dos mensageiros do imperador, que seguiram para a Campânia a fim de comunicar-lhe a condenação à morte que soube Sêneca haver participado da conju-

HISTÓRIA DE ROMA

345

ração de Pisão. Escrevia, então, uma carta a seu amigo Lucílio, que assim terminava: "No que me concerne, vivi o suficiente; tenho a impressão de que recebi minha parte. De momento, espero pela morte." Porém, quando a morte se lhe apresentou, sob os traços daquele mensageiro, objetou que não havia a menor razão para que a mesma lhe fosse imposta, visto que, havia muito tempo, não mais lidava com política e se ocupava, apenas, de cuidar da saúde, da qual esperava brusca queda. Era o pretexto que tivera êxito com Caligula, permitindo-lhe viver até perto dos setenta anos. O embaixador retornou a Roma, mas Nero foi inflexível. Então, com muita calma, Sêneca abraçou sua mulher, Paulina, ditou uma carta de adeus aos romanos, bebeu cicuta, abriu as veias e morreu, de maneira melhor do que aquela pela qual vivera, de acordo com os preceitos estoicos. Paulina tentou imitá-lo, mas o imperador mandou suturar-lhe as veias. Os séculos apagaram as contradições de Sêneca, na qualidade de homem, para não guardar senão as obras do escritor, que têm certa grandeza. Demonstrou como se compõe um ensaio e como um homem pode conciliar o ensino da renúncia com a prática de todas as comodidades. Semelhante mestre não poderia deixar de ter discípulos.

Tendo criado o vácuo ao seu redor, Nero partiu para fazer uma excursão à Grécia, onde, dizia ele, entendiam mais de arte do que em Roma. Tomou parte, como jóquei, nas carreiras de Olímpia; levou uma queda, chegou por último, mas nem por isso deixou de ser aclamado como vencedor pelos gregos. Como recompensa, isentou-os do tributo que deviam pagar a Roma. Os gregos compreenderam, proclamaram-no o primeiro em todas as outras competições, organizaram-lhe formidável "claque" nos teatros em que cantava (proibição absoluta de sair durante o espetáculo: houve mulheres que deram à luz no local) e, em troca, receberam a totalidade dos direitos do cidadão romano

Voltando a Roma, Nero outorgou-se a si mesmo um triunfo. Não podendo exibir qualquer presa tomada ao inimigo, exibiu as taças que ganhara, como cantor e como auriga. Tinha a boa-fé de pretender que seus compatriotas o admirassem; acreditava, realmente, que era admirado. Também, mais se espantou do que se inquietou quando soube que Júlio Víndex convocava a Gália às armas contra ele. Seu primeiro cuidado, ao organizar o exército, foi o de prever grande número de carros expressamente construídos para o transporte dos "décors", que permitissem montar um teatro, porque tinha lá a intenção de, entre uma e outra batalha, continuar a representar como ator, músico, cantor e de fazer-se aplaudir pelos soldados. No curso, porém, dos preparativos, chegou a notícia de que Galba, governador da Espanha, se reunira a Víndex e, com ele, marchava contra Roma.

O Senado, à espreita de uma ocasião, havia muito tempo, começou por obter a neutralidade benevolente dos pretorianos e proclamou imperador o procônsul rebelde. Nero, então, bruscamente, percebeu que estava só. Um oficial da guarda, a quem pediu que o acompanhasse na fuga, lhe respondeu com este verso de Virgílio: "Será tão difícil morrer?" Para ele, era. Procurou conseguir um pouco de veneno, mas não teve coragem de engoli-lo. Teve a ideia de lançar-se ao Tibre, mas para isso não teve força. Foi esconder-se na vila de um amigo, na via Salária, a dez quilômetros da cidade. Lá, soube que havia sido condenado a morrer "à maneira antiga", isto é, por fustigação. Aterrorizado, apoderou-se de um punhal, mas começou por experimentar a ponta e achou que "aquilo machucava". Não se decidiu a golpear a garganta senão quando ouviu cascos de cavalos por trás da porta. Sua mão tremeu; foi mister que seu secretário, Epafrodite, a dirigisse para a carótida. "Ah! que artista morre comigo!" (Há outra versão mais conhecida dessa frase: "Ah! que artista o mundo vai perder!" N. do trad.), gemeu em estertor. Os guardas de Galba lhe respeitaram o cadáver, que foi piedosamente inumado por sua velha ama-de-leite e por sua primeira amante, Actéia. O mais estranho é que, por muito tempo, seu túmulo sempre se cobriu de flores frescas e numerosas pessoas, em Roma, continuaram a acreditar que não estava morto, mas iria voltar. Tais ideias, em geral, apenas brotam em terreno fertilizado pelas saudades e pela esperança.

Talvez, mesmo, Nero, em conjunto, tenha sido menos mau do que a História nos descreveu.

Capítulo 34

 Pompéia

O tremor de terra, infortúnio de Pompéia no dia 24 de agosto de 79, fez-lhe a fortuna póstuma. Tratava-se de uma das cidades mais insignificantes da Itália. Contava pouco mais de 15.000 habitantes; vivia, sobretudo, da agricultura; nenhum grande acontecimento histórico tinha ligação com seu nome. Nesse dia, porém, o Vesúvio se encapuçou com uma nuvem negra, de onde surgiu uma torrente de lava, que engoliu, em poucos minutos, Pompéia e Herculanum. Plínio, o Antigo, que comandava a frota ancorada no porto de Puzzole e que tinha, entre outras paixões, a da geologia, acorreu com seus navios para ver do que se tratava e, também, para salvar os habitantes, que fugiam, loucamente, para o mar. Quase cego, por causa da fumaça, e levado pela multidão, caiu e foi atingido pela lava, que o submergiu. Cerca de duas mil pessoas morreram no decurso desse desastre. Entretanto, quando, depois de quase dois séculos os arqueólogos a exumaram no decurso de escavações, aquilo que retornou, lentamente, à luz do dia constituiu o mais instrutivo documento não somente sobre a arquitetura mas também sobre a vida de um pequeno centro de província, no século de ouro do Império. Amedeo Maiori, que consagrou a vida a Pompéia, dela tirou e continua a tirar ensinamentos preciosos.

O centro da região era o Foro, isto é, a praça, a qual foi, certamente, a princípio, o mercado de couve, legume pelo qual a região era afamada. Com o tempo, também se tornou um teatro ao ar livre, tanto para os espetáculos dramáticos quanto para os jogos. Os edifícios que o cercavam eram construções de utilidade pública, desde os templos de Júpiter, de Apoio e de Vênus até a prefeitura e as lojas.

É óbvio que ali é que decorria a vida. O dédalo de ruas, que se entrecruzavam ao derredor, constituía uma espécie de parte posterior das lojas, cheia de pequenos negócios e tendas de artesãos, que retinia com aquele ruído dos machados, das serras, das plainas, das limas bem como com os gritos ensurdecedores de crianças, de mulheres, de gatos, de cães, de negociantes ambulantes, que ainda constituem uma característica de nossa bela mas nada silenciosa Itália, particularmente ao sul. Como são os defeitos o que mais subsiste dos costumes de um povo, podemos avaliar, em Pompéia, o quanto é velho o de borrar os muros e empregá-los para fazer propaganda de nossas ideias, nossos amores e nossos ódios. Hoje em dia, nisso empregamos giz, lápis de carvão, anúncios. Naquela época, faziam "graffiti", isto é, gravavam as palavras na pedra. Nisso não há, porém, senão diferença de técnica: no que concerne ao conteúdo, é claro que os italianos sempre pensaram, disseram, vociferaram as mesmas coisas. Tito prometia a Cornélia amor maior do que a própria vida; Caio desejava que Semprônio tergiversasse; Júlio garantia a paz e a prosperidade para todos, caso fosse eleito questor. Prodigalizavam os "Viva Mário", endereçados a um edil que contratara, às suas custas, o gladiador Páris — como hoje em dia contratam equipes locais de futebol – para um espetáculo no anfiteatro, que contava com 20.000 lugares, cinco mil a mais do que seria necessário para toda a população. Esses cinco mil estavam reservados, evidentemente, para a gente dos campos.

As casas eram confortáveis e chegavam a ser luxuosas. Quase não tinham janelas e raramente possuíam aquecimento central. Os tetos eram de cimento, às vezes de mosaicos, e os assoalhos, de pedra. Somente os palácios tinham uma sala de banhos. Alguns possuíam até uma piscina. Havia, contudo, três banhos públicos, com um ginásio anexo. As cozinhas estavam providas de toda espécie de utensílios: panelas, marmitas, espetos de assar carne. Numa biblioteca particular, encontraram-se perto de dois mil volumes gregos e latinos. Não sabemos muita coisa a respeito do mobiliário: sendo feito quase inteiramente de madeira, foi destruído. Restaram-nos, porém, tinteiros, penas, lâmpadas de bronze, estátuas – todas à moda grega, de estilo e de confecção requintados.

Tudo isto sugere a ideia de uma vida fácil e bem organizada, tal como devia ser, com efeito, a vida das cidades de província, nos tempos mais felizes do Império. Com certeza, nenhuma delas podia rivalizar com Roma quanto à intensidade da vida, dos serviços públicos, dos salões e dos divertimentos. Em compensação, os que as habitavam estavam livres de perseguições ou, melhor, com elas sofriam muito menos; os maus costumes da decadência lá chegaram bem mais tarde, atenuados, aliás, por uma resistência maior das boas tradições. Não é sem razão que César, a princípio, e Vespasiano, mais tarde, tentaram preencher os vazios que se haviam produzido na aristocracia e no Senado, para aí levando membros das famílias dessa burguesia provincial. Aliás, uma das razões pelas quais, após a queda do Império, a civilização romana se manteve, corrompeu e absorveu os bárbaros é que, não somente na Urbs mas em qualquer parte da península, em que puseram os pés, encontraram eles cidades superiormente organizadas.

Não faremos o inventário de tudo isso. Contentemo-nos de dizer que, contrariamente ao que hoje acontece, as cidades do sul eram superiores às do norte, porque, antes mesmo de haver gozado da civilização romana, já haviam sentido os benefícios da civilização grega. Era Nápoles a mais renomada, por seus templos, suas estátuas, seu céu, seu mar, os ditos libertinos de seus habitantes e, como hoje em dia, sua indolência. De Roma, muitos lá iam passar o inverno. Suas cercanias, Sorrento, Puzzole, Cumes, estavam repletas de vilas. Já haviam descoberto Cápri havia algum tempo. Tibério a "lançou", dela fazendo sua residência habitual. Puzzole foi a estação termal mais afamada da Antiguidade, em virtude de suas águas sulfurosas.

Outra região cheia de cidades já antigas era a Toscana; tais cidades datavam dos etruscos.

As mais importantes eram Chiusi, Arezzo, Yolterra, Tarquínia e Perusa, que eram consideradas como fazendo parte da região. Florença, recém-nata, e que chamavam *Florentia,* era a menos considerável e não fazia prever o seu destino.

Mais ao norte, além dos Apeninos, começavam as cidades fortificadas, construídas, sobretudo, por razões militares, para constituir praças-fortes utilizadas pelos exércitos, empenhados na luta com as populações gaulesas sediciosas. Tais foram Cremona, Mântua, Ferrara, Plesância. Ainda mais ao norte, havia o grande burgo comercial de como, que considerava *Mediolanum,* isto é, Milão como seu bairro pobre. Turim fora fundada pelos gauleses "taurinos". Não começou a transformar-se em verdadeira cidade senão quando Augusto a fez colônia romana.

Veneza ainda não nascera; os vênetos, porém, já haviam chegado da Ilíria e fundado Verona. Heródoto relata que os chefes das tribos requisitavam as moças, levavam as mais belas a leilão e, com o dinheiro que tiravam dessa venda, constituíam dote para as mais desvalidas pela natureza, que, desse modo, conseguiam casar-se todas. Trata-se de algo em que os socialistas de hoje ainda não pensaram.

Não queremos, desta maneira, fazer um catálogo, mas simplesmente dar alguns exemplos. De maneira geral, podemos dizer que, desde essa época, a Itália estava repleta de cidades, pois todas que hoje se contam nasceram naquele momento. Também as liberdades democráticas nelas resistiram mais tempo do que em Roma, ainda que fosse uma autoridade paternalista a que nelas exercia o poder. Este constituía o monopólio de uma Cúria – um Senado em miniatura – a qual, como em Roma, exercia controle sobre magistrados, livremente eleitos pelos cidadãos. A lista dos candidatos se limitava aos ricos, não só porque os eleitos nada recebiam de emolumentos como ainda deviam preencher os "buracos" do orçamento municipal.

Entretanto, celebrava-se a eleição com gigantesco banquete, ao qual todo mundo era convidado, e que se repetia no dia do aniversário do eleito, do casamento de sua filha etc. O sucesso na magistratura e a possibilidade de nela dar boa impressão ou de concorrer a cargo mais elevado se mediam de acordo com os trabalhos públicos e os espetáculos que o hierarca havia financiado com seu dinheiro. Pedras gravadas, encontradas em quase toda parte, atestam a prodigalidade – e a vaidade – desses dirigentes, que, frequentemente, se arruinavam completamente para conseguir a estima e os votos dos concidadãos. Em Tarquínia, Desúmio Tulo, para bater o rival, prometeu termas, para as quais despendeu cinco milhões de sestércios, surdo aos protestos de seus filhos, que gritavam: "Papai... tu nos arruinas!" Em Cassino, uma viúva rica presenteou a cidade com um templo e um anfiteatro. Em Óstia, Lucílio Gemala pavimentou as ruas. Quando havia penúria, todos compravam trigo e o distribuíam gratuitamente aos pobres. Estes nem sempre ficavam reconhecidos. Em Pompéia, há "graffiti" em que se acusam os candidatos de não terem dado à população senão a metade daquilo que haviam roubado através de malversações, enquanto estavam em função.

Até aos tempos de Marco Aurélio, as interferências do governo central de Roma com a vida municipal das cidades de província foram raras e tiveram por efeito antes favorecer do que impedir-lhe o desenvolvimento. Rapaces quase todos no que dizia respeito à administração das províncias estrangeiras, os imperadores tinham um fraco – talvez por interesse – pela Itália. A República havia tratado com dureza a península, porque tivera necessidade de combatê-la e submetê-la e porque, frequentemente, a península a traía. Daí por diante, porém, para o Principado, era ela o "hinterland" de Roma. Os imperadores iam sempre visitar suas cidades e, em cada visita, havia donativos, subsídios, franquias que concediam como resposta ao acolhimento entusiasta que regularmente recebiam. Cada soberano esperava superar em munificência aquele que o precedera.

Para a província italiana, em suma, o Império foi uma bênção do céu. Dele apenas recebeu benefícios: ordem, estradas bem conservadas, comércio ativo, moeda sã, trocas fáceis e frequentes, fortificação contra as invasões. As lutas de palácio, as perseguições policiais, os processos e os massacres não chegaram até ela.

Capítulo 35

Jesus

Entre os cristãos que Nero mandou massacrar no ano 64, como responsáveis pelo incêndio de Roma, havia o seu chefe, um certo Pedro. Condenado à crucificação, após ter visto sua mulher caminhar para as torturas, pediu para ser pregado de cabeça para baixo, porque se sentia indigno de morrer na mesma posição que seu Senhor Jesus Cristo. O suplício ocorreu no próprio local em que se ergue a grande igreja que lhe conserva o nome. Seus carrascos não tiveram a menor suspeita de que a tumba de sua vítima se tornaria a base de um outro Império, este espiritual, destinado a enterrar o deles, temporal e pagão, que acabava de pronunciar-lhe o veredito.

Pedro era judeu e vinha da Galiléia, uma das províncias mais desgovernadas pelo mau governo do Império. Dois séculos e meio mais cedo, aquela província havia recuperado, por perto de setenta anos, a independência, sob o governo de seus reis-sacerdotes, a partir de Simão Macabeu. Seu palácio real era o templo de Jerusalém. Foi lá que os juízes se entrincheiraram para resistir à invasão de Pompeu, que queria estender àquele território a soberania de Roma. Combateram com a força do desespero, mas não quiseram renunciar à trégua do sábado, que sua religião lhes impunha. Pompeu disso se apercebeu e os atacou num sábado. Doze mil pessoas foram massacradas. O templo não foi saqueado. A Judéia, contudo, se tornou província romana. Revoltou-se alguns anos mais tarde; pagou tal tentativa de liberdade com trinta mil cidadãos, que foram vendidos como escravos, e voltou a conseguir uma migalha de liberdade sob um rei estrangeiro, Herodes, que aí tentou introduzir a civilização grega e sua arquitetura. Herodes foi, a seu modo, grande rei, inteligente, cruel e pitoresco, que soube aparentar a atitude de um protegido de Roma, sem tornar-se seu escravo, e presenteou seus súditos com um império ainda mais belo do que o outro, mas adornado de imagens que a austera fé judaica repele formalmente, como culposas e contrárias à Lei.

Sob seu sucessor, Antíoco, os judeus se revoltaram de novo. Mais uma vez saquearam os romanos a Jerusalém e venderam como escravos trinta mil outros cidadãos. Augusto, para acabar com tudo isso, fez da Judéia uma província de segunda classe, ligada ao governo da Síria. Entretanto, pouco antes que tal decisão fosse tomada, acontecera no país um pequeno fato ao qual ninguém, no momento oportuno, prestou atenção, mas que deveria revelar-se, com o tempo, de importância para a sorte de toda a humanidade: Jesus Cristo havia nascido em Belém, perto de Nazaré.

Durante dois séculos, a autenticidade desse episódio foi posta em dúvida por uma "escola crítica", que queria negar a existência de Jesus. Atualmente, caíram todas as dúvidas. Existe, no máximo, uma, de importância secundária, relativa à data exata daquele nascimento. Assim é que dizem Mateus e Lucas que ele ocorreu sob o reinado de Herodes. Este, conforme nossa maneira de contar, teria morrido três anos após o nascimento de Cristo. Uns dizem que Cristo nasceu em abril; outros, em maio. A data de 25 de dezembro de 753 "ab urbe condita" foi fixada, oficialmente, 354 anos após o acontecimento e se tornou definitiva.

A História não nos serve de grande coisa para dar-nos uma visão da juventude de Jesus. Apenas nos fornece testemunhos contraditórios, datas incertas, episódios discutíveis. Tem muito pouco a opor à versão poética dos Evangelhos: a Anunciação feita a Maria, a esposa virgem de José, o marceneiro, o nascimento no estábulo, a adoração dos Pastores e dos Reis Magos, o massacre dos inocentes e a fuga para o Egito. Ajuda-nos, somente, a fazer uma ideia da situação naquela região, quando Jesus lá nasceu, e da inspiração que aí encontrou. São esses os únicos elementos aos quais nós podemos dar fé.

A Judéia ou Palestina fremia toda de patriotismo e de religião. Aí viviam cerca de dois milhões e meio de pessoas, das quais cem mil amontoadas em Jerusalém. Não havia unidade racial e confessional. Em algumas cidades, a maioria das pessoas era, até mesmo, uma maioria de "gentios", isto é, de pessoas não judias, particularmente gregos e sírios. O campo, pelo contrário, era inteiramente habitado por judeus: estava povoado por campônios e pequenos artesãos pobres, parcimoniosos, industriosos, austeros e devotos. Passavam a vida a trabalhar, a rezar, a jejuar e a esperar o retorno de Jeová, seu Deus, que, de acordo com as Santas Escrituras, deveria voltar para salvar seu povo e estabelecer, sobre a terra, o Reino dos Céus. Faziam pouco comércio ou, melhor: pareciam totalmente desprovidos desse gênio da especulação que os tornou, mais tarde, tão célebres e tão receados.

O governo autônomo limitado que lhes concedia Roma era exercido pelo Sanedrim ou Conselho dos Ancião, composto de setenta e um membros, aos quais presidia um grande-sacerdote, e que se dividia em duas partes: o partido conservador e nacionalista dos saduceus, que mais se interessavam pelas coisas desta terra do que pelas do céu; e o partido beato dos fariseus, teólogos que passavam o tempo a interpretar os textos sagrados. Havia, ainda, uma terceira seita extremista: a dos essênios, que viviam sob um regime comunista e juntavam os produtos do trabalho; comiam em silêncio à mesma mesa, tão frugalmente que, em geral, ultrapassavam os cem anos. Aos sábados, nada faziam, até mesmo as necessidades, porque consideravam isso contrário à lei. Os escribas, pelo contrário, a quem Jesus faz tão frequentes alusões, não constituíam uma seita: representavam uma profissão e a maior parte deles pertencia à seita dos fariseus. Eram mais ou menos os notáveis, os alcaides, os intérpretes dos textos sagrados, de que tiravam os preceitos que devem regrar a vida humana.

Não somente toda a política, mas também toda a literatura e toda a filosofia judaicas eram profundamente religiosas (assim permaneceram). O tema dominante é a expectativa pelo Redentor, que deve vir um dia para remir os homens do Mal, representado, no caso, por Roma. A maior parte, de conformidade com a profecia de Isaías, estava convencida de que o Messias dessa Redenção seria um filho do Homem, descendente da família de Davi, o rei mítico dos hebreus, o qual expulsaria o Mal e instauraria o Bem: o amor, a paz, a riqueza.

Essa esperança começava, então, a ser compartilhada pelos povos pagãos submetidos a Roma: tendo perdido toda a fé no seu destino como nação, transpunham essa fé para o plano espiritual. Contudo, em nenhum país a esperança era tão vibrante, tão espasmódica quanto na Palestina, onde os pressagos e os oráculos anunciavam como iminente a grande aparição.

INDRO MONTANELLI

Havia gente que passava o dia na praça fronteira ao Templo, a orar e a jejuar. Todos sentiam que, desse momento em diante o Messias não poderia tardar.

Jesus não deixou de encontrar alguma dificuldade para fazer-se reconhecer como o Pilho do Homem, o que era esperado. Parece que ele próprio não tivera consciência de o ser senão após haver escutado a prédica de João-Batista, seu parente distante, pois era filho de uma prima de Maria. Em geral, por causa de sua qualidade de precursor, nós representamos João como bem mais velho do que Jesus. Parece, pelo contrário, terem tido quase a mesma idade. João-Batista vivia às margens do Jordão, vestido somente pelos longos cabelos, alimentando-se de ervas, de mel e de gafanhotos, convidando as pessoas a que se purificassem pelo rito do batismo – daí é que lhe veio o sobrenome – e prometendo a chegada do Messias como prêmio de um sincero arrependimento.

Jesus foi encontrá-lo no "décimo quinto ano do reinado de Tibério", isto é, quando ele próprio devia contar vinte e oito anos ou vinte e nove anos. No conjunto, aceitou-lhe a doutrina, retomou-a por sua conta, mas se absteve de batizar pessoalmente e levou a predicação ao seio da sociedade. Pouco depois, João foi detido pelos guardas do tetrarca de Jerusalém: Herodes Antipas. Lucas e Mateus relatam que a detenção de João-Batista foi o resultado das críticas que fizera do casamento de Herodes Antipas com Herodíade, esposa de seu irmão Filipe. A filha de Herodíade, Salomé, dançou tão bem diante do tetrarca que este se comprometeu a dar satisfação a qualquer desejo que ela pudesse expressar. Por sugestão de sua mãe, Salomé pediu que lhe desse a cabeça cortada de João, no que foi atendida.

Foi após tal acontecimento que a missão de Jesus se cumpriu em toda a sua amplitude. Pôs-se a pregar nas sinagogas e, conforme os testemunhos concordes que nos ficaram, parece que algo de sobrenatural atraía, de imediato, as multidões para ele. De quando em quando, acompanhava de milagres seus sermões, o que fazia como se a contragosto, proibindo que os discípulos os explorassem num sentido publicitário e se recusando a considerá-los como "provas" de sua onipotência.

Formara-se à sua volta um círculo de colaboradores, chegados a ele: os doze Apóstolos. O primeiro foi André, um pescador que fora discípulo de João. André levou consigo um outro pescador: Pedro, impulsivo, generoso, mas de timidez que chegava às raias da pusilanimidade. Tiago e João, filhos de Zebedeu, eram, também eles, pescadores; quanto a Mateus, era "publicano" (hoje em dia diríamos funcionário), isto é, colaborador do odioso governo romano. Judas Iscariotes era o administrador dos fundos que os Apóstolos juntavam em comum.

Abaixo deles, havia setenta e dois discípulos que precediam, com os pés nus, a Jesus nas cidades que tinha a intenção de visitar, a fim de preparar as pessoas aos seus ensinamentos. Após, vinha uma série completa de fiéis, homens e mulheres, que o seguiam, vivendo fraternalmente em conjunto, de acordo com a regra dos essênios.

A princípio, o Sanedrim não se preocupou muito com Jesus. Isto por duas razões: antes de mais nada, porque seus discípulos ainda não eram muito numerosos; a seguir, porque as ideias que pregava não eram, em conjunto, incompatíveis com a Lei e com os seus dogmas. A vinda do Redentor e do Reino dos Céus fazia parte da doutrina dos judeus e de seu messianismo e os preceitos morais que Jesus espalhava: "Ama teu próximo como a ti mesmo. – Apresenta a outra face para aquele que te bateu", também eles já faziam parte dos bons costumes daquele povo. Jesus dizia: "Não venho para destruir, mas para aplicar a lei de Moisés."

A ruptura com as autoridades ocorreu quando Jesus anunciou que era ele o Filho do Homem, o Messias por todos esperado, e quando o povo de Jerusalém – aonde retornara após haver pregado na província e nos campos – como tal o saudou. O Sanedrim se preocupou principalmente por razões políticas. Temia que Jesus se aproveitasse de seu crédito como Messias para provocar uma sublevação contra Roma, que acabaria por novo desastre.

No dia 3 de abril do ano 30, à tarde, Jesus foi informado de que o Sanedrim decidira a sua detenção pela denúncia de um dos apóstolos. Nem por isso deixou de jantar com eles numa casa amiga e lhes anunciou, no decurso desse jantar, que um dentre eles o traía e que pouco tempo lhe restava para com eles passar. Nessa mesma noite, homens armados o aprisionaram no jardim de Getsemani. O Sanedrim lhe perguntou se era ele o Messias, ao que Jesus respondeu: "Sim, sou-o." Então, foi denunciado ao proconsul romano por impiedade.

Pôncio Pilatos era um funcionário que deveria, mais tarde, acabar a carreira de maneira bem pouco decorativa: por malversação e crueldade. No caso de Jesus, entretanto, do ponto de vista burocrático, não se comportou muito mal. Perguntou-lhe se mantinha a pretensão de ser o rei dos judeus, mas num tom de farsa, com a esperança, talvez, de que o acusado diria: não. Jesus disse: sim e lhe explicou qual o Reino que pretendia instaurar. Pedro disse que Ele decidira morrer para expiar as faltas de todos os homens.

Não foi sem repugnância que Pôncio Pilatos Lhe infligiu a condenação ditada por sua confissão: a morte por crucificação. Jesus foi pregado na cruz, às nove horas da manhã, entre dois ladrões. O sofrimento o fez hesitar um instante e murmurar: "Meu Deus, meu Deus, porque me abandonaste?" Expirou às três horas da tarde.

Dois membros influentes do Sanedrim, solicitaram de Pôncio Pilatos e dele obtiveram permissão para inumar o cadáver.

HISTÓRIA DE ROMA

Dois dias mais tarde, Maria Madalena, uma das mais ardentes discípulas de Jesus, foi visitar a tumba e a encontrou vazia. A notícia correu de boca em boca, confirmada pelas aparições que Jesus ainda fez na terra, apresentando-se aos discípulos em carne e osso.

Quarenta dias após Seu falecimento oficial, subiu ao Céu, assim como o anunciara, aliás, a tradição judaica de Moisés a Elias e a Isaías. Seus discípulos se espalharam pelo mundo para anunciar a grande nova de Sua ressurreição e de seu próximo retorno.

Capítulo 36

Os Apóstolos

Essa obra missionária se desenvolveu, a princípio, unicamente na Palestina e nas províncias vizinhas, onde viviam colônias judias, isso porque, nos primeiros tempos, ficou tacitamente convencionado, entre os apóstolos, que Jesus era o Redentor não de todos os homens mas apenas do povo judeu. Foi após a missão de Paulo a Antioquia e o sucesso que alcançou entre os gentios daquela cidade que se propôs e se resolveu o problema da universalidade do Cristianismo.

Paulo foi para a "ideologia", como hoje se diria, da nova religião o que foi Pedro para a sua organização. Era um judeu de Tarso, filho de um fariseu abonado e, por consequência, de origem burguesa, o qual lhe transmitiu o mais precioso de todos os bens, nessa época: o título de cidadão romano. Estudara o grego e seguira os cursos de Gamaliel, o presidente do

Sanedrim. Tinha o espírito sutil e uma habilidade inteiramente judaica: era capaz de cortar em quatro um fio de cabelo. Era imperioso, impaciente, muitas vezes injusto. Sua primeira reação, no tocante a Cristo, que não conheceu pessoalmente, foi de violenta antipatia. Considerava os cristãos como heréticos e, quando lhe caiu um nas mãos: Estêvão, colaborou com entusiasmo para a sua lapidação. Ouviu dizer, um dia, que os cristãos conquistavam prosélitos em Damasco. Solicitou do Sanedrim autorização de para lá partir a fim de detê-los. No curso da viagem, foi ofuscado por um clarão deslumbrante e ouviu uma voz que lhe dizia: "Paulo, Paulo por que me persegues?" "Quem és tu?", perguntou ele, espantado. "Eu sou Jesus." Permaneceu Paulo três dias cego; depois, foi fazer-se batizar e tornou-se o mais hábil propagandista da nova religião.

Durante três anos, pregou na Arábia; a seguir, voltou a Jerusalém, conseguiu o perdão de Pedro para seu passado de perseguidor e partiu, com Barnabé, a fim de dirigir o proselitismo entre os gregos de Antioquia. Quando os apóstolos souberam que os dois missionários não exigiam a circuncisão dos convertidos, assim como o prescrevia Moisés, isto é, os recrutavam também entre os gentios, foram chamá-los para pedir-lhes explicações. Com o apoio de Pedro, Paulo ganhou a batalha, mas esta logo recrudesceu, após sua segunda missão na Grécia. Os apóstolos, na maioria, ainda eram fiéis à Lei, frequentavam o Templo, não queriam romper com seu povo e com sua tradição. Paulo percebeu que, se os deixasse assim continuar, reduziriam o Cristianismo a uma simples heresia; sustentou sua tese em sermões públicos, com o risco de fazer-se linchar pela multidão. Queriam mover-lhe um processo por impiedade. O que o salvou foi seu título de cidadão romano, que lhe dava direito de apelar para o Imperador. Foi embarcado para Roma, onde chegou após viagem das mais aventurosas.

Na Urbs, foi escutado com paciência, sem que discernissem a respeito da questão que expunha; simplesmente compreenderam que a política nada tinha a ver com sua história e, à espera da chegada de seus acusadores, foi bem tratado. Contentaram-se em colocar uma sentinela diante da porta da casa que lhe haviam deixado escolher. Paulo provocou os representantes da colônia judaica, mas não teve êxito em convencê-los. Até mesmo o pequeno número deles que já era cristão repelia, com horror, a ideia de que o batismo pudesse ser mais importante do que a circuncisão. A Paulo preferiram Pedro, que chegou pouco tempo depois e encontrou, junto a eles, acolhimento bem mais caloroso.

Paulo conseguiu converter alguns gentios; mas, em suma, ficou só. Animado como se achava de um zelo missionário implacável, deu ao mesmo livre curso nas famosas "Epístolas", que escreveu mais ou menos para todos os seus antigos amigos: de Corinto, de Salônica, de Éfeso, e que ainda hoje constituem a base da teologia cristã. No entender de alguns historiadores, foi absolvido, recomeçou a pregar na Ásia e na Espanha e foi, de novo, preso e conduzido a Roma. Parece, porém, que isso não tenha sido verdade. Paulo jamais foi libertado; o amargor desse exílio solitário fez com que perdesse a fé, gradualmente, num retorno iminente de Cristo sobre a terra ou, para dizer melhor, transportou essa fé para o além, selando, assim, a verdadeira essência da nova religião.

Não sabemos nem como nem quando nem porque lhe moveram novo processo. Conhecemos, simplesmente, a chave da acusação: "Desobediência às ordens do Imperador. Pretende que o verdadeiro rei é um indivíduo chamado Jesus." É possível, com efeito, que nada mais lhe tivessem a censurar. Os policiais são expeditos: ao ouvir Paulo tratar Jesus como rei, quando era Nero quem estava no trono, detiveram-no e o condenaram. Uma lenda pretende que tenha ele sido suprimido no mesmo dia do ano 64 em que Pedro foi crucificado e os dois grandes rivais, ao encontrar-se a caminho do suplício, se abraçaram em sinal de paz. Quase não é de acreditar. Pedro se encontrou em mistura com os outros cristãos, mortos em massa como responsáveis pelo incêndio de Roma. Paulo era cidadão romano: como tal, tinha direito a certas considerações. Com efeito, limitaram--se a cortar-lhe a cabeça. No local em que pensam tenha sido sepultado, a Igreja, dois séculos mais tarde, fundou a basílica que lhe leva o nome: São Paulo-fora-dos-muros.

Quantos adeptos o Cristianismo tinha feito em Roma até ao momento em que desapareceram os dois grandes Apóstolos?

É impossível fornecer cifras precisas; contudo, não acreditamos hajam ultrapassado algumas centenas – alguns milhares, no máximo. O próprio fato de que as autoridades quase não tenham prestado atenção nos cristãos bem o demonstra. A acusação de incêndio não fazia parte de uma política de perseguição. Foi um estratagema improvisado para desviar as suspeitas que pesavam sobre Nero. O massacre, naquele momento, pareceu destruir para sempre a seita. Depois disso, como todos os massacres, revelou-se fermento fecundo; mas isto foi devido à organização que Pedro dera aos cristãos.

Os cristãos se reuniam em *ecclesiae* ou seja: igrejas ou congregações, que não tiveram, nos primeiros tempos, nada de secreto ou que indicasse conspiração. As comparações que se fazem atualmente com a organização das células comunistas são absolutamente ridículas e privadas de base. Isto não somente porque nas "lecclesiae" pregavam o amor e não o ódio, não somente porque nelas não havia qualquer proselitismo político, como, sobretudo, aí não existia qualquer segredo, porque quem quer que nela se apresentasse era acolhido sem suspeitas ou desconfiança. Outra ideia falsa é a de que os adeptos da seita fossem todos proletários ("a escória", como mais tarde os chamaria Celso). Nada de mais errado. Aí havia tudo. Em geral, tratava-se de pessoas industriosas e pacíficas, de economistas pequenos e médios que financiavam as mais pobres comunidades cristãs. Luciano, o descrente, os definia: "Imbecis que reúnem tudo o que possuem". Tertuliauo, o convertido, foi preciso: "Aqueles que reúnem o que os outros guardam em separado e guardam em separado a única coisa que os outros põem em comum: a própria esposa".

Não se poderia fazer outra discriminação – imposta pelas circunstâncias – senão entre a população das cidades e a dos campos. Foi a cidade que forneceu os primeiros prosélitos, por razões de fácil compreensão: porque é somente nas cidades que todos podem reunir-se assiduamente; porque, nos campos, as tradições, os costumes se mantem por mais tempo, sustentados por maior força moral. Eis porque os cristãos começaram a chamar os descrentes de "pagani" (pagãos), isto é, aldeãos, de "pagus", que quer dizer vilarejo ou aldeia.

A primeira coisa para a qual se voltaram aqueles precursores foi a instauração de um modelo de vida sadia e decente. Compreendemos o prestígio e a sedução que tal modelo de vida podia exercer numa capital cada vez mais malsã e desavergonhada. A origem judaica dessa nova religião e dos primeiros que a ela se converteram nos é atestada pela austeridade que impunha. As mulheres tomavam parte nas cerimônias do culto, mas veladas, porque seus cabelos podiam fornecer distrações aos anjos – dizia São Jerônimo – o qual queria fazer com que todas os cortassem. A regra fundamental era um regime de vida bem ordenada, bem-disposta. Observavam a festa do "sabbat", também ela de origem judaica. Celebravam-na com um jantar coletivo, que terminava com orações e a leitura das Santas Escrituras. O padre benzia o pão e o vinho, que representavam o corpo e o sangue de Jesus; a cerimônia terminava pelo beijo de paz que, a princípio, todos trocavam mutuamente, mas que deve ter sido a origem de alguma distração, pois, ao fim de pouco tempo, começaram a não praticá-lo senão entre homens ou entre mulheres, com recomendação de conservar fechada a boca e de não repetir o beijo se fosse agradável.

O aborto e o infanticídio foram abolidos e execrados pelos cristãos em meio a uma sociedade que os praticava cada vez mais e, em consequência, declinava. Muito mais: foi imposta aos fiéis a obrigação de recolher as crianças abandonadas, de adotá-las e de criá-las na nova religião. A homossexualidade foi banida; o divórcio não se admitia senão quando pedido pela mulher, se esta fosse pagã. Teve menos sucesso a proibição de frequentar o teatro. No conjunto, o regulamento permaneceu severo, sobretudo quando foi praticado quase exclusivamente por judeus. Pouco a pouco, à medida que se tornaram mais numerosos os gentios e que os mesmos passaram a ter mais importância entre os cristãos, o regulamento se tornou mais acomodatício. A festa austera do sábado se transformou, gradativamente, 11a festa mais alegre do domingo.

Naquele "dia do Senhor", todos se reuniam em torno do sacerdote, que lia uma passagem das Escrituras, dava início às preces e fazia um sermão. Tal foi a primeira missa rudimentar, que se desenvolveu, em seguida, de acordo com ritual mais preciso e complicado. No decorrer daqueles primeiros anos, os assistentes eram, também, os atores, pois lhes era permitido "profetizar", isto é, expressar, numa espécie de estado de êxtase, as ideias que 0 sacerdote devia interpretar. Esse uso cessou porque trazia 0 risco de provocar 0 caos, precisamente naquilo a que a Igreja se esforçava em pôr ordem: nas questões teológicas.

Somente dois dos sete sacramentos estavam, então, em vigor. A princípio, 0 batismo, que não se distinguia da confirmação, porque era praticado sobre pessoas já adultas: tais foram os primeiros convertidos. A seguir, pouco a pouco, começaram a nascer crianças cristãs desde 0 berço; então, os dois sacramentos foram separados, constituindo Osegundo a "confirmação" do primeiro. O casamento era unicamente civil: Osacerdote se limitava a bendizê-lo. Pelo contrário, havia grande cuidado com os funerais, porque, a partir do momento em que um homem estava morto, pertencia exclusivamente à Igreja e tudo deveria ser preparado para a sua ressurreição. O cadáver precisava de uma tumba própria e Osacerdote oficiava durante a inumação. Os túmulos eram construídos, de conformidade com os costumes sírio e etrusco, em criptas cavadas ao longo das paredes de compridas galerias subterrâneas: as catacumbas.

Tal uso se prolongou até ao nono século, após o que caiu em declínio. As catacumbas se tornaram alvo de peregrinação: a terra as recobriu e foram esquecidas. Foram redescobertas em 1578, por simples acaso. O fato de serem complicadas e tortuosas as suas ramificações fez pensar que foram construídas para ser o esconderijo de "conspiradores". E, sobre essa hipótese, se dependuraram muitos romances, foi assim equipada que nasceu a verdadeira religião. Não se limitava a um povo e a uma raça, como o judaísmo, ou a uma classe social, como o paganismo da Grécia e de Roma, a qual considerava sua religião como o monopólio de seus "cidadãos". Seu nível moral, a grande esperança que abria ao coração dos homens, a chama missionária com que os inflamava, faziam com que orgulhosamente dissesse Tertuliano: "Não datamos senão de ontem e já enchemos o mundo."

Capítulo 37

Os Flávios

Aquele que, sem o saber, deu um impulso aos cristãos foi um imperador que tinha prevenção contra os judeus e cometeu o imperdoável erro de persegui-los, ajudando, assim, ao disseminá-los através do mundo, a difusão da nova religião.

Vespasiano subiu ao trono no ano 70, após o horrendo interregno que se seguiu à morte de Nero e com o qual teve fim a dinastia dos Júlios e dos Cláudios. Quem sucedeu a Nero foi o general rebelde Galba, aristocrata que não era pior do que muitos outros, gordo, calvo, com juntas anquilosadas pela artrite e dominado pela mania da economia. Seu primeiro gesto, desde que foi proclamado imperador, foi o de ordenar a todos os que haviam recebido dons de Nero que os restituíssem ao Estado. Tal gesto lhe custou a vida porque, entre aqueles beneficiados, havia os pretorianos. Estes, ao encontrá-lo no Foro, três meses após sua proclamação, lhe cortaram a cabeça, as mãos, depois os lábios e proclamaram como seu sucessor Ótão, banqueiro que já tivera uma bancarrota fraudulenta e prometia administrar as finanças públicas com tanta leviandade quanto o fizera com as próprias.

Diante dessa notícia, o exército deslocado na German ia, sob o comando de Aulo Vitélio, e o exército que se encontrava no Egito, sob as ordens de Vespasiano, se revoltaram e marcharam sobre Roma. O primeiro a chegar foi Vitélio. Enterrou Ótão, que já se matara, proclamou-se imperador, abandonou-se à sua paixão preferida – a de repastos dignos de Luculo – e, ocupadíssimo em encher a barriga de carneiro assado, esqueceu-se de ir ao encontro das forças de Vespasiano, que, nesse ínterim, haviam desembarcado. Foi a sangrenta batalha de Cremona que decidiu, de pronto, essa guerra de sucessão. Vitélio foi derrotado e os romanos se divertiram, o quanto puderam, com o massacre que se desenrolou na cidade. Tácito narra que as pessoas se amontoavam às janelas a fim de presenciar a carnificina, apostando contra os adversários, como se isso se tratasse de uma partida de futebol. Entre um e outro assassínio, os combatentes penetravam nas lojas, saqueavam-nas e ateavam fogo; outras vezes, desapareciam sob um pórtico, chamados por alguma prostituta, e, enquanto com ela dormiam, eram apunhalados por novo cliente, do partido adversário. Vitélio, quando o tiraram do esconderijo em que se banqueteava (para variar), foi arrastado nu através da cidade, com um laço ao pescoço; bombardearam-no de excrementos, torturaram-no com lentidão e ponderação e lançaram-no ao Tibre.

Aquela cidade que se ria do fratricídio, aqueles exércitos que se revoltavam, aqueles imperadores que eram cobertos de excrementos, poucos dias após terem sido cobertos de hosanas: eis no que se tornara a capital do Império.

Tito Flávio Vespasiano aí não havia vivido muito. Nascera na província, em Rieti, depois do que abraçara a carreira militar, que o levara por toda parte. Não era nobre. Provinha da burguesia média camponesa. Ganhara suas divisas e seu soldo ao preço de mil sacrifícios. Honrava, acima de tudo, duas virtudes: a disciplina e a economia. Tinha sessenta anos quando subiu ao trono, mas os levava em bom estado. Seu crânio era completamente calvo. Tinha a fisionomia aberta, apagada pelo tempo e franca, enquadrada por orelhas imensas e peludas como as de Ante Pavelitch. Detestava os aristocratas, que considerava como vadios, e jamais teve a tentação "snob" de fazer passar-se por um deles. Quando um versado em heráldica, para enobrecê-lo, lhe veio anunciar que descobrira sua origem e que ela chegava até Hércules, deu uma gargalhada de derrubar paredes, o que fazia acreditar haver algo de verdadeiro nessa adulação! Ao receber algum dignitário, apalpava sua túnica, para verificar se não fora feita de estofo muito fino, e o cheirava, para ver se não se perfumara com água-de-Colônia. Não suportava tais requintes.

Seu primeiro cuidado foi o de devolver a ordem ao exército e às finanças. Concedeu a adjudicação do exército a oficiais de carreira quase tão provincianos quanto ele. Quanto às finanças, escolheu o meio mais expedito: vender, a preços salgados, os mais altos cargos públicos. "De qualquer forma que lhes demos promoção, declarava dos funcionários públicos, são todos ladrões. Portanto, para serem promovidos, que devolvam ao Estado um pouco de seus furtos!" Empregou o mesmo método para reorganizar o fisco. Confiou-o a funcionários escolhidos dentre os mais rapaces e os mais ávidos e os distribuiu, com plenos poderes, em todas as províncias do Império. Podemos imaginar que praga para as pobres populações! Nunca os impostos de Roma tinham sido pagos com tão impiedosa pontualidade. Quando, porém, a rapina foi executada, Vespasiano chamou

HISTÓRIA DE ROMA

seus autores a Roma; ele os cobriu de elogios e confiscou, a seguir, todos os seus bens pessoais, com os quais, uma vez reequilibrado o orçamento, indenizou as vítimas. Seu filho Tito, puritano cheio de escrúpulos, foi protestar junto a ele contra tais sistemas, que eram repugnantes para a sua virtude beata e cândida. "Sou sacerdote, no templo, lhe respondeu o pai; mas, com os bandidos, faço-me de bandido." Para aumentar os rendimentos do Estado, inventou os pequenos "monumentos" que levam seu nome, estabelecendo que haveria uma taxa para quem os usasse e uma contravenção para quem não os usasse. Não havia escolha. Aquele que urinava no exterior pagava mais caro do que aquele que ia urinar dentro. Ainda contra tal medida, Tito foi protestar. Seu pai lhe pôs um sestércio debaixo do nariz e lhe perguntou: "Cheira alguma coisa?"

Esse filho, delicado e correto, que ele amava ternamente, era a grande preocupação daquele soberano cético. Vespasiano não pretendia reformar a humanidade e lhe suprimir os vícios, mas somente os manter como eram. Para dar-lhe a experiência dos homens, ele o enviou para reimpor a ordem na Palestina, onde acabava de estourar a última revolução, que foi a mais terrível. Os judeus defenderam Jerusalém com heroísmo sem precedente. Segundo um de seus historiadores, morreram dois milhões de judeus; de acordo com Tácito, seiscentos mil. Para conseguir vencer a resistência, Tito entregou a cidade às chamas, que destruíram até o Templo. Entre os sobreviventes, uns se mataram, outros foram vendidos como escravos, ainda outros fugiram. A dispersão, iniciada seis séculos mais cedo, se transformou, realmente, na "diaspora". E, assim como na sacola dos soldados de Napoleão havia a "Declaração dos Direitos do Homem", na de muitos desses pobres imigrantes havia a Palavra de Cristo.

Vespasiano, muito orgulhoso, outorgou a Tito triunfo um tanto desproporcional em relação ao mérito da proeza e mandou construir, em sua honra, o famoso Arco que leva seu nome. Porém, para seu grande espanto, ele viu o filho passar sob o Arco trazendo, como presa de guerra, uma encantadora rapariga judia, Berenice. Não via qualquer objeção em que a mantivesse como amante, mas o infortúnio era que Tito desejava desposá-la, sustentando que a havia "comprometido". Vespasiano não compreendia absolutamente porque esse rapaz queria confundir o amor, capricho mutável e passageiro, com a família, instituição séria e permanente. Desde que estava viúvo, também ele arranjara uma concubina. Por que Tito não fazia o mesmo e não ficava com Berenice como concubina? A gente acreditaria ouvir um de nossos papais, quando lhe vamos pedir a permissão para casar-nos com uma dançarina. E Tito, também, assim como nós, acabou por renunciar à sua dançarina.

Ao fim de pouco tempo, foi sua a vez de ser imparador. Após dez anos de sábio governo, o mais sábio que Roma conhecera desde Augusto, Vespasiano voltou, um dia, para passar férias em Rieti. Ele aí voltava muitas vezes para rever amigos da juventude, caçar a lebre com eles, tagarelar um pouco, comer uma pratada de feijões com pele de porco e jogar uma partidinha de cartas: seus divertimentos preferidos. Teve a má ideia de lavar os rins com água da Fonte Cottorella. Não seria a cura indicada para ele? Houve erro na dose? O que aconteceu é que foi acometido de uma cólica e compreendeu imediatamente que não teria remédio. "*Vae!* disse, piscando o olho, nem mesmo assim renunciando a seu bom humor habitual, um tanto rude. *Puto deus fio!"* (Ai! Ai! Tenho a impressão de que me torno um deus!). Naquela Roma de aduladores, tornara-se uso divinizar os imperadores após a morte... Depois de três dias e três noites de disenteria, ainda achou força para levantar-se, amarelo como limão, a fronte coberta de gotículas de suor. Olhou a assistência, que o observava espantada, e, rindo-lhe na face, para bem mostrar que fazia o histrião de propósito, lhe

HISTÓRIA DE ROMA

375

declarou: "Eh! eu bem sei, eu bem sei!... Mas que quereis? Um imperador deve morrer de pé!"

Foi de pé que morreu, no ano 79, aquele burguês, nascido para morrer num leito, como todos os burgueses. Como ator consciente, obrigado a representar um papel que não era o seu.

Tito, que o sucedeu, foi o mais afortunado dos soberanos, pois não teve tempo de cometer erros, como lhe teria certamente acontecido, em razão não de seus defeitos, mas de suas virtudes: de seu sentimento de honra, de sua candura e de sua generosidade. Não assinou uma única condenação à morte. Sabendo da existência de uma conspiração, enviou mensagem de advertência aos conjurados e outra para suas mães, a fim de acalmá-las. No decorrer de seus dois anos de reinado, Roma sofreu terrível incêndio, Pompéia foi sepultada pelo Vesúvio, a Itália foi devastada por terrível epidemia. Para reparar os danos, Tito esgotou o Tesouro. Assistindo pessoalmente os doentes, expôs-se ao contágio e morreu, assim, também ele, com a idade de quarenta e dois anos, chorado por todos, exceto por seu irmão Domiciano, que o sucedeu no trono.

Quase não sabemos que julgamento de conjunto podemos dar sobre este último representante da dinastia dos Flávios. Entre os escritores que viveram sob seu reinado, Tácito e Plínio dele deixaram o retrato mais negro; Estácio e Marcial, o mais róseo. Não estão de acordo nem quanto ao retrato físico: os dois primeiros o descrevem calvo, com ventre gordo sobre as pernas de raquítico; os outros dois pintam-no belo como um arcanjo, doce e tímido. Deve ter sofrido muito com a preferência que Vespasiano sempre manifestara por Tito, é certo. Quando o pai desapareceu, pretendeu compartilhar do poder com Tito. Este lhe ofereceu. Domiciano, então, se recusou e se pôs a conspirar. Dião Cássio sustenta que, quando seu irmão caiu doente, ele lhe apressou a morte, cobrindo-o com neve.

INDRO MONTANELLI

Seu reinado é um tanto como o de Tibério, com o qual temos a impressão de que se parecia, também, como homem. Idêntico início: sábio e clarividente, com matiz de austeridade puritana, Domiciano era, antes de tudo, moralista e engenheiro. O cargo que lhe agradava mais foi o de censor, que lhe permitia controlar os costumes; os ministros, de que se rodeou, foram técnicos particularmente qualificados para reconstruir a cidade, devastada pelo incêndio. Não quis guerras. Quando Agrícola, governador da Inglaterra, quis estender as fronteiras do Império até à Escócia, ele não o apoiou. É bem provável tenha sido esse o seu maior erro, pois Agrícola era o sogro de Tácito, que o adorava e que assumiu o encargo de julgar os homens de seu tempo. É óbvio que tenha julgado muito mal a esse pobre soberano.

A paz, infelizmente, é preciso que haja dois que a queiram. Domiciano teve questão com os dácios, que não a queriam. Os dácios atravessaram o Danúbio, derrotaram os generais romanos e obrigaram o imperador a tomar a direção do exército. Saía-se muito bem, quando Antonio Saturnino, governador da Germania, se rebelou com algumas legiões, obrigando Domiciano a concluir uma paz prematura e desvantajosa com os dácios e dando-lhe a obsessão das conjurações. Domiciano, que, até aquele momento, governara mais como um Cromwell, tornou-se um Staline; para salvar sua própria "personalidade", instaurou-lhe o culto até às últimas consequências. Instalou-se num verdadeiro trono, quis ser chamado "Nosso Senhor e nosso Deus" e pretendeu que seus visitantes lhe beijassem os pés. Também ele expulsou da Itália os filósofos, porque lhe contestavam o absolutismo, mandou cortar a cabeça dos cristãos, porque se recusavam a admitir-lhe a divindade, e concedeu precedência aos delatores, pois acreditava que estes o protegiam de seus inimigos. Os senadores o odiavam, mas o incensavam e referendavam suas condenações à morte. Entre eles se encontrava Tácito, que devia tornar-se seu implacável juiz.

HISTÓRIA DE ROMA

Num acesso da mania de perseguição, lembrou-se de que seu próprio secretário, Epafrodite, era o mesmo homem que ajudara Nero, havia um quarto de século, a cortar a carótida. Temendo que tivesse adquirido tal hábito, ele o condenou à morte. Então, todos os outros funcionários do palácio se sentiram ameaçados e organizaram uma conjura, convidando até mesmo a imperatriz Domícia a dela partilhar. Apunhalaram-no de noite. Domiciano se defendeu até o fim, de maneira selvagem. Tinha cinquenta e cinco anos. Reinara quinze anos: a princípio, como o mais sábio; depois, como o mais nefasto dos soberanos.

Foi assim que acabou, na obscuridade de que havia provindo, a segunda dinastia dos sucessores de Augusto. De dez imperadores que se haviam sucedido no decorrer de cento e vinte e seis anos (de 30 a.C. a 96 d.C.), sete morreram assassinados. Havia algo que não marchava naquele sistema, que transformava em tiranos sanguinários até mesmo homens inclinados ao bem; algo ainda mais decisivo do que o mal hereditário, que envenenava, talvez, o sangue dos Júlios e dos Cláudios.

Esse algo deve ser procurado na sociedade romana tal como se tornara no decurso dos três últimos séculos.

Capítulo 38

A Roma Epicurista

A Roma daquela época, que muitas vezes é chamada "a época epicurista", contava com uma população que alguns avaliam em um milhão; outros, em milhão e meio de habitantes. Estava sempre dividida nas mesmas ordens e nas mesmas classes. A aristocracia ainda era numerosa; mas, fora o dos Cornélios, os memorialistas do tempo não citam mais os grandes nomes de antigamente: os Fábios, os Emilios, os Valérios etc. Dizimados, a princípio pelas guerras, às quais forneciam elevada contribuição de cadáveres; depois, pelas perseguições; e, enfim, pelas práticas maltusianas, aquelas ilustres famílias se extinguiram, substituídas por outras, providas de menos antepassados mas de mais dinheiro, que provinham da burguesia de província, industrial e comerciante.

"Hoje em dia, dizia Juvenal, na boa sociedade, o único negócio excelente é uma mulher estéril. Todos serão teus amigos, pois todos esperarão algo de teu testamento. E aquela que te dá uma criança, quem te assegura de que não vai dar ao mundo um negro?"

Juvenal carregava um pouco nas cores, mas o mal que denunciava era autêntico. O casamento – que havia sido um sacramento na época estoica e voltou a sê-lo na época cristã – nada mais era que aventura passageira. A educação das crianças, considerada anteriormente como dever para com o Estado e para com os deuses, que não prometiam uma vida no além senão aos que deixassem alguém para cuidar de seu túmulo, era agora considerada como aborrecimento, encargo a evitar. O infanticídio não era mais autorizado; o aborto, porém, era prática corrente. Se não tivesse êxito, recorriam ao abandono ao pé de uma "coluna lactária", assim chamada porque aí se viam de sentinela nutrizes, pagas especialmente pelo Estado para aleitar as crianças abandonadas.

Sob a influência de semelhantes costumes, até mesmo a estrutura biológica e étnica de Roma havia mudado. Qual era o cidadão que não tinha em suas veias algumas gotas de sangue estrangeiro? Reunidas, as minorias grega, síria e israelita constituíam a maioria. Desde o tempo de César, os judeus já eram tão fortes – principalmente graças à sua união – que foram um dos principais apoios do seu regime. Não havia muitos ricos entre eles. No conjunto, contudo, constituíam uma comunidade disciplinada, muito laboriosa e de costumes sãos. Não poderíamos dizer o mesmo em relação aos egípcios, sírios e outros orientais, grandes mestres, antes de tudo, do mercado negro.

A mãe romana, que se decidia a dar à luz um filho, se não estivesse absolutamente na miséria, dele se desembaraçava imediatamente, confiando-o, a princípio, a uma nutriz para o aleitamento; depois, a uma governante, correspondente mais ou menos às nossas Fráulein e às nossas misses; afinal, a um pedagogo, geralmente grego como o próprio nome, para o que dizia respeito à educação. De outra forma, ela o enviava a uma daquelas escolas que haviam nascido por toda parte, escolas particulares e não governamentais, frequentadas pelos dois sexos e dirigidas por "magistri". Os alunos iam à "escola primária" até à idade de cerca de doze ou treze anos, após o que eram separados pelo sexo. As mulheres completavam a educação em colégios especiais, em que lhes ensinavam, sobretudo, a música e a dança. Os rapazes entravam para "o ensino do segundo grau", ministrado por gregos, "grammatici" na maior parte, tanto que insistiam sobretudo sobre a língua, a literatura e a filosofia gregas, que acabaram, dessa forma, por submergir a cultura romana. A Universidade estava representada pelos cursos dos retóricos, que nada tinham de organizados. Nada de exames, nada de teses, nada de doutorado. Simples conferências, seguidas de discussões. Os cursos custavam até dois mil sestércios, isto é, duzentas a duzentas e cinquenta mil liras por ano. E Petrônio se lastimava de que aí não se ensinassem senão abstrações, desprovidas de qualquer utilidade para a vida prática. Eles lisonjeavam, contudo, um gosto tipicamente romano, o da controvérsia, da sutileza, dos argumentos cambaios. Esse defeito se transmitiu ao conjunto dos italianos.

As famílias muito ricas enviavam os filhos para aperfeiçoamento no estrangeiro: a Atenas, para a filosofia; a Alexandria, para a medicina; a Rodes, para a eloquência. Despendiam tanto dinheiro para mantê-los no exterior que Vespasiano, o parcimonioso, para impedir essa hemorragia de divisas, resolveu recrutar os mais ilustres professores daquelas cidades e transportá-los a Roma, nos institutos governamentais, que lhes davam vencimentos anuais de cem mil sestércios, isto é, de cinco milhões de liras.

A moralidade dos jovens da época, no que dizia respeito aos rapazes, jamais fora muito elevada, mesmo na época estoica. A partir de dezesseis anos, estava subentendido que o rapaz frequentaria os lupanares. Não davam muita atenção ao fato de que tivesse algumas aventuras, não somente com mulheres, mas também com homens. Naquele tempo, tudo isso era rudimentar: os bordéis eram ignóbeis; o período de libertinagem acabava com a convocação às armas e, depois, com o casamento, que marcavam o início de um período de austeridade. De certa época em diante, porém, já os rapazes procuraram livrar-se do serviço militar, os bordéis se tornaram estabelecimentos de luxo, as cortesãs se sentiram no dever de reter os clientes não somente por seus encantos, mas também pela conversação, pela música e pela dança, um tanto como as gueixas do Japão. Seus clientes continuavam a visitá-las até mesmo depois do casamento.

Com as filhas, o tratamento era mais severo, enquanto continuavam virgens. Elas, porém, se casavam, geralmente, antes dos vinte anos, idade depois da qual seriam consideradas como solteironas, e o casamento quase lhes dava a liberdade dos homens. Sêneca considerava feliz o homem cuja mulher se contentava apenas com dois amantes. Sobre uma tumba, lê-se este epitáfio: "Ele foi durante quarenta e um anos fiel à mesma esposa." Juvenal, Marcial e Estácio nos falam de mulheres da burguesia que fazem corridas de cavalos no Circo, perambulam pelas ruas de Roma, conduzem elas mesmas suas pequenas viaturas, param para tagarelar sob os pórticos, "oferecendo – diz Ovídio – o delicioso espetáculo de suas espáduas descobertas".

As "intelectuais" faziam furor. Teofília, a amiga de Marcial, teria certamente triunfado no "deixe ou dobre" sobre assuntos de filosofia estoica; Sulpícia escrevia versos – naturalmente versos de amor. Havia, igualmente, "soroptimists", que tinham organizado agremiações femininas a que chamavam de colégios de mulheres, onde efetuavam conferências sobre os deveres para com a sociedade, como acontece em todas as sociedades em que não se observam os deveres.

Todo mundo engordava. A estatuária desse período, quando confrontada com a da época estoica, mostra-nos uma humanidade afrouxada, mas arredondada pelos repousos e regimes de abundância alimentar. A barba desapareceu; os "tonsores" se multiplicaram; a primeira passada de navalha é o início de uma vida de homem. Quanto aos cabelos, a maioria os tosquia a máquina "número zero", mas há elegantes requintados que os deixam crescer e os enrolam em pequenas tranças. A toga de púrpura se torna o monopólio do Imperador. Todos os outros homens levam, agora, uma túnica – ou blusa – branca e sandálias de couro "à moda de Cápri", isto é, com um atacador que passa entre os dedos do pé.

A moda feminina, pelo contrário, fica complicada. Uma dama um pouco considerada não consagra menos de três horas da manhã e não emprega menos de meia dúzia de servas para adornar-se. Boa parte da literatura descreve tal arte. As salas de banho estão cheias de navalhas, de tesouras, de escovas grandes e pequenas, de cremes, de pós, de cosméticos, de óleo e de sabões. Popéia havia inventado, para a noite, uma máscara untada de leite, destinada a refrescar a pele do rosto, e que se tornara de uso corrente. O banho de leite ficara tão normal que as mulheres muito ricas somente viajavam se seguidas de rebanhos de vacas para sempre ter leite fresco à disposição. Especialistas "à la Gayelor Hauser" preconizavam regimes, ginástica, banhos de sol e massagens contra a celulite. Alguns "tonsores" fizeram fortuna com a invenção de alguns penteados que fugiam ao comum: cabelos levantados atrás, ligados sobre a nuca ou graciosamente retidos por um laço ou por uma rede.

A roupa branca era de seda ou de linho. O "soutiengorge" começava a aparecer. As meias não eram usadas, mas os calçados eram complicados, feitos de couro macio e leve, com salto alto para remediar um defeito das mulheres romanas, que também o é das italianas: as pernas curtas. Alguns tinham bordados de filigranas de ouro.

No inverno, vestiam peliças, presente de maridos ou de amantes, que residiam nas províncias do norte: a Gália e a Germânia, em particular. Em todas as estações, levavam muitas joias: a grande paixão dessas damas. Lólia Paolina levava quarenta milhões de sestércios, isto é, dois bilhões de liras, espalhados sobre ela sob forma de pedras preciosas, das quais Plínio enumerou mais de cem espécies. Existiam, igualmente, "imitações", que parecem ter sido obras-primas. Um senador foi proscrito por Vespasiano porque tinha no dedo um anel ornado de uma opala de cento e cinquenta milhões de liras. O severo Tibério tentou pôr freio a tais exibições, mas teve de desistir: abolindo as indústrias de luxo, arriscava-se a precipitar Roma numa crise econômica.

O mobiliário das casas estava em harmonia com tal luxo e, talvez, o ultrapassasse. Um palácio digno deste nome devia ter um jardim, um pórtico de mármore e, pelo menos, quarenta peças, das quais alguns salões ornados de colunas de ônix ou de alabastro, pavimento e teto de mosaico, paredes incrustadas de pedras de preço, mesas de cedro sobre pés de marfim, brocados orientais (Nero comprara alguns por trezentos milhões de liras), vasos de Corinto, leitos de ferro forjado, enfeitados de mosquiteiros, e algumas centenas de servidores: dois por trás da cadeira de cada convidado para servir-lhe a refeição, dois para lhe tirar os calçados de uma só vez, quando ele se espreguiçasse etc.

O grande senhor romano daqueles tempos se levantava de manhã, por volta das sete horas. A primeira coisa que fazia era receber, por perto de duas horas, seus "clientes", oferecendo o rosto a beijar a cada um deles. Depois, comia o primeiro almoço, muito sóbrio. Enfim, recebia visitas de amigos e as fazia ele mesmo. Era essa uma das obrigações mais rigorosamente observadas pela "social life" romana. Recusar-se a acompanhar um amigo enquanto redigia seu testamento, ou a ler suas poesias, ou a sustentar sua candidatura ou a endossar-lhe os cheques – tudo isso constituía ofensa e lançava o descrédito sobre quem o fizesse. Apenas depois de pagar tais compromissos é que alguém podia pensar nos negócios pessoais.

Essa regra era a mesma com relação às pessoas de condição modesta, pertencentes à burguesia média. Essas pessoas trabalhavam até meio-dia, faziam uma refeição ligeira, à americana, e voltavam ao trabalho. Todos, porém, cedo ou tarde, de acordo com sua profissão ou seu horário, acabavam por reencontrar-se nas termas para o seu banho. Jamais algum povo foi tão asseado quanto o povo romano. Cada palácio tinha sua banheira (ou tanques enormes ou, mesmo, verdadeiras piscinas para banho) particular. Existiam, contudo, mais de mil lugares de banho público à disposição das pessoas comuns, capazes de receber, em média, mil clientes de uma só vez. Ficavam, a princípio, abertos desde a alvorada até a uma hora da tarde para as mulheres e das duas até o crepúsculo para os homens. Depois, ficaram mistos. A entrada custava dez liras, aí compreendido o serviço. As pessoas despiam-se nas cabinas, iam ao ginásio para fazer exercícios de pugilato, lançamentos de dardos, jogos de bola, salto, lançamentos de disco. A seguir, entravam na sala de massagem. Enfim, começava o banho propriamente dito, que seguia uma regra litúrgica. No início, a pessoa mergulhava no "tepidarium", cheio de água morna; depois, no "calidarium", de água quente; e, afinal, no "laconium", de vapor fervente, em que fazia uso de uma então novidade, havia pouco importada da Gália: o sabão. Em seguida, para provocar uma sadia reação do sangue, lançava-se a nado na água gelada da piscina.

Após tudo isso, a pessoa se secava, untava-se de óleo, tornava a vestir-se e passava à sala de jogos, para uma partida de xadrez ou de damas, ou à sala de conversação, para tagarelar à vontade com os amigos que sabia iria aí encontrar, ou ao restaurante, para um jantarzinho que, ainda quando sóbrio, constava de, pelo menos, seis pratos, dos quais dois de carne de porco. Todos consumiam tal refeição estendidos sobre os "triclini", espécies de divã de três lugares, com o corpo estirado para descansar dos exercícios que acabavam de fazer, o braço esquerdo apoiado sobre um travesseiro, para sustentar a cabeça, e o braço direito estendido para alcançar os pratos sobre a mesa. A cozinha era pesada, à base de gordura animal, com muitos molhos. Os romanos, porém, tinham estômago sólido, como bem o demonstravam por ocasião dos banquetes propriamente ditos, que eram dados com frequência.

Tais banquetes começavam às quatro horas da tarde e se prolongavam até à noite avançada, senão quando até ao dia seguinte. As mesas ficavam carregadas de flores e o ar saturado de perfumes. Os servidores, em ricas librés, deveriam ser, pelo menos, duas vezes mais numerosos do que os convidados. Só se admitiam pratos exóticos e raros. "Quanto aos peixes, dizia Juvenal, não querem senão aqueles que custam mais caro do que o pescador." A lagosta preponderava. Chegavam a pagar até sessenta mil liras por peça e Védio Polião foi o primeiro a tentar fazer essa criação. As ostras e os filés de tordo eram de rigor. Apício conseguiu situação especial na sociedade ao inventar um prato novo: o "paté de foi gras" (pasta de fígado gordo). Fazia os gansos engordar com figos. (Curioso homem esse Apício: comeu, em boas refeições, uma fortuna colossal e se matou quando essa fortuna se encontrou reduzida a um bilhão, porque se considerava caído na miséria.).

Nessas ocasiões, o banquete se transformava em orgia, o anfitrião oferecia aos seus hóspedes objetos preciosos; os servidores passavam por entre as mesas para distribuir vomitórios, que permitissem recomeçar a comer após haver vomitado.

O arroto era autorizado. Era mesmo sinal de que se apreciava a qualidade dos pratos.

Capítulo 39

Seu Capitalismo

Roma não era uma cidade industrial. Quanto a grandes estabelecimentos, não possuía senão uma fábrica de papel e uma fábrica de produtos corantes. Desde esses tempos recuados, sua verdadeira indústria era a política, que permite enriquecer graças a recursos muito mais rápidos do que o trabalho. Vocação que não mudou em nossos dias.

A principal fonte de riqueza das pessoas de importância era a especulação nos corredores dos ministérios e o saque nas províncias. Despendiam muito dinheiro para fazer carreira. Chegando, porém, a uma alta situação na administração, eles se pagavam com usura e investiam os ganhos na agricultura. Júnio Columele e Plínio nos deixaram o retrato dessa sociedade de ricos proprietários, expondo seus critérios para a exploração das fazendas.

A pequena propriedade, que os Gracos, César e Augusto tinham querido fazer renascer, por meio de suas leis agrárias, não pudera resistir à concorrência da grande propriedade. Uma guerra ou um ano de seca bastava para destruída, em benefício dos grandes feudos, que tinham possibilidade de manter-se. Havia propriedades, nos diz Sêneca, que eram vastas como reinos, cultivadas por escravos que nada custavam, mas tratavam a terra sem qualquer discernimento e se especializavam na criação de gado, que rendia mais do que o trabalho dos campos. Pastagens de dez ou vinte mil hectares, que alimentavam dez ou vinte mil cabeças de gado, não eram coisa rara.

Todavia, uma lenta transformação se operou entre Cláudio e Domiciano. O longo período de paz que então houve e a extensão dos direitos do cidadão romano aos provinciais interromperam o afluxo de escravos, que começaram a ficar mais raros e, por conseguinte, mais custosos. A melhoria dos cruzamentos levou a uma crise de superprodução de gado, para o qual havia dificuldade de encontrar alimento e cujo preço baixou. Muitos criadores consideraram como mais vantajoso retornar à agricultura e dividiram as grandes terras em pequenas propriedades, que arrendaram e fizeram os colonos explorar. Estes "colonos" são os antepassados dos camponeses de hoje. Se o que diz Plínio é verdade, eles se parecem muito: sólidos, tenazes, avarentos, desconfiados e conservadores.

Essa gente conhecia a terra e tinha interesse em fazê-la render. De repente, viu-se começar o emprego dos adubos, das culturas alternadas e da seleção das sementes. Depois de experiências racionais, os arboricultores importaram e transplantaram a vinha, o pessegueiro, o damasqueiro e a cerejeira. Plínio enumera vinte e nove variedades de figos. O vinho foi produzido em tal quantidade que, para conjurar uma crise, Domiciano proibiu que se plantassem novos vinhedos.

As indústrias nasceram sobre base artesanal e familiar, em torno daqueles microcosmos agrícolas, para completar-lhe o sentido autárquico. Considerava-se tanto mais rica uma fazenda quanto mais bastasse às suas necessidades. Para cá, havia o matadouro: aí se matavam as reses e se ensacava a carne. Do outro lado, encontravam-se o depósito de madeira, a serraria, a oficina para construção de móveis e carros. Além, o forno para cozer tijolos. Em outra parte, as peles eram curtidas e faziam-se calçados. Lá, tecia-se a lã e cortavam-se as vestimentas. Nada dessa especialização que hoje torna o trabalho insuportável e transforma o trabalhador em "robot". O industrioso camponês daquela época, depois de desatrelar os animais da charrua, tomava-se carpinteiro ou se punha a martelar o ferro para fazer ganchos ou marmitas. A vida desses agricultores-artesãos era muito mais plena e mais variada que em nosso tempo.

A única indústria praticada segundo critérios modernos era a mineira. Teoricamente, o proprietário do subsolo era o Estado; o Estado, porém, mediante renda modesta, confiava sua exploração a particulares. Compelidos pelo interesse, estes descobriram enxofre na Sicilia, carvão na Lombardia, ferro na ilha de Elba, mármore na Lunigiana – e a maneira de servirem-se desses minerais. O custo da produção era mínimo, porque o trabalho, nos poços, era exclusivamente confiado a escravos e a condenados a trabalhos forçados, a quem nada pagavam e que não precisavam ser assegurados contra qualquer infortúnio. Em vista da situação das minas, devia haver incessantes catástrofes, com milhares de mortos. Os historiadores romanos negligenciaram de nos dizer isso, pois tais episódios não constituíam acontecimento para eles. Outra grande indústria compreendia tudo o que se ligava ao urbanismo, desde os rachadores de lenha aos encanadores e aos vidraceiros: Contudo, se o desenvolvimento de um verdadeiro capitalismo industrial foi impossível, isso se deveu, sobretudo, à concorrência que o trabalho dos escravos fazia ao das máquinas. Cem escravos custavam menos do que custaria uma turbina e a mecanização teria criado um problema insolúvel de desemprego.

Apesar disso, muitos serviços públicos, então, eram mais bem organizados do que o foram na Europa do XVIII século, por exemplo. O Império tinha cem mil quilômetros de belas estradas; somente a Itália possuía cerca de quatrocentas grandes artérias, pelas quais passava circulação intensa e regular. Eram tão bem pavimentadas que César pôde percorrer 1.500 quilômetros em oito dias e que o mensageiro enviado a Galba pelo Senado, para anunciar-lhe a morte de Nero, levou apenas trinta e seis horas para fazer 500 quilômetros. Se bem que se chamasse "cursus publicus", o correio não era público. Calcado por Augusto sobre o da Pérsia, não devia servir senão de mala diplomática, ou seja, para a correspondência do Estado: os particulares dele só podiam aproveitar-se com autorização especial. O telégrafo era representado por sinais luminosos, emitidos por faróis colocados sobre certos locais altos; em princípio, permaneceu o mesmo até Napoleão. O correio particular era encaminhado por companhias privadas ou, melhor, confiado a amigos ou pessoas de passagem. Todavia, grandes senhores como Lépido, Apício, Polião e outros tinham um serviço por conta própria, de que muito se orgulhavam.

As estações de posta (para troca de cavalos) e os correios eram muito bem organizados. Em todos os quilômetros havia um marco, que indicava a distância da cidade mais próxima. Em cada dez quilômetros, existia uma "statio", com um restaurante, quartos de dormir, uma estrebaria e cavalos descansados que podiam ser alugados. Cada trinta quilômetros, havia uma "mansio", com as mesmas facilidades (mas de conjunto mais espaçoso e bem organizado), à qual vinha juntar-se um bordel. Os itinerários eram vigiados por patrulhas de polícia, que, entretanto, não chegaram nunca a deixá-los completamente seguros. Os grandes senhores, que os percorriam, faziam-se seguir por comboios inteiros de carros, nos quais dormiam, sob a guarda dos domésticos armados.

O turismo era quase tão florescente quanto em nosso tempo. Plutarco ironiza sobre todos os "globe-trotters" que infestavam a cidade. Como a dos jovens ingleses do século passado, a educação do jovem romano não estava completa sem que ele tivesse feito sua "grande viagem". Os jovens a faziam sobretudo à Grécia, embarcando em Óstia ou em Puzzole, os dois grandes portos da época. Os mais pobres tomavam um dos numerosos cargueiros que iam embarcar mercadoria para o Oriente; para os ricos, havia verdadeiros transatlânticos, a vela, mas até de 10.000 toneladas, com cento e cinquenta metros de comprimento e com cabinas de luxo. A pirataria tinha desaparecido quase completamente sob o reinado de Augusto, que, para dominá-la, organizara duas grandes "home fleets" (frotas domésticas. Alusão ao título empregado pelos ingleses para designar a armada que protege a Grã-Bretanha, propriamente dita. N. do trad.), permanentes, no Mediterrâneo. Desta sorte, os navios navegavam até mesmo de noite, mas quase sempre seguiam as costas, temendo as tempestades. Não havia horários, porque tudo dependia dos ventos. Normalmente, faziam de cinco a seis nós por hora; de Óstia a Alexandria, levavam cerca de dez dias. Contudo, o bilhete não custava caro: num cargueiro, o trajeto de Roma a Atenas não ultrapassava cinquenta liras.

As equipagens eram bem treinadas e se pareciam com as de hoje: todos sem preconceitos, todos prontos a combater, apresentando assinalada inclinação pela taberna e pelo bordel. Os comandantes eram especialistas, que transformaram pouco a pouco o mister da navegação em verdadeira ciência. Hipalo descobriu a periodicidade das monções e as viagens do Egito à índia, que antes exigiam seis meses, começaram a ser feitas sem parar. Nasceram as primeiras cartas; construíram-se os primeiros faróis.

Tudo isso se fez rapidamente, porque os romanos não tinham no sangue somente a paixão das armas e das leis, mas a das ciências mecânicas. Jamais levaram as ciências matemáticas à altura especulativa conseguida, pelos gregos, aplicaram--nas, contudo, com muito mais senso prático. A secagem do lago Fucino foi autêntica obra-prima. As estradas construídas pelos latinos ainda hoje permanecem como modelos. Foram os egípcios que descobriram os princípios da Hidráulica; foram os romanos, todavia, que os aplicaram, construindo aquedutos e esgotos de proporções colossais. É a eles que devemos os repuxos das fontes da Roma de hoje em dia. E Frontino, que as organizou, igualmente as descreveu num manual de alto valor científico. Faz uma comparação muito justa entre esses trabalhos de ordem pública e a total inutilidade das pirâmides e de tantas construções gregas. Vemos brilhar em suas palavras o gênio romano: prático, positivo, completamente a serviço da sociedade e não a reboque de caprichos estéticos individuais.

É difícil dizer até que ponto o desenvolvimento econômico de Roma e de seu império foi devido à iniciativa privada e até que ponto ao Estado. Este último era proprietário do subsolo, de um vasto domínio e, provavelmente, também, de algumas indústrias de guerra. Garantia o preço do trigo pelo sistema dos "acúmulos" (excedentes depositados) e empresava diretamente os grandes trabalhos públicos, para remediar o desemprego. Usava, igualmente, do Tesouro como de um banco, emprestando aos particulares, a juros elevados e mediante sólidas garantias. Não era, porém, muito rico. Seus créditos, sob Vespasiano, que os aumentou e os administrou com grande rigor, não ultrapassavam cem bilhões de liras, que retirava, sobretudo, dos impostos.

A grosso modo, podemos dizer que era mais um Estado liberal do que socialista: ia ao ponto de permitir aos generais que cunhassem moeda nas províncias que governavam. O sistema monetário complexo que desse fato resultou foi uma fortuna para os banqueiros, que enforcaram todas as suas complicações de registros de caixas de poupança, de letras de câmbio, de cheques, de ordens de pagamento. Fundaram estabelecimentos especiais, com sucursais e correspondentes no mundo inteiro. A complexidade de tal sistema tornou inevitável "booms" e crises, como ainda hoje acontece.

A depressão de Wall Street em 1929 encontra precedente em Roma, no momento em que Augusto, voltando do Egito com o enorme tesouro daquele país no bolso, o coloca em circulação para reanimar o comércio, que modorrava. Essa política de inflação o reanimou, com efeito, mas estimulou, igualmente, os preços, que se elevaram de maneira incrível, tanto que Tibério não interrompeu bruscamente essa espiral ao receber as divisas em circulação. Aqueles que se haviam endividado, porque contavam com a continuação da inflação, se acharam com escassez de dinheiro líquido e se apressaram em retirá-lo das caixas de economia. A de Balbo e de Ólio teve de enfrentar, num só dia, trezentos milhões de obrigações e precisou fechar os guichês. As indústrias e as lojas que nela se socorriam não puderam pagar seus fornecedores e tiveram de fechar, também elas. O pânico se espalhou. Todas as pessoas correram aos bancos para retirar seus depósitos. Até mesmo o banco de Máximo e Vibão, que era o mais sólido, não pôde satisfazer a todas as solicitações e pediu auxílio ao de Peccio. A notícia se espalhou com a rapidez do raio e foram, então, os clientes de Peccio que a ele se precipitaram, de livreto na mão, para opor-se à salvação de seus dois colegas. A dependência mútua das diversas economias provinciais e nacionais, no seio do vasto Império, ficou demonstrada pelo assalto simultâneo dos bancos em Lião, Alexandria, Cartago e Bizâncio, Era claro que uma vaga de desconfiança em Roma repercutia imediatamente no exterior. Na ocasião, houve, como em 1929, séries de falências e de suicídios. Muitas pequenas propriedades, bastante oneradas, não puderam esperar a nova colheita para pagar suas dívidas e tiveram de ser vendidas ou, melhor, entregues por um bocado de pão, para proveito das vastas propriedades, que estavam habilitadas a resistir. Todos viram reflorir os usurários, cujas fileiras tinham sido desbastadas pela difusão dos bancos. Os preços desmoronaram de modo espantoso. Tibério teve de acabar por perceber que a deflação não é mais sadia do que a inflação. Com muitos suspiros, distribuiu cem bilhões aos bancos, para que os recolocassem em circulação, com ordem de emprestá-los sem juros durante cinco anos.

O fato de que bastou esta medida para reanimar a economia, para degelar o crédito e para tornar a dar confiança nos demonstra até que ponto tinham importância os bancos, isto é, até que ponto era essencialmente capitalista o regime imperial.

INDRO MONTANELLI

Capítulo 40

Seus Divertimentos

Quando Augusto tomou o poder, o calendário romano comportava setenta e seis feriados, mais ou menos como o de hoje; quando seu último sucessor o perdeu, havia cento e setenta e cinco, isto é, havia um feriado para cada dois dias, em média. Tais festas eram celebradas por "ludi scenici" e "jogos atléticos".

Os jogos cênicos *(ludi scenici)* nada mais eram do que o drama clássico, pomposo e solene; este, após período de curta duração, se extinguira mais depressa do que nascera. Há qualquer coisa no ar, não somente de Roma mas de toda a Itália, que não é favorável ao teatro. Mesmo no decurso do primeiro século do Império houve quem escrevesse dramas, mas, como exercícios poéticos, pois, se se encontravam alguns ouvintes nos salões em que o autor os lia, não havia espectadores no teatro nem atores para interpretá-los. O público, que era apagado, composto em boa parte de estrangeiros que só conheciam um latim elementar, preferia a pantomima, na qual a trama se evidencia não pela palavra, mas pelo gesto e pela dança. Foi então que se formou a tradição do histrião grosseiro, vulgar, que gira os olhos, faz caretas, gesticula e na qual nossos atores continuam a inspirar-se. Roma teve seus Totós e seus Macários na pessoa de Esopo e de Roseio, as "vedettes" da época, que cometiam extravagâncias para fazer publicidade e engolfavam a multidão em encantamento, por meio de "sketches" condimentados, cheios de duplos-sentidos. Tornaram-se os favoritos dos salões aristocráticos, tiveram como amantes as grandes damas mais em evidência, ganharam milhões e deixaram bilhões de herança. Daí por diante as companhias contavam também com mulheres, as "girls" da época; e, como a profissão as pusesse, oficialmente, no mesmo nível das prostitutas, elas nada mais tinham a perder em questão de pudor e contribuíam sem qualquer limite para a obscenidade dos espetáculos.

A sede de aplausos levava muitas vezes esses intérpretes a representar cenas, repletas de alusões políticas, às barbas da censura, do mesmo modo que tem ocorrido, frequente- mente, sob regimes de tirania, quando, normalmente, ninguém nada ousa dizer e, se, por acaso, alguém diz alguma coisa, as pessoas se rejubilam. Na tarde dos funerais de Vespasiano, um ator maqueou-lhe o cadáver, erguendo-se sobre seu caixão para indagar dos coveiros: "Quanto custa este enterro? – Dez milhões de sestércios." – "Então, dai-me cem mil, respondeu o cadáver, e lançai-me ao Tibre." Saída bem ao estilo do defunto, é preciso notar. O ímpio se saiu bem porque o sucessor de Vespasiano era Tito. Alguns anos antes, porém, Caligula tinha mandado queimar vivo o autor de uma alusão muito menos audaciosa.

Enquanto o teatro assim descia ao nível da revista de variedades, a fortuna do circo aumentava sem cessar. Cartazes murais como os que hoje anunciam os filmes anunciavam, então, os espetáculos atléticos. Eram assunto da conversação, como hoje o são as partidas de futebol: eram discutidos apaixonadamente em casa, na escola, no Foro, no Senado. Até mesmo o jornal "Acta diurna" lhes inseria os anúncios e relatórios. No dia do espetáculo, multidões de 150.000 ou 200.000 pessoas se dirigiam para o Circo "Maximus", como hoje para o Pacaembu ou para o Maracanã, com lenços nas cores das equipes de sua predileção. Os homens faziam uma parada, antes de entrar, nos bordéis que flanqueavam a entrada. Os dignitários tinham localidades especiais, com assentos de mármore, ornados de bronze. Os outros se instalavam em bancos de madeira, após haver pesquisado no excremento dos cavalos para ver se haviam sido bem nutridos, apostado até a camisa nos seus partidos e procurado comprar um pequeno lanche e um travesseiro, porque o espetáculo durava todo o dia. Para ele e sua família, o imperador dispunha de um verdadeiro apartamento, com quartos de dormir para tirar uma soneca entre duas partidas, a inevitável sala de banho e outras comodidades.

Cavalos e jóqueis, como hoje, pertenciam a cudelarias particulares, cada uma das quais tinha suas cores. Os mais famosos eram os verdes e os vermelhos. As corridas a galope alternavam com as corridas a trote, de dois, três ou quatro cavalos. Os jóqueis, quase todos escravos, levavam capacetes metálicos; com uma das mãos mantinham as rédeas; com a outra, o chicote; a tiracolo, carregavam um facão para cortar o freio, em caso de queda. A queda era caso frequente, pois a corrida era desenfreada, como o é, hoje, o Pálio de Siena. Era mister percorrer sete circuitos, cada um de um quilômetro, em volta de uma arena elíptica, evitando as *maetae* e fechando o mais possível nas viradas. Os frágeis carros se chocavam frequentemente; então, bípedes e quadrúpedes se precipitavam, confundidos com os varais e as rodas do carro-, e deixavam-se esmagar pelos que vinham por trás. Tudo isso acontecia em meio ao burburinho dos espectadores, que espantava os cavalos.

Todavia, os números mais aguardados eram os combates: entre fera e fera, entre fera e gladiador, entre homem e homem. No dia em que Tito inaugurou o Coliseu, Roma abriu enormes olhos.

A arena podia ser inundada, de modo a transformar-se em lago, abaixada ou levantada, com cenários diferentes: um espaço de deserto, uma porção de selva, etc. Uma galeria de mármore se reservava para altos dignitários: no meio, elevava-se o "suggestum", ou camarote imperial, com todos os acessórios, onde o imperador e a imperatriz se assentavam em tronos de marfim. Qualquer um podia aproximar-se do soberano e pedir-lhe uma pensão, uma transferência, o perdão de um condenado. Em todos os cantos, fontes lançavam jatos de água perfumada; havia gabinetes particulares, com mesas servidas para refeições, entre dois números. Tudo era grátis: a entrada, o lugar, o assado e o vinho.

O primeiro número foi a apresentação de animais exóticos, dos quais muitos jamais haviam sido vistos pelos romanos: elefantes, tigres, leões, leopardos, panteras, ursos, lobos, crocodilos, hipopótamos, girafas, linces etc.; desfilaram dez mil, muitos dos quais grotescamente vestidos, para parodiar personagens da História ou da Lenda. Em seguida, a arena foi abaixada e reemergiu livre, para os combates: leões contra tigres, tigres contra ursos, leopardos contra lobos. Em suma, no final do espetáculo, somente a metade dessas dez mil pobres feras ainda estava com vida; a outra tinha sido estraçalhada pelos mais fortes. A arena, de novo, abaixou-se e reemergiu pavimentada como "plaza de toros". A "corrida" (tourada), já praticada pelos etruscos, havia sido importada em Roma por César, que a vira em Creta. César tinha um fraco por tais festas: fora o primeiro a oferecer aos concidadãos um combate de leões. O combate de um homem contra um touro agradou muitíssimo aos romanos, que se apaixonaram por esse espetáculo e, a seguir, sempre por eles reclamaram. Os "toreros" não conheciam a profissão; estavam, pois, destinados à morte. Eram, portanto, escolhidos entre os escravos e os condenados à morte, como aliás, todos os outros gladiadores. Muitos dentre eles nem mesmo combatiam. Deviam representar algum personagem da mitologia e sofrer, para veracidade do fim trágico. A título de propaganda patriótica, um deles era apresentado como Múcio Cévola e devia deixar queimar as mãos em carvões ardentes; um outro era, como Hércules, queimado vivo numa fogueira; outro, estraçalhado, como Orfeu, pelas feras, enquanto tocava a lira.

Vinham, a seguir, os combates entre gladiadores. Todos eram homens condenados à morte por homicídio, rapina, sacrilégio ou sedição, crimes pelos quais era infligida a pena capital. Quando, porém, havia penúria de gladiadores, tribunais complacentes condenavam à morte por muito menos: Roma e seus imperadores não podiam ficar sem a visão dessa carne humana de açougue. Entretanto, havia também voluntários – e nem todos eram de baixa extração – para inscrever-se nas escolas de gladiadores e combater no circo. Talvez fossem elas, de todas as escolas de Roma, as mais severas e rigorosas. A pessoa nela entrava como num seminário, após haver jurado estar pronta a ser "fustigada, queimada e apunhalada". Em cada combate, os gladiadores contavam com uma oportunidade em duas de deixar-se matar; mas, também, tinham uma oportunidade em duas de tornar-se heróis populares, aos quais os poetas dedicavam seus cantos, os edis suas ruas, as mulheres seus encantos. Ofereciam-lhes, antes do combate, um banquete pantagruélico. Se não fossem vencedores, deveriam morrer com sorridente indiferença. Eram designados por diversos nomes, de acordo com as armas de que faziam uso. Cada espetáculo comportava centenas desses duelos, onde não era difícil haver um cadáver; por vezes, tendo o vencido lutado com muita bravura e muita audácia, era perdoado pela multidão, que levantava o polegar. Por ocasião de um espetáculo oferecido por Augusto, o qual durou oito dias, dez mil gladiadores combateram. Guardas, fantasiados de Carão e Mercúrio, picavam os que haviam caído com a ponta de forcados aguçados, para ver se estavam bem mortos; os simuladores eram decapitados; escravos negros empilhavam os cadáveres e renovavam a areia da arena para os combates seguintes.

Esta forma de obter prazer à vista de sangue e de torturas não levantava qualquer objeção, mesmo dos moralistas mais severos. Juvenal, que tudo criticava, era apaixonado pelo circo, que considerava como valor legítimo. Tácito teve alguma dúvida a respeito; depois, refletiu que o sangue que se derramava na arena era sangue "vil" e esse adjetivo tudo salvou. Até mesmo Plínio, o honesto, o homem mais honesto e civilizado da época, achou que tais massacres tinham valor educativo, pois habituavam os espectadores ao desprezo estoico pela vida (a de outrem). Não falemos de Estácio e de Marcial, os dois poetas que cantaram os louvores de Domiciano: passavam a vida no circo e lá beberam a inspiração poética. Estácio era um napolitano, que conseguira bom nome com um mau poema, a "Tebaída", representara nos teatros, fora convidado a jantar pelo imperador e, para fazer com que toda Roma o soubesse, escrevera um livro em que representava Domiciano como um deus. Dedicara-lhe suas 'Silvae", as únicas poesias legíveis que escreveu. Morreu aos trinta e cinco anos, mas s\m estrela já empalidecera diante da de Marcial, que procurava sua inspiração, antes de tudo, no circo e no bordel.

Marcial era um espanhol de Bilbao, que fora a Roma com vinte e quatro anos e aí se aproveitara da proteção de seus compatriotas Sêneca e Lucano. Não foi grande poeta. Ficou, porém, notabilizado por seus "dardos", que marcavam como mordedura. "Minhas páginas cheiram a homem", dizia, e tinha razão. Seus personagens são de baixa extração, porque os conseguia nos meios mal afamados: dos gladiadores e das prostitutas. Justamente por isso, contudo, na sua vulgaridade, na sua abjeção, são vivos. Ele próprio era personagem bastante ignóbil. Adulou Domiciano, caluniou seus benfeitores e viveu no baixo mundo, gastando todo o seu dinheiro em vinho, dados e apostas sobre as corridas. Apenas ignorou a retórica; seus "Epigramas" ficaram como o mais perfeito monumento do gênero e o testemunho que deixou sobre Roma é, talvez, o que há de mais autêntico. Acabou por retornar a Bilbao, então vilarejo, onde viveu — para não variar — às custas de um amigo, que lhe presenteou com uma vila. Como não mais estivesse em idade de sentir saudade dos bordéis, lastimava-se de estar fora de Roma apenas pela coisa que aí apreciava em segundo lugar: o Circo.

Somente Sêneca nos deixou uma condenação dos combates de gladiadores, que disse jamais haver frequentado. Não foi visitar o Coliseu senão uma vez e ficou espantado: *"O homem,* escreveu ao voltar para casa, *a coisa mais sagrada para o homem, é, ali, morto por esporte e como divertimento."*

De fato, tal esporte, tal divertimento estava, daí por diante, em harmonia com o padrão de uma Roma que ainda não era cristã e que nem mesmo era mais pagã. O imperador, que lhe presidia o destino, ainda era o grão-sacerdote — poderíamos dizer o papa — de uma religião de Estado que nada mais encontrava para opor a essa ignomínia, pela simples razão de que essa religião não mais dava crédito a si mesma. Celebrava festas com liturgia cada vez mais complicada, elevava templos cada vez mais faustosos, criava novos ídolos, como Anona e Fortuna. Não tinha, porém, outra coisa para sustentá-los senão capitéis de mármore. Nada de fé. A fé era monopólio das poucas centenas ou poucos milhares de cristãos – judeus na maior parte – que, em vez de ir ao circo para exultar de alegria quando homens eram mortos, se reuniam nas pequenas *ecclesiae,* a fim de rezar por suas almas.

Capítulo 41

Nerva e Trajano

Os assassinos de Domiciano não tinham dado à vítima tempo de nomear um herdeiro. O Senado, que jamais reconhecera oficialmente aos imperadores o direito de escolher um herdeiro, mas sempre, na prática, lhes aceitara a escolha, aproveitou-se da ocasião para encontrar um que lhe fosse do agrado, na pessoa de um de seus membros.

Marco Coccéio Nerva era um jurista, que fazia poesia nas horas vagas; não tinha nem o espírito chicaneiro dos advogados nem a vaidade dos poetas. Era um homem grande e gordo, que não teria feito mal a uma mosca, que jamais demonstrara ambição e, no final de seu reinado, todos puderam dizer, com razão, que jamais fizera alguma coisa que pudesse impedi-lo de retornar à vida privada, sem correr riscos.

Talvez, mesmo, tenha sido escolhido não por causa de suas virtudes, mas porque já contava sessenta e seis anos e tinha o estômago fraco, o que deixava prever reinado de curta duração. Seu reinado, com efeito, somente durou dois anos, mas esses dois anos foram suficientes para reparar os erros de seu predecessor. Chamou de volta os proscritos, distribuiu numerosas terras aos pobres, liberou os judeus dos tributos que Vespasiano lhes impusera e fez voltar a ordem às finanças. Isto não impediu que os pretorianos, descontentes de ver esse novo chefe opor-se às brutalidades, o sitiassem no palácio, degolassem alguns de seus conselheiros e lhe impusessem a entrega dos assassinos de Domiciano. Nerva, para salvar seus colaboradores, ofereceu a própria cabeça, em troca das deles. Como os pretorianos não aceitassem a troca, apresentou demissão ao Senado, que a recusou. Nerva jamais tomara qualquer decisão contrária ao Senado ou sem consultá-lo. Mais uma vez concordou. Sentia que estava no fim da jornada. O pouco de tempo que lhe restava para viver, ele o empregou para procurar um sucessor agradável ao Senado e adotá-lo como filho (não tinha filhos), de maneira a tirar dos pretorianos a veleidade de procurar um. A escolha que fez de Trajano foi, talvez, o maior serviço que Nerva prestou ao Estado.

Trajano era um general que comandava, naquela ocasião, um exército na Germânia. Quando soube que o haviam proclamado imperador, não se perturbou muito. Mandou dizer ao Senado que lhe agradecia a confiança e que viria assumir o poder desde que tivesse um minuto de tempo. Durante dois anos, porém, não encontrou esse minuto, porque tinha necessidade de regular questões em curso, com os teutões. Nascera havia quarenta anos, na Espanha, mas de família de funcionários romanos. Ele próprio sempre tinha sido funcionário: meio soldado, meio administrador. Era grande e robusto, de costumes espartanos, coragem a toda prova e sem fanfarronada. Sua mulher, Plotina, se proclamava a mais feliz das mulheres porque, se ele a enganava de quando em quando, o fazia sempre com um rapaz, jamais com uma mulher. Passava por homem culto, porque sempre levava, sobre seu carro de general, Dião Crisóstomo, célebre retórico do tempo, que o entretinha continuamente sobre matéria filosófica. Um belo dia, entretanto, confessou que jamais compreendera uma única das numerosas palavras que Dião a seu lado pronunciava e que nem mesmo o escutava: ele se deixava simplesmente embalar pela voz argentina do retórico, pensando em qualquer outra coisa: nos gastos que fazia, num plano de batalha, num projeto de ponte.

Quando, por fim, encontrou o famoso minuto que lhe permitiria cingir o diadema, Plínio, o Jovem, foi encarregado de dirigir-lhe um "panegírico", no qual lhe lembrou cortesmente que devia sua eleição aos senadores e que devia, portanto, recorrer a eles para todas as suas decisões. Trajano sublinhou a passagem com um sinal de aprovação, ao qual ninguém deu muita fé. Erraram, pois ele observou estritamente tal regra. O poder jamais lhe subiu à cabeça: nem mesmo a ameaça das conspirações fez dele um déspota desconfiado e sanguinário. Quando descobriu a de Licínio Sura, foi jantar com ele e não somente comeu tudo o que lhe serviam, mas esticou a garganta para o barbeiro do conjurado, a fim de ser barbeado.

Era um trabalhador formidável e de todos que o rodeavam exigia que fizessem como ele. Enviou numerosos senadores indolentes a fazer inspeções nas províncias e a reorganizá-las. As cartas, que com eles trocava – e das quais algumas nos ficaram – mostram sua competência e sua atividade. Suas ideias políticas eram as de um conservador esclarecido, dando mais confiança a uma boa administração do que a grandes reformas.

Excluía a violência, mas sabia recorrer à força. Por conseguinte, não hesitou em declarar guerra à Dácia, quando o rei Decébalo veio ameaçar as conquistas que ele fizera na Germânia. Conduziu essa campanha como brilhante general. Batido, Decébalo se rendeu. Trajano poupou-lhe a vida e o trono, limitando-se a impor-lhe vassalagem. Tal clemência, nova na história romana, foi mal recompensada, porque, ao fim de dois anos, Decébalo se revoltou. Trajano recomeçou a guerra, derrotou de novo o traidor, tomou-lhe as minas de ouro da Transilvânia e, com tal presa, financiou quatro meses de jogos ininterruptos no circo, com dez mil gladiadores para celebrar sua vitória e um programa de trabalhos públicos destinado a fazer de seu reinado um dos mais memoráveis na história do urbanismo, do gênio civil e da arquitetura.

Um gigantesco aqueduto, um novo porto em Óstia, quatro grandes estradas e o anfiteatro de Verona contam entre seus mais insignes trabalhos. O mais conhecido, porém, é o Poro de Trajano, devido ao gênio de Apolodoro, grego de Damasco. Apolodoro já havia construído para Trajano a maravilhosa ponte sobre o Danúbio, que lhe permitira alcançar Decébalo pela retaguarda. Para erguer a coluna que ainda se levanta diante da basílica Úlpia, foram transportados de Paros dezoito cubos de um mármore especial, cada um dos quais pesava cinquenta toneladas. Isso foi, para a época, um milagre. Aí foram esculpidas, em baixo-relevo, duas mil personagens, num estilo vagamente neorrealista, isto é, com tendência assinalada para representar cenas rudes. Tais esculturas estão muito amontoadas para serem belas, mas, do ponto de vista da documentação, são interessantes e foi isso, certamente, que agradou a Trajano.

Ao fim de seis anos de paz, consagrados a essa obra de reconstrução, Trajano foi assaltado pela nostalgia dos campos e, se bem que perto dos sessenta anos, pôs na cabeça a ideia de completar a obra de César e de Antônio no Oriente, recuando as fronteiras do Império até ao oceano Índico. Conseguiu-o, após marcha triunfal através da Mesopotâmia, da Pérsia, da Síria, da Armênia – todas tornadas províncias romanas. Construiu uma frota para o mar Vermelho. Chorou por ser muito velho para nela embarcar e partir à conquista da índia e do Extremo-Oriente. Eram, porém, países em que não bastava deixar guarnições para aí estabelecer ordem durável. Ainda Trajano não retornara e já estouravam rebeliões mais ou menos por toda parte, às suas costas. O guerreiro, se bem que cansado, queria retroceder de novo para pacificá-los. A hidropisia o reteve. Enviou, em seu lugar, Lúcio Quieto e Mareio Turba e retomou a viagem para Roma, na esperança de lá poder morrer. Um ataque de paralisia o fulminou em Selino, em 117, com a idade de sessenta e quatro anos. Somente suas cinzas tornaram a Roma, onde foram inumadas sob sua coluna.

Nerva e Trajano foram, certamente, dois grandes imperadores. Aos numerosos méritos efetivos, contudo, que é preciso lhes reconhecer, convém ajuntar uma sorte: souberam ganhar a gratidão do historiador Tácito e de um memorialista como Plínio, cujos testemunhos deviam ser decisivos diante do tribunal da posteridade.

Tácito, que contou a vida de tantas pessoas, negligenciou em contar-nos a sua. Não sabemos com precisão onde nasceu; nem mesmo estamos certos de que seja o filho daquele Cornélio Tácito que administrava as finanças da Bélgica. Sua família devia pertencer àquela burguesia rica, que acabara por fazer parte da aristocracia. Ele, contudo, era menos orgulhoso a seu respeito do que quanto à família de sua mulher, filha daquele Agrícola, procônsul e governador da Inglaterra, que Domiciano tinha cometido o erro de não apoiar. Conhecemos Agrícola apenas pela biografia que dele nos deixou Tácito. Porém, tendo Tácito todas as qualidades do grande escritor, com exceção da objetividade, ignoramos se esse retrato é inteiramente verídico. Sabemos apenas que a admiração que o inspirou devia ser sincera.

Tácito era um grande advogado. Plínio o considera maior do que o próprio Cícero. Quanto a nós, tememos que haja composto suas "Histórias" um tanto sob os mesmos critérios de acordo com os quais defendia os clientes, isto é, antes para fazer triunfar uma tese do que para estabelecer a verdade. Começou com um livro consagrado ao período compreendido entre Galba e Domiciano, do qual fora, ele próprio, espectador. Seu poderoso requisitório contra a tirania teve tal êxito nos círculos aristocráticos, onde ela havia feito o maior número de vítimas, que foi compelido a voltar aos reinados de Nero, de Cláudio, de Caligula e de Tibério. Reconhece, honestamente, que teve, ele mesmo, de dobrar-se aos caprichos de sátrapa do imperador e confirmar, na qualidade de senador, seus abusos de poder. Não é difícil disso concluir que seu amor para com a liberdade deve ter-lhe vindo desde então. Escreveu catorze livros de "Histórias", dos quais somente quatro chegaram até nós, e dezesseis de "Anais", doze dos quais sobrevivem, além de diversas obras, como "A Vida de Agrícola" e um panfleto sobre os germanos, no qual, com extraordinária habilidade polêmica, exalta as virtudes desse povo, para denunciar, indiretamente, os vícios do povo romano.

Tácito deve ser lido com reservas. Não convém nele buscar análises, nem sociológicas nem econômicas. B mister que nos contentemos com grandes reportagens, perfeitas quanto ao mecanismo da narração, com "thrills" e "suspenses", como dizem na linguagem do cinema, animadas por personagens provavelmente falsos, mas extraordinariamente característicos, e que ficam gravados na memória. Tem um vigor de estilo que nenhum escritor reencontrou depois dele. Suas fontes são duvidosas; talvez nunca se haja dado ao trabalho de procurá-las. Confia nos "ouvi-dizer", em que cata o que lhe agrada, mesmo que seja falso, e repele o que não lhe diz respeito, ainda que verdadeiro, com o único objetivo de fazer propaganda em favor de suas teses favoritas: o maior bem é a liberdade; unicamente as oligarquias aristocráticas a garantem; o caráter vale mais do que a inteligência; reformas não são outra coisa do que passos para o pior. Em conjunto, dá muita pena que Tácito se haja feito historiador. Se se tivesse entregue ao romance, isso teria valido mais tanto para ele quanto para nós.

B um retrato dos mesmos tempos, menos genial e colorido, porém, mais pormenorizado e mais digno de crédito, aquele que nos deixou Plínio, o Jovem: um grão-senhor, que teve todas as oportunidades, inclusive a de possuir um tio rico, que lhe deixou o nome e a fortuna; excelente educação, esposa virtuosa (isso devia ser, na época, raridade) e bom caráter, que lhe fazia ver o belo lado de todas as coisas e de todos os homens. Em suma, continuava a tradição de Ático: era um "gentleman" (cavalheiro). Nascera em Como, e fizera, naturalmente, sua iniciação, como advogado. Tácito lhe propôs que com ele partilhasse o encargo e a honra de ser o acusador de Mário Prisco, funcionário acusado de malversações e crueldades. Em lugar de pronunciar uma arenga contra o imputado, Plínio proferiu, durante duas horas, um elogio enfático de seu colega. Chegada a vez deste último, Tácito pagou a Plínio com a mesma moeda (Prisco, na cadeira dos réus, devia estar esfregando as mãos de contente por ver-se assim esquecido).

Deram-lhe algumas funções. Exerceu-as a todas com inteligência e honestidade. Brilhou particularmente, porém, nas funções diplomáticas, para as quais Trajano – que conhecia os homens – o escolheu. É que sua qualidade fundamental era o *tacto*. É suficiente, para verificar tal fato, ler a carta que enviou a seu velho preceptor, Quintiliano, para desculpar-se por não poder oferecer como dote à filha deste mais de 50.000 sestércios (algo como três milhões de liras): bem longe de fazer uma esmola, diríamos que solicita um favor. Quando o encarregavam de alguma embaixada, recusava todos os emolumentos, as despesas de transporte e de permanência, enchia as bagagens com presentes para as mulheres dos governadores, dos generais e dos prefeitos que devia encontrar em caminho e levava em sua companhia – pagando de seu bolso – alguém com quem se entreter a respeito de literatura: Suetônio, em geral, porque tinha um fraco por ele. Como a mania de escrever cartas a todo mundo o mantivesse em contato com todo mundo (é um procedimento que se tem revelado muito sagaz em todas as épocas), por onde quer que estivesse de passagem, havia, para ele, uma chuva de convites. Respondia sempre por escrito: "Aceito teu convite para jantar, caro amigo, mas com a condição de que me trates frugalmente e que me permitas sair cedo. Espero que se estabeleçam discussões filosóficas em torno de tua mesa; porém, até mesmo dessas discussões façamos uso com moderação." "Com moderação": a frase encerra toda a sua ética, toda a sua estética, toda a sua dietética. E é com moderação que fala de tudo, em suas cartas descritivas ao imperador, aos colegas, aos parentes, aos amigos: o melhor daquilo que dele nos resta e, talvez, também, o mais precioso dos testemunhos dados sobre a sociedade de seu tempo e os costumes dessa sociedade.

Capítulo 42

 # *Adriano*

É preciso confessar que sentimos alguma repugnância em admitir que episódio tão famoso quanto a elevação ao trono do maior imperador da Antiguidade se deva a uma coincidência banal e um tanto imprópria, qual seja um adultério. Dião Cássio, entretanto, nos dá como fato certo que Adriano não foi designado para substituir Trajano, morto sem ter apontado herdeiro, senão por um único título: era amante de sua mulher, Plotina.

É mister não dar-se crédito aos "dizem" senão até um certo ponto, particularmente em matéria de adultério. Certo é que Plotina deu sua ajuda a Adriano para fazê-lo imperador. Era sua tia, mas por aliança: aliás, em Roma, o parentesco jamais fora obstáculo ao amor. Trajano e Adriano eram compatriotas, nascidos ambos na mesma cidade da Espanha: Itálica. O segundo, que levava esse nome porque sua família provinha de Hádria (Hadrien é o correspondente, em francês, a Adriano. N. do trad.) e que era vinte e quatro anos mais jovem, foi a Roma a chamado do primeiro, amigo da casa e seu tutor. Era um jovem cheio de vida e de curiosidade, que se interessava por tudo e estudava com ardor: as matemáticas, a música, a medicina, a filosofia, a literatura, a escultura e a geometria, aprendendo tudo rapidamente. Trajano fê-lo desposar sua sobrinha Vívia Sabina. Foi um casamento respeitável e glacial, sem amor e sem filhos. Sabina era de beleza escultural, mas privada de atrativo sexual, queixando-se, sem insistir, do fato de que o marido encontrava mais tempo para seus cães e cavalos do que para ela. Adriano a cumulava de gentilezas; chegou a despedir seu secretário Suetônio porque, certo dia, falara dela irrespeitosamente; à noite, porém, dormia só.

Tinha apenas quarenta anos quando subiu ao trono. Seu primeiro gesto foi o de pôr fim, rapidamente, a todas as empresas militares deixadas em suspenso por Trajano. Sempre se opusera às campanhas militares do tutor. Quando ocupou o trono, apressou-se em retirar os exércitos da Pérsia e da Armênia, para grande desprazer de seus comandantes, aos olhos dos quais uma estratégia puramente defensiva seria o começo do fim para o Império, ou, no mínimo, o fim de suas carreiras, de suas medalhas e de seus soldos. Jamais se soube bem exatamente como ocorreu que quatro desses comandantes, os mais corajosos e apreciados, foram suprimidos pouco tempo depois, sem processo. Nessa ocasião, Adriano se encontrava sobre o Danúbio e se esforçava por chegar com os dácios a uma solução definitiva, excluindo a possibilidade de conflitos ulteriores. Precipitou-se para Roma e o Senado tomou toda a responsabilidade de tais eliminações, afirmando que os generais se haviam tornado culpáveis por conspirações contra a segurança do Estado. Ninguém acreditou, entretanto, na inocência de

Adriano, que, todavia, comprou tal inocência, fazendo distribuir aos cidadãos um bilhão de sestércios, desobrigando-os de suas dívidas fiscais e divertindo-os, por semanas inteiras, com magníficos espetáculos dados no Circo.

Tais movimentos iniciais fizeram os romanos temerem um retorno de Nero. Essas suspeitas pareciam confirmadas pelo fato de que Adriano cantava, pintava, compunha, precisamente como Nero. Viram, porém, a seguir, que não havia nessas pretensões artísticas, absolutamente nada de patológico. Adriano a isso só se entregava nas horas vagas, para repousar do labor de administrador hábil e escrupuloso. Era um belo homem, grande, elegante, cabelos frisados, com uma barba loira que todos os romanos quiseram imitar, na ignorância em que, sem dúvida, estavam de que ele só a deixara crescer para esconder certas feias manchas azuladas que tinha nas bochechas. Não era, entretanto, muito fácil compreender-lhe o caráter, complicado e cheio de contradições. Era, de hábito, amável e de humor sereno. Chegou, porém, a ser duro até à crueldade. Quando se desempenhava de suas funções de grande pontífice, não produzia bom efeito a mínima irreverência. Pessoalmente, não sabemos bem em que podia ele realmente acreditar.

Talvez nos astros, pois que, uma ou outra vez, cuidava de astrologia e estava cheio de superstições relativamente aos eclipses e às marés. Em todo caso, considerando a religião como um apoio do Estado, não admitia fosse ofendida. Foi ele, pessoalmente, quem redigiu o projeto dos templos de Vênus e de Roma, após ter mandado matar Apolodoro, que havia respondido a seu convite por uma recusa desdenhosa. Na prática, contudo, jamais tentou aplicar seus preceitos. Agarrava-se ao prazer onde quer que o encontrasse, de conformidade com um gosto requintado, mas desprovido de remorso ou de vergonha. Enamorava-se indiferentemente de belos rapazes ou de belas jovens, mas sem que nenhum dentre eles o fizesse perder a cabeça. Amava os ditos espirituosos, mas detestava os banquetes; em vez de orgias, preferia pequenos jantares com pessoas escolhidas a dedo, sabendo mais conversar do que beber. Para conseguir tais comensais, fundou uma universidade, convocando para nela ensinar os maiores mestres da época, gregos em particular. Eram esses mestres e seus alunos os seus hóspedes habituais. No decorrer das discussões, mostrava-se bom jogador, aceitando objeções e críticas. Ainda mais: um dia, reprovou a Favorino, um intelectual gaulês, o fato de dar-lhe sempre razão. "Mas um homem que apoia seus argumentos em trinta divisões armadas tem sempre razão", lhe respondeu espirituosamente o jovem filósofo. O imperador contou a anedota ao Senado, divertiu-se e com ela divertiu os senadores.

Seu traço mais extraordinário foi o de não se sentir "necessário", de fazer até mesmo todo o possível para não se tornar necessário e para não ser tomado por "homem providencial", como acreditam ser e aspiram a ser todos os monarcas absolutos. Fez um esforço constante para pôr em ordem uma organização burocrática, à qual bastasse, para andar bem, ser supervisionada pelo Senado. Tinha a vocação da ordem e se esforçou por instaurá-la, simplificando as leis, que se haviam acumulado em caos inextricável. Em tal obra, que confiou a Juliano, foi o precursor de Justiniano.

Inclinava-se, também, à divisão racional do trabalho, que permitisse ao Estado funcionamento relativamente automático, por uma razão egoísta: tinha paixão pelas viagens e queria empreendê-las sem a impressão angustiosa de que tudo, em sua ausência, iria à matroca. Aliás, fez viagens extremamente longas, que duraram até cinco anos, para bem conhecer o império em todos os seus cantos. Escrúpulo! Curiosidade? Um tanto de um, um tanto da outra. Quatro anos após sua coroação, partiu para entregar-se a uma inspeção aprofundada da Gália. Viajava como qualquer particular, com o mínimo de medidas de segurança, pouca bagagem, um séquito composto quase exclusivamente de técnicos. Os governadores e os generais o viam bruscamente cair-lhes em cima e deviam prestar-lhe conta de sua administração, até quanto aos pormenores mais ínfimos. Adriano encomendava uma nova ponte ou uma nova estrada, dava promoção a um e rachava a orelha de outro, comandava uma legião – ele, o homem da paz – para estabelecer, por meio de uma batalha, uma fronteira discutida. Como qualquer infante, à frente dos soldados de infantaria, marchava até quarenta quilômetros por dia e não perdia qualquer escaramuça.

Da Gália passou para a Germânia, onde reorganizou as guarnições, estudou a fundo os costumes dos habitantes, dos quais admirou, não sem se preocupar, a força virgem, desceu o Reno em barco, embarcou para a Inglaterra e aí ordenou a construção daquela espécie de "linha Maginot", que foi o famoso "Vallo". Retornou, depois, à Gália e passou à Espanha. Em Tarragona, foi agredido por um escravo. Forte como era, desarmou-o facilmente e o entregou nas mãos de seus médicos, que o declararam louco. Adriano aceitou tal álibi e o perdoou. Passou à África, à frente de apenas duas legiões, sufocou uma revolta de mouros e continuou seu caminho para a Ásia Menor.

Em Roma, ficavam um tanto inquietos com essa mania de viagens de um imperador que nunca voltava. As tagarelices começaram a tornar-se malignas, quando souberam que embarcara num barco que subia o Nilo, com um novo convidado em seu séquito: um esplêndido jovem grego chamado Antinous, de cabelos crespos e olhos de veludo.

Estava escrito que, desde César, apenas tocavam o Egito, os grandes personagens romanos tinham qualquer infortúnio sentimental. A natureza daquele que foi encarnado pelo personagem de Antinous nos é desconhecida. Sabina, que acompanhava o imperador, parece não haver protestado contra a presença do rapaz. De qualquer modo, jamais ficou esclarecida a maneira pela qual morreu: afogado no Nilo, ao que parece. Para Adriano, foi um terrível golpe. "Chorou como mulherzinha", nos diz Esparciano. Mandou elevar um templo em honra do pobre defunto e construir em torno do templo uma cidade: Antinópolis, que se tornou importante na época de Bizâncio. Segundo uma lenda, talvez posterior aos acontecimentos, Antinous se teria suicidado, porque soubera pelos oráculos que os planos de seu protetor não poderíam realizar-se senão quando ele morresse. Seguramente, a desaparição desse rapaz teve alguma utilidade: a de abrir a sucessão ao trono a um monarca do estofo de Antonino. Se tivesse vivido, talvez Roma tivesse acordado certa manhã com Antinous como imperador!

O homem que retornou a Roma depois desse infortúnio não mais era o brilhante, alegre, jovial soberano que dela partira. Adriano ficara um tanto misantropo. Ao passo que, antigamente, deixava com alegria a mesa de trabalho, feliz por poder ter um pouco de repouso e sabendo muito bem como utilizá-lo, dava, daí por diante a impressão de temer suas horas vagas. Ocupava-as escrevendo. Uma gramática, algumas poesias, uma autobiografia foram o fruto daquela solidão. O que mais o ocupava, entretanto, eram seus planos de reconstrução. Adriano tinha a mania da pedra... acompanhada de inspiração e gosto. Refez o Panteão, erguido por Agrícola e depois, destruído pelo fogo, conforme o estilo grego, que preferia ao romano. Não há dúvida de que seja esse o mais bem conservado monumento da Antiguidade. Quando o papa Urbano VII desmantelou o teto do pórtico, daí tirou bronze suficiente para fazer cem canhões e o balda- quino, que ainda se encontra acima do altar de São Pedro.

Outra obra-prima da sua arquitetura é a vila em torno da qual se erigiu, mais tarde, Tívoli. Aí se encontrava de tudo: templos, um hipódromo, bibliotecas e museus, onde, durante dois mil anos, os exércitos do mundo inteiro vieram exercer a pilhagem, sempre encontrando aí alguma coisa. Apenas aí se fixara, contudo, quando começou a sentir-se enfermo. Seu corpo se inchava; sofria abundantes hemorragias nasais. Sentindo o fim próximo, Adriano chamou junto a si e adotou como filho, a fim de prepará-lo para a sucessão, seu amigo Lúcio Vero, que a morte colheu pouco tempo depois.

A escolha de Adriano recaiu, então, em Antonino, ao qual, conservando para si o título de *Augusto,* conferiu o de *César,* o qual, a seguir, foi conservado por todos os herdeiros presuntivos do trono.

Seus sofrimentos eram tamanhos que não aspirava mais senão à tumba. Mandou edificar seu túmulo do outro lado do Tibre, construindo, para lá chegar, uma ponte especial. É o grande mausoléu que hoje se chama castelo Santo Ângelo. Um dia, estando já terminado o edifício, o filósofo estoico Eufrate veio pedir-lhe autorização para matar-se. Esta lhe foi concedida pelo imperador, que com ele discutiu sobre a inutilidade da vida e, quando Eufrate bebeu a cicuta, quis o mesmo, também, para seguir-lhe o exemplo. Ninguém, contudo, quis atendê-lo quanto a esse pedido. Pediu a seu médico que lhe fornecesse o veneno e este se matou para não desobedecer-lhe. Ordenou a um dos domésticos que lhe conseguisse uma espada ou um punhal; o doméstico, porém, fugiu.

"Eis aqui um homem que tem o poder de levar à morte qualquer pessoa, com exceção dele próprio!", exclamou, desesperado.

Afinal, aos sessenta e dois anos, cerrou os olhos, após cinte e um anos de reinado. Alguns dias antes de sua morte, havia composto um pequeno poema sobre as lembranças do tempo passado, que constitui, talvez, a mais primorosa obra-prima de toda a poesia lírica latina: *Animus vagula, blandula, hospes comesque corporis ...*

HISTÓRIA DE ROMA

419

Com ele, não somente morreu um grande imperador como também um dos mais complexos, mais inquietantes, mais cativantes personagens com que conta a História de todos os tempos. E, talvez, o mais moderno de todos os antigos. Como Nerva, despediu-se ele de Roma prestando-lhe o maior dos serviços, isto é, designando o mais bem indicado sucessor, para que não viesse a ser tão lastimado.

Capítulo 43

Marco Aurélio

O título de "Pio" foi dado a Antonino, depois de sua morte, pelo Senado, que também o chamou de "Optimus princeps", o melhor dos príncipes. Seu sucessor, Marco Aurélio, o definiu como "um monstro de virtude". Quando não mais sabia a que santo consagrar-se, recomendava a si mesmo: "Faze aquilo que teria feito Antonino em caso semelhante". Esse preceito é mais fácil, para dizer a verdade, de enunciar, do que de seguir, pois o problema era precisamente o de saber como teria agido Antonino.

Já não era muito jovem quando subiu ao trono, em 138, pois tinha passado dos cinquenta anos. Entretanto, se perguntassem a um dos numerosos romanos, que saudavam com alegria a sua subida ao trono, porque estava tão contente, deixariam-no embaraçado. Até então, Antonino nada fizera de notável. Era um bom advogado; como tivesse alguma antipatia pela retórica, exercia pouco a profissão e esse pouco, gratuitamente. Sua família era uma família de banqueiros, vinda da França, duas gerações mais cedo, e a educação que recebera era a de um grande burguês. Estudara a filosofia, mas sem aprofundá-la muito, sempre preferindo apoiá-la sobre a religião. Não era devoto, mas respeitoso; foi, talvez; um dos últimos romanos a acreditar sinceramente nos deuses ou, pelo menos, comportou-se como se assim o cresse. Conhecia a literatura e protegeu numerosos escritores, mas os tratava com certa altanaria, com certo desinteresse aristocrático e indulgente, como elementos decorativos da sociedade, que não podem ser levados muito a sério. Contudo, todo mundo o amava, todo mundo sentia simpatia por seu rosto doce e tranquilo, erguido sobre ombros largos; por sua gentileza e pela participação sincera nos infortúnios; pela discrição com a qual soube esconder os seus infortúnios sem aborrecer ninguém. Esse homem, que não tinha inimigos, teve um em sua casa: sua mulher Faustina. Faustina era bela, mas, no mínimo ... viva. Mesmo diminuindo muito o que dela diziam, sempre restava o bastante para exasperar qualquer marido. Antonino quis tudo ignorar. Teve dela duas filhas, das quais uma morreu e a outra puxou à mãe e tratou da mesma forma a Marco Aurélio, que foi seu marido. Antonino suportou seus dissabores em silêncio. Quando Faustina morreu, instituiu em sua honra um templo e um fundo para a educação das jovens pobres. Não a recriminou senão uma vez em toda a vida: quando, sabendo que se tornava imperatriz, ela emitiu algumas pretensões de luxo. "Não percebes, lhe disse ele, que, agora, perdemos aquilo que possuíamos?"

Isso não era retórica. O primeiro gesto de Antonino, mal ficara imperador, foi o de reverter sua enorme fortuna para os cofres do Estado. Quando de sua morte, seu patrimônio pessoal estava reduzido a zero e o do Estado se elevava a dois bilhões e setecentos milhões de sestércios, cifra que jamais fora alcançada. Chegou a tal resultado graças a uma administração judiciosa, mas sem sovinice. Reviu e reduziu o programa de reconstrução de Adriano, mas não o revogou. Antes de entregar-se à menor despesa, até mesmo a mais insignificante, solicitava a autorização do Senado, ao qual prestava contas numa aproximação de cêntimos. Foi sempre com seu consentimento que procedeu à reorganização e à mitigação das leis, que iniciara seu predecessor. Pela primeira vez, os direitos e os deveres dos esposos se tornaram os mesmos, a tortura se viu quase inteiramente banida, o assassínio de um escravo foi proclamado crime.

Em oposição ao instável e curioso Adriano, grande viajante, tinha o temperamento de um burocrata, escravo do horário. Com efeito, parece que jamais foi mais longe do que Lavínio, onde tinha uma vila e ia passar os fins-de-semana a caçar ou a pescar, em companhia de amigos. Quando ficou viúvo, arranjou uma concubina, que lhe foi mais fiel do que lhe havia sido a mulher. Ele, porém, a mantinha à parte; não a imiscuía, de forma alguma com os negócios do Estado. Desejava a paz. Talvez, mesmo, ele a tenha desejado um tanto demais, isto é, a preço do prestígio do Império, na Germânia, por exemplo, onde se mostrou excessivamente conciliante, encorajando, dessa maneira, a audácia dos rebeldes. Não há escritor estrangeiro da época, entretanto, que não haja levado às nuvens a ordem e a tranquilidade no mundo inteiro gozada durante seu reinado. A acreditarmos em Apiano, Antonino era literalmente sitiado por embaixadores de todos os países, que vinham solicitar anexação dos mesmos ao Império. Como todos os reinados felizes, ainda que durando vinte anos, o seu ficou sem histórias. "O ideal parecia atingido, escreveu Rénan. O mundo era governado por um pai.''

HISTÓRIA DE ROMA

Com setenta e quatro anos, talvez mesmo pela primeira vez na vida, Antonino caiu doente. Como a isso não estivesse habituado, ainda que somente sofresse do estômago, compreendeu que estava no fim. Já contava com o seu César de reserva, que lhe havia indicado, ao morrer, o próprio Adriano, na pessoa de um jovem de dezessete anos, Marco Aurélio, sobrinho, aliás, de Antonino.

Mandou chamá-lo e se contentou de dizer-lhe bem simplesmente: "Agora, meu filho, é a tua vez." Ordenou aos servidores que levassem ao apartamento de Marco Aurélio a estátua da Fortuna; deu, então, ao oficial da guarda a senha do dia: "Equanimidade"; pediu que o deixassem só, pois desejava dormir, voltou-se para o outro lado do leito e dormiu completamente. Para sempre.

Nessa ocasião, em 161, Marco Aurélio contava, exatamente, quarenta anos. Era um dos raríssimos homens que, tendo nascido "em berço esplêndido", o reconheciam francamente. "Tenho grande dívida para com os deuses, afirmou em seus escritos. Deram-me eles bons avós, bons pais, uma boa irmã, bons mestres e bons amigos." Entre estes últimos, podemos mencionar Adriano, que lhe frequentava a casa e lhe tomara amizade desde a infância. A razão desta amizade era sua origem espanhola em comum. Os Aurélios, também eles, vinham daquele país, onde haviam adquirido o sobrenome de Veri, em virtude de sua honestidade. Foi seu avô, então cônsul, que se ocupou do jovem, órfão muito cedo; podemos imaginar a esperança que depositava nesse neto ao ver o número de preceptores de que o cercou: quatro para a retórica, dois para o direito, seis para a filosofia, um para as matemáticas. Dezessete ao todo. Deus sabe como aquela criança pôde aprender tanta coisa e não ficar louca! Entre os pedagogos, aquele que ele preferiu foi Cornélio Frontão, o retórico; desprezava, contudo, a retórica. O direito e a eloquência eram aquilo que mais desprezava em seus concidadãos. Apaixonou-se, pelo contrário, pela filosofia: suas preferências se voltaram para a filosofia estoica, que quis não apenas estudar mas também praticar. Com doze anos, mandou suprimir de seu quarto o leito e dormiu sobre o ladrilho limpo, sujeitando-se a um tal regime, a uma tal abstinência, que disso veio a ressentir-se sua saúde. Não se queixa, entretanto; bem pelo contrário: agradecia os deuses de havê-lo conservado casto até aos dezoito anos e capaz de reprimir o instinto sexual.

Talvez se tivesse tornado um verdadeiro sacerdote do estoicismo – havia, então, outros – e um dos mais puritanos, se Antonino não o tivesse feito César, quando não era, ainda, mais do que um adolescente, ao mesmo tempo que Lúcio Vero, filho do Vespasiano ero que Antonino havia designado como seu sucessor, mas que morrera antes dele. Lúcio tinha caráter completamente diverso; era um homem do mundo, mulherengo, dominado pelos prazeres, que não levou de todo a mal o fato de haver Antonino, numa segunda resolução, excluído sua pessoa para designar, como "César", unicamente a Marco Aurélio. Este, como recordação do desejo de Antonino, não deixou de convidar Lúcio a com ele partilhar do poder e lhe deu, em casamento, sua filha Lucila. Infelizmente, porém, em política, a lealdade nem sempre é boa conselheira.

Ao ser coroado Marco, exultaram todos os filósofos. Viam em seu triunfo o próprio triunfo deles e, em sua pessoa, um realizador de utopias. Enganaram-se. Marco Aurélio não foi um grande homem de Estado: nada compreendia de economia, de tal modo que se enganava nos orçamentos e era preciso que suas contas fossem revistas após passar-lhe pelas mãos. Da aprendizagem, contudo, que fizera sob a direção de Antonino, conservador esclarecido, realista e um tanto cético, adquirira um conhecimento sobre os homens. Sabia que as leis não bastam para deixá-los melhores; continuou, efetivamente, a reforma dos Códigos, empreendida por seus dois últimos predecessores, mas com moleza, sem acreditar muito nas vantagens que dela se tirariam. Como bom moralista, confiava mais na virtude do exemplo e se esforçou em oferecer, ele próprio, o bom exemplo, por meio de uma vida ascética, que seus súditos admiraram, mas sem procurar imitar.

Os acontecimentos não lhe foram favoráveis. Mal havia subido ao trono quando os bretões, os germanos e os persas, encorajados pela longanimidade de Antonino, começaram a ameaçar as fronteiras do Império. Marco enviou ao Oriente, à frente de um exército, Lúcio Vero. Em Antioquia, porém, Lúcio encontrou Pantéia e se deteve no local. Pantéia era a Cleopatra do país e Lúcio Vero, um novo Marco Antônio, mas sem a coragem ou o gênio militar do primeiro. Quando viu aquela esplêndida mulher, perdeu completamente a cabeça. Dizem que ela ajudou o feitiço por meio de filtros. Se tivesse sido tão bela quanto nos descrevem, não teria necessidade de filtros.

Marco não protestou contra o comportamento de Lúcio Vero, que continuou a cortejar Pantéia, enquanto os persas iam e vinham na Síria. Contentou-se de enviar, discretamente, um plano de operações ao chefe do estado-maior de seu colega, Avídio Cássio, com ordem de executá-lo estritamente. Tal plano revelava, dizem, grande talento militar. Lúcio Vero continuou com a festa, em Antioquia, enquanto seu exército derrotava brilhantemente os persas; somente retomou o comando para fazer-se coroar de louros no dia do triunfo que Marco lhe fez outorgar. Infelizmente, juntamente com os despojos de seus inimigos vencidos, trazia para os compatriotas um triste presente: os micróbios da peste. Foi um terrível flagelo, que, somente em Roma, matou duzentas mil pessoas. Galieno, o mais célebre médico da época, relata que os doentes eram sacudidos por uma tosse raivosa, cobriam-se de pústulas e tinha o hálito pesteado. Toda a Itália foi contaminada, cidades e vilas ficaram privadas de habitantes, as pessoas enchiam os santuários para invocar a proteção dos deuses, ninguém trabalhava; em seguida à epidemia, sentiram todos a ameaça da fome.

Marco não mais era um imperador mas um enfermeiro, que não abandonava, ainda que uma só hora, as salas dos hospitais – mas, na época, a ciência não oferecia remédios. A tais calamidades públicas juntavam-se para ele outras, de caráter privado. Faustina, filha de Antonino, que este lhe dera como esposa, parecia-se em tudo e por tudo com a mãe, de quem levava o nome: na beleza, na jovialidade e nas infidelidades. Seus adultérios não são provados, mas toda Roma deles falava. Talvez tivesse ela muitas circunstâncias atenuantes: aquele marido ascético e melancólico, todo absorvido no papel de "primeiro servidor do Estado", não fora feito para uma mulherzinha viva e apimentada como ela. Tão gentil quanto seu predecessor e sogro, Marco Aurélio a cumulou de atenções, sem queixa ou recriminação; até mesmo em suas "Meditações", agradece aos deuses por lhe haverem dado uma esposa tão boa e tão devota. Dos quatro filhos que lhe nasceram desse casamento, uma filha morreu; a outra tornou-se a infeliz esposa de Lúcio Vero, que com ela não se conduziu bem senão quando se decidiu deixá-la viúva; quanto aos dois gêmeos, dos quais toda Roma dizia ser um gladiador o verdadeiro pai, um deles morreu ao vir ao mundo; o outro, quando tinha sete anos, já era um milagre de beleza atlética e já desesperava os preceptores por sua recusa de estudar bem, com paixão desenfreada pelo Circo e pelas lutas com as feras. Bom sangue não pode mentir... Marco Aurélio, porém, o amava loucamente. As mortes consecutivas à peste e à fome tinham feito de Roma uma cidade sombria e desalentada. Velho antes dos cinquenta, aquele pobre homem de bem, Marco Aurélio, roído pelas insônias e por sua úlcera estomacal, ainda não havia conseguido reparar um infortúnio e já ocorria outro. Agora, eram as tribos germânicas que se lançavam para o lado da Hungria e da Rumania. Quando Marco Aurélio se pôs pessoalmente no comando das legiões, isso fêz sorrir muita gente: aquele homenzinho macilento e frágil, obrigado a ser vegetariano, não inspirava grande confiança como condutor de homens. Entretanto, raramente combateram os legionários com tanto entusiasmo quanto sob seu comando direto. Esse homem, amante da paz, guerreou durante seis anos, derrotando golpe a golpe os mais agressivos inimigos: os quados, os longobardos, os marcomanos, os sármatas. Após uma jornada de batalha, porém, quando se encontrava a sós consigo mesmo, abria seu caderno de "Meditações" e escrevia: "Quando agarrou uma mosca, a aranha acredita ter feito uma grande proeza. O mesmo acontece àquele que aprisionou um sármata. Nem uma e nem outro percebem que nada mais são do que pequenos ladrões." No dia seguinte, não deixava de recomeçar a combater os sármatas.

Coroava, na Boêmia, uma série completa de brilhantes vitórias quando Avídio Cássio, general no Egito, se revoltou e se proclamou imperador. Era o ex-chefe de Estado-maior de Lúcio Vero, aquele que batera os persas ao executar o plano de Marco Aurélio. Marco Aurélio concluiu com os adversários uma paz rápida e generosa, reuniu os soldados, disse-lhes que, se Roma o quisesse, ele se retiraria, voluntariamente, para ceder o posto ao seu concorrente e retornou sobre seus passos. O Senado, porém, recusou a proposta por unanimidade e, enquanto Marco Aurélio avançava contra Avidio Cássio, este foi assassinado por um de seus oficiais. Marco Aurélio sentiu não ter a possibilidade de perdoá-lo, parou em Atenas para uma troca de pontos de vista com os mestres das diversas escolas filosóficas locais e, uma vez de volta a Roma, aí recebeu, muito a contragosto, o triunfo que para ele se decretou, a ele associando Cômodo, já célebre por suas proezas como gladiador, sua crueldade e seu vocabulário extraído do baixo mundo.

Talvez, mesmo, com o fito de desviar aquele rapaz dessas paixões doentias, Marco Aurélio retomou em seguida a guerra contra os germanos, levando consigo Cômodo. Estava, de novo, às vésperas da vitória decisiva quando caiu doente ou, mais exatamente, se sentiu mais doente do que de hábito. Durante cinco dias, recusou-se a comer e a beber. No sexto levantou-se, apresentou Cômodo como novo imperador às tropas alinhadas, recomendou-lhe que estendesse as fronteiras do império até ao Elba, voltou ao leito, cobriu o rosto com o lençol e esperou a morte.

Suas "Meditações", compostas em grego, sob a tenda, chegaram até nós. Não constituem grande monumento literário, mas contêm o mais elevado código moral que nos deixou o mundo clássico. No momento preciso em que a consciência de Roma se extinguia, aquele imperador a fazia brilhar com seu mais vivo clarão.

Capítulo 44

 Os Severos

Apresentando Cômodo aos seus soldados como seu sucessor, Marco Aurélio o apelidara "o Sol levante". Talvez seus olhos de pai – se era seu pai – assim o vissem. Contudo, também os legionários sentiam simpatia por esse rapaz brutal, sem escrúpulos, dotado de robusto apetite, sempre pronto a propósitos obscenos. Acreditavam-no de natureza mais militar do que o pai.

Grandes foram, por conseguinte, seu estupor e seu mau humor quando o jovem, em vez de liquidar o inimigo, já encerrado num saco, lhe ofereceu a mais apressada e inconsiderada das pazes. Por duas vezes, acontecia um milagre para salvar aqueles turbulentos germanos, mas um milagre do qual Roma seria levada, mais tarde, a sofrer as consequências.

Cômodo não era um covarde, mas a única guerra que lhe agradava era a que se fazia no Circo, contra os gladiadores e contra as feras. Ao levantar-se, recusava o lanche se não tivesse degolado seu tigre cotidiano. Como na Germânia não houvesse tigres, tinha pressa de voltar a Roma, para onde os governadores das províncias do Oriente estavam comprometidos de enviar-lhe feras, sem cessar. Tal é a razão pela qual, pouco se importando com o Império e seus destinos, concluiu aquela paz desastrosa, que deixava subsistirem todos os problemas sem lhes dar a menor solução. O Senado renunciou a seu direito de eleição; aceitara a adoção, que dera tão bons resultados desde Nerva, legalizando novamente, com esse imperador, o princípio do príncipe herdeiro.

Como acontecera com Nero e Caligula, mesmo se não acreditarmos na totalidade daquilo que seus contemporâneos dele escreveram, há muito motivo para que cataloguemos Cômodo entre os flagelos públicos. Jogador e beberrão, arrastando atrás de si, ao que dizem, um harém de várias centenas de rapazes e de raparigas, para seu prazer, parece bem que só tenha sentido um afeto: Márcia. Tendo Márcia sido cristã, não compreendemos bem como podia ela conciliar a austeridade de sua fé com um amante tão libertino. De qualquer maneira, foi útil para seus correligionários, que salvou de provável perseguição.

O pior começou quando os delatores denunciaram a Cômodo uma conspiração, cujo chefe era sua própria tia Lucila, a irmã de seu pai. Sem se incomodar em procurar provas, ele a matou e foi esse o começo de um novo terror, cuja direção Cômodo confiou a Cleandro, o chefe dos pretorianos. Pela primeira vez desde Domiciano, Roma voltou a temer as violências daqueles guardas. Um dia, muito mais por medo do que por coragem, a população os cercou no palácio e pediu a cabeça de Cleandro. Cômodo, sem hesitar, a atendeu e substituiu a vítima por Leto, homem atilado, que imediatamente compreendeu o seguinte: uma vez elevado àquele posto, ou bem se faria matar pelo imperador para agradar o povo ou se faria matar pelo povo para agradar o imperador. Para escapar a tal dilema, não havia senão uma solução: matar o imperador. Foi a solução que escolheu, com a cumplicidade de Márcia, de quem ainda desta vez, discernimos bastante mal o espírito cristão. Ela ofereceu a Cômodo uma bebida envenenada. Como esse homem, que tinha apenas trinta anos, fosse duro para morrer, estrangularam-no no banho.

Era o dia 31 de dezembro de 192 após Jesus Cristo. Começava a grande anarquia.

Felizes com a morte de Cômodo, os senadores agiram como se tivessem sido seus autores, elegendo para sucedê-lo um de seus colegas, Pertinax, que, a princípio, de nada queria saber, no que tinha bem razão. Para devolver a ordem às finanças, teve de fazer economia; para fazer economia, teve de despedir muitos aproveitadores, dentre os quais os pretorianos. Ao fim de dois meses de governo, exercido nesse sentido, foi encontrado morto, assassinado por seus guardas. Estes anunciaram que o trono estava posto em leilão: pertenceria àquele que lhes oferecesse a mais generosa gratificação.

Um banqueiro bilionário, chamado Dídio Juliano, comia tranquilamente em casa quando sua mulher e sua filha, que eram muito ambiciosas, lhe lançaram a toga sobre os ombros, ordenando-lhe que fôsse disputar o leilão. Bem a contragosto, mas temendo mais as mulheres de casa do que as incógnitas do poder, Dídio ofereceu aos pretorianos três milhões por cabeça (os milhões não lhe deviam faltar!) e o trono foi arrematado.

O Senado caíra bem baixo, mas não o bastante, entretanto, para aceitar semelhante venda. Secretamente, enviou apelos de socorro aos generais destacados na província e um dentre eles, Sétimo Severo, veio, prometeu o dobro daquilo que dera

Juliano e arrebatou o trono. O banqueiro chorava, fechado numa sala de banhos; ali foram decapitá-lo. Sua mulher ficou viúva, mas conservou o título de ex-imperatriz.

Com Sétimo Severo, pela primeira vez viram os romanos subir ao trono um africano de origem judaica. Não fora Roma que o escolhera. Pelo contrário, o Senado se pronunciou por outro general: Rufino. Ela, porém, não desfaleceu, quando Sétimo Severo ganhou a partida, levando à morte os adversários e transformando, definitivamente, o principado numa monarquia hereditária do tipo militar. Era triste que Roma chegasse a esse ponto. Porém, uma vez que acontecera – e isso não era, certamente, falta de Sétimo Severo – este não poderia agir de outra forma. Era preciso mão de ferro para deter a catástrofe e Sétimo Severo soube tê-la. Era um belo homem, de uns cinquenta anos, robusto, excelente estrategista, espirituoso na conversação, mas não aí chegando por vias transversas. Provinha de família abastada, estudara a filosofia em Atenas e o direito em Roma, mas falava o latim com assinalado acento fenício. Não tinha, é certo, o estofo de um Antonino ou de um Marco Aurélio, nem a complexidade intelectual de um Adriano. Era, até mesmo, cínico, mas honesto e direito, com o sentido muito nítido da realidade. Sua única extravagância era a astronomia. Ela lhe valeu um casamento que não devia trazer felicidade a Roma. Encontrava-se na Síria quando perdeu a primeira mulher: uma criatura simples e honesta. Imediatamente, o viúvo interrogou os astros. Descobriu que um dentre eles, um meteorito, sem dúvida, caíra nas cercanias de Emeso. Para lá partiu e viu que, naquele pedaço de céu, haviam erigido um templo, no qual estavam instalados, para venerar a relíquia, um sacerdote e sua filha: Júlia Domina, uma esplêndida mulher. Quando a viu, foi fácil a Sétimo Severo persuadir-se de que lá estava a esposa que os astros lhe ordenavam aceitar. Até aí, nada de mal. Uma vez imperatriz, Júlia enganou muitas vezes o marido, que tinha muito a fazer para que disso se apercebesse. Não se tratava mais do que um infortúnio de caráter privado. Júlia era mulher inteligente e culta, que reuniu à sua volta um salão literário, em que introduziu os gostos e as modas do Oriente. O mal é que deu à luz Caracala e Geta.

Sétimo Severo governou dezessete anos e só se dirigiu ao Senado a fim de dar-lhe ordens. Guerreou constantemente. Introduziu grande e perigosa novidade: a obrigação do serviço militar para todos, com exceção dos italianos, aos quais estava proibido. Era a consagração da decadência guerreira do país e do caráter irremediável dessa decadência. Daí por diante a Italia estava à mercê de legiões estrangeiras. Com essas legiões, Sétimo Severo se entregou a uma série de guerras felizes, não só para consolidar as fronteiras como para conservar treinadas as guarnições. Completava uma delas quando a morte o surpreendeu na Inglaterra, no ano 211 depois de Cristo. Aquele que havia criticado Marco Aurélio por ter designado como sucessor a Cômodo, designou, por sua vez, Caracala e Geta. Teria sido por possuir, também ele, entranhas de pai ou porque não conhecia absolutamente os filhos, uma vez que sempre vivera deles afastado? Sem dúvida, porque isso de nenhum modo o interessava. Declarou a um de seus lugares-tenentes: "Tornei-me tudo aquilo que desejava ser. Percebo que não valia a pena." E recomendou aos herdeiros: "Não sejam mesquinhos para com os soldados e não se importem com todo o resto."

Recomendação supérflua. Caracala e Geta se importavam tão pouco, de todo o resto, que seu pai nisso estava incluído. Ordenaram aos médicos que lhe apressassem a morte.

O primeiro foi um outro Cômodo e não tardou em prová-lo. Contrariado por ter de partilhar o poder com o irmão, mandou assassiná-lo, condenou à morte vinte mil cidadãos suspeitos de haver-lhe tomado o partido e, lembrando-se das instruções que

HISTÓRIA DE ROMA

435

lhe deixara o pai, acalmou o mau humor dos soldados ao encher-lhes os bolsos de sestércios. Não era uma nulidade, mas um amoral. Todas as manhãs, ao levantar-se, queria um urso para com ele medir forças e assim conservar bem treinados os músculos. Sentava-se à mesa com um tigre como comensal e dormia entre as patas de um leão. Não recebia os senadores, que se amontoavam na antecâmara, mas se mostrava cordial com os soldados e os cumulava de favores. Concedeu os direitos de cidadão romano a todos os machos do Império. O efeito da medida era, simplesmente, aumentar o número das pessoas obrigadas a pagar os impostos de sucessão.

Quanto à política, pouco se ocupava dela. Deixava o cuidado disso à sue mãe, que bem conhecia o assunto, mas o tratava na sua qualidade de mulher, isto é, em função de suas antipatias e de suas simpatias. Era ela quem despachava a correspondência e dava audiência aos ministros e aos embaixadores. Em Roma, diziam que ela conseguira essa posição privilegiada depois de haver cedido aos desejos incestuosos do filho. Era, provavelmente, falso. Nesse sentido, Caracala era sério: sua única paixão eram as guerras e os duelos. Um dia, alguém lhe falou de Alexandre, o Grande. Tomou-se de entusiasmo por ele e quis imitá-lo. Recrutou uma "falange", armada como a do herói, e marchou sobre a Pérsia. No decurso das batalhas, contudo, esquecia-se de que era general, pois que muito mais o divertia ser soldado e provocar o inimigo corpo a corpo. Os legionários terminaram por fatigar-se dessas marchas militares e dessas guerras sem pé nem cabeça, sem programa e, sobretudo, sem despojos. Assim, o apunhalaram.

Júlia Domina, deportada para Antioquia após haver perdido tudo: marido, trono e filhos, deixou-se morrer de fome. Deixava, porém, para trás, uma irmã: Júlia Mesa, que tinha seu cérebro e sua ambição. Júlia Mesa tinha dois netos, filhos de duas de suas filhas: um se chamava Vário Bassiato e, sob o pseudônimo de Heliogabalo (o que quer dizer "deus sol"), era sacerdote em Emeso, de onde provinha a família da imperatriz; o outro tinha o nome de Aleixo e ainda era criança.

Mesa fêz correr o boato de que Heliogabalo era o filho natural de Caracala. Os legionários, que na Síria, se haviam convertido à religião local e viam naquele pequeno de coro, de catorze anos, o representante do Senhor, o proclamaram imperador e o conduziram triunfalmente a Roma com a avó e a mãe.

Num dia de primavera, no ano 219 depois de Jesus Cristo, a Urbs viu chegar o mais bizarro de todos os "Augustos": um jovem, todo vestido de seda vermelha, com "rouge" nos lábios, as sobrancelhas sublinhadas com "henné", uma fieira de pérolas no pescoço, braceletes nos punhos e nos tornozelos, coroa de diamantes sobre a cabeça. Nem por isso deixou de aclamá-lo. Daí por diante qualquer mascarada não mais chegava a escandalizá-la.

Uma vez mais o verdadeiro imperador foi uma mulher: a avó Júlia Mesa, irmã de Júlia Domina. Para Heliogabalo, o trono era um brinquedo e foi como um brinquedo que o usou. Em sua inocência pueril, aquele rapazinho era gentil como um cãozinho de luxo. Seu prazer predileto era o de dirigir farsas a todo mundo. Essas farsas, porém, eram bem inocentes: tômbolas e loterias com surpresas, mágicas e escamoteações com cartas. Verdade que também era um sibarita: queria tudo o que houvesse de melhor em tudo e despendia carradas de dinheiro. Não viajava com menos de quinhentos carros em seu séquito e, por um frasco de perfume, era capaz de gastar milhões. Quando um adivinho lhe predisse que morreria de morte violenta, esvaziou os cofres do Estado a fim de obter os mais requintados instrumentos de suicídio: uma espada de ouro, um arsenal de cordas de seda, caixinhas para cicuta consteladas de diamantes. De quando em quando, evocava o passado de sacerdote e

HISTÓRIA DE ROMA

sofria crises místicas. Um dia, praticou a circuncisão; noutro, tentou a emasculação; ainda noutro, mandou que lhe expedissem de Emeso o famoso meteorito de seu bisavô materno, construiu por cima um templo e propôs aos judeus e aos cristãos de reconhecer-lhes as religiões como religião do Estado se os primeiros aceitassem substituir Jeová, e os últimos, Jesus pelo seu pequeno bloco de pedra.

A avó Mesa se deu conta de que aquele neto punha em perigo a dinastia. Ela o persuadiu a adotar seu priminho Aleixo e a nomeá-lo César sob o nome imponente de Marco Aurélio Severo Alexandre. Depois, com aquela desenvoltura característica de sua família, mandou matar Heliogabalo e sua mãe, que era sua própria filha.

É curioso ver o nascimento do reinado de um santo partir de massacre a tal ponto medonho. Alexandre Severo, que tinha, então, apenas catorze anos, fazia honra a seu nome. Estudara com zelo, dormia sobre leito duríssimo, comia sobriamente, tomava uma ducha fria em pleno inverno e vestia-se de qualquer forma. De seu predecessor somente herdara um traço: sua imparcialidade no que concerne a todas as religiões, com simpatia assinalada pela moral dos judeus e dos cristãos. Mandou esculpir sobre muitos edifícios públicos o preceito comum a judeus e cristãos: "Não faças a outro aquilo que não queres que te façam." Entregava-se a discussões imparciais com teólogos, mesmo porque, talvez sob a influência de sua mãe, Maméia, que tomara o lugar de Mesa desde sua morte, inclinava-se ele para o Cristianismo e teve um fraco por Orígenes, asceta que trazia para a nova fé sua vocação de estoico.

Enquanto Alexandre Severo se ocupava principalmente do céu, Maméia governava a terra e a governava bem, assistida pelos conselhos de Ulpiano, que fora o tutor de Alexandre Severo. Ela fez política econômica hábil, diminuiu a influência dos militares e devolveu ao Senado parte de seus poderes. Cometeu apenas uma injustiça: para com a nora. Após tê-la dado em casamento a seu filho, dela sentiu ciúmes e fê-la banir. Até mesmo as imperatrizes são mulheres e mães. Quando, porém, os persas voltaram a tornar-se ameaçadores, ela partiu com o filho, à frente do exército, a fim de repeli-los. Alexandre Severo, antes de começar a batalha, enviou ao rei inimigo uma carta para persuadi-lo a não encetar tal batalha- Este tomou tal atitude como sinal de fraqueza, atacou e foi derrotado. O imperador, que não amava a guerra, tratou de evitar empreendê-la, pelo menos, contra os germanos. Encontrando seus emissários na Gália, ofereceu-lhes um tributo anual se aceitassem retirar--se.

Talvez tenha sido essa sua única falta. Ele a pagou caro. Os legionários não estavam mais com sede de guerra; ainda não estavam, porém, preparados para comprar a paz. Indignados, revoltaram-se, mataram sob suas tendas Alexandre, sua mãe e todo o seu séquito, proclamando imperador o general do exército de Panônia: Júlio Maximino.

Corria o ano de 235 depois de Jesus Cristo.

Capítulo 45

 Diocleciano

A anarquia que se seguiu à morte de Alexandre Severo durou cinquenta anos, isto é, até à chegada de Diocleciano: já não mais faz parte da história de Roma, mas do processo de decomposição de seu cadáver. Os homens que se sucedem no trono acabam por tornar-se difíceis de seguir: não há esperança de que o leitor possa lembrar-se dos nomes daqueles que ali passaram uns após os outros, cada um deles degolando, com regularidade, seu predecessor. Limitemo-nos a um memento.

Maximino media mais de dois metros: seu tórax estava proporcionado ao talhe e seus dedos eram de tal maneira grossos que neles passavam, como anéis, os braceletes de sua mulher. Era filho de um camponês trácio; tinha, do fato de sua ignorância, complexo de inferioridade e, durante seus três anos de reinado, nunca o viram em Roma. Preferiu permanecer entre os soldados, no meio dos quais crescera. Para financiar as guerras, que constituíam seu único divertimento e nas quais se saía muito bem, submeteu os ricos a tais impostos, que estes contra ele fomentaram a rivalidade de Gordiano, procônsul na África, homem culto, requintado, mas já com a idade de oitenta anos. No decurso da batalha, Maximum lhe matou o filho. Gordiano se suicidou.

Os capitalistas recorreram, então, a Pupieno Máximo e a Balbino, que proclamaram, conjuntamente, imperadores. Maximino estava a ponto de derrotar a ambos quando foi assassinado por seus soldados. Seus adversários não puderam tirar partido desse triunfo fortuito, porque lhe seguiram imediatamente a sorte, executados pelos pretorianos, que instalaram no trono seu candidato, um outro Gordiano. Este foi assassinado pelos legionários, enquanto os conduzia contra os persas. Os legionários aclamaram, em seu lugar, Filipe, o Árabe, que foi suprimido por Décio, em Verona.

Décio conseguiu aguentar-se como imperador dois anos, o que, para a época, era um "record", e deu princípio a algumas reformas sérias, entre as quais o restabelecimento da antiga religião, em prejuízo do Cristianismo, que desejava destruir. Todavia, foi derrotado e morto pelos godos e substituído por Galo, que foi assassinado por seus soldados. Estes aclamaram Emiliano, que mataram, também, alguns meses mais tarde.

Valeriano subiu, então, ao trono. Já estava com sessenta anos e se encontrou, simultaneamente, com cinco guerras às costas: contra os godos, os alamanos, os francos, os citas e os persas. Foi combater seus inimigos do Oriente, deixando seu filho Galieno ocupar-se daqueles do Ocidente. Foi, entretanto, aprisionado e Galieno tornou-se o único imperador. Galieno não tinha quarenta anos; era inteligente, corajoso e resoluto. Em qualquer outra época, teria sido magnífico soberano. Dessa ocasião em diante, contudo, nenhuma força humana podia deter a catástrofe. Os persas estavam na Síria, os citas na Ásia Menor, os godos na Dalmácia. Á Roma de César, para não dizer a de Cipião, teria conseguido enfrentar tais desastres simultâneos. A de Galieno nada mais era do que algo perdido à deriva, não esperando senão um milagre para salvar-se.

Ocorreu um milagre no Oriente quando Odenath, que governava Palmira por conta de Roma, derrotou os persas, proclamou-se rei da Cilicia, da Armênia e da Capadócia e deixou o poder para Zenóbia, a maior rainha do Leste. Zenóbia era uma criatura que se havia enganado quanto ao sexo desde o nascimento. De fato: tinha o cérebro, a coragem, a firmeza de um homem. Não tinha da mulher senão a sutileza na diplomacia. Oficialmente, age em nome de Roma. É mesmo, na qualidade de representante de Roma que anexa para si o Egito. Na realidade, seu reinado foi um reinado independente, que se formou no coração do Império, mas que serviu de dique contra os invasores sármatas e citas, que desciam do Norte em massas compactas e que haviam submergido a Grécia. Galieno teve dificuldade em batê-los. À guisa de agradecimento, seus soldados o mataram. Seu sucessor, Cláudio II, os reencontrou à sua frente, mais fortes do que antes. Também ele não os derrotou senão com grande custo, num encontro que, se ele ficasse por baixo, teria sido o fim de Roma. A carnificina, porém, deu nascimento à peste, de que morreu o próprio Cláudio. Corria o ano de 250 após Jesus Cristo.

Eis, enfim, no trono um grande general, Domício Aureliano, filho de um pobre camponês da Ilíria, apelidado por seus soldados "a mão na espada". Sempre fora militar; tinha, entretanto, o estofo de estadista. Compreendeu, imediatamente, que não podia combater todos os inimigos de uma só vez. Teve, pois, a ideia de conquistar alguns deles pela diplomacia: cedeu, portanto, a Dácia aos godos, que eram os mais perigosos, para

HISTÓRIA DE ROMA

443

fazer com que ficassem mais calmos. Após isso atacou, separadamente, os vândalos e os alamanos, que já invadiam a Itália, e os dispersou no curso de três batalhas consecutivas. Dava-se conta, porém, de que essas vitórias apenas faziam retardar a catástrofe e não por evitá-la. Por conseguinte, recorreu a uma medida que referendava a morte de Roma e o início da Idade Média: ordenou a todas as cidades do Império que se cercassem de muralhas e que não mais contassem, daí por diante, senão com suas próprias forças. O poder central abdicava.

Não foi, entretanto, essa visão pessimista da realidade que impediu Aureliano de continuar a cumprir seu dever até o fim. Não aceitou o separatismo de Zenóbio, marchou contra ela, derrotou-lhe o exército, fê-la prisioneira na sua própria capital, mandou matar seu primeiro ministro e conselheiro, Longino, e conduziu-a acorrentada a Roma, exilando-a em Tívoli, onde envelheceu em paz, numa esplêndida vila em que gozava de relativa liberdade. Durante algum tempo, Roma acreditou ter voltado a ser *Caput mundi;* atribuiu o título de *Restitutor,* restaurador, a Aureliano, que também se esforçou por dar à sua obra base, política e moral, sólida. Esse curioso homem, que tinha, acima de tudo, visão tão clara, tão desencantada, quis resolver o conflito religioso que corroía o Império com a criação de nova religião, que conciliasse os antigos deuses do paganismo com o novo deus cristão, e inventou a religião do sol, ao qual mandou edificar magnífico templo. Foi com ele, pela primeira vez, que a religião oficial ficou monoteísta, isto é, não reconheceu senão um único deus, se bem que esse deus não fosse o bom. E esse foi um grande passo para o triunfo definitivo do Cristianismo. Foi por esse deus único, e não mais pelo Senado, que Aureliano declarou ter sido investido do poder supremo. Consagrava, assim, o princípio da monarquia absoluta, que se proclama tal "pela graça de Deus": esse princípio, de origem oriental, deveria perpetuar-se no mundo, pois ainda há um século subsistia.

Todavia, para provar com que ceticismo os súditos de Aureliano acolheram sua invenção, bastaria o fato de que suprimiram esse imperador, como o haviam feito com quase todos os seus predecessores. Em seu lugar, sem esperar a menor indicação do Céu, o Senado nomeou Tácito, um descendente do ilustre historiador. Este somente aceitou a indicação porque, com a idade de setenta e cinco anos, não tinha, daí por diante, muita coisa a mais a perder. Com efeito, não viveu mais do que seis meses, o que explica tenha conseguido morrer no leito-

Aquele que o sucedeu, no ano 276 após Jesus Cristo, foi Probo; tão probo, aliás, como o nome. Infelizmente, foi, também ele, um sonhador. Após haver triunfado nas guerras que era obrigado a desenvolver contra os germanos, que afluíam de toda parte, ocupou seus soldados com a bonificação das terras, imaginando-, assim, que iria poder instalá-los como campônios. Habituados, de então para a frente, a não ser mais do que mercenários e a viver de rapinagem, eles o mataram, do que logo se arrependeram, pagando o crime com a elevação de um monumento em sua memória.

Eis-nos chegados a Diocleciano, o último verdadeiro imperador romano. Na realidade, chamava-se Diodes. Era o filho de um liberto- dálmata. Todos imediatamente notaram que era ambicioso, quando pediu para ficar como comandante dos pretorianos; bem compreendera que ninguém chegava ao trono por meio de carreira política ou militar, mas por intrigas palacianas.

Todavia, havia igualmente percebido que, uma vez coroado, o imperador não devia permanecer no palácio, sob pena de ter o mesmo fim dos anteriores- Ainda mais: que não era preciso permanecer em Roma. Com efeito, a primeira decisão que tomou, uma vez imperador, foi a sensacional decisão de transferir a capital para Nicomédia, na Ásia Menor. Os romanos com isso se ofenderam, mas Diocleciano justificou a medida por necessidades militares. A Urbs estava muito longe das fronteiras, de que o comandante militar deveria aproximar-se, se quisesse controlá-las. Segundo tal ideia, o comando foi dividido. Diocleciano, com seu título de Augusto e a maior parte do exército, se ocupou da vigilância das fronteiras do Oriente, como já o fizera Valeriano. Para vigiar as fronteiras do Oeste, designou – dando-lhe também o título de Augusto – Maximiano, um bravo general, que se instalou em Milão. Cada um dos dois Augustos escolheu seu César; Diocleciano, na pessoa de Galério, que colocou sua capital em Mitrowitza, na atual Iugoslávia; Maximiano, na pessoa de Constâncio Cloro, assim chamado por causa da palidez do semblante, o qual escolheu como residência Treves, na Germânia. Foi assim que se formou a *tetrarquia,* na qual Roma não representava nenhum papel, mesmo de segundo plano. Ela nada mais era do que a maior cidade de um império cada vez menos romano. Lá subsistiam os teatros e os circos, os palácios dos ricos, as bisbilhotices, os salões literários e todas as pretensões. O cérebro e o coração tinham emigrado para outra parte.

Os dois Augustos se comprometeram, solenemente a abdicar ao fim de vinte anos, cada um a favor de seu César, ao qual cada um deles havia dado uma filha em casamento. Ao mesmo tempo, porém, Diocleciano levava a termo a reforma absolutista do Estado, já começada por Aureliano e que estava em flagrante contradição com essa divisão de poderes. Sua experiência foi uma experiência socialista, que compreendia a planificação da economia, a nacionalização das indústrias e a multiplicação da burocracia. A moeda foi ligada a um valor-ouro, que não mudou durante mais de mil anos. Os camponeses foram fixados ao solo e tornaram-se "servos da gleba". Operários e artesãos foram "congelados" em corporações hereditárias, que ninguém tinha o direito de abandonar. Foram criados "depósitos de abastecimento". Esse sistema não podia funcionar sem severo controle dos preços. Ele foi instituído em virtude de um edito célebre do ano 301d.C., que representa, ainda, obra-prima da economia dirigida. Tudo aí se prevê e se regulamenta, salvo a tendência natural do homem à evasão e o engenho que desenvolve para essa evasão- Para combater tal tendência, Diocleciano teve de multiplicar ao infinito sua *"Tributaria"*. *"Em nosso Império,* resmungava Lactâncio, o qual era adepto da livre troca, *em cada grupo de dois cidadãos, há, regularmente, um que é funcionário."* Os beleguins, os intendentes, os controladores pululavam. Nem por isso deixavam de ser subtraídas as mercadorias aos "depósitos" e vendidas no mercado negro. E, nas corporações de artes e profissões, as deserções estavam na ordem do dia. Tais abusos faziam com que chovessem abundantes detenções e condenações; fortunas que atingiam a milhares foram destruídas pelas multas do fisco. Então-, pela primeira vez na História, viram-se cidadãos romanos transpor "a cortina de ferro" da época, ou seja os limites do Império, para ir procurar refúgio junto aos "bárbaros". Até então-, tinham sido os "bárbaros" que haviam vindo refugiar-se no território do Império, de que desejavam tornar-se cidadãos, como é de desejar-se o mais precioso dos bens. Agora, o contrário era feito; esse fato era bem o começo do fim.

Contudo, a experiência tentada por Diocleciano era a única coisa a tentar- Ela visava a colocar o mundo romano num colete de aço, a fim de retardar-lhe a decomposição. Se bem que ineficaz, o remédio se impunha, à vista das circunstâncias, e, malgrado seus múltiplos inconvenientes, mostrou-se de alguma utilidade. Constâncio e Galério, consagrando-se à guerra, reconduziram as bandeiras romanas à Inglaterra e à Pérsia. No interior, reinou a ordem. Era uma ordem de cemitério: tudo secava e se esterilizava. Cada categoria se transformava numa casta hereditária, exclusivamente ocupada em elaborar, para seu uso, um cerimonial complicado, de tipo oriental. Pela primeira vez, o imperador teve uma verdadeira corte, com minucioso protocolo. Diocleciano se proclamou como reencarnação de Júpiter (Maximiano, mais modestamente, contentou-se de ser apenas a reencarnação de Hércules), estreou um costume de seda e ouro, mais ou menos como o de Heliogabalo, fez com que o chamassem *Dominus* (senhor); em suma, comportou-se em tudo como um imperador bizantino, antes que a capital se transferisse para Bizâncio. Não abusou, todavia, desse poder absoluto, de que talvez se risse à parte, pois era homem de espírito, cheio de equilíbrio e de bom senso. Demonstrou ser administrador esclarecido e juiz imparcial. Quando expiraram seus vinte anos de reinado, manteve o compromisso que assumira ao subir ao trono.

Em 305 após d.C., no decurso de solenes cerimônias, que se desenvolveram, simultaneamente, em Nicomédia e em Milão, os dois Augustos abdicaram, cada um em favor de seu César-e-genro. Diocleciano, que apenas estava com cinquenta e cinco anos, retirou-se num palácio muito bonito, que mandara construir para seu uso, em Espalato, e dele não mais saiu. Alguns anos mais tarde, quando Maximiano solicitou sua intervenção para acabar a guerra de sucessão, à qual chegara a nova tetrarquia, ele lhe respondeu que semelhante convite somente poderia vir de um homem que jamais vira a beleza das couves de sua horta. E não se mexeu.

Viveu até aos sessenta e sete anos. Ninguém jamais soube o que pensara com respeito à anarquia que, após ele, havia recomeçado. Fizera tudo o que um homem pode fazer, ele a havia retardado por vinte anos.

Capítulo 46

 Constantino

Flávio Valério Constantino era filho bastardo de Constâncio Cloro, o César de Maximiano, que se tornara o novo Augusto de Milão. Este o tivera de Helena, serva oriental que se tornara sua concubina. Diocleciano, ao nomear Constâncio Cloro, em Trevisa, lhe havia ordenado que se desembaraçasse daquela companhia, pouco representativa, para desposar Teodora, filha de Maximiano. O jovem não recebera de sua madrasta educação cuidada, mas se instruíra sozinho, no regimento, onde se alistara muito novo. O outro Augusto, aquele de Nicomédia, Galério, chamou junto a si esse brilhante oficial. Pretendia conservá-lo como refém, no caso de um desacordo com o pai do rapaz, seu colega de Milão. Este, na realidade, devia, sempre, permanecer como seu subordinado. Ele lhe impusera, como César, Severo. Para ele mesmo, escolhera Maximino Daza.

Entretanto, Constantino não se sentia tranquilo no quartel-general de Galério e, talvez, para tanto tivesse suas razões. Por isso mesmo, certo dia fugiu, atravessando toda a Europa, a fim de juntar-se ao pai na Inglaterra, onde o ajudou, poderosamente, a ganhar algumas batalhas; depois, cerrou-lhe os olhos alguns meses mais tarde, em York. Os soldados, que a ele eram apegados, em virtude de suas altas qualidades de comandante, aclamaram-no Augusto. Constantino, porém, preferiu o título mais modesto de César: *"Ele me deixa,* declarou, *o comando das legiões, sem as quais minha vida estaria em perigo."* E Galério – Augusto em função – ratificou a eleição, ainda que contra a vontade.

Durante esse tempo, em Milão, o título de Augusto era disputado entre dois concorrentes- Em princípio, deveria redundar para Severo, o César oficialmente no cargo. Contudo, o filho de Maximiano, Maxêncio, apoiado pelos pretorianos, lançou-se como candidato. Com o temor de não poder chegar à meta sozinho, chamou o pai em seu socorro. Este retomou o cargo que havia abdicado, ao mesmo tempo que Diocleciano, marchando com o filho contra Severo, que foi morto pelos soldados. Galério, de Nicomédia, tentou resolver o conflito com a nomeação, por ele feita, de um Augusto a seu gôsto: Lucínio. Então, Constantino, também ele, entrou na liça para ser Augusto. Para deixar no auge o caos, Maximino Daza, o César de Galério, teve idêntica atitude. Foi assim que, regando suas couves em Espalato, soube Diocleciano que sua tetrarquia passara a ser uma hexarquia, formada de Augustos em guerra mútua.

Honestamente, renunciamos a semear ainda mais confusão na cabeça do pobre leitor, já submetida a dura prova (a nossa também) por causa de semelhante mixórdia, exigindo-lhe que siga o desenvolvimento das atividades. Vamos à sua conclusão, que assinala o fim da era pagã e o início da era cristã. No dia 27 de outubro de 312 d.C, os dois principais aspirantes ao trono,

Constantino e Maxêncio, se defrontaram com seus exércitos, a uma vintena de quilômetros ao norte de Roma. O primeiro, por meio de manobra sagaz, encurralou o segundo junto ao Tibre. A seguir, Constantino observou o céu e, mais tarde, contou ao historiador Eusébio que nele tinha visto aparecer uma cruz rutilante, com esta inscrição: *In hoc signo vinces* (Sob este signo, obterás a vitória).

Naquela mesma noite, enquanto dormia, uma voz ressoou--lhe aos ouvidos e o exortou a marear com uma cruz os escudos de seus legionários. Ao alvorecer, deu ordem que assim se fizesse e mandou erguer, em vez da bandeira, um "labarum", em que uma cruz levava as iniciais de Cristo. Acima do exército inimigo, via-se flutuar o estandarte que levava o emblema do Sol, imposto por Aureliano como nova divindade pagã. Era a primeira vez, na história de Roma, que guerreavam em nome da religião. Foi a Cruz a vencedora. Levando para sua embocadura os cadáveres de Maxêncio e de seus soldados, o Tibre pareceu varrer as heranças do mundo antigo.

O fim não havia chegado. Ainda havia Licínio e Maximiano. Constantino se encontrou com o primeiro em Milão, em 313 d.C., e o resultado dessa entrevista foi a partilha do Império entre os dois Augustos, bem como a compilação do famoso edito que proclamava a tolerância do Estado no tocante a todas as religiões e restituía aos cristãos os bens que lhes haviam sido sequestrados no decurso das últimas perseguições. Maximiano morreu. Licínio desposou a irmã de Constantino e, durante algum tempo, pareceu que os dois imperadores podiam dar vida a uma pacífica diarquia.

No ano seguinte, contudo, estavam de novo em luta. Constantino derrotou, na Panônia, um exército de Licínio, que se vingou sobre os cristãos do Oriente, recomeçando contra eles às perseguições. Constantino ainda não se havia, oficialmente, convertido. Os cristãos, porém, nele enxergavam seu defensor e, certamente, constituíam a grande massa daqueles que, sob seu comando direto, marchavam contra os 160 000 defensores do paganismo, sob as ordens de Licínio. Em Adrianópolis, a princípio, e, depois, em Escutári, o exército de Constantino obteve a vitória. Licínio se entregou e sua vida foi salva; deveria perdê-la um ano mais tarde. Sob o signo de Cristo, reformou-se um Império, que de romano nada mais tinha do que o nome.

O que acontecera, então?

Deixamos os cristãos, em Roma, nos começos de sua organização; foram, a princípio algumas centenas; depois, alguns milhares de indivíduos, quase todos judeus, agrupados em pequenas *ecclesiae,* sem grandes laços recíprocos, com uma doutrina ainda em estado fluido, em meio antes à indiferença do que à hostilidade dos gentios. Essas poucas células esparsas se uniam pela crença de que Jesus era o Filho de Deus, de que Seu retorno – que estabeleceria na terra o Reinado dos Céus – era algo iminente e de que a fé que n'Ele se tivesse seria recompensada pelo paraíso. Já graves dissensões, contudo, haviam começado a erguer-se no tocante à data de Sua volta. Alguns viram o prenuncio nas calamidades que se abatiam sobre o Império. Tertuliano disse que em preciso por ela esperar após a queda de Roma, a qual parecia de tal modo iminente que um bispo da Síria partiu para o deserto, seguido de seus fiéis, certo de lá encontrar o Senhor. Barnabé proclamou que ainda era preciso esperar mil anos. Foi muito mais tarde que se viu triunfar a tese de Paulo, que postergava, definitivamente, para o além o reino de Deus. Antes de mais nada, a iminência de tal instauração contribuiu, poderosamente – pelas promessas imediatas que implicava – para a difusão da fé.

Havia, porém, outros pontos da doutrina cristã que ameaçavam provocar verdadeiras heresias. Celso, o mais violento dos polemistas anticristãos, escrevera que a nova religião se dividia em facções e que cada cristão nelas constituía um partido, arranjando-o à sua moda. Ireneu contava uma vintena de tais facções. Era mister por conseguinte, haver uma autoridade central, que distinguisse, em definitivo, o que era justo daquilo que fosse falso.

A primeira decisão a tomar – e os debates duraram dois séculos – foi a questão da sede. Nascera a nova religião em Jerusalém; em Roma, porém, havia a seu favor a palavra de Cristo: "Tu és Pedro (pedra – coincidência das palavras em latim. N. do trad.) e sobre esta pedra construirei minha Igreja." Pedro havia seguido para Roma. O que decidiu a questão – muito mais do que os argumentos – foi a circunstância de que era de Roma – e não de Jerusalém – que se dominava o mundo Tertuliano assegura que Pedro, ao morrer, havia confiado a sorte da Igreja a Lino. Todavia, o primeiro sucessor certo de Pedro foi o terceiro Clemente, de quem nos ficou uma carta para os outros bispos, redigida num tom de autoridade.

Os bispos começaram a reunir-se, com frequência cada vez maior, em sínodos. Tais sínodos foram os árbitros supremos da religião cristã, que foi chamada católica por causa de seu caráter de universalidade. O termo Papa apenas se tornou qualificação exclusiva do Soberano Pontífice após quatro séculos, no decurso dos quais era dado, a igual título, a todos os bispos.

Foi com essa primeira organização rudimentar que a Igreja combateu em dois frontes: o fronte externo do Estado e o fronte interno das heresias. É difícil dizer qual dos dois era mais perigoso. Sabemos apenas que, no fim do segundo século, a Igreja já inquietava os romanos a tal ponto que um dos mais cultos dentre eles, Celso, consagrou a vida a estudar-lhe o funcionamento e sobre ela escreveu um livro muito cuidado e muito bem informado, se bem que parcial e rancoroso em suas conclusões, as quais estabeleciam que um cristão não podia ser bom cidadão. Num certo sentido, ele tinha razão, isto é, enquanto o Estado fosse pagão. Todavia, o paganismo, efetivamente, não contava mais com defensores; aqueles mesmos que se recusavam a abraçar a nova religião não mais encontravam argumentos para defender a antiga. Assim como acontece com Marco Aurélio e Epicteto, classifica-se Plotino entre os filósofos pagãos unicamente porque não se fez batizar. Toda a sua moral já é cristã, como o era, aliás, a de Marco Aurélio e de Epicteto.

Ainda quando a negavam, todos os grandes espíritos do tempo começaram a disputar em torno da doutrina de Jesus e dos Apóstolos. Tertuliano – que, apesar de natural de Cartagena, possuía o senso jurídico rigoroso dos romanos e era, antes de tudo, grande advogado – extraiu do Evangelho um código de vida prático e lhe deu a coesão de um verdadeiro decreto-lei; esse vigoroso orador, que falava como Cícero e escrevia como Tácito, com seu caráter sarcástico e chicaneiro, foi auxílio poderoso para a Igreja, que tinha grande necessidade, após tanta teologia e tanta metafísica gregas, de organizadores e de codificadores. À força de zelo, Tertuliano terminou quase herético, isso porque, na velhice, tendo-lhe azedado o gênio, criticou os cristãos ortodoxos como muito tíbios, muito indulgentes, muito moles, e abraçou a regra mais rigorosa de Montano, espécie de Lutero antes da carta que pregava o retorno a uma fé mais austera.

Outro formidável propagandista foi Orígenes, autor de seis mil opúsculos e livros. Tinha dezessete anos quando seu pai foi condenado à morte como cristão. O jovem solicitou para partilhar daquele martírio. Sua mãe teve, para impedir-lhe tal ato, de esconder suas vestes: "Suplico-te, não renegues tua fé por amor de nós", escreveu ele àquele que ia morrer. Impôs-se a si mesmo a disciplina de uma asceta, jejuando e dormindo nu, sobre a terra. Chegou mesmo a emascular-se. Na realidade, Orígenes era um tipo perfeito de estoico: a versão que dá do Cristianismo é versão própria, que, no primeiro momento, foi aceita, se bem que não por todos. O bispo de Alexandria, Demétrio, considerou-a incompatível com a vida sacerdotal e revogou a ordenação de Orígenes- O padre, que perdera os hábitos, continuou a pregar com admirável zelo. Refutou as teses de Celso numa obra que ficou famosa. Foi aprisionado e torturado, mas não renegou a fé e morreu pobre e sem mancha, como havia vivido. Duzentos anos mais tarde, suas teorias foram condenadas por uma Igreja, que tinha, daí por diante, suficiente autoridade para fazê-lo.

O papa que mais contribuiu para afirmar a organização da Igreja foi Calixto, que muitos consideravam como aventureiro. Diziam que, antes de converter-se, fora escravo, conseguira dinheiro por meios um tanto equívocos, ficara banqueiro, roubara os clientes e fora condenado a trabalhos forçados, mas encontrara, com sua astúcia, meios de fugir. O fato de que, tão logo ficou papa, tenha proclamado o arrependimento como capaz de apagar qualquer pecado, mesmo mortal, teria feito suspeitar um pouco da veracidade daqueles boatos. De qualquer forma, foi um grande papa, que destruiu o cisma perigoso de Hipólito e consolidou, definitivamente, o poder central. Décio, irredutível inimigo dos cristãos, dizia preferir ter, em Roma, outro imperador como rival do que um papa como Calixto. Foi sob ele que o papado se tornou romano sob vários pontos de vista. Trouxe para os sacerdotes romanos da Urbs a estola, o emprego do incenso, as velas acesas diante do altar e a arquitetura das basílicas. Os empréstimos, contudo, não se limitaram a tais elementos puramente formais- Os fundadores da Igreja se apropriaram, em particular, da estrutura administrativa do Estado, que copiaram, instituindo, ao lado de (e contra) cada governador de província, um arcebispo; ao lado de (e contra) cada prefeito, um bispo. À medida que o poder político se enfraquecia e que o Estado ia à deriva, os representantes da Igreja herdavam suas atribuições. Quando Constantino conquistou o poder, já muitas das funções dos prefeitos, cuja qualidade muito diminuíra, eram exercidas pelos bispos. Claro estava que a Igreja era a herdeira natural e designada do Império eclipsado. À Igreja, os judeus haviam dado uma ética e a Grécia, uma filosofia: Roma lhe concedia, agora, sua língua, seu espírito prático e sua organização, sua liturgia e sua hierarquia.

Capítulo 47

O Triunfo dos Cristãos

Na imaginação das pessoas, superexcitada por maus romances e filmes cinematográficos desonestos, a perseguição dos cristãos leva, sobretudo, o nome de Nero. É um erro. Nero mandou condenar e martirizar certo número de cristãos acusados de haver incendiado Roma, apenas para desviar as suspeitas que sobre ele pesavam. Sua manobra constituía simples desvio, que não se apoiava sobre qualquer ressentimento sério do povo e do Estado contra aquela comunidade religiosa, que, aliás, era uma das mais tranquilas e, como as restantes, gozava em Roma de grande tolerância. A Urbs dava a mais liberal hospitalidade a todos os deuses de todos os estrangeiros que nela vinham habitar; nesse ponto, era ela realmente a *Caput mundi*. Lá viviam, em coabitação, mais de trinta mil desses deuses. Nem mesmo quando um estrangeiro pedia para ser admitido como cidadão romano lhe era imposta qualquer condição religiosa.

As primeiras desavenças nasceram quando quiseram impor a todos o reconhecimento do imperador como um deus bem como sua consequente adoração. Para os pagãos, era fácil; já havia tal quantidade de deuses, em seu Olimpo, que um a mais em nada prejudicaria, quer se chamasse Cômodo ou Caracala. Contudo, os judeus e os cristãos – que a polícia não chegava a distinguir – adoravam um só deus, o Único, e não estavam absolutamente dispostos a mudá-lo. Por último, antes de Nero, foi promulgada uma lei que visava a dispensá-los de tal gesto, o que equivalia, para eles, a uma abjuração. Nero e seus sucessores, porém, faziam muito pouco caso das leis e foi assim que nasceu o primeiro mal-entendido. Este pôs a nu outras incompatibilidades mais profundas. Não foi por acaso que Celso, o primeiro a analisar seriamente os fatos, disse que a recusa à adoração do imperador equivalia a recusar-se à submissão ao Estado, do qual a religião constituía, em Roma, apenas um instrumento. Descobriu que os cristãos colocavam Cristo acima de César e que sua moralidade não coincidia de maneira nenhuma com a dos romanos, que faziam dos deuses os primeiros servidores do Estado. Respondendo-lhe que nisso consistia sua superioridade, Tertuliano reconheceu que tais acusações eram bem fundamentadas e foi ainda mais longe, ao proclamar que o dever do cristão era, precisamente, a desobediência à lei, quando considerava a lei injusta.

Enquanto tal diatribe ficou como monopólio dos filósofos, apenas deu lugar a disputas. Quando, porém, o número dos cristãos cresceu e começaram a notar, no seio das populações, que sua conduta diferia da das outras pessoas, estes se puseram a alimentar desconfianças, que hábeis propagandistas souberam explorar, como ocorreria, mais tarde, com os judeus. As pessoas começaram a contar que eles se entregavam a exorcismos e a sortilégios, que bebiam sangue humano, que veneravam um asno, que tinham mau olhado. Aqui d'El Rei, sobre os cretinos! Tudo isso amadurecia, criando uma atmosfera de "pogrom" (movimento de violência contra os judeus. N. do trad.) e de caça às feiticeiras.

Após Nero, a hostilidade com respeito aos cristãos se tornou vaga profunda. A lei, que proclamava como digno da pena capital o fato de professar a nova religião, não foi devida à mania de um imperador; foi, isso sim, suscitada por uma vaga de ódio coletivo. A maior parte dos imperadores, pelo contrário, se esforçou por evitá-la ou não aplicá-la senão com indulgência- Trajano escrevia a Plínio, de quem louvava a tolerância: "Aprovo teus métodos. O acusado que nega ser cristão e dá a prova de não sê-lo, demonstrando seu respeito para com nos-

sos deuses, deve ser absorvido pura e simplesmente." Adriano, como bom cético que era, ainda ia mais longe: bastava-lhe, para absolver, simples gesto de arrependimento formal. Não era fácil, contudo, opor-se ao desencadear da ira popular, sobretudo por ocasião de calamidades, que se atribuíam, regularmente, à indignação dos deuses diante da tolerância de que se fazia prova com respeito àqueles cristãos ímpios. Em Roma, a religião pagã estava morta, mas a superstição permanecia bem viva: não havia tremor de terra, epidemia de peste ou de fome que não fossem endossados àqueles pobres diabos. Até mesmo aquele santo homem, Marco Aurélio, em cujo reinado se multiplicaram as calamidades, se viu na impossibilidade de dar xeque-mate a esses sobressaltos: teve de ceder. Átala, Potino e Policarpo contaram entre os mais ilustres desses mártires.

Foi com Sétimo Severo, ao proclamar o batismo um crime, que a perseguição começou a ser sistemática. Dai por diante, porém, os cristãos estavam suficientemente fortes para reagir: fizeram-no por meio de um trabalho de propaganda que proclamava Roma como "uma nova Babilônia", preconizando-lhe a destruição e afirmando a incompatibilidade do serviço militar com a nova fé. Era uma franca propaganda derrotista. Tal propaganda suscitou a ira dos "patriotas", que não mais combatiam contra o inimigo exterior para defender seu país ameaçado, mas se mostravam intransigentes com aquele do interior, desarmado. Décio viu, nesse transporte de indignação, um meio para recimentar a unidade nacional e tratou de dar-lhe satisfação, para explorá-lo. Decretou que se fizesse grande cerimônia de homenagem aos deuses, advertindo que os nomes daqueles que nela não tomassem parte seriam censurados. O temor provocou muitas apostasias; houve, contudo, muito heroísmo pago pela tortura. Tertuliano- tinha dito: *"Não choreis os mártires. São eles nossa sementeira."* Terrível, implacável verdade! Seis anos mais tarde, no reinado de Valeriano, foi o próprio papa, Sixto II, levado à morte.

A mais importante batalha foi a desencadeada por Diocleciano. É curioso que tão grande imperador não tenha visto ser ela ineficaz e que, pelo contrário, ia, até mesmo, contra sua finalidade. Parece que ela lhe foi sugerida por um movimento de cólera. Um dia, quando celebrava seus ofícios de Grande Pontífice, os cristãos que se encontravam ao seu redor fizeram o sinal da cruz. Irritado, Diocleciano ordenou que todos os seus súditos, civis e militares, recomeçassem a cerimônia: todos os que a isso se recusassem seriam fustigados. Houve numerosas recusas. Então, o imperador ordenou que se arrasassem até ao solo as igrejas dos cristãos, se confiscassem todos os seus bens, se queimassem todos os seus livros e se matassem todos os seus adeptos-

Tais ordens ainda estavam em via de execução quando ele se retirou para Espalato, onde teve todo o tempo e todo lazer para meditar sobre os resultados dessa perseguição, que constituiu a mais brilhante das provas para o Cristianismo e testou-lhe o triunfo. Os "Atos dos Mártires", onde são coutados, talvez um tanto exageradamente, o suplício e a morte dos cristãos que não se retrataram, constituíram formidável tema de propaganda. Espalharam a convicção de que o Senhor tomava insensíveis aos sofrimentos aqueles que os enfrentavam em Seu nome e lhes abria o Reino dos Céus.

Não sabemos a que ponto disso estava convencido Constantino, quando mandou pendurar a cruz de Cristo sobre seu lábaro. Sua mãe era cristã. Ela, porém, quase não tivera influência sobre a educação de uma criança que crescera sob a tenda, em meio aos soldados, onde se rodeara de filósofos e de retóricos pagãos. Mesmo depois de convertido, continuou a benzer os exércitos e as colheitas de acordo com o rito pagão; ia raramente à igreja e, a um amigo que lhe indagava do segredo de seu sucesso, respondia ele: "É a fortuna que faz de um homem um imperador." A fortuna – e não Deus. Quando

HISTÓRIA DE ROMA

se entretinha com os sacerdotes, falava-lhes um pouco como senhor; apenas nas questões teológicas é que lhes soltava as rédeas, não em homenagem à autoridade deles, mas porque se tratava de matérias que lhe eram bem indiferentes. A darmos fé no testemunho dos cristãos de seu tempo, que tinham todas as razões para sentir gratidão a seu respeito, teria sido quase um santo. Quanto a nós, pensamos que foi, sobretudo, homem político equilibrado, cheio de sangue frio, de vistas largas e de grande bom senso, e que, tendo verificado, pessoalmente, a falência da perseguição, preferiu pôr-lhe termo de uma vez por todas.

Não deixa de ser muito provável que, a tais cálculos oportunistas, se tenham vindo juntar, em seu lar, outros mais complexos- Deve ter ficado muito impressionado pela superioridade moral dos cristãos sobre os outros, pela decência de sua vida, e, em suma, pela revolução puritana que tinham conseguido fazer vencedora no seio de um império que não tinha mais costumes. Eles eram dotados de formidáveis qualidades de paciência e de disciplina. Além disso, daí por diante, se alguém quisesse encontrar um hom escritor, um bom advogado, um funcionário honesto e competente, devia procurá-los entre eles. Não havia uma única cidade – podemos dizê-lo – em que o bispo não fosse melhor do que o prefeito. Seria impossível substituir por esses prelados irrepreensíveis os velhos burocratas corrompidos e deles fazer os instrumentos de um novo império? As revoluções vencem não í pela força das ideias, mas quando conseguem formar uma classe dirigente melhor do que aquela que a precedeu. Era isso que conseguira o Cristianismo.

Começou Constantino por reconhecer aos bispos a competência de juízes em suas circunscrições ou dioceses. Após isso, isentou de impostos os bens da Igreja, reconheceu como "personalidades jurídicas" as associações de fiéis e designou um sacerdote como tutor de seu filho, depois de havê-lo batizado

; suprimiu, enfim, o edito de Milão, que garantia a tolerância de todas as religiões, em pé de igualdade, para reconhecer a supremacia da religião católica, que se tornou, desde então, religião de Estado, impondo-se como obrigatórios para todos os cidadãos os preceitos do sínodo.

Agindo mais como papa do que como rei, reuniu o primeiro Concilio ecumênico (isto é, universal) da Igreja, a fim de resolver as dissensões internas que a corroíam. Foi ele mesmo quem forneceu, com fundos do Estado, a 318 bispos e a uma infinidade de outros prelados de menor importância, os meios necessários para chegar à Nicéia, perto de Nicomédia. Havia graves questões por resolver. Alguns ascetas extremistas tinham operado a secessão num clero que, a seus olhos, se inclinava muito a compromissos e se apegava em demasia aos bens da terra; haviam, assim, dado nascença a um movimento monástico.

Foi quase ao mesmo tempo que o bispo de Cartago, Donato, lançou o projeto, que encontrou imediatamente prosélitos, de uma "depuração" de certos sacerdotes e daqueles que eles haviam batizado. A proposta foi repelida, mas não deixou de dar nascimento a uma cisma, que estava destinado a perdurar por séculos. O maior perigo, todavia, era o que representava Ário, um pregador de Alexandria, que atacava a doutrina pela base, refutando a unidade essencial de Cristo e de Deus. O bispo o havia excomungado; Ária, porém, continuara a pregar e a fazer discípulos. Constantino mandara chamar à sua presença os dois adversários e se esforçara por representar o papel de mediador entre eles, convidando-os a um compromisso. A tentativa tinha fracassado; o conflito se estendera e aprofundara; era isso, acima de tudo, que tornara necessário o Concilio.

Velho e doentio, o papa Silvestre I nele não pôde tomar parte. Atanásio foi encarregado de expor os artigos de acusação contra Ário, que respondeu com honestidade e coragem. Era um homem sincero, pobre, melancólico, que se enganava de plena boa-fé. Apenas dois dos 318 bispos presentes o apoiaram até ao fim e com ele foram excomungados. Constantino assistiu a todos os debates, mas somente interveio poucas vezes, com o fito único de chamar à calma e à ponderação os adversários, quando a discussão se inflamava. Uma vez formulado o veredito que reafirmava a divindade de Cristo e condenava Ário, Constantino o transformou num edito de exílio para a herético e para os seus dois favorece- dores, condenando seus livros à fogueira e ameaçando com a pena capital quem quer que escondesse tais livros.

O Concilio foi encerrado por Constantino com um grande banquete, oferecido a todos os participantes; em seguida, pôs-se a organizar sua nova capital, que consagrou à Virgem, por meio de solene cerimônia. Ele a chamou "Nova Roma"; a posteridade, porém, lhe deu seu nome: Constantinopla (de Constantinópolis – cidade de Constantino. N. do trad.).

Ignoramos se ele se deu conta de que, por meio dessa transferência de capital, decretara, praticamente, o fim do Império romano e o começo de um outro, que ainda continuaria a chamar-se "romano", mas do qual a Itália nada mais seria do que uma província, tendo Roma por cabeça.

Constantino foi personagem estranho e complexo. Fazia grande ostentação de fervor cristão; em suas relações familiares, contudo, não se mostrou a tal ponto respeitoso pelos preceitos de Jesus. Enviou sua mãe Helena a Jerusalém, a fim de destruir o templo de Afrodite, que governadores romanos ímpios haviam edificado sobre o sepulcro do Redentor, e onde havia sido reencontrada, segundo Eusébio, a cruz de seu suplício. Imediatamente após, porém, mandou matar sua mulher, seu filho e um sobrinho.

Casara-se duas vezes. A primeira vez, com Minervina, que lhe dera um filho, Crispo, bravo oficial (Crispo havia ganho numerosas medalhas nas campanhas contra Licínio); depois, com Fausta, filha de Maximiano, que lhe dera três filhos e três filhas- Parece que Fausta, para excluir Crispo da sucessão de Constantino, o acusou junto ao imperador de haver tentado seduzi-la e que, a seguir, Helena, que tinha um fraco por Crispo, contou a Constantino que Fausta é que tentara seduzir o enteado. Para estar certo de não se enganar, o imperador mandou matar os dois. Quanto ao seu sobrinho Liciniano, filho de sua irmã Constância, que o havia tido de Licínio, dizem que mandou matá-lo porque contra ele conspirava.

Nada disso encontramos na "Vida de Constantino", que Eusébio escreveu à maneira de panegírico; o livro tende, como é óbvio, a exaltar o homem que, de uma seita perseguida, fez do Cristianismo a Igreja do Império. Constantino não foi um santo como o diz seu panegirista. Foi grande general e estadista previdente, se bem que haja cometido alguns erros.

No dia de Páscoa do ano 337 d.C., trigésimo aniversário de seu acesso ao trono, ele percebeu que sua morte se aproximava. Chamou um sacerdote, pediu-lhe os Sacramentos, trocou sua estola de púrpura pela estola branca dos catecúmenos e esperou, tranquilamente, a morte.

Diante da justiça dos homens, os serviços que prestara pela causa da civilização cristã foram largamente suficientes para fazê-lo absolver pelos crimes de que se manchou. Diante da justiça divina, nada sabemos.

Capítulo 48

A Herança de Constantino

Constantino foi o único dos sucessores de Augusto que permaneceu mais de trinta anos no trono. Ele, porém, estragou sua obre grandiosa de reconstrução pelo mais absurdo dos testamentos. Nesse testamento, dividia o império em cinco cortes, que designou, respectivamente, para seus três filhos: Constantino, Constâncio e Constante e para seus dois sobrinhos: Dalmácio e Anibaliano.

A coisa nos espanta porque é impossível que ele não se tenha lembrado do que acontecera por ocasião da partida de Diocleciano e das lutas que se haviam travado entre todos aqueles Augustos e Césares. Porém, uma vez que assim tivesse resolvido, poderia ter dado aos filhos, pelo menos, nomes que os diferençassem um pouco melhor. Como é complicado

HISTÓRIA DE ROMA

– também para nós, que queremos resumir a história deles – desembrulhar tudo o que se embrulhou quase imediatamente em torno daqueles três homônimos! Enfim!... Faremos o melhor possível.

Para facilitar-nos o trabalho, eliminando rivalidades, houve, felizmente, a intervenção dos regimentos em guarnição na capital, que, desde que o defunto foi enterrado, se revoltaram e se entregaram a um gentil massacre, em que pereceram dois dos cinco herdeiros: Anibaliano e Dalmácio. Os meio-irmãos do morto lhes fizeram companhia, assim como os seus filhos, com exceção de dois: Galo e Juliano, que foram exilados e dos quais tornaremos a ouvir algo, mais tarde, sem contar um número impressionante de altos dignitários. Constantinopla apenas acabara de nascer e já tinha início a série de massacres que deviam balisar sua história.

Teria sido, em verdade, Constâncio, como foi dito mais tarde, quem comandou a carnificina? Nada sabemos de forma precisa- O que sabemos é que ele se encontrava na cidade quando ocorreu a matança, que nada fez para impedi-la e que dela foi o maior beneficiário. Reuniu os seus outros dois irmãos em Esmirna e procedeu, com eles, a nova partilha. Conservou para si mesmo todo o Oriente, com Constantinopla e a Trácia; cedeu a Constante, o mais jovem, a Itália, a Ilíria, a África, a Macedonia e a Acáia, mas o obrigou a uma vassa- lagem com relação a Constantino II, que tinha os gauleses por partilha.

Se Constantino teve a ideia dessa cláusula para provocar rivalidade entre seus dois irmãos e arbitrá-la, é preciso dizer que alcançou bem seu objetivo. Ainda não se haviam escoado três anos e eles já brigavam. Desde a primeira batalha, porém, Constantino, que era de caráter fogoso, avançou demais, caiu numa emboscada e foi morto. Constante não perdeu tempo e anexou para si a parte do defunto. Constâncio, que, sem dúvida, contava com uma guerra mais longa, suscetível de esgotar as forças dos dois combatentes, ficou com as mãos vazias. Apenas tinha mais um rival, mas mais forte do que ele.

Mais uma vez teve a sorte a seu favor; essa sorte tomou a forma de uma conspiração, contra Constante, o qual, na Gália, obtinha vitória após vitória, pois era bom general. Entretanto, não valia nada como homem de Estado-, esmagava os súditos com impostos, irritava-os por sua teimosia e os escandalizava por causa de seus costumes. Um comandante das milícias bárbaras, Magnêncio, matou-o e se proclamou imperador. Veranião, que comandava as tropas na Ilíria, e Nepotiano, sobrinho do morto, fizeram outro tanto.

Constâncio, agora, tinha todos os documentos em regra para intervir no Ocidente, sob o pretexto de restabelecer o direito. Acabava de concluir uma trégua com o rei persa Sapor, que, até então, o havia consideravelmente aborrecido. Constâncio imobilizou seus exércitos. Pôde, então, tomar o comando destes e marchar contra os usurpadores; mas, como acompanhasse essa ação militar por hábeis manobras diplomáticas, que ainda eram seu ponto mais forte, conseguiu convencer Vetranião, que uniu suas tropas com as dele na planície de Serdica. As tropas de Vetranião para lá as conduzira; ajoelhou-se, então, diante de Constâncio e lhe pediu perdão. Não somente esse perdão lhe foi concedido como ele se vieram juntar galões e medalhas. Após isso, os dois exércitos marcharam juntos contra Magnêncio, derrotaram-no na Hungria, perseguiram-no até à Espanha e, lá, o obrigaram a matar-se bem como seu irmão Decêncio. Foi assim que o Império se encontrou, de novo, reunido sob um único soberano.

Diferente nesse ponto de seu pai e predecessor, não era um grande general; não amava as guerras e procurava evitá-las. Quando, porém, se via obrigado a fazê-las, fazia-as até ao fim,

HISTÓRIA DE ROMA

com precauções, sem dúvida, mas nem por isso deixando- de arriscar, corajosamente, a própria pele. Tinha grande consciência de seus deveres e os cumpria sem se preocupar com gastos ou sacrifícios que lhe custassem. Era um homem solitário e desconfiado, melancólico e taciturno, sem entusiasmos, sem calor humano, sem vícios e sem abandonos- Em muitas coisas se parece com Filipe II, da Espanha, ou com Francisco José, imperador da Áustria. Como eles, era piedoso; não unia, porém, à fé dos outros dois as outras virtudes teologais, que são a esperança e a caridade. Ainda mais: era pessimista, incapaz de indulgência, tendo a opinião de que para salvar uma alma muitas vezes era necessário queimar um corpo. Casara-se três vezes, não por amor, mas pelo desejo de ter um herdeiro. Nenhuma dessas três mulheres lhe deu. Achava-se, pois, sem sucessor. Seus irmãos não tinham tido ocasião de deixar herdeiros. No vasto cemitério em que se encontrava enterrada a numerosa descendência de Constantino, não havia mais vivos senão os dois jovens que haviam miraculosamente escapado ao massacre do ano 337 d.C.: Galo e Juliano.

Havia anos que esses dois jovens viviam pobremente, numa cidadezinha da Capadócia, sob a tutela de um bispo ariano, Eusébio, – que não tinha grande chama de caridade, nem mesmo ele – uma vida de pensionistas, triste e solitária. Sua mãe, Basilina, já estava morta quando eles assistiram à carnificina no decorrer do qual seu pai, seus tios, seus primos e até mesmo seus servidores tinham encontrado a morte- Galo contava, então, dez anos e Juliano, seis. Os dois souberam, mais tarde, que o responsável, direto ou indireto, daquele massacre fora Constâncio, que, agora, de repente, deles se lembrava. Galo, o mais velho, foi o escolhido. De um dia para o outro, de prisioneiro que era ele se tornou o marido de Constantina, irmã do imperador, sendo investido do título de César e instalado em Antioquia, com poderes quase absolutos. Para conservar o sangue frio no decurso de um salto tão brusco, teria sido preciso uma inteligência da qual estava ele, assinaladamente, desprovido. Aquilo a que assistira em sua infância o persuadira de que o embuste e o assassínio eram de regra entre os homens e de que, para colocar-se a si mesmo ao abrigo, era mister dar corpo a não importa que suspeita e matar todos os suspeitos. Antes mesmo que Constâncio pudesse verificar o erro de sua escolha, Galo havia degolado não somente determinados indivíduos mas populações inteiras. O imperador, temendo que uma excomunhão o impelisse à rebelião declarada, não demonstrou qualquer reação. Fingindo sempre estar a seu lado nos mesmos termos amigáveis, mandou chamá-lo a Milão, onde, naquela ocasião, se encontrava. Inquieto, Galo enviou à frente Constantina, com a missão de sondar as intenções de Constâncio. Constantina, porém, morreu em meio à viagem. Forçoso foi que Galo se decidisse, pessoalmente, a partir. Desde que chegou à Panônia, um destacamento o deteve e o conduziu a Pola, onde ficou exilado no palácio em que Constantino havia mandado matar Crispo, seu filho mais velho. Constâncio respeitava muito as tradições de família, ainda mesmo no tocante aos assassínios. Um processo sumário, auxiliado pelo testemunho bem pago de um eunuco da Corte, levou Galo à pena de morte, imediatamente executada.

Constâncio se encontrava, de novo, sem sucessor. E ele envelhecia. No dia em que decidira desembaraçar-se de Galo, de novo exilara o irmão deste último, Juliano, que suspeitava ser seu cúmplice. Juliano, contudo, era o último herdeiro do sangue de Constantino. Após muita hesitação, ele o chamou de volta e o nomeou César. Não podia contar com outro sucessor.

Essa escolha, feita bem contra a vontade, revelou-se, a seguir, excelente. Juliano, que passava por vadio, ocupando- -se unicamente de literatura e de filosofia, desde que sentiu responsabilidades, habituou-se a tudo, imediatamente. Jamais vira uma caserna, quando o imperador lhe confiou as províncias ocidentais, em plena revolta. Juliano deixou, a princípio, que agissem os generais, mas estudou, atentamente, a maneira pela qual o faziam. A seguir, tomou o comando efetivo das tropas, enfrentou as hordas francas e germânicas, que se haviam infiltrado do outro lado do Reno, aniquilou-as, sufocou a revolta dos povos locais e restabeleceu a autoridade imperial na Bretanha. Jamais o título de César havia sido dado mais a propósito.

Infelizmente, o rei persa Sapor, no mesmo instante, recomeçava a guerra: para fazer frente a essa ameaça, Constâncio pediu a Juliano que lhe enviasse parte de seu exército. Juliano, que havia tomado gosto pelo mister de soldado, obedeceu, mas pesarosamente. Ignoramos a que ponto escondeu de seus soldados o- desprazer que sentia por deles se separar. De qualquer maneira, ficaram eles certos de interpretar-lhe o desejo ao apresentarem sua recusa de obedecer-lhe ou, melhor, aclamando-o imperador, ou seja, Augusto. Juliano, imediatamente, escreveu ao imperador que tudo isso se dera alheiamente à sua vontade ou, melhor, contra a mesma. Quando, porém, Constâncio lhe respondeu que o perdoaria se ele renunciasse ao título de Augusto e fizesse ato de submissão, longe de dobrar-se, Juliano contra ele marchou, à frente de seu exército. Não fora ele quem assaltara o cofre, mas se recusava a devolver-lhe o conteúdo, que se achava às suas costas.

A guerra não ocorreu, porque Constâncio, que partira para realizá-la, morreu no curso da viagem. Quando lhe abriram o testamento, verificaram, com estupor, que designara como seu único herdeiro aquele mesmo que partira para combater e que, em caso de vitória, teria, provavelmente, matado. Obedecera, como sempre, não a seus sentimentos, mas à razão de Estado. Reconhecendo no traidor as qualidades de grande político, dele fizera seu sucessor. Juliano, como retribuição, mandou fazer-lhe solenes funerais, guardando luto e derramando quentes lágrimas sobre seu esquife. Foi uma belíssima comédia, muito bem representada por ambas as partes.

Sobre Juliano, correram rios de tinta, como se aqueles que ele próprio espalhou não bastassem. Isto porque era ele grafômano e tinha a paixão das proclamações, dos panegíricos, dos ensaios semifilosóficos semipoéticos. Talvez mesmo a importância desse imperador, que não reinou mais do que vinte meses, haja sido um tanto exagerada.

A razão pela qual fizeram tanto ruído em torno de seu nome é que lhe atribuíram o projeto de restaurar o paganismo em detrimento do Cristianismo. Já Constâncio tivera de dedicar a maior parte de seu tempo às questões religiosas. Não agira mesmo apenas como imperador mas também como papa, intervindo nas dissensões internas da Igreja entre donatistas, arianos e melecianos, isto porque era ele bom cristão e, até mesmo, cristão fervoroso. Contudo, de maneira muito pagã, considerava a Igreja como instrumento do Estado e, sob pretexto de protegê-la, bem esperava controlá-la.

Juliano mostrou o mesmo interesse pela religião, mas, em sentido contrário. Não há qualquer dúvida de que o bispo Eusébio, que, na qualidade de tutor, temperava com chicotadas suas lições de catecismo, tenha contribuído para enchê-lo de rancor com respeito à nova fé. O único ser que lhe teria testemunhado afeto, em seu exílio de Nicomédia, fora um velho servidor cita, Mardônio, que lhe lia Homero e os filósofos gregos. Jamais ficou sabido se Mardônio era pagão ou cristão. O que se sabe é que estava imbuído de classicismo e que foi ele quem inspirou a seu jovem mestre e aluno o amor pelos clássicos. Juliano olhava ao seu redor e tinha a impressão de que os cristãos que o cercavam não davam bom exemplo. Não foi ele, não importa o que possa ser dito, homem de pensamento profundo: basta que leiamos seus escritos para disso nos convencermos. Os raciocínios aí se perdem, por vezes, em divagações. Tinha muita memória, mas nada compreendia de arte. Obstinava-se maniacamente sobre problemas filosóficos secundários, que lhe faziam perder de vista os principais, e se comprazia com citações e virtuosismos de esteta. Era fatal que tomasse os maus pastores da Igreja pela Igreja e que a tudo englobasse na mesma antipatia. De qualquer maneira, a ideia que lhe atribuem – e que, talvez, tenha cultivado como útil – de um retorno ao paganismo não faz honra à sua inteligência política- Em política, aliás, todo retorno é um erro.

A famosa "apostasia" de Juliano foi, sobretudo, um agnosticismo manifesto. Desinteressou-se ele pelas heresias que continuavam a afligir a Igreja; é provável que as visse com simpatia. Reconheceu, contudo, aos judeus a liberdade de celebrar seu culto e lhes permitiu que reconstruíssem o templo de Salomão, cujo vigamento também fora destruído por um tremor de terra, em que os escritores cristãos viram um castigo do Céu. Que ele haja, dissimuladamente, encorajado o restabelecimento dos velhos cultos pagãos, como disseram, pode ser verdade, mas não ficou provado. De qualquer forma, não pôde disso tirar grandes satisfações, porque as pessoas a isso se entregaram descuidosamente, sem qualquer entusiasmo. Em Alexandria, o bispo Jorge foi morto pelos pagãos; em Antioquia, os cristãos incendiaram o templo de Apoio; em nenhum dos dois casos Juliano ordenou represálias. Queria demonstrar imparcialidade.

Somente Deus sabe onde e como teria terminado essa política religiosa anacrônica, se Sapor não o tivesse constrangido a retomar as armas. Juliano preparou a difícil e perigosa expedição que precisava levar a efeito contra ele com seu cuidado habitual, deixando no ponto um enorme exército e uma frota de mil navios para descer o Tigre. Os primeiros embates lhe foram favoráveis; mas a cidade de Ctesífão, cujas fortificações eram formidandas, lhe resistiu e acabou por obrigá-lo a retirar-se.

INDRO MONTANELLI

Como fazer com que os navios voltassem a subir a corrente? Juliano deu ordem para que os queimassem. Não podia agir de outro modo; essa decisão, porém, desmoralizou seus soldados e os deixou furiosos. A região era pobre, pedregosa, queimada pelo sol, hostil. Os cavaleiros persas perturbavam a marcha das tropas e as crivavam de dardos, infligindo-lhes pesadas perdas. Um desses dardos feriu Tuliano e penetrou-lhe no fígado. O imperador tentou extraí-lo ele mesmo, mas não conseguiu senão alargar o ferimento, tendo provocado hemorragia mortal. Compreendeu que a morte se aproximava; chamou, então, dois de seus amigos filósofos, Máximo e Prisco, para perto do leito em que fora estendido e passou a discutir, serenamente, com eles, sobre a imortalidade da alma.

Contam que, num dado momento, teria enterrado a mão no seu ferimento, retirando-a manchada de sangue, e, lançando algumas gotas desse sangue ao ar, teria exclamado: "Tu o levas, Galileu!"

Provavelmente, não é verdade.

Capítulo 49

Ambrósio e Teodósio

Foram os soldados – sobretudo a fim de providenciar por sua salvação naquele momento perigoso – que lhe nomearam o sucessor. Escolheram-no, ainda continuando a retirada, entre os seus oficiais. Foi ele um certo Joviano, a quem o destino não permitiu fazer, como imperador, mais do que um único gesto, estúpido e covarde: concluir uma paz prematura, pela qual concedia aos persas a Armênia e a Mesopotamia, em pagamento de uma vitória que eles não tinham chegado a obter.

Feito isso, Joviano caiu doente e faleceu antes de atingir a capital.

O exército, de novo, se deteve para designar novo imperador. Escolheu, dessa vez, um bravo general: Valentiniano, filho de um cordoeiro da Panônia, que Juliano, diziam, havia desgraçado por ter-se recusado a renegar a fé cristã. Espantado com as responsabilidades que, assim, teria necessidade de endossar, Valentiniano se associou, em partes iguais, com seu irmão, Valêncio, a quem cedeu Constantinopla, com as províncias do Oriente, conservando para si mesmo as províncias do Ocidente, das qnais, daí por diante, Milão em a capital. Transcorria o ano 364 d.C.

Os dois irmãos, imediatamente, encontraram dois grandes problemas para enfrentar. Para Valêncio, houve a insurreição de Procópio, o único parente de Juliano. Procópio pôs-se à frente de alguns destacamentos na Capadócia, destacamentos esses que o proclamaram imperador. Foi derrotado, feito prisioneiro e decapitado. Valentiniano teve de fazer face aos alamanos, os quais, desde que haviam sabido da morte de Juliano, por quem sentiam terror sagrado, pois por ele se haviam deixado esmagar, haviam recomeçado a transpor a fronteira da Gália. O imperador os cercou e os aniquilou sobre o Reno. Depois disso, enviou à Inglaterra seu melhor general, Teodósio, que ali restabeleceu a ordem, desbaratando escoceses e saxões. Esse bravo soldado foi bem recompensado pelos serviços que havia prestado. Enviado, imediatamente após, para a África, a fim de lá restabelecer a paz, foi vítima de alguns funcionários prevaricadores, cujas calúnias fizeram com que se intentasse um processo contra ele por traição. Foi condenado e decapitado.

Também Valentiniano, certamente, foi enganado: seguramente de boa-fé foi que cometeu tal erro. Não era ele de inteligência sobre-humana, mas tinha bom senso, energia e retidão. Era, infelizmente, sujeito a acessos de furor. Foi no decurso de tais cóleras que cometeu os dois maiores erros de sua vida: primeiramente, quando assinou a condenação de Teodósio à morte; depois, sua própria condenação. Com efeito-, viu-se fulminado por uma síncope durante um acesso de raiva contra os quados, que se haviam revoltado.

Eis-nos no mês de novembro do ano 375 d.C. Desta vez, todavia, a sucessão ao trono já está fixada, porque, oito anos antes, Valentiniano tomou como sócio seu filho- Graciano, que fez casar, aos quinze anos, com Constância, de treze, filha póstuma de Constâncio. A viúva deste último desposara Procópio para dele ficar, igualmente, viúva, porém agora com mais um filho: Valentiniano II. Dou-me bem conta de que não é muito fácil meter todo esse embrulho na cabeça. Vou esforçar-me para explicar-me melhor.

Além de seu irmão Valendo, a quem cabia a metade oriental do Império, Valentiniano tinha um filho, chamado Graciano. Este filho desposara Constância, filha do imperador. Constância-Justina, a mãe de Graciano, tinha, em seguida, desposado o usurpador Procópio, que lhe havia dado um filho, de nome Valentiniano, o qual Valentiniano era, por conseguinte, o meio-irmão de Constância (filha do imperador). Entenderam?

Ora, Justina, mulher muito ambiciosa, havia-se esforçado tão bem e tão bem havia manobrado que compelira Valentiniano a tomar por sócio não somente Graciano mas também Valentiniano, então, com quatro anos de idade. Desse modo, com a morte do imperador, enquanto Valêncio permanecia em Constantinopla, o jovem Graciano, em Milão, subia ao trono; porém, ele era tutor do ainda mais jovem Valentiniano II, com quem devia, a seguir, partilhar o poder.

Era má a ocasião. Justamente então, viam-se precipitar da Rússia avalanches de bárbaros mais terríveis do que todos os outros: os hunos. Os hunos já haviam entrado em contato com os godos, cujo rei, Hermanrico, havia reunido em federação sobre as fronteiras orientais do Império. Aterrorizados, os godos

HISTÓRIA DE ROMA

solicitaram de Valêncio sua admissão no Império, prometendo, em contrapartida, servir-lhe de sentinela. Depois de muitas hesitações, Valêncio aceitou, mas se arrependeu imediatamente, ao ver esses novos súditos, cujo número ia de 200.000 a 300.000 homens, entregarem-se à pilhagem e ao roubo, de acordo com seu costume. Valêncio se encontrava a ponto de retomar as armas contra a Pérsia. Teve de renunciar a esse projeto para precipitar-se em direção a Adrianópolis, onde já se encontravam em revolta os godos. Em vez de esperar seu sobrinho Graciano, que deveria chegar do norte, como ficara entre eles combinado, para colocar o inimigo num torno, Valêncio atacou imediatamente, sozinho. Aí perdeu todo o seu exército. Quanto a ele mesmo, ferido, foi queimado vivo na cabana onde seus lugares-tenentes o haviam colocado ao abrigo.

Ficando só, Graciano não ousou atacar. Se bem que ainda não tendo vinte anos, já se mostrara bom general. Com essa atitude, aliás, fez mais uma prova de muito bom senso. Retirou-se prudentemente e dispôs suas forças de maneira que assegurassem proteção à Ilíria e à Itália. Percebendo ser-lhe completamente impossível partilhar a responsabilidade do Império com seu meio-irmão Valentiniano II, que ainda era menino pequeno, imaginou que deveria conseguir um sócio para o Oriente. Com grande sagacidade, escolheu o general Teodósio, filho homônimo daquele que, injustamente, Valentiniano mandara matar na África. Confiou-lhe o Império do Oriente. Nesse ínterim, fora visto entrar em cena um outro personagem, decisivo: aquele Ambrósio, bispo de Milão, que todos os italianos, mas os lombardos, principalmente, hoje veneram como santo.

Não era um sacerdote, pois não provinha do seminário. Era um excelente funcionário leigo, que, até 374 d.C., fora governador da Ligúria e da Emilia. Nessa qualidade, tivera necessidade de opor-se às controvérsias entre católicos e arianos, que causavam grande desordem tanto na sua como em outras dioceses. Saíra-se disso tão bem que, com a morte do bispo Ausêncio, foi escolhido como seu sucessor. Nessa ocasião, nem mesmo fora ainda batizado: a eleição, portanto, era perfeitamente irregular. Valentiniano I, porém, que tinha por ele a maior estima, confirmou-a. Em poucos dias, Ambrósio recebeu os sacramentos, as ordens e o chapéu cardinalício.

Era um homem que, se tivesse nascido hoje e na América, ter-se-ia tornado um Ford ou um Rockefeller. Quanto a Graciano que, pela morte do pai, a ele se havia entregue inteiramente, nele encontrou o mais eficaz colaborador. O bispo e o soberano conduziram, de acordo, a luta contra o paganismo e a heresia ariana. Esta última, após a morte de Valêncio, que ela havia recrutado em suas fileiras, não mais encontrou defensor. Teodósio, que, talvez, devesse em boa parte sua nomeação a Ambrósio, foi, em questão religiosa, o executor muito zeloso de suas ordens. O paganismo estava definitivamente enterrado. Além disso, no seio do Cristianismo, era o catolicismo que vencia.

As coisas, infelizmente, não caminharam tão bem no plano político. O governador da Inglaterra, Magno Máximo que acusava Graciano de ser, como hoje diríamos, um democrata-cristão adulador e beato, contra ele se revoltou. A conspiração tinha participantes até mesmo na Corte do jovem imperador, que, então, se encontrava em Paris. O imperador foi apunhalado enquanto tentava fugir. Máximo deplorou o incidente numa carta a Teodósio, em que propunha a este repartir o Império em três, deixando a Itália para Valentiniano, sob a tutela de sua mãe e de Ambrósio, e confiando a ele, Máximo, as províncias ocidentais.

Teodósio era um bravo homem, com reflexos um tanto lentos. Seus inimigos o ridicularizavam quanto a esse ponto; talvez, com efeito, exagerasse um pouco na sua maneira de passar e repassar pelo espírito as decisões que deveria tomar. A morte de seu amigo e colega Graciano, a quem tanto devia, deixou-o indignado. A ideia de uma guerra, contudo, na situação em que, então, se encontrava o Império, com os godos em ebulição e os hunos e persas às portas, não lhe parecia possível. Enviou uma resposta dilatória e repleta de tergiversações. Máximo a interpretou num sentido positivo. Esquecendo a acusação de. beatice que lançara contra Graciano, desenvolveu o maior zelo em lutar contra os heréticos a fim de conquistar as boas graças de Ambrósio. A despeito dos compromissos que tomara com relação a Valentiniano, ele cobiçava a Itália. Chegou a fazer com que aí fossem acolhidas algumas de suas formações militares, sob o pretexto de reforçar as guarnições de fronteira, e tudo teria terminado por um novo regicídio se Justina, atemorizada, não tivesse ido refugiar-se perto de Teodósio com seu filho e sua filha Gala, moça encantadora, entre parênteses.

Era de tal modo encantadora que foi, para Teodósio, verdadeiro impacto sentimental. O amor, então, fez aquilo que o cálculo político não pudera fazer: incitou-o a punir o usurpador. O embate dos dois exércitos se deu na Panônia. Máximo, derrotado, foi decapitado. Teodósio casou-se com Gala, reconduziu a Milão sua sogra e seu pequeno cunhado e esteve, por algum tempo, em sua companhia. Tal gesto, também, estabelecia uma espécie de tutela do imperador do Oriente sobre o imperador do Ocidente.

Nesse intervalo, Ambrósio continuava a batalha contra a heresia. Vencidos por Teodósio em Constantinopla, os arianos, na Itália, tinham sido protegidos por Justina, que educara Valentiniano em suas teorias. Justina solicitou que lhes fosse concedida, pelo menos, uma igreja. Ambrósio disse não. Valentiniano lhe ordenou que se exilasse. Ambrósio não se mexeu. Era um santo, mas tinha mau caráter. Logo após, ocorreram outros episódios escandalosos. Os cristãos de Calínico queimaram a sinagoga. Teodósio, ainda em Milão, ordenou que fosse reconstruída às expensas dos culpados. Ambrósio foi solicitar-lhe a revogação desse edito. Como não conseguisse fazer-se receber, tomou da pena e do tinteiro: "Escrevo-te para que me escutes em teu palácio. De outro modo, far-me-ei escutar em minha igreja..."

Que teria, por conseguinte, acontecido no mundo para que um sacerdote pudesse erigir-se como juiz do chefe supremo do Estado, do qual não tinha sido até então, mais do que um simples funcionário? Se Teodósio tivesse sido Valentiniano I, também ele, de cólera, teria tido uma síncope. Teodósio, porém, calou-se e obedeceu. Pouco tempo após, teve de intervir contra a gente da Tessalônica, que havia massacrado guardas, culpados de ter detido um "áurigo", ídolo dos desportistas. É certo que teve a mão muito pesada; todavia, desta vez não se tratava de questões religiosas. Entretanto, ainda nesta outra oportunidade, Ambrósio se ergueu contra o imperador, falou contra ele do alto do púlpito, recusou-se a avistá-lo num encontro e proibiu-lhe o acesso da igreja, enquanto não tivesse, solene e muito humildemente, implorado seu perdão. Era o triunfo do poder espiritual sobre o poder temporal. Foi composto um hino especial para celebrar tal triunfo: o *Te Deum laudamus.*

O paganismo ainda deu um sobressalto com Arbogasto, guerrilheiro franco que lhe restara fiel e que prestara grandes serviços ao Império, sob Graciano. Era chefe dos guardas de Valentiniano, mas desprezava o rapazinho, que se ajoelhava diante de Ambrósio e lhe beijava o anel. Um dia, o jovem imperador foi encontrado morto em seu leito. Arbogasto declarou que ele se havia matado, mas não ousou usurpar-lhe o lugar. Percebia que o Império romano, por rebaixado que estivesse, ainda não chegara ao ponto de aceitar no trono um bárbaro como ele. Elevou, pois, ao trono Flávio Eugênio, chefe dos oficiais civis (algo como "secretário de Sua Majestade"), conservando para si mesmo o comando do exército.

HISTÓRIA DE ROMA

Também desta vez Teodósio não reagiu imediatamente. Ainda mais, deixou decorrer dois anos antes de decidir-se a punir o culpado. No transcurso desse período, Arbogasto impôs a Eugênio uma política que queria ser de tolerância e de igualdade entre as duas religiões. Teve, porém, de dar-se bem conta de que até mesmo injeções de adrenalina não mais ressuscitariam o paganismo.

Em 394, o imperador e o usurpador se encontraram em guerra. Flávio e Arbogasto, que esperavam o inimigo na Itália, constelaram todos os desfiladeiros dos Alpes orientais com estátuas de Júpiter. Foi a última aparição do deus, armado de raios de ouro, entre os homens. Teodósio, antes de partir, fora ao deserto da Tebaída pagar visita a um anacoreta, que lhe predissera a vitória. Em suma, cada um dos dois exércitos havia mobilizado os seus deuses. Aliás, o conflito findou, efetivamente, através de uma espécie de milagre meteorológico: um vento do norte, extremamente violento, soprou nos olhos dos soldados de Flávio, quase os cegando. Júpiter, Arbogasto e Eugênio foram vencidos, em conjunto, pela mesma catástrofe. Entretanto, os que os haviam derrotado em nome de Jesus, se bem que comandados pelo imperador romano Teodósio, tinham sido, sobretudo, os godos pagãos, que estavam sob as ordens de Alarico.

Teodósio, após haver voltado a Milão como triunfador, aí morreu de hidropisia. Esse imperador romano ainda não contava cinquenta anos e jamais fora a Roma. Roma se encontrava, agora, fora do circuito da grande política. Teodósio tinha sido não um grande, mas um bom soberano, um tanto receoso e timorato, mas leal e honesto.

Deixava dois filhos: Arcádio, com a idade de dezoito anos, e Honório, de onze.

Capítulo 50

O Fim

O Império do Ocidente, que devia caber a Honório, ainda menino, era um império que já Teodósio considerava como satélite do Império do Oriente. Um bispo o havia submetido à tutela espiritual da Igreja; para defender-se, tivera necessidade de aceitar no interior de suas fronteiras populações ainda bárbaras, ainda pagãs, absolutamente alheias à ideia do direito e do Estado. Desagregava-se até mesmo no interior. Não mais sendo protegidas pelo exército – que guerras exteriores chamavam para as fronteiras – as pequenas comunidades, constituindo uma vila e uma província, colocavam-se cada vez mais, para defender-se, nas mãos de morgados de província, que pudessem dispor de milícias pessoais. Eram chamados "potentes". Tornaram-se, de modo progressivo, independentes da autoridade central, à medida que esta autoridade se enfraquecia. Eram igualmente favorecidos por uma legislação que, desde

Diocleciano, jamais cessara de petrificar a sociedade, amarrando, irremediavelmente, o camponês à sua terra e ao seu amo – o que dele fazia um servo da gleba – e o artesão ao seu mister. Daí por diante, a pessoa nascia com um destino que não podia mudar. Aquele que abandonasse sua terra ou sua loja, mesmo se escapasse aos policiais que o procuravam imediatamente, estava destinado a morrer de fome, porque não achava outro emprego. Também o homem rico deverá pagar impostos, ainda que alienasse ou perdesse a riqueza. De outro modo, era aprisionado.

Por absurdas que essas leis pareçam, as circunstâncias as impunham. Quando um esqueleto voa em lascas, é preciso engessá-lo. O gesso não impede a decomposição: ele a atrasa somente- Tudo isso, contudo, constituía o fim de Roma, de sua civilização, de sua organização jurídica, que fazia de cada homem o árbitro de seu destino, tornando-o o igual aos outros diante da lei, e, graças aos direitos do cidadão, dele fazia não somente um sujeito mas também um ator ativo. A Idade Média teve início. O "Potente" substitui o Estado, ao qual se opõe com crescente êxito, até despedaçá-lo numa miríade de feudos, cada um dos quais com um senhor na direção, armado até aos dentes, alçado sobre uma massa amorfa, esmigalhada, desarmada, abandonada a seus caprichos e, daí por diante, desprovida de todo direito: até mesmo do direito de mudar de profissão ou de trocar de residência.

Ao lado daquele Honório, de onze anos, o futuro herdeiro deste edifício que desmoronava, colocaram o general Estilicão. Estilicão era um vândalo, isto é, um bárbaro de raça alemã. Sua presença nesse posto bastava para mostrar a que ponto os romanos haviam caído em decomposição. Somente ele, de todos os oficiais, apresentava garantias de lealdade, de coragem e de perspicácia. Com efeito, deu, imediatamente, provas de que possuía essas qualidades, ao enfrentar a situação que acabara de criar-se entre Milão e Constantinopla, desde que Teodósio fora enterrado. O imperador defunto houvera por bem partilhar o Império, mas sem indicar quais as províncias que se deveriam ligar a cada uma das porções. Arcádio, uma vez no trono do Oriente, aconselhado por seu Estilicão pessoal, que se chamava Rufino, considerou que a Dácia e a Macedonia lhe cabiam. Elevou-se uma querela entre as duas capitais. Alarico, que malgrado as promessas feitas, ninguém recompensara pela contribuição prestada na guerra de Teodósio contra Arbogasto, marchou sobre Constantinople. Teria, certamente, a saqueado, se Rufino não tivesse chegado a persuadi-lo de que a Grécia constituía presa mais tentadora. Incapaz de defender-se, o Império salvara a capital às custas das províncias.

Para indignar-se do fato, só houve Estilicão, o bárbaro. Tendo-lhe solicitado Arcádio o envio de um destacamento de tropas para Constantinopla, ele o fez, mas dando ordem ao comandante do destacamento, Gaina, também bárbaro, de suprimir Rufino. A ordem foi escrupulosamente executada e foi nomeado, no lugar do defunto, um de seus adversários, o camareiro da Corte, Eutrópio, que permitiu o restabelecimento de um acordo entre os dois irmãos. Dele se aproveitou Estilicão imediatamente a fim de sujeitar os godos, que saqueavam o Peloponeso. Já os havia acuado no istmo de Corinto quando Constantinopla, ciumenta deste sucesso ocidental, estipulou uma aliança com eles e ordenou ao general que os deixasse em paz. Estilicão se corroeu de raiva, mas obedeceu, talvez porque, naquele momento – auxiliada sorrateiramente por Arcádio e Eutrópio – a África se revoltava. Enquanto isso, novas ondas de bárbaros se derramavam pelos Bálcãs e Alarico, o aliado de Constantinopla, após ter de novo subido a Albânia e a Dalmácia, penetrava à vontade pela planície do Pó. O pobre general bárbaro Estilicão, o único que acreditava no Império e o serviu com fidelidade, obrigado a passar a vida a lançar seu

HISTÓRIA DE ROMA

cavalo a galope para ir fechar brechas que se abriam de todos os lados, voltou à Itália e derrotou Alarico, mas sem destruir--lhe as forças, porque pensava tomá-lo por aliado contra forças inimigas cada vez maiores. Não confiando mais em Milão, que qualquer um podia conquistar, pois sua posição estava desprovida de defesas naturais, transportou a capital para Ravena, vila de pouca importância, mas cercada de pântanos insalubres, o que tornava impossível qualquer assalto. Transcorria o ano 403 d.C.

A transferência se fez justamente a tempo para escapar à invasão de outros godos, que foram chamados ostrogodos para serem distinguidos dos visigodos de Alarico. Sob o comando de Radagásio, transpuseram os Alpes e se lançaram sobre a península, que sumergiram com suas ondas até à Toscana. Era a primeira vez, desde Aníbal, que a Itália sofria tal afronta. Estilicão levou um ano para juntar tropas. Somente em 406 achou-se com suficientes tropas para surpreender as de Radagásio, em Piésole, e exterminá-las. No mesmo instante, contudo, os vândalos, os alanos e os suevos arrombavam as defesas romanas de Mogúncia e penetravam na Gália, enquanto também nela desembarcava um usurpador chamado Constantino. Este último pôs em fuga os bárbaros; mas estes, em lugar de retirarem--se, invadiram a Espanha. As mais belas províncias do Ocidente estavam praticamente submersas por vagas bárbaras e a Itália permanecia sozinha. Nesse marasmo, que teria feito perder a cabeça a qualquer outro, Estilicão foi o único que se conservou lúcido. Enquanto conferenciava com Alarico para assegurar-se de seu auxílio, fez um recrutamento entre os italianos. Estes se recusaram a alistar-se e o acusaram de capitular diante do Bárbaro. Com que soldados teria podido o general contar para defendê-los contra ele, se eles, italianos, se recusavam ao recrutamento? Só Deus o sabe. Honório, atemorizado, esqueceu--se, imediatamente, dos serviços que este fiel capitão lhe havia prestado durante dez anos e ordenou sua detenção. Estilicão bem poderia ter-se insurgido, porque algumas tropas de que dispunha somente a ele eram fiéis. Respeitava em demasia, porém, a autoridade para revoltar-se. Foi massacrado numa igreja de Ravena. É esse, talvez, o mais estúpido, o mais ignóbil e o mais catastrófico crime que jamais se cometeu em nome de Roma. Não somente privou o Império de seu melhor servidor como fez que todos os bárbaros que permaneciam fiéis a esse Império vissem a que estado havia chegado. Eram os bárbaros os melhores soldados, os melhores funcionários; eram eles que sustentavam o edifício já quase sem bases. Ainda acreditavam no prestígio de Roma. Roma, ao matar Estilicão, destruiu tal prestígio com suas próprias mãos.

A partir desse momento, tudo se precipitou. Alarico, em lugar de chegar à Itália como aliado, para lá foi como conquistador. Propôs um acordo a Honório, que se recusou com firmeza que teria sido nobre, caso se visse acompanhada por algum gesto de coragem; não era mais que insolente e ridícula na boca de um homem que se encerrava em Ravena, abandonando sua defesa às moscas, e deixando à mercê do inimigo o resto da Itália. O inimigo marchou sobre Roma e a sitiou. O mundo ficou com o fôlego em suspenso. Como? Seria verdade que ousasse alguém sitiar Roma?

O próprio Alarico pareceu tomado de terror pânico quando a cidade se entregou sem combate. Interditou-lhe a entrada a seus soldados. Aí chegou sozinho e sem armas, para solicitar do Senado que depusesse Honório. O Senado que havia muito somente existia de nome, deu-lhe pronta satisfação. No ano seguinte, porém, como não descera Honório do trono, Alarico lá voltou. Fez, desta vez, que lá acampasse todo o seu exército, mas impediu ou tentou impedir que o mesmo se entregasse à pilhagem. Os bárbaros se puseram a perambular pela cidade, atordoados, espantados com a própria audácia. Nas florestas germânicas, de onde desceram seus antepassados, sempre falaram de Roma como de um milagre inacessível. Além de não pilharem a população, foram por ela pilhados, pois que ela se esquecera da arte de combater, mas aprendera a de roubar. O próprio Alarico transformou-se de conquistador em cativo ao ver Gala Placídia, a esplêndida filha de Teodósio, irmã de Honório e de Arcádio. Desse momento em diante o rei, ao qual obedeciam os godos, teve uma rainha a quem obedecer. Em sua última expedição, a que desejava fazer à África, ele a levou consigo, cumulando-a de todas as honrarias possíveis. Todavia, enquanto preparava tal expedição sobre as costas da Calábria, a morte o surpreendeu em Cosenza. Seus soldados lhe fizeram construir um imenso e faustoso hipogeu. Para que ninguém lhe conhecesse o segredo, assim não podendo violá-lo, mataram todos os escravos que nele haviam trabalhado. Foi eleito para sucedê-lo o irmão de sua mulher, Ataulfo, rapaz muito belo, de quem, havia muito, Gala Placídia era amante.

A violação de Roma no ano 410 e a escolha voluntária de uma princesa de sangue real, que preferia a um palácio imperial sofisticado a tenda rude de um guerrilheiro bárbaro, tinham abalado de espanto o mundo inteiro. Os pagãos disseram que os deuses assim se vingavam da traição dos homens. Os cristãos, que haviam lutado contra Roma durante quatro séculos, sentiram que sua queda os deixava como órfãos e nela viram o sinal da chegada do Anticristo. "A fonte de nossas lágrimas secou", soluçou São Jerônimo.

Sozinho, Honório parecia completamente indiferente. Entrincheirado por trás dos pântanos de sua Ravena, recusou seu consentimento ao casamento de Gala Placídia com Ataulfo e, inteiramente insensível à ruína da própria Itália, vegetou até 423, ano que morreu, muito cedo para sua pouca idade, mas muito tarde para a maneira por que vivera. Muito tempo antes dele, morrera Ataulfo, apunhalado por um bárbaro, e Gala Placídia, viúva, voltara para casa. Honório a casou a força com um velho general paralítico: Constâncio. Como não tivesse herdeiro, ele designou para sucedê-lo o menino que nascera desse casamento: Valentiniano III.

Também Arcádio já morrera havia algum tempo, em Constantinopla, deixando no trono um menino, Teodósio II. Foi, então, um espetáculo cômico ver as duas porções do Império, ameaçadas pela mesma catástrofe, não entrarem em contato uma com a outra senão para disputar a respeito da delimitação de suas fronteiras. O Império já se achava nas mãos dos bárbaros e os dois imperadores romanos, primos-irmãos, lutavam mutuamente por uma soberania teórica sobre províncias já perdidas. Apenas na África teve o espírito romano um último clarão de orgulho e de coragem quando o general Bonifácio, já condenado por alta traição, e o bispo Agostinho, sitiados em Hipona, resistiram aos vândalos de Genserico. Foi no mais forte da batalha – em que tombou – que o prelado escreveu sua obra capital, *A Cidade de Deus.*

A superioridade ameaçadora do elemento germânico sobre o elemento' romano encontrava seu símbolo e seu resumo na família imperial. Aquele que ocupava o trono de Ravena era Valentiniano III; a verdadeira rainha, contudo, era Gala Placídia, que escolhera como instrumento de seu poder! um outro bárbaro: Aécio, digno sucessor de Estilicão. Ela demonstrara mesmo que não acreditava nos romanos como maridos. Podemos imaginar se confiava neles como generais ou estadistas. Quando Gala Placídia viu surgir Átila à frente de seus terríveis hunos, fez com a filha, Honória, o mesmo que ela havia feito com Ataulfo: ela propôs a filha como mulher a Átila. Compreendia que, com os bárbaros, um único campo de batalha poderia dar a vitória aos romanos: o leito.

Átila, porém, não era Alarico. Longe de ficar embalado por Honória, reclamou um enorme dote: a Gália. A Gália era a mais bela província do Império e, se bem que a soberania imperial lá fosse puramente teórica, a Corte de Ravena a ela não podia renunciar. Átila para lá desceu da mesma forma e Aécio teve de partir em guerra contra ele. A fim de conseguir um exército suficiente para combatê-lo, foi obrigado a executar milagres de diplomacia e a associar à sua empresa Teodorico, rei dos visigodos. Uma batalha gigantesca ocorreu nos Campos Cataláunicos, perto de Troyes. Os romanos a venceram, mas não tinham mais de romano senão o nome. Tratava-se de bárbaros que esmagavam outros bárbaros; seu próprio general supremo nada mais era do que um bárbaro romanizado. Ficou senhor do campo de batalha, mas não perseguiu o inimigo, que se retirou em boa ordem. Seriam suas forças insuficientes ou esperaria fazer deles seus aliados, como Estilicão o esperara com relação aos godos?

Em 452, Átila reapareceu. Desta vez, porém, não mais era a Gália que ele atacava: era a própria Itália. Valentiniano, que, depois da morte de sua mãe, assumira o poder efetivo, não quis repetir o erro vergonhoso de Honório e abandonar Roma a seu destino. Contrariamente aos conselhos de Aécio, que lhe aconselhava a fuga para o Oriente, quem sabe se para dele desembaraçar-se, Valentiniano se transportou para a Urbs a fim de compartilhar a sua sorte. Pôs-se de acordo com o papa Leão I para enviar senadores em embaixada junto a Átila, já acampado sobre o Míncio.

A lenda pretende que Átila tenha ficado amedrontado com a ameaça de ser excomungado se atacasse Roma. Entretanto, como era pagão, não vemos, em verdade, que sentido poderia ter para ele a excomunhão! De qualquer modo, em vez de transpor o Apenino, tornou a transpor os Alpes e morreu no ano seguinte. Do vasto império que para si construíra da Rússia até ao Pó, nada subsistiu, nem mesmo o povo, que se desagregou e foi absorvido pelas populações eslavas e germânicas, no meio das quais se havia instalado como senhor.

A morte desse perigoso inimigo foi um alívio para a Itália e para a Europa, mas constituiu desgraça imprevista para Aécio, que se encerrara em Ravena, sem colaborar na mínima coisa com a luta. Valentiniano, que sempre suportara de muito má vontade aquele servidor, que tinha atitudes de senhor, nisso viu boa ocasião para dele desfazer-se, como Honório o fizera com relação a Estilicão. Fê-lo com as próprias mãos, transpassando-o com sua espada, num dia em que discutiram. Outro erro fatal esse, porque, imediatamente, todos os bárbaros acampados nas províncias do Império e que, até então, haviam aceito uma vassalagem teórica, se insurgiram. Um dentre eles matou Valentiniano no Campo-de-Marte. Genserico, o rei dos vândalos, daí por diante senhor da África, acorreu com seu exército a título de vingador do imperador. Na realidade, queria fazer com que ocupasse o trono seu próprio filho, Hunerico, fazendo-o desposar Eudóxia, a filha do imperador defunto. O casamento se realizou. Enquanto, porém, os soldados o festejavam, pilhando conscientemente a cidade, dando, assim, ao nome "vândalos" o sentido que todos lhe apontamos, o novo rei dos visigodos, Teodorico II, fazia eleger, na Gália, um novo imperador que gozava de sua confiança: Ávito.

Genserico retomou o caminho da África com grande pressa, mas com uma bela presa: sua nora, viúva de Valentiniano, com sua outra filha Placídia, e alguns milhares de romanos de alta estirpe, dentre os quais dúzias de senadores, para assinalar bem que, desde então, Roma era sua propriedade. Chegando em casa, preparou uma frota, com a qual ocupou a Sicilia, a Córsega e a Itália meridional. Ávito, porém, tinha um grande general, bábaro é bom en tender, do estofo de Estilicão e de Aécio: Ricimer, o qual se desembaraçou do inimigo numa grande batalha naval; depois, depôs Ávito, que encontrou consolação na fé, fazendo-se consagrar bispo de Plaisance. Só lhe deu sucessor quatro anos mais tarde e sua escolha recaiu em Majoriano.

Ricimer apenas nomeou este sucessor de Ávito a fim de tentar chamar à ordem os vândalos, os visigodos e todos os outros bárbaros que tinham aproveitado a ausência do imperador para proclamar-se, ainda que teoricamente, independentes. Isso de quase nada serviu. Continuaram a agir à vontade. Majoriano tentou uma expedição contra Genserico e lhe queimou a frota por traição. Então Ricimer indignado por perceber que ele queria governar por sua conta, mandou matá-lo, a fim de substituí-lo por Líbio Severo, homem mais acomodatício. Genserico, contudo, não pensava desse modo. Tendo renunciado a colocar no trono seu filho Hunerico, esposo de Eudóxia, punha, então, toda a sua esperança em Anício Olíbrio, a quem dera em casamento Placídia, a irmã de Eudóxia. Assim, começara uma nova guerra, ou, antes, continuava com força acrescida aquela que fazia contra Roma havia anos.

Para defender-se contra Genserico, Ricimer teve uma boa ideia: a de oferecer o trono, com a morte de Severo, a um homem que gozasse da confiança de Constantinopla, da qual, assim, garantia o auxílio. Esse homem se chamava Procópio Antêmio. Chegou à Itália em 467, recebeu a coroa, armou uma frota de mil navios, que transportava cem mil homens, sob as ordens do general Basilisco, e a expediu para as costas tunisianas. Apenas desembarcado, Basilisco nada achou de melhor do que conceder uma trégua de cinco dias a Genserico, o qual atacou, de surpresa, seus navios e os incendiou. Falaram de uma traição por parte do general. A traição, de fato, fora a Corte de Constantinopla que a cometera ao concluir um pacto secreto de aliança com o rei dos vândalos. Este retomou a ofensiva, desembarcou na Itália e saqueou Roma pela terceira vez. Ricimer aceitou Olíbrio como novo imperador; ambos, contudo, morreram no transcorrer do mesmo ano de 472.

Os vândalos trataram de impor Glicério como imperador. Constantinopla, porém, não o reconheceu. Nomeou em seu lugar Júlio Nepos e, para pô-lo ao abrigo de Genserico, pagou a este por uma paz desastrosa, reconhecendo-lhe o direito de senhor não somente de toda a África, mas também da Sicilia, da Sardenha, da Córsega e das ilhas Baleares.

No ano seguinte, em troca de sua neutralidade, o rei dos visigodos, Eurico, obtinha a Espanha. Borguinhões, alamanos e rugianos partilharam entre eles o que sobrava das Gálias. O Império do Ocidente ficou reduzido somente à Itália. Júlio Nepos deu ordem ao general Oreste para que licenciasse o exército, que não mais podia manter. Os bárbaros, que o compunham, se amotinaram. Oreste tomou-lhes o comando e Júlio Nepos fugiu para ir juntar-se na Dalmácia com aquele mesmo Glicério, por ele mandado para lá em exílio, depois que usurpara o trono.

Oreste proclamou soberano seu filho, Rômulo Augusto. Um destino irônico deu a esse menino, que deveria ser o último imperador de Roma, o nome do primeiro (e, também, de um dos fundadores da cidade: Rômulo. N. do trad.). Entretanto, embriagados pela vitória, eis que os soldados bárbaros reclamaram terras no próprio coração da península: uns desejavam a planície do Pó, outros a Emilia, ainda outros a Toscana. Um de seus oficiais, Odoacro, assumiu a chefia da revolta, atacou Oreste em Pávia, derrotou-o e matou-o. Rômulo Augusto – que a História batizou como Augústulo (Augusto, o pequeno), para distingui-lo do grande Augusto – foi deposto e encerrado no Castelo "dell'Ovo", em Nápoles, com uma rica pensão. Odoacro mandou de volta ao imperador do Oriente, Zenão, as insígnias do Império e declarou que, daí por diante, era ele que governaria a Itália, como lugar-tenente de Zenão.

Desta vez, tudo estava acabado, não somente de fato como também de direito. As águias tinham desaparecido. Começava a Idade Média.

Capítulo 51

 Conclusão

Aqui termina nossa história. Como todos os grandes impérios, o Império romano não foi abatido por um inimigo estrangeiro mas corroído por seus próprios males. Seu ato de falecimento não foi a deposição de Rômulo Augusto, mas a adoção do Cristianismo como religião oficial do Estado e a transferência da capital para Constantinopla. Esse duplo acontecimento assinala, para Roma, o início de um outro capítulo.

A maioria dos historiadores sustenta que essa catástrofe foi provocada, sobretudo, por dois fatos: o Cristianismo e a pressão dos bárbaros, que vinham do Norte e do Oriente. Não o acreditamos. O Cristianismo nada destruiu. Limitou-se a sepultar um cadáver, o de uma religião em que, daí por diante, ninguém mais acreditava, e a preencher o vazio deixado por essa religião. Uma religião nada vale enquanto apenas constrói templos e celebra certos ritos, mas sim enquanto fornece uma regra moral de conduta. O paganismo fornecera essa regra. Todavia, com o nascimento de Cristo, tal moral já estava em desuso; consciente ou inconscientemente, todos esperavam por uma outra. Não foi o nascimento da nova religião que provocou o declínio da antiga; foi o declínio da antiga que favoreceu o nascimento da nova. Tertuliano – que enxergava claro nesse ponto – escreveu-o abertamente. Para ele, todo o mundo pagão estava em vias de liquidação. Quanto mais depressa fosse enterrado, melhor seria para todo o mundo.

No tocante aos inimigos exteriores, havia mil anos que Roma com eles contava, contra eles combatia e os vencia. Os visigodos, os hunos e os vândalos, que se mostravam sobre os Alpes, não eram nem mais ferozes nem mais hábeis do que os guerreiros cimbros, teutões e gauleses que César e Mário haviam enfrentado e destruído. Nada nos permite acreditar que Átila fosse maior general do que Ánibal, que ganhou dez batalhas contra os romanos antes de perder a guerra. Somente o exército romano que procurou interceptar a passagem a Átila se compunha exclusivamente de alemães (germânicos), inclusive os oficiais, porque Galieno proibira o serviço militar até mesmo aos senadores. Roma já estava ocupada e guardada por uma milícia estrangeira. Aquilo que chamaram de a *invasão* nada mais foi do que um cochilo da guarda bárbara.

Também a crise militar, contudo, nada mais era do que o resultado de uma decadência mais completa, antes de tudo biológica. Tinha começado nas classes elevadas (é a cabeça do peixe que primeiro fede, dizem em Nápoles), com o afrouxamento dos laços familiares e a difusão das práticas maltusianas e do aborto. A velha e orgulhosa aristocracia, talvez a maior classe dirigente que jamais teve o mundo, e que dera, durante séculos, o exemplo da integridade, da coragem, do patriotismo, do "caráter", em suma, após as guerras púnicas e, principalmente, após César, começou a ser o exemplo do egoísmo e do vício. É certo que as famílias que a compunham foram dizimadas pelas guerras, em que seus filhos tombaram generosamente, e pelas perseguições políticas. Elas, porém, se extinguiram pela penúria de filhos. Grandes reformadores, como César e Vespasiano, tentaram substituí-la por dinastias mais sólidas de burgueses provincianos e campesinos. Tais burgueses, porém, por sua vez se corrompiam. A segunda geração já se compunha de homens gastos.

Esse mau exemplo rapidamente conseguiu espalhar-se. Desde a época de Tibério, previam-se subvenções para conceder aos camponeses a fim de encorajá-los a ter filhos. Evidentemente, até mesmo fazendo abstração das epidemias de peste e das guerras, também o campo praticava o maltusianismo e se despovoava. Pertinax oferecia gratuitamente as fazendas abandonadas a quem quer que se comprometesse a cultivar suas terras. Nesse vazio material, consequência do vazio moral, os estrangeiros se infiltravam, particularmente os orientais, em proporções tão maciças que Roma não teve o tempo de absorvê-los e de refundi-los numa nova sociedade e que pudesse subsistir. O processo de assimilação funcionou até César, que chamou os gauleses para participarem da vida da Urbs, deles fazendo cidadãos, funcionários, oficiais e, até mesmo, senadores. A assimilação se tornou impossível com os germanos, muito mais refratários à civilização clássica, e terminou com uma catástrofe com os orientais, que se insinuaram bem na civilização romana, mas para corrompê-la.

A consequência de tudo isso foi, no campo político, o despotismo inaugurado por Tibério, que somente foi "esclarecido" em muitos poucos casos. Não deixaria de ser uma tolice fazer que ele endossasse toda a responsabilidade da catástrofe. O despotismo é sempre uma coisa má. Há, porém, situações que o tornam necessário. Quando César o instaurou, Roma estava numa dessas situações. Bruto, que o matou, se não foi um ambicioso vulgar, foi, certamente, um pobre diabo, que imaginava curar um doente em estado grave ao eliminar não o bacilo mas a febre. Também ela, a experiência socialista e de planificação de Diocleciano, foi um mal e não resolveu qualquer problema. As circunstâncias, contudo, a impunham como último remédio, numa situação desesperadora.

Se virmos as coisas do alto e se quisermos encontrar-lhes uma razão podemos dizer que Roma nasceu com uma missão, que cumpriu tal missão e que findou ao mesmo tempo que a mesma. Essa missão consistia em recolher as civilizações que a precederam: a grega, a oriental e a cartaginesa, de fundi-las e de espalhá-las na bacia do Mediterrâneo e em toda a Europa. Ela não inventou grande coisa quer em filosofia, quer em arte, quer em ciências. Contudo, ela forneceu rotas para fazer circular-lhes os dados, exércitos para defendê-los, um formidável conjunto de leis para garantir-lhes o desenvolvimento numa boa ordem e uma língua para torná-los universais. Nem mesmo inventou formas políticas: monarquia e república, aristocracia e democracia, liberalismo e despotismo, todas essas formas políticas já haviam sido experimentadas. Entretanto, foi Roma que delas deixou os modelos e, em cada uma dessas formas, ela fez brilhar seu gênio prático e organizador.

Abdicando com Constantino, ela emprestou sua estrutura administrativa para Constantinopla, que sob a mesma ainda viveu mil anos. Até mesmo o Cristianismo, para triunfar no mundo, teve de tornar-se romano. Pedro havia compreendido muito bem que somente seguindo a via Apia, a via Cássia e a via Aurélia e todas as outras vias construídas pelos engenheiros romanos — e não as pistas efêmeras que conduziam ao deserto — poderiam os missionários de Jesus conquistar a Terra. Seus sucessores se chamaram os Soberanos Pontífices, como aqueles que haviam presidido à religião da Urbs pagã. Em oposição à austera regra hebraica, introduziram na nova liturgia muitos elementos da liturgia pagã. O luxo e o caráter espetacular de certas cerimônias bem como a língua latina – eis um matiz de politeísmo anexado à veneração dos santos.

Foi assim que Roma – não mais como centro político de um império, mas como cérebro dirigente da Cristandade – se preparou para voltar a ser a *Caput mundi* e como tal ficou até à Reforma.

Jamais qualquer cidade do mundo conheceu aventura mais maravilhosa. Sua história é de tal modo imensa que faz parecer pequenos até mesmo os enormes crimes de que está semeada. Talvez mesmo aí esteja, precisamente, um dos infortúnios da Itália: o de ter por capital uma cidade sem qualquer proporção, no seu nome e no seu passado, com a estatura modesta de um povo que, quando brada: "Coragem, Roma!", apenas se dirige a um time de futebol.